LORENZO EL MAGNIFICO

Ivan Cloulas

Lorenzo
El Magnífico

Javier Vergara Editor s.a.
Buenos Aires / Madrid / Quito
México / Santiago de Chile
Bogotá / Caracas / Montevideo

Título original
LAURENT LE MAGNIFIQUE

Edición original
Fayard

Traducción
Amanda Forns de Gioia

Diseño de tapa
Verónica López

© 1982 Librairie Arthème Fayard
© 1996 Javier Vergara Editor s.a.
         Paseo Colón 221 - 6° - Buenos Aires - Argentina

ISBN 950-15-1558-3

Impreso en la Argentina / Printed in Argentine
Depositado de acuerdo a la Ley 11.723

Esta edición se terminó de imprimir en
VERLAP S.A. Comandante Spurr 653
Avellaneda - Prov. de Buenos Aires, Argentina,
en el mes de enero de 1996.

"Los semidioses hijos de los dioses extienden los despojos de los leones sobre las hogueras y se consumen en la cima de las montañas."

MAURICE DE GUÉRIN, *Le Centaure*

ADVERTENCIA

Las fechas indicadas corresponden a los años civiles actuales y no a los años florentinos, que comenzaban el 25 de marzo, día de la Anunciación.

Índice

Prólogo 11

PRIMERA PARTE   *Las raíces de la fortuna*
CAPITULO UNO   Una República de mercaderes 21
CAPITULO DOS   Los Médicis salen de la sombra 35
CAPITULO TRES   La conquista del poder 47
CAPITULO CUATRO   Oro, incienso y mirra........................ 59

SEGUNDA PARTE   *El heredero*
CAPITULO CINCO   Un duro relevo 79
CAPITULO SEIS   La época de los placeres 95
CAPITULO SIETE   El coloso con pies de barro 109
CAPITULO OCHO   Laureles y pámpanos de Toscana 133
CAPITULO NUEVE   El filo del puñal 161
CAPITULO DIEZ   El cabo de las tormentas 177

TERCERA PARTE   *El amo de Florencia*
CAPITULO ONCE   Entre los príncipes rapaces 201

Capitulo Doce	Malabarismo financiero y dominio político	221
Capitulo Trece	La parte de la ensoñación	237
Capitulo Catorce	El canto del cisne	267

Epílogo 295
Arbol genealógico 305
Cuadro cronológico 307
Nota anexa 315
Fuentes 319
Index 323

Prólogo

Lorenzo de Médicis tiene en la historia fama de personaje ambiguo. Entre los protagonistas del Renacimiento es quizás el que ofrece mayor número de facetas.

Sus retratos desconciertan. El, que se creía tan feo, nos parece conmovedor con su rostro anguloso grabado en la medalla conmemorativa de la conspiración de los Pazzi, sus rasgos demacrados por el sufrimiento que revela una pintura anónima, su máscara fúnebre, trágica y lastimosa.

En otras representaciones, sin embargo, resplandece, es verdaderamente "el Magnífico". Los artistas lo idealizaron: Gozzoli lo convirtió en el príncipe encantador de *El Cortejo de los Reyes Magos*; Botticelli encarnó en él a un adolescente soñador, altivo y hosco; Ghirlandaio, más tarde, lo mostró sereno, dulcemente sonriente, en la plenitud de la edad madura; Verrocchio, y después de él Bronzino, retuvieron la apariencia digna del hombre de Estado responsable, guiado únicamente por la fría razón.

Los contemporáneos de Lorenzo fueron sensibles a su fecunda personalidad. Escuchemos a Maquiavelo, gran admirador de su acción política: "Fue amado en el más alto grado por la buena suerte y por Dios; todas sus empresas conocieron el éxito y las de sus enemigos fracasaron... Su manera de vivir, su prudencia y sus logros fueron admirados y estimados por los príncipes de Italia y de países lejanos... Su fama crecía día a día por el efecto de su prudencia: era elocuente y preciso en la discusión, sabio en la decisión, rápido y valeroso en la ejecución. Ningún vicio empañaba sus inmensas cualidades, aunque tuvo una asombrosa inclinación por las cosas del amor y se gratificó frecuentando a hombres graciosos y burlones, y distrayéndose con juegos pueriles más de lo conveniente para un hombre de su importancia. Así se le vio a menudo participar de las diversiones de sus hijos, varones y mujeres. Al observar cómo se comportaba en el placer y en las cosas serias, se tenía la impresión de que existían en él dos personalidades distintas que se aunaban en una imposible unión".

Con estas incisivas líneas terminan las *Historias Florentinas* dedicadas en 1525 a Clemente VII, segundo papa Médicis. Ocho años antes, Niccolò Valori había bosquejado un cuadro optimista de la acción política de Lorenzo, poniéndolo como modelo a los jóvenes príncipes Juliano de Nemours y Lorenzo de Urbino, a quien León X, el hijo del Magnífico, confió el gobierno de Florencia.

En 1537, cuando otro Médicis, Cosme I, toma el poder, el historiador Guicciardini considera conveniente recordar en su *Historia de Italia* el ejemplo de Lorenzo: "Por su fama, su prudencia, su genio extremadamente hábil, aportó a su patria las riquezas, los bienes y los ornamentos que florecen en la sociedad cuando reina una larga paz".

La nueva dinastía, que no estaba ligada a Lorenzo más que por un lejano parentesco, se apoderó de su persona y lo reivindicó como antepasado. Los pintores Vasari y Cigoli, en el Palazzo Vecchio, celebraron en pomposas composiciones los hechos y gestas de Cosme el Viejo y luego de Lorenzo. El pintor Francesco Furini, en una inmensa composición en el palacio Pitti, puso en escena su apoteosis, semejante a la de un semidiós arrebatado al cielo.

El Gran Siglo francés no olvidó a Lorenzo. El historiador Varillas, en su *Histoire secrète de la maison de Médicis* (1687), reunió en un relato pintoresco las anécdotas más curiosas. Pero, sensible a las "gratificaciones que el Rey Muy Cristiano, Luis XIV, brinda a la gente de letras por recomendación de Monsieur Colbert", Varillas basó la fama de Lorenzo en su mecenazgo: el Magnífico prefigura al Rey Sol.

En Florencia, cuando se extinguió la dinastía Médicis, la necesidad de vincularse con un glorioso predecesor animó al nuevo gran duque, Pedro Leopoldo de Lorena, hermano del emperador José II, a quien el juego de la diplomacia europea acababa de instalar en el trono de Toscana. Angelo Fabroni recibió el encargo de una *Vida de Lorenzo el Magnífico* (1784), obra muy documentada que presenta al héroe, según la moda de la época, como un déspota ilustrado.

Lorenzo fue promovido a gran personaje de la historia europea.

William Roscoe, en 1795, ofreció al público anglosajón una *Vida de Lorenzo* de gran claridad de exposición. Fue traducida al francés por François Thurot y ampliamente difundida: Lorenzo brindaba, en efecto, el ejemplo de un príncipe ciudadano que gobernaba la República con mano firme, reprimiendo las conspiraciones y restaurando la prosperidad, las artes y las letras como Bonaparte se aprestaba a hacer. Esa imagen romántica goza de gran favor. Pero, progresivamente, los trabajos de los eruditos se hacen más precisos y hasta cuestionan esa imagen. La *Histoire des Républiques italiennes du Moyen Age* del suizo Jean Charles Léonard Simonde de Sismondi (1ª ed., 1807-1809; 2ª ed., 1818) marca un cambio en tal sentido. Ataca tan severamente a Lorenzo ¡que estuvo a punto de provocar un duelo entre Sismondi y Roscoe!

"Sea cual fuere la habilidad de Lorenzo de Médicis en los negocios, no es como hombre de Estado como puede ser promovido al rango de los más grandes hombres que hacen la gloria de Italia. Tanto honor sólo está reservado a quienes, elevando sus aspiraciones por encima del interés personal, aseguran, por el trabajo de sus vidas, la paz, la gloria o la libertad de su país. Por el contrario, Lorenzo casi siempre persiguió una política egoísta; mantuvo con sangrientas ejecuciones un poder usurpado; agobió a diario con un yugo detestado a una ciudad libre; privó a los magistrados legítimos de la autoridad que les daba la Constitución, y apartó a sus conciudadanos de esa carrera pública en la cual, antes que él, se habían desarrollado tantos talentos." Sin embargo, unas líneas más adelante, el autor suizo reconoce el "genio de ese hombre extraordinario", la protección ilustrada que concedía a las letras y a las artes: "Estaba hecho para conocer todo, apreciar todo, sentir todo... Poseía un sentimiento tan vivo de la belleza y de la justicia que encaminaba a los que no podía seguir él mismo". Surge así la ambigüedad de Lorenzo, personaje inclasificable, que reunía en su persona los rasgos de un dictador abusivo y de un defensor de los más elevados valores espirituales.

Para equilibrar los juicios, había que recurrir a los documentos. Eso es lo que hizo la curiosidad enciclopédica de los alemanes, que se apoderaron del Magnífico después de terminar con Jacob Burckhardt el estudio exhaustivo del Renacimiento italiano (1860). Alfred von Reumont publicó en 1874 una extensa biografía, todavía útil por sus informaciones sobre el personaje y sobre los orígenes de la fortuna familiar. B. Buser aportó después profundas contribuciones sobre los complicados mecanismos de la política de Lorenzo en Italia y con respecto a Francia (1879). Desde luego, los italianos no se quedaron atrás, y proporcionaron valiosas síntesis. Pompeyo Litta desenredó la maraña de la historia de las familias e Isidoro del Lungo aclaró puntos que durante mucho tiempo permanecieron oscuros. Además, se apreció nuevamente la obra poética de Lorenzo. En tres siglos, sólo tres ediciones parciales (1554, 1763, 1825) dieron algunos poemas elegidos publicados como anexo de la biografía de Roscoe. Giosuè Carducci presentó finalmente una edición crítica de las *Poesías* en 1859, arrastrando a los historiadores de la literatura, que brindaron bellas publicaciones sucesivas hasta Simioni (1939) y Emilio Bigi (1955).

El aspecto íntimo que revelan los versos del Magnífico apasionó a los anglosajones. El coronel G. F. Young publicó en 1910 la primera edición de su *Historia de la familia de Médicis*, reeditada sin cesar ulteriormente. Ese mismo año, Janet Ross dedicó un libro a la vida de los primeros Médicis a partir de su correspondencia y luego otro a las poesías de Lorenzo (1912).

En Francia, F. T. Perrens, el historiador de Florencia, condenó las condiciones del ascenso social de los antepasados de Lorenzo antes de denunciar la dictadura del Magnífico (*Histoire de Florence depuis la domination des Médicis*, t. I, 1888). El autor tuvo la honestidad de indicar sus fuentes, dando así al lector materia de reflexión. André Lebey, en un *Ensayo* sobre Lorenzo (1900) no se tomó ese trabajo, sino que volvió a las ideas preconcebidas de los panegiristas de antaño: "Lorenzo de Médicis me atrajo violentamente. Al narrar su admirable ejemplo, me agradó darme cuenta de qué manera un alma ferviente y reflexiva había logrado acallar la quimera de un gobierno republicano". Por supuesto, semejante obra no es un libro de historia. Se sirvió de Lorenzo al mismo tiempo que lo servía. Ese no es el caso de la bella evocación que de él hizo Pierre-Gauthiez en 1933 en la obra titulada *Trois Médicis*. Por primera vez en Francia, un autor no temió tratar en el mismo plano las cualidades, defectos y hasta vicios de este hombre tan poderoso y tan diverso. El relato sacaba partido de los "tesoros ingenuos" de los versos de Lorenzo. Al final, el poeta justificaba los otros aspectos del personaje: "Dichoso quien subsiste como Lorenzo de Médicis, dejando tras de sí la gloria más certera... algunas páginas donde brilla la verdad".

En 1937, Marcel Brion no vaciló en calificar a Lorenzo de "demócrata". "Para el Magnífico", escribe este autor, "el pueblo debía ser llevado a compartir los mismos placeres intelectuales que las clases más favorecidas por la fortuna; proclamaba el derecho para todos a la cultura y al arte... Su ambición era hacer de los florentinos, como los atenienses de Pericles, un pueblo de críticos de arte. Era un ideal generoso, pero un error psicológico, excusable en un hombre modelado por los platónicos y los poetas."

Fred Bérence, en 1949, fue más lejos aún en esta interpretación. Su libro, farragoso, se titula *Laurent le Magnifique ou la Quête de la perfection*. En este caso, el ideal de Lorenzo era enteramente confundido con el de Pericles: "Servir al mayor número, procurar la igualdad de todos ante la ley, hacer que la libertad de los ciudadanos emane de la libertad pública".

En Italia, las aportaciones de la erudición, las revelaciones de los documentos de archivo, los diferentes trabajos sobre el Renacimiento, permiten tomar más distancia con respecto a Lorenzo. Es lo que intenta Augustin Renaudet, en 1937, en una actualización objetiva (*Hommes d'État*, t. II). Pero resultaba difícil evocar fríamente el personaje. Ettore Allodoli disculpó la vida amorosa de Lorenzo: "Podría decirse que el Magnífico fue un verdadero santo comparado con los príncipes de su tiempo: no tiene hijos ilegítimos, no ejerce violencia sobre nadie...".

Roberto Palmarocchi, que vivía en contacto diario con los documentos, extrajo de ellos en su biografía de 1941 una enseñanza política de actualidad por entonces: Lorenzo demostró que sólo la unidad de dirección y la cohesión constituyen la fuerza de los Estados.

Por cierto, no todas las numerosas obras de divulgación referidas a nuestro héroe y a su época intentan obtener una lección moral del pasado. La última en cuanto a fecha, publicada por Hugh Ross Williamson en Londres, en 1975, presenta a Lorenzo como "el producto natural de su época y de su país: un genio de la Florencia del siglo XV, no alcanzado por las ideas más tardías del puritanismo y de la democracia liberal... En realidad, Lorenzo era *él mismo* el Renacimiento y nada del arte o del pensamiento de su tiempo puede ser realmente comprendido sin referirlo a él y a su vida".

La integración del personaje a su época requería un considerable trabajo de restitución de las fuentes originales: esa inmensa empresa está en curso desde 1960 y sus resultados modifican radicalmente, en muchos aspectos, las perspectivas tradicionales.

En materia de arte, abundan notables trabajos. El mecanismo de la creación, el simbolismo, el intercambio de influencias fueron revelados por maestros tales como Pierre Francastel y André Chastel, cuya obra *Art et Humanisme à Florence au temps de Laurent le Magnifique* (1959) marcó un hito. Los aspectos particulares de la filosofía y de la literatura de la época han sido objeto de estudios profundos: citemos, entre muchas obras valiosas, el *Marsilio Ficino* de Raymond Marcel (1958) y las obras de P. O. Kristeller; *La Jeunesse de Laurent de Médicis* de André Rochon (1963) y el estudio técnico de los principios poéticos de Lorenzo con relación al *Dolce stil novo* por Angelo Lipari (1973). Los trabajos de personalidades tan activas como Eugenio Garin, Christian Bec y sus pares en las universidades y centros de investigación de Europa y de América, aportaron y siguen aportando, no sólo a la historia del humanismo sino también a la de Lorenzo, el segundo plano que faltó durante mucho tiempo. El valioso y pequeño libro de Paolo Orvieto, *Lorenzo de Médici* (1976) lo prueba suficientemente.

En materia financiera la deficiencia de las fuentes antiguas era grande: a partir de 1963 fue salvada por la síntesis de Raymond de Roover *The Rise and Decline of the Medici Bank*, completada por sabias contribuciones sobre el funcionamiento de las filiales Médicis: un descubrimiento fortuito en 1950, el de los libros de la contabilidad secreta de los grandes banqueros, permitió llevar a cabo este estudio en profundidad.

El gobierno, el sistema fiscal, las clases sociales de la República florentina bajo los Médicis, sólo eran conocidos a partir de memorias o de sondeos. En la actualidad han sido objeto de análisis especializados, entre los cuales cabe citar: Nicolai Rubinstein, *The Government of Florence under the Medici* (1966); Dale Kent, *The Rise of the Medici faction in Florence* (1978); y también *Les Toscans et leurs familles. Une étude du "catasto" florentin de 1427*, obra posible gracias a la informática por Christiane Klapish y David Herlihy (1978).

Finalmente, la monumental empresa de la publicación completa de las *Cartas de Lorenzo de Médicis* está sacando a la luz nuevos datos. Empieza con el recuento general de todas las misivas conservadas en Florencia, Roma, Milán, Módena y Venecia. Nicolai Rubinstein preside esta notable obra. Con Ricardo Fubini ha editado los primeros volúmenes a partir de 1977. Ahora, por su abundancia —precisiones que aporta sobre la cronología de los acontecimientos, anexos, tratados, cartas de príncipes y potencias extranjeras, informes de embajadores—, ese material nos permite distinguir mejor las causas, los móviles y los límites de las responsabilidades.

Remontándonos a los orígenes de la fortuna del Magnífico, siguiendo los derroteros que lo conducen al primer rango del Estado florentino, estaremos en condiciones de apreciar en su contexto al hombre político, al banquero, al mecenas y al poeta, un Lorenzo múltiple, a la vez Apolo victorioso y Marsias desollado, tal como figuran juntos en el sello de cornalina de los Médicis.

París, enero de 1982.

PRIMERA PARTE

*Las raíces
de la fortuna*

Capítulo Uno

Una República de mercaderes

En el centro del Occidente medieval, Italia ofrece a los hombres una calurosa acogida. Escapando tanto de la centralización monárquica como de las estrictas jerarquías feudales, se abre sin reservas a las influencias, a las ideas, a las riquezas provenientes del mundo entero. A ella se entra por los pasos alpinos, por los puertos del Mar Tirreno y del Adriático, por los del extremo sur, frente a Africa. Y por los mismos caminos salen sin cesar osados aventureros que se lanzan hacia las fuentes de ganancias, los lugares de intercambio y trueque, llegando tras extenuantes cabalgatas y travesías a la lejana Champagne, a las riberas del Báltico, del Mar Negro o, en Asia Menor, a los confines de Rusia y del misterioso Oriente.

En el siglo XII, el mercader transportaba en su cinturón y en las alforjas de su montura el dinero destinado a sus compras o proveniente de sus ventas. Los peregrinos y los cruzados que van a Tierra Santa también marchaban provistos de pesadas bolsas. Bandoleros y piratas hacían de ello buen negocio, pero también lo hicieron los señores saqueadores y los hombres de armas que, a más y mejor, exigían rescate a los viajeros. Si por fortuna estos lograban escapar del pillaje, podían ser víctimas de accidentes. Múltiples riesgos pululaban en las rutas, ya por tierra, ya por mar.

El peligro aguza el ingenio. Se inventaron defensas: el pago de las compras se escalonaba de una feria a otra (había cuatro por año, en general). Heredada del sistema de trueque, la compensación de pagos se generalizó: a una venta correspondía una compra y viceversa. El problema del cambio de productos era crucial. Había que tener en cuenta las acuñaciones monetarias que hacían variar el contenido de metal precioso de un país a otro y a veces de una señoría o de una ciudad a otra. Se perfeccionó un instrumento muy ágil, la letra de cambio, que permitía al viajero entregar en su punto de partida la suma de que quería disponer, en diferentes especies, en su lugar de destino. El buen funcionamiento del sistema exigió el establecimiento a través de Europa de corresponsales aptos para cumplir con una orden de pago. La instalación de esa red se consigue progresivamente en el siglo XII, al mismo tiempo que se generaliza la práctica del seguro de los transportes de mercancías.

Esos considerables progresos en las técnicas comerciales favorecieron el crecimiento de la clase de los banqueros y cambistas. Al comerciante viajero sucede el hombre de negocios sedentario. En los puertos, en Génova, en Venecia, los comerciantes se agrupan en convoyes durante el transcurso de un solo viaje marítimo. Compartían gastos y beneficios. Se partía con una carga y se regresaba con otra. En las ciudades del interior, Siena, Plasencia, Florencia, aparecieron estructuras más estables, las compañías de comercio. Esas asociaciones duraban tanto tiempo como lo desearan sus miembros. Los asociados participaban de las ganancias y las pérdidas al prorrateo de su parte de capital. La razón social de esas agrupaciones era a la vez bancaria y comercial. Los mercaderes que forman parte de ellas ofrecen sus servicios como cambistas y también como compradores y vendedores de los más variados productos. Esta función respondía a una necesidad económica.

Italia era, en efecto, una vasta manufactura aplicada a industrias de transformación: así se producían armas en Milán y telas de lana y sedas en Florencia. Las materias primas, adquiridas en el exterior, se pagaban gracias a la exportación de los productos suntuarios. La balanza comercial se inclinaba marcadamente en favor de Italia. Florencia se distinguía por la calidad de su producción controlada atentamente por las corporaciones de oficios (gremios o "artes").

Una de las primeras en aparecer se encargaba del apresto y del refinado de los paños. Se llamaba el arte de Calimala, por el nombre de una antigua calle, tal vez de mala fama, donde se encontraban los talleres. Los jefes de empresa compraban en las ferias de Champagne paños burdos; luego los sometían a una serie de tratamientos cuyo secreto era celosamente guardado. El paño, desengrasado, aligerado, mullido, recibía vivos colores. Se teñía de azul con hierba pastel, de rojo con cochinilla y rubia, de púrpura violáceo con una maceración de urchilla, especie de liquen, en orina. Este último procedimiento hizo la fortuna de la familia Rucellai que adoptó como apellido el nombre de la planta (*rocella*).

El arte de Calimala y otros seis grandes gremios forman las "artes mayores". El gremio de los jueces y notarios era el único que no estaba directamente relacionado con el comercio, aunque aseguraba su buen funcionamiento mediante su intervención en los contratos y otros instrumentos jurídicos. La lista comprendía luego el arte de los banqueros y cambistas, el de los médicos, boticarios y merceros, que se dedican al comercio de especias y piedras preciosas; el gremio de la lana, en el que entran los fabricantes locales de paños; el arte de la seda, llamado todavía de Por Santa María, haciendo referencia a su instalación urbana, y finalmente el gremio de los peleteros y trabajadores del cuero.

Un segundo grupo, designado en el siglo XIII bajo el nombre de "artes medianas", comprende cinco corporaciones que no practicaban el comercio internacional: carniceros, zapateros, herreros, carpinteros de obra y albañiles, comerciantes en ropa. Un tercer grupo forma las "artes menores". Según las épocas, contaba de nueve a diez gremios de pequeños oficios: taberneros y comerciantes de vinos, posaderos, vendedores de sal, de aceite y de queso, curtidores, armeros, cerrajeros, carreteros, carpinteros, panaderos. Estos artesanos, que proporcionaban las mercancías y productos necesarios para la vida cotidiana, no podían ser comparados, ni por sus ingresos ni por su influencia, con los miembros de las artes mayores o medianas. Sin embargo, los veintiún gremios se regían por estatutos semejantes. Sólo los jefes de empresa podían ser miembros. Se comprometían a observar la legislación del trabajo, las normas de producción, los controles de calidad, las listas de precios. Los responsables elegidos en la corporación, cónsules o priores, tenían derecho a sancionar a los infractores y hasta a llevarlos ante la justicia si practicaban actividades ilegales, tales como la usura prohibida por la Iglesia y, desde luego, si entregaban productos que no cumplieran las normas.

Los gremios, instituciones de contención, proporcionaban pues la materia debidamente controlada y normalizada de todo el comercio local e internacional de Florencia. Los mercaderes que formaban compañías para vender los productos y negociar en el exterior no pertenecían a una sola de las artes mayores: habitualmente estaban inscritos a la vez en el gremio de los cambistas y en uno o dos más que agruparan oficios de producción.

Los florentinos banqueros de Europa: prosperidad y quiebras

El éxito financiero de las compañías florentinas está ligado a la coyuntura política. En el siglo XIII, la ciudad, desgarrada por las luchas entre los gibelinos, partidarios de los emperadores romanos germánicos, y sus adversarios, los güelfos, vivió el triunfo de estos últimos en 1266. A partir de entonces los Papas, enemigos de los emperadores, pedirán préstamos a Florencia. También el célebre Carlos de Anjou, hermano de san Luis, solicitará a Florencia apoyos financieros que le permitirán apoderarse de Nápoles y de Sicilia en detrimento de los descendientes del emperador Federico II Barbarroja.

Los mercaderes florentinos se beneficiaron, por otra parte, con las resonantes quiebras de algunos de sus competidores de las ciudades vecinas, Siena, Lucca y Pistoia. Esas bancarrotas sobrevinieron en cascada a fines del siglo XIII. En Florencia misma, la guerra civil que estalla en 1300 entre la facción de los "Blancos" (bastante cercana a los gibelinos) y la de los "Negros", terminó con la proscripción de grandes familias de banqueros (como los Portinari, a los que pertenecía la Beatriz de Dante, él mismo víctima del ostracismo).

Las compañías de los "Negros", adueñadas de la plaza, se entregaron a una encarnizada competencia: gran número de ellas desaparecieron poco a poco. La caída más espectacular fue la de los Scali en 1326, que atemorizó a los mercaderes agrupados en sociedades bajo el auspicio de los Bardi, de los Peruzzi y de los Acciaiuoli. Estos decidieron no disputarse más los mercados y practicar la solidaridad; con esta actitud se ganaron la confianza de los pequeños ahorradores. Estos tomaron la costumbre de confiar sus capitales a las compañías, que los recibían en depósito y los hacían fructificar en el comercio internacional, el préstamo y el cambio de plaza en plaza, eludiendo así la prohibición del interés por las leyes de la Iglesia: la tasa variaba del 6 al 10% (notemos, a título de comparación, que el interés inmobiliario no daba entonces en promedio más del 5%). Los asociados a las compañías participaban del capital y gozaban de dividendos que podían ser suculentos: del 15 al 40% por año desde 1300 hasta 1324 para los "accionistas" de las compañías Peruzzi, del 12 al 16,50% desde 1322 hasta 1329 para los de los Alberti, ¡del 300 al 1.000% para los de Rosso degli Strozzi desde 1330 hasta 1340!

Estas enormes ganancias explican que en el siglo xiv la República de Florencia recurriera, para alimentar su presupuesto, a la práctica del empréstito público. El interés normal era bajo (5%) pero podía alcanzar el 15% cuando se compraban títulos a bajo precio en los momentos de crisis. El empréstito del Estado ofrecía un cargo diferencial a hombres de negocios favorecidos por el éxito. Del mismo modo, ese éxito explica el florecimiento, en el siglo xiv, de las construcciones suntuarias, palacios, monasterios, capillas decoradas por prestigiosos maestros, como por ejemplo Giotto, que pinta los frescos de las capillas Bardi y Peruzzi en la iglesia franciscana de Santa Croce. Poco a poco, embriagados por el éxito, los hombres de negocios renunciaron a la prudencia en sus cargos. Se dejaron convencer y consintieron préstamos a los príncipes. Esperaban lograr así beneficios excepcionales: un interés muy elevado que podía alcanzar el 33,33% y licencias de exportación, con franquicias aduaneras, por ejemplo para la lana inglesa y el trigo siciliano. Las compañías no pudieron resistirse mucho tiempo a esas perspectivas tan incitantes y al prestigio que prometían.

Los Bardi prestan al rey de Inglaterra cerca de 900.000 florines y los Peruzzi 600.000; al rey de Sicilia, Roberto de Anjou, le adelantan cada uno más de 100.000 florines. El cronista florentino Villani escribió que los préstamos hechos a Inglaterra valían un reino. No se trata de una figura literaria. A título de comparación, podemos citar que la compra de Aviñón por el papa Clemente VI a Juana de Nápoles ascendió, en 1348, a 80.000 florines, y la de Montpellier por el rey de Francia, en 1349, a 133.000 florines. Ahora bien, el rey Eduardo III, debiendo hacer frente a los considerables gastos de la guerra contra Francia, no pudo reembolsar lo que debía a los florentinos. Las compañías quebraron: los Peruzzi y los Acciaiuoli en 1343, los Bardi en 1346.

Los negocios cayeron en un verdadero marasmo, pero pronto una nueva catástrofe dramática y diferente se abatió sobre Florencia:

la terrible epidemia europea de la peste negra, que se llevó a más de dos tercios de la población de Florencia desde 1348 hasta 1350. Más de ochenta mil muertos en una población que tal vez alcanzaba los ciento veinte mil habitantes, ¡quizá noventa y seis mil muertos si se cuentan las víctimas de la campiña vecina! La recuperación demográfica, bien encaminada en 1380 (sesenta mil habitantes) se vio interrumpida por olas sucesivas de epidemias: en 1427, en el recuento fiscal del *catasto*, se censaron en la ciudad ¡sólo treinta y siete mil habitantes! Si bien Florencia podía seguir comparándose entonces con Sevilla y Londres (cincuenta mil habitantes), se queda pequeña frente a los conglomerados gigantescos de Italia, Nápoles y Venecia, que contaban cada una con cien mil habitantes.

Los negocios se reanudaron por intermedio de nuevas sociedades constituidas por las familias de comerciantes Alberti, Albizzi, Ricci, Strozzi, Soderini y también Médicis. Esta miríada de hombres de negocios formó clanes que renunciaron a entenderse como sus predecesores y que, por el contrario, trataban de destruirse mutuamente. Así, los Alberti, convertidos en poderosos banqueros del papado, forzaron a los Guardi a ir la quiebra en 1370-1371. También se opusieron a los Albizzi y a los Ricci, pero una prueba de fuerza en el terreno político los llevó al exilio. Su partida casi no altera la clase de los notables: hacia 1370 se cuentan en Florencia de ciento cincuenta a doscientas familias de hombres de negocios, cifra comparable a la de Venecia. Entre los miembros de esas familias hay de mil a mil quinientos comerciantes activos, cantidad que se mantuvo bastante constante.

Unos cincuenta años más tarde, durante el primer censo fiscal de 1427, cien familias disponían de más de la cuarta parte de la fortuna de la ciudad, es decir, la sexta parte de la riqueza total de Toscana.

La organización política de Florencia

Un pequeño número de privilegiados detentaba en Florencia el poder del dinero: del poder económico al político sólo hay un paso, rápidamente franqueado. En el siglo XII, la ciudad estaba administrada por cónsules, más tarde llamados "ancianos", surgidos de la burguesía local, responsables ante el conde de Toscana, que residía la mayor parte del tiempo en Lucca, bajo la lejana autoridad del emperador romano germánico. El conde, los nobles de los alrededores, que tenían una fortaleza en la ciudad, así como el obispo, mostraban tendencia a invadir los derechos reservados a los burgueses. Estos apelaron a un árbitro extranjero, que se convirtió en un magistrado regular, el podestá, reclutado por el corto período de un año o menos todavía. Se le pagaba generosamente para que asumiera las funciones de juez y para que arbitrara entre las facciones rivales. Pero los hidalgos de la vecindad, a favor de las luchas entre güelfos y gibelinos, no soportaban fácilmente esa tutela.

En 1250 fue necesario organizar una milicia comunal para reducirlos a la obediencia. Esta milicia estaba bajo el mando de un "capitán del pueblo", elegido como el podestá entre los nobles güelfos no nacidos en Florencia. El "capitano del popolo" tenía la misión de recibir las quejas de los ciudadanos en contra de la distribución de los impuestos y de las exacciones de los nobles. El podestá fue mantenido como juez en lo criminal y en casación; además siguió siendo jefe del ejército en el exterior. Podestá y capitán del pueblo eran asistidos cada uno por dos Consejos. Los Consejos del podestá eran denominados "Consejos de la Comuna", pues toda la comunidad, nobles y comerciantes, estaba representada en ellos. Los del capitán se llamaban "Consejos del Pueblo" pues estaban constituidos únicamente por *popolani*, miembros de la burguesía mercantil. Estos adquirieron rápidamente la supremacía.

La victoria de los güelfos en 1266 supuso un progreso en la participación del pueblo en el gobierno de la ciudad. Los gibelinos, apartados de él, contaban en efecto con numerosos nobles en sus filas. Los comerciantes y artesanos se impusieron a ellos. La administración de la ciudad fue asumida progresivamente por las corporaciones mismas o, al menos, por las más importantes, los gremios mayores, con exclusión de jueces y notarios que ya participaban, a títulos diversos, en el funcionamiento de las magistraturas: seis miembros elegidos en cada uno de esos gremios, llamados "priores", formaban un colegio ejecutivo, la "Señoría", en el cual ellos representaban a la vez a su propia corporación y a una de las seis divisiones de la ciudad, *sestieri* o *sesti*, que reemplazaron la antigua división de la ciudad en cuatro.

En 1293, las ordenanzas de justicia promulgadas el 18 de enero otorgaron aún más poder al pueblo. Las cinco artes medianas recibieron el privilegio de proveer, con las artes mayores, candidatos para las funciones de prior y de gonfaloniero de justicia. Este nuevo magistrado celebra sesiones con los seis priores en el Colegio de la Señoría. Tiene el poder de decidir y de hacer cumplir sus decisiones, y para ello dispone de una milicia de mil, y luego de dos mil hombres armados. Esta estructura de la Señoría se mantendrá hasta fines del régimen republicano en el siglo XVI.

Las deliberaciones del Colegio de la Señoría eran examinadas por un Consejo de cien miembros elegidos entre los comerciantes de la ciudad. Pasaban luego ante los "Consejos del Pueblo" presididos por el capitán del pueblo —dos asambleas de ochenta y de trescientos miembros formadas por los representantes de todos los gremios llamados *popolani*—, y por último ante los "Consejos de la Comuna" presididos por el podestá —noventa y trescientos miembros a los cuales se sumaban los cónsules de las corporaciones—. El voto se hacía, ya fuera público, ya fuera secreto por medio de habas, negras para significar sí, blancas para decir no. Los asuntos particularmente importantes eran sometidos al pueblo convocado en la plaza pública en parlamento y que debía proclamar su opinión por aclamación. Antes de formular sus propuestas, los priores llamaban en consulta a expertos de toda clase. Podían así convocar un Comité de Reforma (*balia*) encargado de prerrogativas que solían ser extremadamente amplias.

Esta abundancia de consejos y de comités imponía a los gobiernos un control que era ejercido por gran número de ciudadanos. Existía además otra instancia que los supervisaba: el "partido güelfo". Dicho partido era una formación política oficial dotada en 1267 de un aparato de dirección reforzado que recuerda al del Estado (un Colegio de Capitanes flanqueado de dos Consejos). Su objetivo prioritario era vigilar que las medidas públicas y las acciones individuales no favorecieran de ninguna manera a los gibelinos, a menudo por medio de las denuncias a los sospechosos. La República le encargó el mantenimiento de fortalezas, murallas y edificios públicos. Colocados bajo semejante vigilancia, los miembros de la Señoría carecían en principio de toda posibilidad de imponer una política. Por otra parte, su mandato sólo duraba dos meses.

Su vida en común estaba presidida por normas muy estrictas. Tenían que retirarse a una casa donde estaban obligados a permanecer día y noche. Estaban totalmente mantenidos por el Estado. Su residencia obligada estaba al principio en una torre cercana al palacio del podestá y más tarde en el palacio comunal (hoy *Palazzo Vecchio*) construido a fines del siglo XIII. No percibían ninguna remuneración. Al retirarse del cargo, tenían el privilegio de portar hasta su muerte toda clase de armas en el territorio florentino. El mismo hombre no podía ser reelegido prior antes de dos años y gonfaloniero antes de uno.

A ese organismo esencial que es la Señoría se le suma en junio de 1321 un Colegio de doce hombres de pro (*buoni uomini*), elegidos por seis meses y asociados a la toma de decisiones. Esta institución permite mantener durante el período de tres Señorías la unidad de miras y de objetivos políticos. La elección con intervalos muy cercanos de los priores, del gonfaloniero de justicia, de los "hombres de pro" y también de los abanderados o gonfalonieros de la milicia urbana provocaba una agitación permanente en la ciudad. Para remediarla, se adoptó en 1323 el sistema muy ingenioso del "escrutinio" (*squittino*): la Señoría y un comité especial nombrado a tal efecto confeccionaban la lista de los ciudadanos aptos para ejercer los cargos públicos durante un período de cuarenta y dos meses, correspondiente a veintiuna Señorías. Se escribían los nombres sobre trozos de pergamino que se metían en bolitas de cera, depositadas a su vez dentro de bolsas. Cuando era necesario proveer a uno de los oficios del Estado (había ciento treinta y seis), se sorteaban los nombres contenidos en las bolsas. El "escrutinio" debía ser revisado periódicamente, al menos cada cinco años, a fin de renovar la lista de las personas elegibles.

Progresivamente el sistema se perfecciona. La asamblea excepcional, encargada de confeccionar la lista, era asistida por tres religiosos no florentinos, un franciscano, un dominico y un ermitaño, que juraban permanecer imparciales. Su tarea consistía en escribir los nombres decididos por la asamblea, por una parte en los trozos de pergamino encerrados en las bolsas y, por otra, en un registro que daría fe en caso de impugnación. Se formaban seis bolsas, una por cada *sesto*, de donde se extraía el nombre de los priores, y una séptima bolsa de la cual salía el nombre del gonfaloniero. Los nombres de los elegibles para los otros cargos estaban contenidos en bolsas más grandes. El convento franciscano de Santa Croce asumió la custodia de las bolsas, mientras que el registro se conservaba en el convento dominico de Santa María Novella. El capitán del pueblo o el podestá eran los encargados de efectuar el sorteo. Paralelamente las instituciones se simplifican, el Consejo de los Cien que asistía a los priores desaparece y los Consejos del capitán del pueblo y del podestá se unen para no formar más que dos. Empero, la elección de un prior por *sesto* tenía el inconveniente de que un solo hombre era representativo de esa circunscripción y ello le otorgaba un peso político personal tanto más considerable cuanto más grandes fuesen su riqueza y su notoriedad propias. Este estado de cosas se subsanó en 1343. Un señor extranjero que había sido llamado como árbitro, Gauthier de Brienne, duque de Atenas, había perjudicado tan seriamente a las instituciones que estas necesitaban ser reorganizadas. Se abolió la división de la ciudad en seis partes (*sesti*) y se volvió a la antigua división en cuatro cuartos o barrios que toman el nombre de los principales santuarios: Santo Spirito u Oltrarno, Santa Croce, San Giovanni y Santa María Novella. A cada barrio se le une la parte de la campiña que limita con él.

Se eleva a ocho el número de priores, ya que cada barrio proporcionaba dos. Con el gonfaloniero de justicia, la Señoría cuenta con nueve miembros. El Colegio de los "hombres de pro" está formado por doce miembros (tres por barrio), y el otro Colegio, el de los gonfalonieros de las compañías de la milicia urbana, es de dieciséis personas (cuatro por barrio). Los miembros de las asambleas (Consejos del Pueblo y de la Comuna) son igualmente representativos de los barrios en similares porciones.

El presupuesto de la ciudad era considerable en comparación con el de los grandes Estados europeos. Las recaudaciones se elevaban en 1330 a 300.000 florines y los gastos a 120.000 en un año ordinario, pero en tiempos de guerra se producía rápidamente el déficit. Las arcas de la comuna eran alimentadas por las gabelas, derechos percibidos a la entrada de la ciudad sobre los productos y, en la ciudad misma, sobre los objetos suntuarios. Más tarde se gravaron además las transacciones territoriales y las construcciones. El presupuesto del Estado se mantenía también con empréstitos forzosos (*prestanze*). Las compañías de mercaderes, como los particulares, pagaban impuestos sobre la base de una estimación de sus ingresos (*estimo*). Aquellos que satisfacían exactamente sus cuotas estaban inscritos en primer lugar en los libros de la deuda pública (*monte*) percibían intereses sustanciales y eran declarados aptos para ejercer cargos públicos. Cada vez más, los pequeños oficios, gravados como los otros, exigían ser reconocidos totalmente como artes.

Rebeliones sociales y triunfo de los notables

Entre los hombres que constituían la clase más humilde de Florencia, los *braccianti* (braceros) y los *ciompi* (cardadores de lana) eran los peor remunerados, estando además sometidos a la violencia física de sus empleadores. Su miseria rivalizaba con la de los esclavos que por entonces poseían la mayoría de las familias adineradas, esclavos rusos y orientales raptados por los venecianos en las costas del Mar Negro y que eran objeto de un lucrativo tráfico en Italia.

La rebelión de los esclavos se traducía, periódicamente, en el asesinato o la huida. Pero la solidaridad de la clase de los notables impedía toda manifestación masiva de los llamados "enemigos domésticos".

En cambio, el pueblo miserable no dejaba de encontrar, de tanto en tanto, heraldos. Así, el duque de Atenas concedió a los pequeños oficios, en 1343, el derecho a tener cónsules. Después de la catástrofe demográfica de la peste negra, el déficit de mano de obra benefició a la gente humilde, cuyo trabajo era necesario para la recuperación de la economía. Los notables sufrían su presión. En esta situación, las artes menores exigieron ser asociadas a la gestión del Estado, pero se vieron perjudicadas por el restablecimiento de las instituciones tradicionales.

Una parte de los notables se hallaba dispuesta a explotar, en su propio interés, el descontento popular. Estaba formada por comerciantes recientemente incorporados al círculo de los negocios: los Rondinelli, los Capponi, los Médicis. Esos recién llegados eran mantenidos a distancia del poder por las antiguas familias: los Pazzi, los Donati, los Bardi. No del todo, sin embargo: así, un tal Giovanni de Médicis formó parte de la delegación que Florencia envió en 1341 a tomar posesión de Lucca, comprada a caballeros alemanes. Ese Médicis se reveló incapaz de hacer frente a los pisanos, que arrebataron a Florencia su nueva posesión. El duque de Atenas, aplaudido por los antiguos notables, hizo ejecutar al culpable.

Tras la peste de 1348, la rivalidad entre las viejas familias y los notables recientes (que se habían adjudicado el nombre de *popolani*) adquiere el aspecto de una guerra civil larvada. El apoyo implícito del pueblo bajo tornó temibles a los *popolani*. Los viejos notables buscaron un medio de apartar a sus enemigos de los cargos públicos; con este fin convirtieron en ley la práctica de la *ammonizione*, es decir, la denuncia pública de los individuos sospechosos de ser favorables a los gibelinos. A los denunciados se los castigaba con diversas penas, la primera de las cuales era la "muerte civil": son excluidos de las listas del escrutinio y por lo tanto de las bolsas de donde se extraen los nombres de oficiales y magistrados de la República.

La alta burguesía detentaba el poder. Sus jefes, Piero degli Albizzi, Carlo Strozzi y Lapo di Castiglionchio, gobernaban directamente o por intermedio de sus hombres de confianza. Desde 1357 hasta 1366, apartaron a más de doscientos ciudadanos pertenecientes al partido popular, algunos de los cuales, por otra parte, eran sus parientes. Mientras tanto, un pequeño grupo de hombres decididos aguardaba su revancha: Benedetto degli Alberti, Giorgio Scali, Tommaso Strozzi (primo de Carlo) y Salvestro de Médicis.

Pese a la presión de los grandes notables, Salvestro fue elegido gonfaloniero. Al tomar posesión de su cargo, se apresuró a proponer a la Señoría una ley de amnistía en favor de quienes habían sido anteriormente denunciados como sospechosos. Aunque su propuesta no fue tenida en cuenta por la mayoría de los priores, Salvestro la presentó al Consejo del pueblo, que la aprobó. Al conocerse la noticia, el bajo pueblo se sublevó contra los grandes burgueses, saqueando e incendiando sus moradas. Antes de finalizar su magistratura de gonfaloniero en junio de 1378, Salvestro de Médicis consiguió así anular la influencia de los magnates sobre la República. Todavía ese resultado no era más que un triunfo a medias para los *popolani*. Los grandes burgueses, amos de las artes mayores, seguían siendo poderosos y tenían la capacidad de hacer nombrar a sus hombres en los más altos cargos y recuperar así el control del Estado. Para abatirlos hacía falta no ya una rebelión, sino una revolución. Los trabajadores miserables habían probado sus fuerzas en el primer levantamiento. Salvestro de Médicis y sus amigos les sugieren proseguir su rebelión contra el orden establecido, esta vez en el plano social y económico. Los más humildes, que estaban a merced de los grandes patrones, y entre ellos la multitud de cardadores de lana (*ciompi*), se reunieron en secreto y juraron combatir hasta la muerte para imponer su derecho a agruparse en asociaciones profesionales. Deseaban obtener condiciones de empleo que les permitieran vivir decentemente y participar como ciudadanos en la vida del Estado.

El motín popular triunfa bajo la conducción del jefe de los *ciompi*, Michele di Lando. Una Asamblea de Reforma (*balia*), de la que forman parte Salvestro de Médicis y Benedetto degli Alberti, toma medidas revolucionarias. Se crearon tres nuevos gremios. Los pequeños oficios dependientes de la lana (cardadores) forman el primer grupo, que contaba con nueve mil miembros. Los tintoreros, bataneros, fabricantes de peines de cardar y tejedores, constituían el segundo. Los esquiladores, remendones, lavadores, calceteros y fabricantes de estandartes, se agruparon en el tercero. Estas nuevas artes procedieron, con los demás gremios, a la elección de una nueva Señoría. De los nueve puestos de esta se adjudicaron cinco, entre ellos el de gonfaloniero de justicia, que recayó en el cardador Michele de Lando. Las antiguas artes menores obtuvieron dos cargos y las artes mayores también dos. Una mayoría de siete votos sobre nueve recaía pues en los oficios y gremios más humildes. La nueva Señoría quería dar continuidad a esa participación popular; para ello dispone que en el futuro los grupos de artes mayores, menores y nuevos, proporcionen cada uno tres miembros a la Señoría, siendo elegido el gonfaloniero de cada grupo sucesivamente.

Semejante organización, demasiado democrática en una República basada desde hacía tanto tiempo en el poder y la influencia de los grandes comerciantes, estaba condenada a ser efímera. En octubre de 1378 las artes mayores y menores se ponen de acuerdo para suprimir la primera de las artes nuevas, la más turbulenta, la de los *ciompi*. Entre las veintitrés artes subsistentes, siete artes mayores (los siete grandes gremios tradicionales) proporcionarán cuatro miembros a la Señoría y las dieciséis artes menores los cinco miembros restantes. El gonfaloniero será nombrado alternativamente de los dos grupos de gremios. Un pequeño número de cabecillas de la fallida revolución, entre los cuales se encontraba Michele de Lando que aceptó el restablecimiento del orden, pudo conservar las distinciones que le habían sido otorgadas.

Esta "recuperación" de la República por las fuerzas conservadoras provocó una oleada de protestas y de cruentas rebeliones populares. Pero los disturbios fueron cruelmente dominados. En 1382, el gremio de la lana recuperó su primacía. Se suprimieron las dos artes de pequeños oficios recientemente creadas. La gran rebelión de los *ciompi* terminó con sangre y proscripción. Giorgio Scali fue condenado a muerte, Salvestro de Médicis desterrado a Módena, Michele de Lando exiliado a Chioggia y Benedetto degli Alberti a Génova, junto a una multitud de partidarios y miembros de familias amigas.

La evolución de la República florentina hacia un régimen democrático se interrumpió bruscamente. El "popolo grasso" de los comerciantes se impuso al "popolo minuto" de la gente humilde. La oligarquía de las artes mayores, mediante un riguroso control de los elegibles, se arrogó la mayoría de los cargos, colegios y comités. Así, en adelante le pertenecían regularmente cuatro de los ocho priores y el gonfaloniero. El aniquilamiento del partido popular parecía eliminar por mucho tiempo, si no para siempre, a los nuevos notables que lo habían creado y dirigido. Entonces comienza para ellos, y especialmente para los Médicis, una larga travesía del desierto.

Capitulo Dos

Los Médicis salen de la sombra

Elevados por la ola del partido popular hasta la cima del poder y luego bruscamente alejados por la resaca en la segunda mitad del siglo xiv, los Médicis sufrieron un destino común a muchas familias de la sociedad florentina. Durante varias generaciones, ascienden pacientemente los peldaños de la notoriedad pública integrándose en la clase media mediante el juego de asociaciones de intereses, de afiliaciones a las corporaciones y de matrimonios.

Una familia de origen humilde

La familia Médicis proviene de la región rural del Mugello que corresponde al alto valle del Sieve, afluente de la margen derecha del Arno. Los rientes paisajes de esa campiña fértil están protegidos del viento del norte por cimas elevadas: los Apeninos alcanzan los 1.700 metros en el Falterona y más de 1.000 metros en el Montegiovi. Existen allí numerosos pueblos, algunos de los cuales parecen haber sido concedidos antiguamente por las grandes familias Ubaldini y Conti como feudos a los Médicis: San Pietro in Sieve, Borgo Grinzelli,

Rezzanico, Trebbio y Cafaggiolo. Abundan las leyendas sobre los primeros Médicis. Una de ellas cuenta que su primer antepasado conocido era un productor de carbón de leña del Mugello, cuyo hijo habría sido médico. De allí el nombre de la familia y el escudo de armas compuesto de roeles heráldicos que han sido interpretados como píldoras ¡y hasta como ventosas! Otra leyenda teje una explicación épica de ese blasón. En tiempos de Carlomagno, el gigante Mugello hacía estragos a la entrada de las gargantas del Sieve. Un valiente caballero, Averardo de Médicis, habría tenido el coraje de desafiarlo solo y de herirlo de muerte. Antes de sucumbir, el gigante habría golpeado el escudo de su adversario con su maza de la que pendían bolas de hierro, imprimiéndole las famosas esferas heráldicas. El caballero transmitió así a sus descendientes el escudo de armas que conservaba el recuerdo glorioso de su victoria.

Sea lo que fuere de esos orígenes nobiliarios, es en el seno de la buena burguesía florentina donde aparece en 1201 un Médicis: Chiarissimo, hijo mayor de un tal Giambuono de Médicis, miembro del Consejo de la Comuna, que poseía varios inmuebles cerca del Mercado Viejo. En 1251, otro Médicis, Giovanni, participó en las operaciones militares emprendidas contra los lombardos. En 1291, Ardingo, hijo de Buonagiunta de Médicis, llegó a ser prior, y entre 1296 y 1297, fue gonfaloniero de justicia. Su hermano Guccio fue también gonfaloniero en 1299. Otro Médicis, Averardo, será gonfaloniero en 1314. Una de las personalidades de la familia será luego ese otro Giovanni condenado a muerte por el duque de Atenas tras haber fracasado en Lucca; hay un hermano, Francesco, que lo venga trabajando por la caída del tirano y que luego participa en los Consejos que revisan la Constitución.

La familia Médicis empieza ya a destacar entre los *popolani* frente al partido de los grandes burgueses. Un tal Bartolomeo de Médicis se hizo notar en la lucha entre las dos facciones. Salvestro lo sustituirá. Como hemos visto, su participación en el "tumulto" de los *ciompi* fue determinante. Hasta entonces, los Médicis se movían en un nivel medio de fortuna. En 1364, con motivo de un empréstito forzoso, fueron gravados con 304 florines mientras que, por ejemplo, los Strozzi debieron pagar 2.062 florines. Ahora bien, la riqueza y el éxito en los negocios eran los criterios de acuerdo con los cuales se seleccionaba en Florencia a las personas elegibles para los cargos y a los expertos llamados a dar su opinión en las instancias del Estado. Los Médicis rara vez figuraron en colegios y comités. Por otra parte, les perjudicó su falta de cohesión: las nueve ramas de una familia extremadamente numerosa se oponían con violencia las unas a las otras, contrariamente a lo que ocurría por ejemplo entre los Strozzi o los Albizzi. Desde 1343 hasta 1360, se dictaron cinco condenas a muerte contra los Médicis. El exilio los afectó en gran parte como consecuencia del tumulto de los *ciompi*. Luego, a finales del siglo xiv y a principios del siglo siguiente, los que escaparon del destierro conspiraron contra el Estado y fueron exiliados a su vez. En 1400 sólo quedaban en la ciudad los hijos de Vieri de Médicis y de Averardo, al que llamaban Bicci, por el apellido de un usurero de los tiempos de Dante. Esas familias carecían de gran fortuna; sus impuestos se cifraban en 220 y en 12 florines respectivamente para los préstamos forzosos a la comuna.

Averardo murió de peste en 1363. En la liquidación de su sucesión sus cinco hijos se repartieron una herencia muy modesta. Devolvieron a su madre, Giacoma Spini, los 800 florines de su dote y, obedeciendo a la voluntad paterna, entregaron 50 libras de plata a fundaciones piadosas para compensar las ganancias excesivas que pudiera haber hecho el difunto. Dos de los hijos, Francesco y Giovanni, uno y otro designados corrientemente con el apodo de su padre ("di Bicci") entraron al servicio de su primo lejano Vieri, hijo de Cambio de Médicis. Ese Vieri era primo hermano de Salvestro, el amigo de los *ciompi*. Fue uno de los sesenta y siete ciudadanos florentinos que el pueblo amotinado elevó a la dignidad de caballeros el 20 de julio de 1378. Pertenecía al gremio de los cambistas desde 1348, pero se ocupaba igualmente de exportaciones desde el puerto de Pisa. Con un asociado, Giacomo Venturi, instaló una rama de su empresa en Venecia. Mantuvo relaciones con casas de comercio a lo largo de toda la costa de Dalmacia. Los negocios de Vieri de Médicis se desarrollaron merced a la fusión de capitales en ocasión de la creación de nuevas compañías. A partir de 1382 se asoció con su primo Francesco; luego, en 1385, con el hermano menor de este, Giovanni, conocido en la historia de los Médicis con el nombre de Juan de Bicci.

La fortuna de Juan de Bicci: finanzas y política

Juan era director asalariado de la compañía abierta por Vieri en Roma. Su boda con Piccarda Bueri, rica joven de la burguesía florentina, le proporcionó oportunas disponibilidades: 1.500 florines de dote que invierte en el capital de la compañía en octubre de 1385. Se convirtió así, junto con Vieri, en socio mayoritario de la compañía en Roma.

Ahora bien, en 1393, Vieri, de setenta años, se encuentra enfermo y se retira de los negocios. Se había casado tarde y sólo tiene como herederos a dos niños pequeños, así que vendió su parte del capital de las compañías a sus parientes y asociados. Los dos hijos de Averardo di Bicci se hicieron cargo por su propia cuenta de los establecimientos en los que participaban como accionistas. Francesco y luego su hijo, llamado Averardo como su abuelo, harán florecer sus negocios comerciales y de cambio en Florencia, Roma, Pisa, así como en España, en Barcelona y Valencia. Pero la empresa desaparecerá en 1443 por la muerte del nieto de Averardo.

Juan de Bicci habría de tener más suerte. Asocia a su compañía de Roma a Benedetto de Bardi; después, en 1397, transfiere la sede a Florencia. Esta iniciativa constituyó el acta de nacimiento del gran banco Médicis. Juan lo acompañó con un aumento considerable del capital: aportó 5.500 florines, Benedetto 2.000 y un nuevo asociado, Gentile Buoni (que, en verdad, pronto se retiraría), 2.500; en total 10.000 florines que se redujeron a 8.000 por el abandono de Buoni. Los resultados superaron lo esperado: las ganancias ascendieron al 10% del capital al finalizar el primer año de ejercicio.

Las razones de esta prosperidad son simples. En Roma, la compañía movía una cantidad considerable de dinero: se ocupaba de la recaudación de algunos cánones pagados al papado y, sobre todo, recibía los depósitos de los embajadores, peregrinos, eclesiásticos de toda categoría, abates, obispos, cardenales y dignatarios de la Curia. Juan de Bicci colocó ese dinero en transacciones comerciales, primero en Florencia, luego además en Venecia a partir de 1398; incluso creó en la ciudad de los Dux en 1402 una compañía que sucede a su filial, con un capital de 8.000 florines (1.000 de los cuales fueron proporcionados por Neri Tornaquinci, director asociado).

Juan de Bicci exportaba de Florencia los productos locales, esencialmente telas y paños que compraba a los jefes de empresas; más tarde decidió convertirse él mismo en empresario. En 1402, compró una fábrica de paño de lana y puso el negocio a nombre de su hijo mayor, Cósimo, de trece años en aquel entonces, que se convertirá en Cosme, el "gran comerciante". Su intención era proporcionar al muchacho desde muy joven una formación práctica en los negocios. Naturalmente, un hombre del oficio, Michele Baldo, dirigía el taller, al que se asoció con un capital de 1.000 florines. Pero Juan de Bicci aseguró a su hijo la mayoría del capital con 3.000 florines. En 1408 repitió la operación: compra una segunda fábrica de paño de lana, dirigida por Taddeo di Filippo, e invierte en ella un capital de 4.000 florines a nombre de su segundo hijo, Lorenzo, que acababa de cumplir trece años.

Con su sede central y sus dos fábricas instaladas en Florencia, una rama autónoma en Florencia, otra en Roma, con sucursales en Gaeta y en Nápoles, la firma de Juan de Bicci se convirtió en un establecimiento importante. Su capital acumulado ascendía a 20.000 florines, principalmente invertidos en negocios bancarios: 8.000 florines en el banco de Florencia, 8.000 en el de Venecia y 4.000 en el de Roma. Sin embargo, el número de empleados era modesto. No superaba los diecisiete: cinco solamente en Florencia, cuatro en cada una de las plazas de Venecia y de Roma, y cuatro en Nápoles y Gaeta. En 1402, los salarios anuales iban de 20 florines por año a un principiante a 60 y hasta a 100 para empleados estables.

Un hermano de Benedetto de Bardi, uno de los responsables, recibe 100 florines de la rama de Roma y Neri Tornaquinci, director de la rama de Venecia, 400; pero tiene participación en el capital y percibe intereses sobre los beneficios.

Tenemos la suerte de poder consultar, en los Archivos de Florencia, los tres libros secretos del banco Médicis recientemente descubiertos. Se refieren a la sede central del banco y abarcan el período que va desde el 1 de octubre de 1397 hasta el 24 de marzo de 1451. Gracias a ellos, conocemos el funcionamiento interno del banco y, sobre todo, esas informaciones tan difíciles de obtener en cualquier época: la distribución de los beneficios entre los asociados y el monto de depósitos secretos, semejantes a las actuales cuentas numeradas de los bancos suizos. Numerosos son, en efecto, los personajes, cardenales, príncipes y grandes funcionarios que pusieron su dinero a buen recaudo en el banco Médicis.

Comprobamos que los beneficios provenientes de las seis sedes bancarias y de las dos fábricas, desde 1397 hasta 1420, se elevan a

151.820 florines, tres cuartos de los cuales fueron atribuidos a Juan de Bicci (113.865 florines) y un cuarto a Benedetto de Bardi (37.955 florines), deducción hecha de las deudas, pérdidas diversas e intereses pagados a los directores de las ramas en función de sus inversiones.

Las rentas obtenidas por el capital invertido eran importantes sobre todo en Roma (más del 30%) dada la actividad de cambio, muy lucrativa, efectuada por la Curia y por los altos dignatarios eclesiásticos.

La mayor parte de los beneficios se reinvertía en los negocios, pero Juan de Bicci sustrajo de ellos sumas importantes para formarse un patrimonio. Como hemos visto, no había heredado gran fortuna paterna. Carecía de esos signos exteriores de riqueza que atraen la confianza; por eso compró inmuebles en Florencia, y granjas y tierras en el Mugello. El acrecentamiento de su fortuna personal se percibe en el aumento progresivo de su tasación para los empréstitos forzosos: de 14 florines en 1396 pasa a 150 en 1403, mientras que a los herederos de Vieri de Médicis se reclaman 748 florines. La cuota de Juan era de 270 florines en 1413 y la de los herederos de Vieri de 235. En 1427, con motivo del establecimiento del *catasto* (censo de todas las fortunas), Juan de Bicci supera de lejos a los otros hombres de negocios. Tuvo que pagar 397 florines y sólo fue precedido por Palla di Nofri Strozzi (507 florines) y por el grupo de los dos hermanos Panciatichi (636 florines).

En 1420 se produce un cambio. Muere Benedetto de Bardi y su hermano Ilarione ocupa su lugar entre los socios principales. Juan de Bicci, ya anciano, se retira de la asociación en favor de sus dos hijos, Cosme y Lorenzo.

Cada socio aporta 8.000 florines. El capital inicial de 24.000 florines es repartido entre los diversos bancos en diferentes proporciones: 10.500 florines van a la "mesa de cambio" instalada en Florencia; 6.000 al banco de Roma; 7.000 al de Venecia. Los tres directores de estas ramas amplían el capital aportando su propia participación: 1.500 florines en Florencia, 1.000 en Roma y 1.000 en Venecia. En compensación obtienen un interés en las ganancias sobre un quinto de estas en Florencia y sobre un cuarto en Roma y Venecia. Gracias a este sistema de participación, el banco Médicis dispone para todas sus ramas, en 1420, de un capital de 27.600 florines. Posee además un capital de 3.800 florines invertidos en la fábrica de paño de lana que dirige Taddeo di Filippo.

Los Médicis poseen, en total, un poder financiero de 31.500 florines. Esta suma, importante, resulta empero modesta si la comparamos con el capital del banco Peruzzi un siglo antes, es decir, 103.000 florines. Pero el capital invertido en negocios por los Médicis sólo representa una escasa parte de su fortuna. Esta, constituida por el juego de intereses acumulados, ascenderá a 180.000 florines a la muerte de Juan de Bicci en 1429. Esa es la evaluación que dará Lorenzo el Magnífico, su bisnieto.

A medida que se constituye su fortuna, Juan de Bicci sale de la reserva que le había sido impuesta por la suspicacia de los grandes burgueses, poseedores del poder. Tras el fracaso de los *ciompi*, los miembros de la familia Médicis que no fueron proscritos ni condenados, eran mantenidos al margen por el puntilloso control de las listas de elegibles. Pero, a partir de 1402, Juan de Bicci se convirtió, en varias ocasiones, en miembro de la Señoría en calidad de prior; desde este cargo, apoyó la política territorial expansionista realizada por el gobierno. Iniciada a mediados del siglo XIV con la adquisición de Prato y de San Gimignano, la ampliación del *contado*, dirigida primero a las tierras del interior, dotó a Florencia de un territorio cercano a los 4.900 km². La expansión se orientó hacia ciudades importantes en sí mismas que contaran con un *contado* propio. Poco a poco tomó forma un distrito, especie de corona de pequeños Estados súbditos, provistos de un sistema fiscal autónomo pero que recibían de Florencia sus gobernadores y capitanes.

Pisa y su territorio de 2.000 km² entraron en octubre de 1406 a formar parte del distrito de Florencia, que así obtuvo una salida directa al mar, necesidad vital para sus mercaderes. Durante las transacciones extremadamente complejas anteriores a esa anexión, los pisanos exigieron rehenes: se designaron para tal fin a veinte jóvenes de las mejores familias florentinas. Entre ellos figura Cosme, el hijo mayor de Juan de Bicci, de apenas dieciocho años. Su padre se vería recompensado: en 1407 fue designado para gobernar en nombre de Florencia la ciudad súbdita de Pistoia.

Juan de Bicci se convierte así en uno de los grandes administradores de la República florentina. Esta poseía ahora un territorio que le permitía rivalizar con las otras potencias que se reparten Italia, sumando al *contado* las tierras súbditas del distrito. El Estado florentino abarcaba así una superficie de 11.000 km². En adelante, pudo hacer frente a la amenaza de los franceses tentados de intervenir para apoyar las ambiciones de los duques de Anjou en Nápoles y de los duques de Orleáns en el Milanesado, cuando no eran llamados como protectores por Estados vecinos de Florencia, como Génova. Los Visconti en Milán y los venecianos constituían igualmente un peligro permanente. Pero, después de la anexión de Pisa, Florencia se siente suficientemente fuerte como para invitar a que se celebre en ella el concilio ecuménico con el que se pretende poner fin al gran cisma.

Florencia y el papado: los Concilios de Pisa (1409) y de Constanza (1414)

Desde hacía treinta años, la cristiandad estaba dividida en dos. A partir de la elección de dos Papas rivales, Urbano VI en Roma y Clemente VII en Aviñón, los Estados se separaron entre las dos obediencias, con gran escándalo de los creyentes. Florencia no tomó partido ni por una ni por otra obediencia pontificia. Se encontraba en condiciones de proponer sus buenos oficios cuando el Papa de Roma, Gregorio XII, se comprometió ante sus cardenales a iniciar negociaciones con su adversario de Aviñón, Benedicto XIII. El entendimiento amistoso fracasó. Bajo la presión internacional, los cardenales de ambos Papas se pusieron de acuerdo en 1408 para convocar un concilio ecuménico. Florencia les ofrece como lugar de reunión la ciudad de Pisa donde, después de la anexión, ha instalado su administración y su ejército. La calma había sido restablecida mediante una depuración bastante severa. La ciudad y el puerto estaban bien protegidos. La reunión de un concilio ecuménico sólo podría reactivar, con el comercio, la prosperidad de la ciudad.

En 1409, diez mil personas están presentes en la apertura del Concilio. Todo sucedió con rapidez: el 5 de junio de 1409 los dos Papas rivales son declarados culpables de herejía y de cisma y son depuestos. Se elige un nuevo Papa, el arzobispo de Milán, que reina poco tiempo bajo el nombre de Alejandro V. Pero ninguno de los dos pontífices condenados abdica. Benedicto XIII se apoyaba esencialmente en España y Gregorio XII en Ladislao, rey de Nápoles, en Roberto de Baviera, rey de los romanos, es decir elegido para la dignidad imperial, y en pequeños príncipes italianos como los Malatesta de Romaña. En ese momento la cristiandad tenía tres Papas. Cuando Alejandro muere en mayo de 1410, uno de sus cardenales, Baldassare Cossa, hombre de guerra más que prelado, le sucede con el nombre de Juan XXIII. Este Papa conocerá un agitado destino y figurará en la lista de los pontífices como antipapa. Pero conquistó poderosos apoyos: los de los banqueros florentinos —y especialmente de Juan de Bicci—, y también el del nuevo rey de los romanos, Segismundo. Deseoso de realizar la unión de la Cristiandad, Segismundo obtiene de Juan XXIII la convocatoria de un nuevo Concilio en Constanza, Alemania, el 1 de noviembre de 1414.

Como la precedente asamblea realizada en Pisa, la de Constanza atrajo una multitud de prelados y de embajadores que necesitaban hacer transferir allí sus ingresos. En efecto, la reunión se prolongó y se hizo indispensable la ayuda cotidiana de los banqueros. Juan de Bicci fue representado en Constanza por su joven hijo Cosme. Así pudo recibir directamente las noticias del dramático desarrollo del Concilio. El 2 de marzo de 1415, Juan XXIII fue obligado a jurar solemnemente, en presencia de Segismundo, que abdicaría a condición de que sus dos rivales hicieran lo mismo. Pero como se sintió forzado por el Concilio, huyó de Constanza en la noche del 20 al 21 de marzo, disfrazado de hombre del pueblo, con una ballesta al hombro. Buscó en vano refugiarse en Francia con ayuda del duque Federico de Austria. Su protector no tardó en fallarle, uniéndose a Segismundo. El Papa cayó en manos del emperador. Recibió la sentencia de derrocamiento pronunciada contra él el 29 de mayo de 1415 por el Concilio que él mismo había convocado, abierto y presidido. Segismundo lo encerró en el castillo de Radolfzell donde permaneció tres años. Al cabo de ese largo tiempo de penitencia, Juan de Bicci logró su libertad pagando el rescate de 35.000 florines exigido por el emperador Segismundo. Ese gesto otorgó al banquero Médicis un prestigio inmenso. El pontífice derrocado encontró en Florencia un apacible retiro.

El banco Médicis, ya bien situado en la plaza de Roma, habría de conservar los favores del nuevo Papa, Otto Colonna. Elegido el 11 de noviembre de 1417 después de haber obtenido el Concilio la abdicación de Gregorio XII y de haber negociado, en vano, la de Benedicto XIII, el Pontífice, que reinó con el nombre de Martín V, va a Florencia el 26 de febrero de 1419. Allí recibe la sumisión de Juan XXIII, que volvió a ser el cardenal Cossa. El Papa fue suntuosamente recibido por la Señoría. Esta no era más que una emanación del poder de los grandes notables, esencialmente banqueros. En 1422 se contaban setenta y dos. El hombre fuerte del régimen oligárquico, Maso degli Albizzi, desaparecido en 1417, será reemplazado por su representante Gino Capponi. A la muerte de este en 1420, otro gran hombre de negocios, Niccolò d'Uzzano, animará el pequeño grupo de potentados que dirigen la República. Los priores y el gonfaloniero estaban así a las órdenes de la oligarquía de dinero, de la que ellos mismos formaban parte. Disfrutaban entonces de un tren de vida principesco. Su mesa siempre estaba abierta en sus palacios. Gozaban en esta época de una provisión de 300 florines de oro para sus gastos suntuarios.

Los gastos del Estado: la nueva ley fiscal del "catasto" (1427)

Juan de Bicci se integró definitivamente en la clase dirigente. En 1421, ocupó el cargo de gonfaloniero de justicia. En varias ocasiones formó parte de los consejos deliberantes ante la Señoría y se preocupó igualmente de adjudicar obras artísticas: en 1402 fue uno de los treinta y cuatro expertos que eligieron, para la segunda puerta de bronce del baptisterio de San Giovanni el proyecto del joven Lorenzo Ghiberti en detrimento, especialmente, del de Filippo Brunelleschi —genio polivalente como su competidor— quien se dedicó a partir de entonces a la arquitectura y construyó en la catedral de Santa María del Fiore su elegante y majestuosa cúpula. En otras ocasiones, Juan de Bicci consultaba con sus pares, los otros mercaderes y banqueros, para hacer encargos a artistas. Así, para la obra de la iglesia San Lorenzo en la que se interesó junto con otras siete familias, participó en la designación de Brunelleschi como arquitecto de la Sacristía Vieja y de Donatello como escultor. Para la construcción de la tumba de Juan XXIII en el baptisterio San Giovanni, de la que se ocupó como uno de los ejecutores testamentarios, elegirá una vez más a Donatello y al arquitecto Michelozzo.

Ese interés por el mundo de las artes y de las letras no tiene nada de excepcional en la sociedad florentina de la época. Es el de un hombre muy rico que gozaba de tiempo libre y amaba las bellas cosas. Sus dos hijos, Cosme y Lorenzo, recibieron una esmerada educación bajo la dirección de Roberto de Rossi, uno de los primeros florentinos en leer el griego y amigo de los humanistas Bruni y Niccoli. Juan de Bicci invitaba con frecuencia a su casa a célebres hombres doctos: Poggio,

Marsuppini y Ambrogio Traversari. Esa relación con personas cultas era, en la sociedad florentina, un lustre necesario para quien gozaba de gran fortuna.

No parece que Juan de Bicci dedicara a esas relaciones más tiempo que a sus esparcimientos. En cambio, no escatimó esfuerzos para estudiar con los otros notables la solución a la catastrófica situación financiera de Florencia.

El Estado padecía un endeudamiento de casi doce millones de florines a principios del siglo, especialmente a causa de la guerra contra el Milanesado y de la política de compras de territorios: Pisa fue adquirida por un millón y medio de florines. Ahora bien, la guerra con Milán, interrumpida en 1426, se reanudó casi inmediatamente hasta 1428. El total de recursos fiscales habituales, impuestos indirectos y directos, especialmente los empréstitos forzosos, producían anualmente 770.000 florines. La suma era insuficiente. Los gravámenes de los empréstitos forzosos se establecían sobre la base de evaluaciones arbitrarias de las fortunas. A los ricos se les imponía unos tributos muy bajos con respecto a sus posibilidades y a los pobres muy altos. Además, como a los que pagaban bien se les concedían ventajas —intereses del 5 al 10%, inscripción en las listas de elegibles—, el sistema fomentaba la desigualdad social y, por lo tanto, los riesgos de motines.

Los sucesivos gobiernos tenían conciencia de ello. A partir de 1423, estudiaron la aplicación en Florencia del *catasto* (o catastro) veneciano: el gravamen sería establecido en adelante a partir de una declaración, hecha por cada jefe de familia, de los elementos constitutivos de su capital. Se admitían deducciones por las personas a su cargo y las herramientas de producción, pero todos los varones estaban obligados a pagar un impuesto personal.

Para encontrar un remedio definitivo al desequilibrio del presupuesto, se decidió someter al catastro no sólo a los habitantes de la ciudad y del *contado*, sino también a los del distrito, a los extranjeros, los eclesiásticos y las corporaciones. Los grandes comerciantes, entre los cuales se encuentran los Médicis, comprendieron que se verían perjudicados por la operación. Así, el gravamen de Niccolò d'Uzzano debía pasar de 16 a 250 florines. Pero no se atrevieron a combatir la ley votada el 24 de mayo de 1427. Por el contrario Juan de Bicci, llamado en consulta, manifestó públicamente su acuerdo: debía salvaguardar su imagen como jefe del partido popular.

En realidad, a los Médicis no les desagradó ver el levantamiento de las pequeñas ciudades del distrito contra la abolición de su inmunidad fiscal. La rebelión fue particularmente viva en Volterra. Se sospechó que Juan de Bicci y su hijo Cosme la habían fomentado: su banco habría colocado dinero en el distrito para ponerlo al abrigo del fisco. La firmeza de la Señoría consiguió desactivar la rebelión. Los dieciocho volterranos que fueron a quejarse a Florencia fueron arrojados a la prisión central de los *Stinche* donde permanecieron seis meses. Ese lapso permitió a los Médicis darse cuenta de que equivocaron el camino. La ley del catastro seguía vigente. Al luchar indirectamente contra su aplicación, podían perder la simpatía de las clases medias y de los artesanos florentinos, sin conservar más que el magro beneficio de una escasa popularidad en Volterra. Intervinieron pues para calmar los ánimos pero esa mediación no bastó y la Señoría tuvo que enviar a sus tropas para dominar la rebelión.

Semejante paso en falso sorprende cuando se piensa en la discreción de Juan de Bicci, en su ductilidad y paciencia. De hecho, desde 1420 ya no era el jefe real de la casa de los Médicis. Bajo su protección, Cosme, su hijo mayor, es quien decide. Al morir Juan a los sesenta y ocho años, el 20 de febrero de 1429, da a sus dos hijos, Cosme, de cuarenta años, y Lorenzo, de treinta y cuatro, su último consejo: conservar al pueblo en paz y aumentar el comercio.

Sus funerales, espléndidos, costaron 3.000 florines. Se vio desfilar por la ciudad, detrás del ataúd descubierto, a veintiocho miembros de la familia Médicis flanqueados por funcionarios públicos y embajadores extranjeros. Fue sepultado en San Lorenzo. Su tumba albergará también a Piccarda Bueri, su mujer. Ricamente ornado de *putti* y de guirnaldas de flores, el monumento se levanta en medio de la Sacristía Vieja. Su inscripción alaba a Juan de Médicis y a su esposa como a glorias de este mundo.

Esa era la impresión de sus contemporáneos. La carrera de Juan de Bicci, marcada por un ascenso regular y discreto hasta las primeras funciones del Estado, fue en efecto la de un hombre excepcional que mereció el elogio de sus conciudadanos. Para con su familia su mérito fue mayor aún: le abrió de par en par las puertas del éxito en el mundo de los negocios y de la política.

Capitulo Tres

La conquista del poder

Cosme, Lorenzo y Averardo, el triunvirato Médicis

Cosme sucede a su padre como jefe reconocido de todas las ramas de la familia Médicis. De estatura mediana y delgado, tenía cutis oliváceo, nariz aguileña y labios gruesos. Su elegancia y su afabilidad hacían olvidar su fealdad y, por otra parte, no carecía de brío. Su oratoria era lenta. Hablaba mal en público, pero sabía manejar los argumentos en privado. Desde los nueve años dirigió con habilidad, como estratega sagaz, los negocios de los Médicis. Filelfo, cáustico polemista, lo comparó con un zorro astuto y taimado.

Lorenzo, seis años menor, sigue sus huellas. No se caracterizaba por ningún rasgo físico particular. Se encontraba perfectamente a gusto en la sociedad florentina: se había casado con una Cavalcanti, descendiente por línea materna de los marqueses Malaspina de Lunigiana. Cosme también había emparentado con la mejor sociedad: su mujer, Contessina de Bardi, con la que se casó antes de partir a representar al banco en el Concilio de Constanza, descendía de la ilustre familia del mismo nombre que puebla las agencias del banco Médicis. Estaba vinculada igualmente con la antigua nobleza: por su padre Giovanni descendía de los condes de Vernio y por su madre de los condes de Elci. Las dos hermanas de Cosme y de Lorenzo estaban casadas con miembros de familias célebres, los Giugni y los Strozzi.

Averardo, primo hermano de los hijos de Juan de Bicci, se entendía perfectamente con ellos tanto en los negocios como en política. Filelfo lo llamaba "el lobo" de la banda. Ese triunvirato de hombres ricos e influyentes estaba rodeado de una importante clientela y de una red de informadores, como el astuto hombre de letras Puccio Pucci. La sociedad artística y literaria se encontraba a gusto con esas gentes de negocios que habían recibido una perfecta educación en el convento camaldulense de Santa María de los Angeles: conocían el latín, el griego, el hebreo y hasta el árabe, así como la mayoría de los idiomas europeos. Al no tener todavía un palacio propio, Cosme recibía a sus amigos en la antigua morada de los Bardi, en la que había hecho colocar el escudo con las ocho esferas de los Médicis.

Los jefes de la facción dominante, los grandes notables Rinaldo degli Albizzi, Palla Strozzi y Niccolò d'Uzzano, no veían con buenos ojos la agitación que reinaba en torno de ese palacio. Pero no era momento para la división. Florencia había lanzado su ejército contra Lucca, con la intención de arrebatársela a su señor Paolo Guinigi. En diciembre de 1429 se constituyó un "Comité de los Diez", encargado de dirigir las operaciones militares. Los dos Médicis formaban parte de él con los jefes de la facción de los notables. Pero el resultado de la campaña fue lamentable para Florencia, que resultó derrotada por Francesco Sforza y Niccolò Piccinino. Lucca tomó a su vez la ofensiva con ayuda de Siena, de Génova y de Milán. Para colmo de males, el comercio florentino se vio perturbado en Francia y en Inglaterra. Entre 1428 y 1431, estas dos potencias se libraron a enfrentamientos cada vez más dramáticos de la Guerra de los Cien Años, ilustrada entre otros acontecimientos por la epopeya de Juana de Arco. El papa Martín V murió en febrero de 1431. El nuevo Papa, un veneciano, Eugenio IV, era hostil a Milán. Pero no se atrevió a ponerse del lado de Florencia, pues Milán contaba con el apoyo del emperador Segismundo y este acababa de reunir en Basilea un concilio ecuménico, destinado a reprimir la herejía que hacía estragos en Bohemia, pero que también podría reformar la Iglesia limitando los poderes del papado.

En ese ambiente de crisis prosiguen los enfrentamientos italianos. Venecia, aliada de Florencia, tras una derrota en el Po, resulta victoriosa en Portofino contra los genoveses en agosto de 1431. Pero el emperador Segismundo se dirigía a Italia. Entra en Milán en noviembre de 1431 y luego se dirige a Siena en el verano de 1432 para negociar con el Papa. La liga contra Milán, Génova y los imperiales se disgrega. Florencia, que proveía gran parte del dinero, se hundía bajo el peso fiscal. Sobre la base del *catasto* la imposición mensual debía ser del 1% del capital (dos cuotas de base). Ahora bien, en febrero de 1432, los requerimientos del Estado eran tales que se exigió de cada hogar una contribución mensual correspondiente al 18% de su capital (¡el equivalente de 36 cuotas catastrales!). Hasta los más ricos claudican, como Palla Strozzi, incapaz de pagar su tasación de 500 florines, ascendiendo sus deudas ¡a 13.408 florines!

Había fracasado la política agresiva de los grandes notables. La República marchaba hacia la bancarrota. Era necesario hacer la paz. Cosme de Médicis y Palla Strozzi la conciertan en Ferrara en abril de 1433. Si bien Venecia gana algunos territorios, Florencia sólo obtiene, por todo beneficio, la promesa de no injerencia en Toscana formulada por el duque de Milán, Filippo María Visconti. Estalla la indignación popular. Rinaldo degli Albizzi aprovecha el descanso que se toma Cosme, después de la negociación en sus tierras del Mugello, para desviar la irritación contra los Médicis.

El exilio de Cosme

La renovación de la Señoría para septiembre y octubre de 1433 dio la mayoría a los partidarios de Rinaldo. Seis de los ocho priores le eran favorables y sobre todo el gonfaloniero, Bernardo Guadagni, cuya casa paterna fue incendiada por los *ciompi* y guardaba por ello rencor a los Médicis. Rinaldo pagó las tasas atrasadas que Guadagni debía al Estado para hacerlo elegible. En agradecimiento, el nuevo gonfaloniero llama a Cosme a Florencia y lo hace conducir arrestado al palacio de la Señoría (7 de septiembre-3 de octubre). Temiendo por su vida, Cosme pide a sus partidarios que no provoquen a sus carceleros tomando las armas. Su resignación no le vale ninguna indulgencia: teniendo en cuenta todas las conspiraciones en que intervinieron los Médicis desde 1378 hasta 1431, fecha de la malhadada guerra de Lucca, la Señoría decide su exilio. Para dar mayor solemnidad a su decisión, la anuncia al pueblo convocado en parlamento en la plaza mayor. Bajo la amenaza de apelar a los hombres de armas, arranca a la asamblea la nominación de un Comité de Reforma (*balia*) de doscientos miembros dotados de todos los poderes y nombrados al antojo de los priores.

La *balia* se reúne de inmediato. Toma medidas radicales para apartar de los cargos públicos a los Médicis y a todos los adversarios de la facción de los grandes notables. La Señoría y sus consejos formaban cada cinco años una comisión especial que, en la operación llamada del escrutinio, elaboraba la lista de dos mil ciudadanos elegibles para los cargos de la República. Distribuía luego los nombres según las aptitudes de cada uno, lo que había hecho que se llamara a sus miembros "los ensambladores". Se establecían dos listas. Una, pequeña, comprendía los nombres de los florentinos aptos para ejercer las funciones de las tres dignidades mayores: los nueve miembros de la Señoría, renovados cada dos meses; los doce "hombres de pro", renovados cada tres meses, y los dieciséis gonfalonieros, renovados cada cuatro meses. La segunda lista proporcionaba los nombres de las personas aptas para ocupar los otros cargos de la República. Los miembros de la comisión volvían a copiar los nombres en las bolillas de cera y las ponían dentro de las bolsas correspondientes a cada uno de los cuatro barrios de la ciudad, al menos para las dignidades mayores, pues se suponía que los que las detentaban representaban a esos barrios. Una vez llenas las bolsas, terminaba el trabajo de los ensambladores y la comisión se disolvía. El sorteo de los dignatarios era efectuado por funcionarios "neutrales", como el podestá o el capitán del pueblo.

Este procedimiento, que implicaba el riesgo de que en cualquier momento surgieran de las bolsas los nombres de adversarios de la facción dominante, fue anulado. En adelante, después del escrutinio, los ensambladores permanecerán en su lugar y elegirán, con la Señoría, entre los nombres incluidos en las bolsas, los de los amigos del régimen para ocupar periódicamente los cargos del Estado.

La misma *balia* fijó el tiempo de exilio de los Médicis en cinco y luego en diez años. Se les impusieron lugares de residencia muy alejados los unos de los otros. Cosme irá a Padua, Averardo, su primo, a Nápoles, Lorenzo, hermano de Cosme, a Venecia, y los otros miembros de la familia a otras ciudades. Se declaró a todos ellos ineptos por siempre para la vida pública. Sólo se excluyó del castigo a los hijos de Vieri de Médicis.

Pese al rigor de esta condena, Cosme estaba feliz de haber salvado la vida: ciertos miembros de la *balia* deseaban que fuera estrangulado o envenenado. El 3 de octubre tomó el camino del exilio tras pagar una fianza de 20.000 florines garantizando que no intervendría en ninguna intriga contra Florencia. Atravesó las tierras de Ferrara, donde el marqués le brindó una excelente acogida, y pasó a Venecia el 11 de octubre. Allí fue recibido con grandes honores y entregó a la República un obsequio de 15.000 ducados. En diciembre, tomando en cuenta su buena conducta, la Señoría florentina lo autorizó a circular por todo el territorio veneciano. El aprovechó la autorización para instalarse en Venecia, en el monasterio benedictino de San Giorgio, cuya biblioteca hizo agrandar y decorar por su arquitecto Michelozzo, llevado consigo en su séquito personal. La conducta principesca, la calma y la serenidad de Cosme en su exilio, le ganaron, también en Florencia, la simpatía de muchos. Por lo demás, se sabe que la fortuna de los Médicis no había sufrido ningún quebranto por su persecución. Su banco, cerrado en Florencia, siguió funcionando. Las especies de la "mesa de cambio" florentina y las obras de arte de la familia, especialmente sus famosas reliquias, fragmentos de la túnica de Cristo y de la corona de espinas, fueron puestas a salvo entre los ermitaños de San Miniato y en el convento dominico de San Marcos.

La presión de los descontentos crecía. Pronto era suficientemente fuerte como para forzar a Rinaldo degli Albizzi a restablecer el sorteo para la nominación de los priores. En agosto de 1434, las elecciones en la Señoría designan a tres priores y a un gonfaloniero favorables a los Médicis. Rinaldo intentó en vano evitar la ineludible llamada a Cosme mediante la convocatoria de un parlamento y la constitución de un nuevo comité de *balia*. Pero no pudo contener el movimiento de reacción en favor de los Médicis.

El papa Eugenio IV ofreció su mediación: en este momento residía en Florencia, en el convento de Santa María Novella, tras haber sido expulsado de sus Estados en mayo de 1432 por las tropas de Filippo María Visconti. Un voto de los consejos de la Señoría devuelve el 2 de octubre a los proscritos la posesión de sus derechos. Para que esa reparación no parezca una capitulación, se la extiende a la familia Alberti, exiliada desde hacía mucho tiempo.

Regreso triunfal de Cosme (1434). El partido Médicis

Invitado por la Señoría a regresar a Florencia, Cosme se puso en camino de inmediato. El 5 de octubre entró en territorio florentino, siendo recibido en Pistoia con demostraciones de júbilo. El día 6 cenó en su villa de Careggi. La Señoría le había preparado un triunfo en Florencia. Treinta y uno de sus adversarios fueron castigados con la pena del exilio, acompañada de fuertes multas. Rinaldo degli Albizzi fue confinado a Nápoles y su hijo a Gaeta. Fueron proscritos un centenar de grandes notables, entre ellos Palla Strozzi, ex compañero de Cosme. Sus descendientes son privados de derechos cívicos. La mayoría de ellos no regresaron jamás a Florencia y crearon colonias italianas, sobre todo en Francia y en Provenza, que serán semilleros de enemigos encarnizados de los Médicis. Las listas del escrutinio establecidas bajo el dominio de Rinaldo degli Albizzi fueron quemadas. En octubre se confeccionaron otras nuevas, en las que dominaban los nombres de los amigos de los Médicis. Se formó una comisión de ensambladores para que seleccionara a los ciudadanos aptos para desempeñar los cargos públicos: Cosme hizo suya la innovación de su adversario. Llevó a cabo con energía depuraciones y represiones. Proclamaba que más valía una ciudad despoblada que perdida. A quienes le hacían notar que estaba diezmando peligrosamente la clase de los notables, les respondía que se podía todos los días con siete u ocho varas de tela púrpura crear nuevos ciudadanos. Lamentaba hipócritamente los excesos de la Señoría, pero esta no actuaba si no era con su pleno acuerdo. El mismo no se instaló en el gobierno más que como gonfaloniero por dos meses, en enero y febrero de 1435: se jactaba de no haber proscrito a nadie durante su mandato. Pero las principales proscripciones ya habían sido dictadas. En cambio, prosiguieron las medidas coercitivas contra los opositores: ejecuciones, encarcelamientos y confiscaciones de bienes fueron impulsados por los partidarios de los Médicis que ocupaban los cargos y consejos de la República. Florencia vivía la hora del cambio político radical. Utilizando el arma forjada por sus enemigos, Cosme los ha expulsado del Estado. No se trata de una revolución social —notables suceden a los notables—, sino del advenimiento de una "mayoría" diferente. La "cacería de brujas" y el reemplazo completo del personal son característicos del triunfo de un partido.

Lo que por facilidad se llama el "partido de los Médicis", nada tenía de una agrupación estructurada, organizada con miras a una finalidad política bien definida. Se trataba más bien de la reunión, en torno de la Casa de Médicis, de una multitud de individuos y de familias que necesitaban su protección y que a cambio de ella le aseguraron su fiel devoción. Esos vínculos difusos de interdependencia podían tener su origen en el parentesco, en las alianzas matrimoniales, en las relaciones de vecindad o en las de dependencia económica y, finalmente, en la amistad personal.

La cohesión de la familia Médicis había sido puesta a prueba por las tomas de posición divergentes de sus siete ramas a finales del siglo XIV. Bajo la influencia de Juan de Bicci se notó un regreso a la concordia, evidenciado en los funerales del viejo banquero con la participación masiva de sus parientes en las exequias. Cuando Cosme fue alcanzado por la proscripción en 1433, su primo Niccolò, hijo de Vieri de Médicis, escapó de ella no por haberse sometido a los grandes notables sino porque ocupaba entonces el cargo de gonfaloniero. En adelante, la unión de la familia está sellada: en 1440 veintiún Médicis figurarán en la lista pequeña de acceso a las tres dignidades mayores.

Las alianzas matrimoniales habían vinculado al clan Médicis con grandes familias: Salviati, Gianfigliazzi, Serristori, Pitti y Ridolfi, Bardi y Tornabuoni, rama popular de la antigua familia noble Tornaquinci. Cosme se casó en 1413 con Contessina Bardi y su hijo mayor, Pedro, desposó a Lucrecia, hija de Francesco Tornabuoni. Las alianzas solían ser inesperadas. Así, Luca, hermano de Rinaldo degli Albizzi, el encarnizado enemigo de Cosme, desposa en 1426 a una de las primas de este, Aurelia. Pero también las bodas reforzaron los vínculos con familias de origen popular como los Martelli. La vecindad procuró a los Médicis algunos de sus más convencidos partidarios. Las diversas ramas de la familia vivían en casas situadas en tres de los cuatro gonfalones (islotes o subdivisiones) del barrio San Giovanni. La mayor densidad de sus moradas se encontraba en el gonfalón llamado del León de Oro, correspondiente a la parroquia de San Lorenzo. De los 93 notables que apoyaron a Cosme cuando regresó a Florencia, 45 vivían en el barrio San Giovanni y 20 de ellos en el gonfalón del León de Oro, muy cerca de la antigua casa de Juan de Bicci. Los Ginori, Neroni y Della Stufa lindaban con esa mansión. Padres e hijos se conocían desde siempre y se encontraban constantemente en fiestas, juegos, actos de la vida pública y religiosa. Formaban parte de los mismos comités y consejos. En ocasión del escrutinio, sus nombres estaban inscritos en las mismas listas de elegibles y se sucedían en los cargos de la República para asegurar la permanencia de la representación del barrio.

Los Médicis estaban ligados a esos vecinos por una especie de complicidad política, pero con otros florentinos, las relaciones recíprocas eran de orden financiero: los azares del comercio y de la banca podían arruinar a las familias o a los individuos. Los Médicis se mostraban a menudo generosos, por ejemplo, con miembros de grandes familias como los Benci y los Pazzi. El libro de cuentas del banco de Florencia conserva la mención de 39 préstamos de ese tipo concedidos por sumas importantes entre 1427 y 1433. Ese dinero no era imputado a fondos irrecuperables: compra a "clientes" que más tarde reembolsarían su deuda con un apoyo incondicional a la familia Médicis.

En fin, los Médicis no carecían de amigos, amigos de toda clase, felices de ver crecer en la ciudad a personas afables que habían permanecido cerca del pueblo. Entre ellos se encontraban artistas y hombres de letras, gente de humilde extracción como Puccio Pucci, o también miembros de la corporación de los jueces y notarios como el amigo fiel de Cosme, Antonio Masi, que fue a buscarlo a Venecia en 1434 para apresurar su retorno.

El movimiento político que reunió a todos esos partidarios dejó sentir su entusiasmo persiguiendo a los Albizzi y a sus prosélitos. Luego se instaló en el ejercicio del poder, detrás de Cosme, que se quedó solo al frente del partido: en efecto, su hermano Lorenzo se situó en segundo plano y su primo Averardo murió en diciembre de 1434.

Medidas de excepción y fin de las libertades públicas.
Cosme de Médicis controla el Estado

Era inevitable que esas circunstancias excepcionales desembocaran, como ya había sucedido antes, en la dictadura de una facción decidida, bajo la apariencia de las instituciones republicanas, a conservar su preeminencia. Los dirigentes cerraron cualquier grieta por la que pudieran introducirse los opositores. Poco a poco, ayudados por las circunstancias, modificarían las instituciones para dar nacimiento a un régimen del que quedaron excluidos el azar y la libertad.

Durante los cuatro años siguientes a su exilio, los proscritos intentaron, con la energía de la desesperación, incitar al duque de Milán contra Florencia. Trabajo perdido: una nueva paz de Ferrara en 1435 detuvo a Milán; más tarde, en 1438, cuando se reanudaron las hostilidades, se instituyó una *balia*, comité de urgencia, por un período de tres años. Ella sustituye a los dos consejos de 200 y de 131 ciudadanos que asistían a la Señoría. Se arroga todos los poderes: escrutinio, asuntos militares, institución de tasas que sustituyen al catastro y, naturalmente, control de los sospechosos.

Esa vigilancia desbarata todas las conspiraciones. La ciudad estaba tan tranquila que el papa Eugenio IV reúne en ella el Concilio Ecuménico en 1439. Un año después, es verdad, todo fue nuevamente cuestionado: los proscritos se unieron a las tropas milanesas en 1440 para lanzar una nueva ofensiva contra Florencia. Pero la suerte estuvo del lado de la República medicea, que resultó victoriosa en Anghiari el 29 de junio de 1440.

Cosme y sus partidarios se sentían dueños del terreno. Durante los tres años siguientes iniciaron una especie de liberalización del régimen: la *balia* fue reemplazada por un comité de 121 miembros, más democrático en su reclutamiento.

Pero esta medida no hizo más que alentar a sus adversarios. En 1444 vencía el período de exilio de diez años que afectaba a la mayoría de ellos. Querían volver fortalecidos a Florencia; sin duda alguna, intentarían derrocar a los Médicis del poder. A causa de ello Cosme reanudó su política autoritaria. Una nueva *balia*, convocada a tal efecto, prolongó en diez años todas las proscripciones. El Médicis ganaba así un apreciable respiro que le permitió desarrollar una política exterior prestigiosa. Hizo una alianza con el condotiero Francesco Sforza quien, al suceder a su suegro Filippo María Visconti, se había convertido en 1450 en duque de Milán. Los abultados subsidios que Cosme otorgó al Milanesado le aseguraron que este no ofrecería más asilo a los proscritos florentinos y mantendría a raya a Venecia, cuyos avances temía Florencia.

Por otra parte, el enfrentamiento permanente entre los Estados de Italia tendió a desaparecer ante el peligro exterior que representaban los turcos: Mohamed II tomó Constantinopla el 29 de mayo de 1453. Ante la convocatoria del papa Nicolás V, Florencia firmó en Lodi el 2 de marzo de 1455 con los otros grandes Estados, Milán, Venecia, Roma y Nápoles, un pacto de no agresión por un período de veinticinco años.

Como en principio ya no había peligro para Florencia, el pueblo comenzó a murmurar contra los impuestos excepcionales. En 1458, el gobierno Médicis aceptó restablecer el sistema, más equitativo, del catastro. Pero seguía manifestándose el descontento, ahora dirigido contra la reunión, demasiado frecuente, de las famosas *balias* omnipotentes. El deseo general era la vuelta de las nominaciones por sorteo y de las antiguas instituciones republicanas.

Cosme presentía que esta vez su facción sería eliminada del gobierno si aceptaba esa demanda, pero si se negaba, se arriesgaba a oponerse frontalmente al deseo difuso de sus conciudadanos. De acuerdo con él, Luca Pitti reunió al pueblo en parlamento el 11 de agosto de 1458. Bajo la amenaza de la tropa que rodea la plaza, se impuso a las doscientas cincuenta personas presentes la institución de una nueva *balia* encargada de reformar el Estado. E inmediatamente siguió la reforma. Se decreta que durante siete años, hasta 1465, se suspenderá el sorteo de los cargos del Estado. Una comisión, formada por ensambladores y miembros de la Señoría, elegirá en las listas a los titulares de las funciones públicas. Así quedará eliminado todo riesgo debido al azar. Como los ensambladores y los miembros de la Señoría eran partidarios de los Médicis, la nueva medida apuntaba a prolongar indefinidamente su poder. Las funciones, con excepción de los tres cargos mayores, serán conferidas por un nuevo Consejo de cien miembros formado por personas fieles al régimen: ex titulares de dignidades públicas. Los dos antiguos Consejos de la República subsisten, pero tienen un papel meramente secundario.

En 1459, la evolución iniciada en 1434 está casi terminada: Cosme controlaba, por intermedio de sus adeptos, todos los engranajes del Estado. Los priores, miembros de la Señoría, recibieron el nombre de "priores de la Libertad". Pero la libertad cívica, garantizada hasta entonces, en principio, por el sorteo de los cargos, quedó confiscada ahora por el gran comerciante Médicis.

Nada se transparentaba exteriormente del importante lugar que ocupaba en el Estado. Entre 1434 y 1455 desempeñó altos cargos en la República, pero no más que los otros ciudadanos: fue tres veces gonfaloniero de justicia en 1435, 1439 y 1445, y siete veces miembro del Comité de Guerra (los "Diez de Balia"). Pero sólo ejerció una vez la función de ensamblador, de octubre de 1440 a febrero de 1441, en sustitución de su hermano Lorenzo, muerto mientras ocupaba el cargo. Cosme sólo formó parte dos veces del Comité de la Policía (los

"Ocho de Guardia"), en 1445 y en 1449. En cambio, estuvo a menudo entre los oficiales del Tesoro Público desde 1445 hasta 1448 y desde 1453 hasta 1455. Esta larga permanencia en los asuntos financieros revela su especialización y su interés personal de gran banquero.

Tal como Augusto en los comienzos del Imperio Romano, Cosme se presentaba como *primus inter pares*. Pero esa humilde apariencia no engañaba a nadie: los príncipes y los embajadores iban a negociar con él antes que con los miembros de las efímeras Señorías.

Desde el tratado de Lodi en 1455 hasta su muerte en 1464, Cosme logró mantener a Florencia en la neutralidad. Lo cierto es que los acontecimientos internacionales le favorecieron. El abandono deliberado de Génova por Luis XI en favor de Francesco Sforza permitió la constitución de un eje de entendimiento entre Francia, Milán y Florencia. Esta alianza bloqueó, en el oeste, la expansión veneciana.

Venecia, cuyo poder Cosme pudo apreciar sobre el terreno, tenía invertida en ese momento toda su energía en la encarnizada lucha contra los turcos en los mares griegos. Los Papas sucesivos, Pío II y Calixto III, predicaron constantemente la cruzada, pero no consiguieron agrupar más que fuerzas irrisorias. Los señores feudales de los Estados de la Iglesia les amargaban la vida. Había muerto su gran vasallo, el rey de Nápoles Alfonso de Aragón, y su hijo natural, Ferrante, reconquistó su reino rechazando a su adversario Juan de Anjou.

Florencia se mantuvo apartada de las conmociones que agitaban a las otras potencias. Naturalmente, la paz exterior benefició el crédito del gobierno de Cosme. Las instituciones reaccionarias creadas en 1458 por el golpe de Estado de Luca Pitti lograron con ello gran estabilidad. El partido de los Médicis, que no tenía que dispersarse en frentes externos, se volcó con su amo en la conquista del poder.

Capítulo Cuatro

Oro, incienso y mirra

Una morada principesca: el palacio de la Via Larga

Un palacio era algo indispensable para quien reinaba de hecho en Florencia. Cosme había concebido ese proyecto desde que asumió la dirección del banco Médicis. Filippo Brunelleschi, el genial arquitecto del Duomo, diseñó para él grandiosos planos, tan suntuosos que Cosme renuncia a ellos. Su amigo Donatello le recomendó a uno de sus alumnos, Michelozzo Michelozzi, hábil constructor de palacios y conventos florentinos. El proyecto por fin tomó forma. Su propósito era establecer definitivamente a la familia en la vecindad de San Lorenzo, sobre la Via Larga, la más ancha arteria de Florencia, que proporcionará a la mansión un asiento soberbio en el centro de la ciudad. Este proyecto dio pábulo a las quejas que, en 1433, provocaron el exilio de Cosme y el de su arquitecto. Ya hemos visto que en Venecia no le faltó trabajo a Michelozzi, que probó así sus aptitudes.

La obra del palacio se iniciaría finalmente después del regreso triunfal de los Médicis. Florencia ve elevarse lentamente el pesado muro de piedra vista de aspecto rústico. Gruesos bloques se apilan, apenas desbastados, o más bien hábilmente esculpidos, para dar la impresión de que acaban de salir de la cantera. El efecto buscado se alcanza plenamente: el transeúnte experimenta una sensación de temor, como ante una fortaleza de campaña. La pesada puerta, las escasas aberturas cubiertas de rejas, no invitan demasiado a entrar. Es verdad que, en sus orígenes, las dos arcadas de la esquina de la Via Larga y de la callejuela de Gori se abrían sobre la tradicional *loggia* de las casas florentinas, una especie de sala de reunión ofrecida a los transeúntes y a los amigos en ocasión de fiestas ciudadanas o familiares. La misma esquina está adornada en altura por un magnífico fanal de hierro forjado, realizado por Niccolò Caparra, y que sirve a la vez para la iluminación del palacio y el alumbrado público. Encima de él, el gigantesco escudo de los Médicis domina ambas calles: cuenta con siete esferas, al haber reducido Cosme el número anterior que era de ocho. Esas armas decoran el primer piso donde arcos regulares se dividen en ajimeces separados por una fina columna y coronados por el blasón particular de Cosme: tres plumas de pavo real, alternadas con las siete esferas de los Médicis. Igual ordenamiento, a la vez elegante y grandioso, se observa en el segundo piso, rematado por una majestuosa cornisa.

Una vez franqueada la puerta monumental, el palacio se torna acogedor y lleno de gracia cuando se contempla desde su patio cuadrado, donde las arcadas se adornan con inscripciones y medallones al estilo antiguo. Sarcófagos y estatuas hacen de este espacio protegido un magnífico museo al aire libre. Allí se admiró el David de bronce de Donatello.

El simbolismo de los Reyes Magos

El palacio Médicis estaba lejos de haberse terminado en 1439, cuando la Señoría de Florencia acogió al Concilio Ecuménico encargado, después de un cisma plurisecular, de reconciliar y reunir a las iglesias griega ortodoxa y católica romana. Cosme de Médicis recibió como huéspedes personales al emperador romano de Oriente, Juan VIII Paleólogo, y a José, patriarca de Constantinopla, quienes, con una multitud de prelados y de teólogos, venían a encontrarse con el papa Eugenio IV, rodeado a su vez de una legión de cardenales, obispos y abades. El 6 de julio de 1439, los florentinos, a pesar de ser expertos en la materia, se maravillaron ante la brillante procesión conducida a través de la ciudad por el emperador, el patriarca y el Papa. Ese largo desfile que se dirigía al Duomo evocaba para ellos el cortejo místico de los tres Reyes Magos llegados a Belén para adorar al Niño Dios y depositar ante él el presente del oro, el incienso y la mirra.

El honor recibido por Florencia recayó en Cosme y en su familia. Ellos decidieron engarzar ese recuerdo en un relicario, la capilla privada del nuevo palacio. El pintor Benozzo Gozzoli fue el encargado de adornar el santuario con la procesión de los Reyes Magos hacia el pesebre de Belén. La elección del tema de la Epifanía no tenía nada de asombroso para los florentinos. Todos los años, el día de Reyes, al menos desde 1446, un cortejo vestido a la usanza oriental recorría las calles de Florencia. Acto seguido tenía lugar una "representación sagrada" de la ofrenda de los Magos, bajo la responsabilidad de la Cofradía de los Reyes Magos, una sociedad devota que se reunía en la sacristía del convento de San Marcos. Cosme de Médicis era el presidente de esa cofradía. Después de él, su hijo Pedro y su nieto Lorenzo el Magnífico asumirán esa función y presidirán las fiestas conmemorativas de la Epifanía. La celda de Cosme en San Marcos será decorada con una *Adoración de los Magos* por Fra Angélico, que muestra un cortejo de astrólogos orientales. Lorenzo adornará su cámara de la planta baja del palacio Médicis con un tondo del mismo pintor representando igualmente a los Magos. La fisonomía de los personajes que desfilan hacia el pesebre varía de una composición a otra, pero, en el gran fresco de Gozzoli para la capilla del palacio, el cortejo tenía como personajes principales a los ilustres visitantes del Concilio de 1439.

Veinte años después del acontecimiento, el fresco los resucita. Se reconoce a la cabeza del cortejo al patriarca José y al emperador Juan VIII. Pero el Papa, que debería prestar lógicamente sus rasgos al tercer rey, ha cedido el lugar a un elegante efebo de catorce años. La sustitución fue decidida sin duda como consecuencia de la desavenencia acaecida en 1443 entre Cosme y Eugenio IV. Esa sustitución sirve admirablemente al prestigio de la Casa de Médicis.

Bello y elegante como el arcángel san Miguel, el joven jinete rubio vestido de brocado y oro que brilla en el centro del fresco no es otro, en efecto, que el heredero de la fortuna del gran comerciante, el mayor de sus nietos, Lorenzo, a quien se llamará el Magnífico. Su presencia es anacrónica en relación con la del emperador y del patriarca pues nació en 1449, diez años después de su visita.

Corresponde, de hecho, a la evocación de otra hora gloriosa de los Médicis: la gran fiesta de 1459 organizada para recibir en Florencia al papa Pío II. Los relatos de la recepción muestran a Lorenzo desfilando en ella, vestido con la misma ropa que luce en el fresco. Su hermano Juliano, cuatro años menor, también desfiló en presencia del Papa. Un joven jinete, vestido de azul, que lleva en la grupa un lince cazador, aparece frente a su hermano Lorenzo en el cortejo del rey patriarca.

La aparición de los dos descendientes más jóvenes de la familia en el centro del fresco marca, sin duda, una evolución en el dibujo primitivo. De la pintura conmemorativa del acontecimiento histórico de 1439 se pasa a una especie de memorial dedicado a los parientes y a los amigos de los Médicis.

Centenares de personajes desfilan en el cortejo. Los grupos marchan en oleadas sucesivas por las curvas de los caminos pedregosos a través de un elegante paisaje mediterráneo ornado de cipreses, de pinos, de palmeras y laureles. El grueso de la tropa sigue inmediatamente al joven rey dorado.

Se duda todavía acerca de la identificación de los personajes. Las últimas interpretaciones ven a Cosme en el anciano modestamente montado en una mula en el centro de la composición. A su izquierda, tocado con un gorro rojo, Pedro de Médicis ostenta, sobre los arneses de su caballo blanco, las esferas heráldicas y las tres plumas de los Médicis. Entre Cosme y Pedro, la cabeza cubierta con un pañuelo que aparece en segundo plano sería la de Juan de Médicis, el hijo menor de Cosme. Los dos jinetes que ocupan a la derecha de Cosme el lugar de honor serían, el primero, Galeazzo María Sforza, y el segundo, Segismundo Malatesta. Estos dos príncipes habían sido huéspedes de Cosme de Médicis en 1459. El heredero del duque de Milán monta un soberbio caballo cuyo pretal luce una piedra preciosa de hermoso tamaño. Va precedido por un arquero negro, alusión a la alianza defensiva concertada por Cosme con Francesco Sforza.

En segundo plano se agolpan unos cuarenta personajes. Algunos están tocados con un gorro de fieltro rojo parecido al de Cosme. Se adivina entre ellos a los miembros de los gremios mayores de Florencia, banqueros y comerciantes. Otros personajes llevan ropas menos afectadas. Evocan sin duda a los artistas allegados a Cosme. En medio de ellos, la mirada observadora, la boca fina, el pintor Benozzo se ha retratado a sí mismo y, para que no se olvide, ha pintado su nombre en su toca.

Finalmente, algunos personajes están decididamente representados a la manera oriental. Un soberbio hombre con barba lleva una toca de metropolitano ortodoxo y otros unas especies de turbantes. Bajo esos exóticos oropeles, el pintor ha situado a los oradores griegos del Concilio de 1439, cuya llegada marcó profundamente al humanismo florentino. Los amos de los negocios, del arte y de la cultura componen así el cortejo de honor de que se rodean los Médicis. Pero la primera fila está reservada a los mercaderes: ellos traen el oro al Niño Dios, como sus sucesores, los Médicis, lo proporcionan al papado en su calidad de banqueros pontificios.

Los Médicis banqueros del papado

Cuando Cosme sucede a su padre Juan de Bicci en 1429, el banco Médicis de Roma, dirigido por Antonio Salutati, era una empresa próspera. Fundado sin ningún capital inicial, utilizaba en sus operaciones bancarias los depósitos que recibía de la Cámara Apostólica, órgano financiero de la Curia, así como de los innumerables prelados y peregrinos que llegaban de visita a Roma. En beneficio de su clientela, emitía letras de cambio sobre las principales plazas de Europa. Por intermedio de los otros bancos Médicis, cobraba las anatas y los cánones debidos a la Curia por la concesión de bulas, el producto de las ventas de indulgencias, de jubileos y recaudaciones para la cruzada. Se reembolsaba los préstamos concedidos a Roma reteniendo las rentas de las prelaturas, prebendas, abadías y prioratos. En cierto modo administraba la tesorería de la Santa Sede.

Los Papas sucesivos adoptaron la costumbre de confiar a los Médicis la centralización de sus recaudaciones y el pago de sus gastos. Les otorgaron el título de "depositarios" de la Cámara Apostólica: esta función obligaba a los banqueros a seguir al Papa en todos sus desplazamientos. Así, cuando Martín V y Eugenio IV permanecieron durante largo tiempo en Florencia, la filial romana de los Médicis se trasladó frente a la residencia pontificia en la plaza de Santa María Novella. Lo mismo hacían en las otras ciudades donde se instalaba provisionalmente el Papa.

Los beneficios del banco romano eran enormes: de 1435 a 1451 representan la tercera parte de las ganancias de todos los bancos Médicis, es decir, 88.510 florines sobre 261.292. Era también dinero eclesiástico el que afluía a las sucursales que abrían los Médicis con motivo de las sesiones de los concilios ecuménicos. Cosme, en su juventud, trabajó en una sucursal semejante en el Concilio de Constanza, desde 1414 hasta 1418. Otra sucursal fue abierta en Basilea entre 1431 y 1433, hasta el momento en que la asamblea se rebeló contra la autoridad pontificia. Satisfecha de la fidelidad de los Médicis, la Santa Sede los confirmó regularmente en su lucrativo cargo, si bien sufrieron, es verdad, algunos eclipses. Eugenio IV, irritado por el apoyo de Cosme a Francesco Sforza, le retiró el título de depositario desde 1443 hasta 1447; Pío II lo concedió a uno de sus compatriotas sieneses desde 1458 hasta 1464 y más tarde Pablo II a uno de sus conciudadanos venecianos.

La red europea del banco Médicis

En Roma, los Médicis se dedicaban casi exclusivamente a las actividades de cambio y a las transferencias de dinero. En las otras plazas, actuaron como comerciantes tanto como banqueros. Vendían productos suntuarios italianos, productos agrícolas, tales como aceite de oliva y limones, mercancías valiosas de proveniencia diversa, especias, pieles del norte, tapices de Flandes y alumbre del contorno del Mediterráneo. La base tradicional de ese comercio era la lana inglesa, así como el estaño y el plomo venidos también de Gran Bretaña.

En aquel entonces, una de las plazas comerciales más activas de Europa era Ginebra. Ciudad episcopal bajo la soberanía feudal de los Saboya, y por lo tanto relativamente neutral en el conflicto entre Francia y Borgoña, suplantó a París como centro comercial con sus cuatro ferias anuales.

De 1424 a 1435, gracias al impulso de un activo director, Giovanni Benci, la sucursal allí instalada dio grandes beneficios: hasta el 30% del capital. Ese éxito benefició a Benci, que fue llamado a Florencia para convertirse en director general de todos los bancos Médicis. En 1446, Francesco Sassetti, amigo íntimo de Cosme, será director de esa filial, antes de pasar a ser a su vez director general. Pero la prosperidad del banco ginebrino cesó bruscamente cuando Luis XI, en 1463, creó las cuatro ferias de Lyon que arruinaron rápidamente a las de Ginebra. Prudentemente, Cosme ordena a Sassetti en 1464 el traslado a Lyon del establecimiento ginebrino. La importancia de Lyon eclipsará así la de la pequeña sucursal de Aviñón creada en 1446.

Otra plaza esencial para la transacciones era Brujas, el lugar por donde entraban a los Países Bajos alumbre, especias, sedas y otros productos suntuarios italianos. De su puerto salían tapices flamencos y telas de lino holandesas, pero también fardos de lana inglesa. Los negocios de los Médicis habían adquirido en 1439 la suficiente importancia como para que se creara allí un banco bajo la dirección de Bernardo Portinari, que controlaba una sucursal en Londres: esa sucursal se independizó progresivamente de Brujas a partir de 1446, convirtiéndose a su vez en un banco autónomo.

Pero la gran plaza comercial y bancaria al principio de la gestión de Cosme era Venecia. Desde 1435 hasta 1451, el banco Médicis obtuvo allí el 22% de los beneficios del total de sus bancos, lo que representaba 63.219 florines. Estas ganancias resultaron del comercio internacional de las especias, lanas y pieles, de la negociación de letras de cambio y de los seguros marítimos. Sin embargo, de 1451 a 1454 los negocios decayeron como consecuencia del conflicto entre Florencia y la República de los Dux.

Para asegurar el control de ese vasto complejo de sucursales y asociados, Cosme no estaba solo. En 1435, al regreso del exilio, incorporó, como socios principales, a Giovanni Benci y a Antonio Salutati, que aportaron cada uno 4.000 florines a la compañía. Cosme y su hermano participaban con 24.000 florines. El capital general se elevó entonces a 32.000 florines. En 1439 ascendía a 44.000 florines por aumento de las participaciones.

Después de morir Salutati, Giovanni Benci asumió el cargo de director general desde 1443 hasta su muerte en 1455, revelándose como un sagaz hombre de negocios. Abrió una sucursal en Basilea junto a la sede del concilio, lo que desagradó al Papa pero produjo grandes beneficios. A riesgo de provocar un disgusto entre Cosme y Eugenio IV, financió las campañas del condotiero Francesco Sforza. Creó el banco de Brujas y más tarde el de Londres. Las dos fábricas de paño de lana de los Médicis prosperaron tanto como su fábrica de seda.

En 1440, a la muerte de Lorenzo, hermano de Cosme, el cierre de las cuentas indica que el capital ascendía a 73.956 florines. La firma de los Médicis alcanzó su máxima implantación con cuatro establecimientos en Italia (Florencia, Roma, Venecia y Pisa) y cuatro en el exterior (Brujas, Londres, Ginebra, Aviñón). Tenía sucursales y corresponsales hasta en las ciudades de la Liga Hanseática, pero no poseía ningún establecimiento en España ni en el Levante. Con las sumas invertidas en las fábricas de paño de lana y de seda, el capital ascendía a 87.994 florines, 69.307 de los cuales fueron aportados por los Médicis, Pierfrancesco, hijo de Lorenzo, y Pedro y Juan, hijos de Cosme. Este se había retirado nominalmente de los negocios. Las ganancias se cifraron, desde 1435 hasta 1441, en 97.408 florines y, desde 1441 hasta 1451, en 163.884 florines, es decir, en el intervalo de unos quince años, en 261.292 florines. Y, sumando los beneficios de las fábricas, la suma total era de 290.789 florines. Se realizó una sola modificación antes de la muerte de Cosme (con excepción de la transferencia del banco de Ginebra a Lyon), y fue la creación de un banco en Milán en 1452, que vino a coronar una política de continua ayuda financiera al condotiero Sforza. Por otra parte, este obsequió a los Médicis en 1455 un palacio que, soberbiamente decorado, sería su sede en Milán.

En 1455, a la muerte del director general Giovanni Benci, los dos hijos de Cosme, Juan, de treinta y cuatro años, y Pedro, de treinta y nueve, se hicieron cargo de sus funciones sin poseer empero su talento. A Cosme le quedaban menos de diez años de vida. Se mantenía cada vez más apartado del mundo del banco y de las fábricas. A la cabeza de cada establecimiento estaba un miembro del partido de los Médicis: Martelli, Taddei, Berlinghieri o Portinari. El control del Estado estaba asegurado. También el de los negocios. Cosme pudo dedicarse en paz a su inclinación por las cosas bellas de la vida, al arte y a las especulaciones filosóficas.

El arte florentino en tiempos de Cosme de Médicis

Desde hacía décadas, el arte estaba en Florencia al servicio de Dios y de los hombres en obras numerosas, armoniosas y equilibradas. Arquitectos, pintores y escultores reinventaron el orden clásico de la Antigüedad. De hecho, superaron a sus modelos y crearon un estilo que rompió con la mentalidad, el lenguaje decorativo y las formas de la Edad Media: antes el hombre era humillado frente a su Creador; ahora era exaltado a través de sus pasiones, defectos o virtudes. El éxito terrenal debía proclamarse a la luz del día en la morada de los poderosos. Construir era una obligación social. Entre los artistas, los arquitectos eran casi un miembro más de la familia de los notables y dejaron por doquier el testimonio de su grandeza.

El palacio de Cosme, cuyas obras se prolongaron hasta cerca de 1444, ya no era el único que engalanaba a Florencia. Brunelleschi, que construyó la residencia del capitán del pueblo en 1435, se apartó de las obras de la catedral en 1440 para esbozar un plano para Luca Pitti. Este contrató como maestro de obra a Luca Fancelli. Giovanni Rucellai erigió su palacio desde 1446 hasta 1451 según el diseño de Leone Battista Alberti, autor de un célebre tratado de arquitectura publicado en 1453. Florencia verá luego elevarse el palacio Antinori (1451-1466), el palacio de los Pazzi (1462-1472) y el de Filippo Strozzi (1489-1507). Todos esos edificios eran verdaderos castillos urbanos, severos en su exterior pero alegres en el patio interior. Ofrecían majestuosas sucesiones de aposentos nobles y de galerías de fiestas. Las habitaciones principales albergaban auténticos tesoros. Cosme formó una prodigiosa colección de obras de arte, estatuas antiguas, piedras grabadas, medallas, monedas y joyas, que un inventario evaluó, en el momento de su muerte, en 28.423 florines, excluyendo esta cifra la platería.

Esas magníficas moradas no eran las únicas viviendas de los notables. Poseían numerosas villas en el campo: Cosme de Médicis tenía cuatro en los alrededores de Florencia, en Careggi, Fiésole, Trebbio y Cafaggiolo. Las hizo arreglar al gusto de la época: así la de Careggi, comprada en 1417, fue modificada por Michelozzo en 1433. El arquitecto remodeló el antiguo edificio de maciza estructura cúbica terminada en almenas construyendo salones ampliamente abiertos sobre los jardines por grandes arcadas y coronados por un pórtico. Cosme se ocupó constantemente de edificar. En Venecia y en Padua, durante su corto exilio, encontró tiempo para construir dedicando a ello considerables sumas. En Florencia participó en numerosas obras eclesiásticas: reconstrucción del convento de San Marcos y de Santa Verdiana, de la iglesia de San Lorenzo y de la abadía de Fiésole, así como de pequeñas iglesias en el Mugello. Hay que señalar también una espléndida capilla en el noviciado franciscano de Santa Croce, otra en el convento camaldulense de Santa María degli Angeli y otra más en la iglesia de la colina de San Miniato.

Fuera de Florencia reconstruyó en Milán de manera suntuosa el palacio que Sforza había cedido a su banco. En París hizo restaurar el colegio de los italianos. En Jerusalén fundó un hospicio para los viajeros pobres. Las sumas destinadas anualmente a sus obras alcanzaban, en promedio, de 15 a 18.000 florines. Los trabajos en San Lorenzo representaron 70.000 florines gastados en el grueso de la obra de la iglesia, el claustro y la Sacristía Vieja. Los de la abadía de Fiésole se cifraron en 80.000 florines y los de San Marcos en 40.000.

Las relaciones de Cosme con Michelozzo Michelozzi, su arquitecto, eran cordiales, pero lo eran también con Brunelleschi, que trabajó en las iglesias de San Lorenzo, San Marcos, Santo Spirito y en Fiésole. Gracias al Médicis, Leone Battista Alberti volvió del exilio y pudo ejercer su talento en el coro y en la tribuna de la Annunziata, en Santa María Novella y en el palacio Rucellai.

Cosme siguió con atención, como Florencia entera, el avance de la obra maestra de Lorenzo Ghiberti, las puertas del baptisterio de San Giovanni. La tercera puerta, la más perfecta, fue puesta en su lugar el 16 de junio de 1452 en medio del entusiasmo general. Al mismo tiempo, el gran Donatello pobló la ciudad de multitud de estatuas: en el campanario de la catedral, en las paredes de Orsanmichele, en los palacios particulares, especialmente en el de Cosme de Médicis: las relaciones amistosas de ambos hombres dejaron en la memoria gran cantidad de anécdotas recogidas por Vespasiano da Bisticci y repetidas más tarde por Giorgio Vasari. Gracias a la intervención de Cosme, Donatello obtuvo encargos en Nápoles, Prato y en San Lorenzo de Florencia.

Cosme regaló a su amigo, siempre corto de fondos pues era extremadamente generoso, un pequeño dominio fuera de los muros de Florencia. Los altercados con su granjero cansaron al artista quien, después de la muerte de Cosme, pidió a Pedro de Médicis que recuperara la propiedad contra el pago de una renta anual. Cuando el escultor murió, Pedro lo hizo sepultar muy cerca de Cosme para conservar el recuerdo de su amistad.

El mundo florentino no era sólo armonía de esculturas y de masas arquitectónicas. Era también una vibración de colores. Luca della Robbia destacó primero como escultor de las puertas de bronce de la sacristía de la catedral y de cantoría, para la cual esculpió coros infantiles que rivalizan en perfección con los niños danzantes de la tribuna de Donatello. Fue evolucionando hacia una forma de expresión que aunaba armoniosamente, en relieves de terracota, la escultura y la pintura. Sus motivos pronto adornarían la mayor parte de los monumentos de la Florencia de Cosme de Médicis.

Pero la ciudad era también la capital del fresco. Sobre las paredes de las capillas y de las naves, en el interior de las iglesias, miríadas de santos y de ángeles, de episodios de la leyenda áurea y de la vida de Cristo, se apoderan poco a poco de los lugares libres.

El gran maestro del fresco fue Guido di Pietro, en religión hermano Giovanni de Fiésole, muerto en 1455, piadoso dominico beatificado por la Iglesia y conocido después con el nombre de Fra Angélico.

Fra Angélico, originario del Mugello, entró muy joven en el convento y se formó en la contemplación de los frescos de Giotto en Asís. En 1436 su congregación se trasladó de Fiésole a Florencia, donde Cosme de Médicis le había construido nuevos edificios cerca de la iglesia de San Marcos. Asceta e idealista, Fra Angélico decoró las paredes con visiones celestiales de santos y de ángeles, invitando a la ensoñación mística y al éxtasis. Cosme, a quien le agradaba esa pintura, hizo decorar por el religioso una celda particular que se le reservaba para sus retiros.

Otro pintor muy apreciado por Cosme, Filippo Lippi, muerto en 1469, sobresalió por sus paisajes campestres y sus escenas coloridas. Su vida dio pábulo al escándalo: era religioso carmelita, lo que no le impidió seducir a su modelo, una religiosa de Santa Margherita de Prato. Cosme intercedió ante el papa Pío II para que eximiera a los enamorados de sus votos monásticos. El carácter caprichoso del pintor causó algunos problemas a su protector, que se veía obligado a encerrarlo para conseguir que terminara una obra; pero Lippi se escapaba saltando por la ventana.

Andrea del Castagno, muerto en 1457, fue un pintor muy fiel a Cosme. Era oriundo del Mugello y se unió al partido Médicis. Tras el triunfo de su grupo, participó en la represión. Pintó en las paredes de la prisión de los *Stinche* los retratos de los jefes del partido de los Albizzi en posturas infamantes; con ello se ganó el apodo de *Andrea degli impiccati* (Andrés de los ahorcados). Afortunadamente tendrá otro título de gloria: el de haber introducido en Italia con su colaborador, Domenico Veneziano, el procedimiento flamenco de la pintura al óleo.

Estos pintores siguieron las huellas de los dos maestros que realizaron los frescos de la capilla del mercader Brancacci en la Iglesia del Cármine: Tommaso Fini, llamado Masolino da Panicale, muerto en 1440, y sobre todo Tommaso di Giovanni di Ser Guidi, comúnmente conocido como Masaccio. Muerto en 1428, este joven genial demostró de manera magistral lo que entonces podía alcanzar la técnica pictórica en la patética evocación de Adán y Eva expulsados del Paraíso y en la armoniosa grandeza de la escena del tributo pagado por san Pedro. A la fineza del dibujo madurada en los trabajos de orfebrería, los pintores suman ahora la ciencia de la anatomía, el conocimiento de las leyes de la perspectiva lineal y aérea, el procedimiento del claroscuro.

Hubo un maestro pintor que se especializó en los escorzos y en la perspectiva: fue Paolo di Dono, llamado Ucello, muerto en 1475, cuyas escenas de batallas eran coleccionadas tanto por los Médicis como por todos los notables florentinos. Fue uno de los artistas más apreciados en su momento: trabajó en el Campo Santo de Pisa, en el "claustro verde" de Santa María Novella y en la catedral de Florencia, donde pintó al condotiero Giovanni Acuto.

Bennozzo Gozzoli, el autor del fresco de los *Reyes Magos*, era siempre bien acogido en la casa de Cosme. Alumno de Fra Angélico e inspirándose en el estilo de Masaccio, tan pronto pintaba los ángeles de *La Anunciación de los Pastores* sobre el altar de la capilla de los Médicis como evocaba a los artistas y celebridades contemporáneas en *El Cortejo de los Reyes Magos*. Cosme le encomendó esa misión con la clara idea de que el arte, como el oro de sus bancos, le aportaba gloria y prestigio. Ante sus encargos piadosos, tenía la intensa satisfacción de ver cómo ascendía, con el humo del incienso, la admiración de sus conciudadanos.

El florecimiento del humanismo

Sin embargo, no bastaba dominar por los sentidos: había que inspirar respeto y para ello era necesario elevarse hasta el nivel de los grandes pensadores de la humanidad. La nobleza del espíritu es el bien superior: ella sublima las pasiones y permite alcanzar la inmortalidad. Esta era una lección viviente en Florencia desde hacía dos siglos: Dante, luego Petrarca y Boccaccio, dieron a los florentinos modelos literarios de una búsqueda de lo absoluto que se confunde con la mujer amada, receptáculo de todas las perfecciones. Pero el fin último del hombre es, por mediación de ese amor, entrar en comunicación con la divina sabiduría. Poetas y filósofos brindaron los medios para acceder a ese elevado conocimiento. Se vuelven los ojos a la Antigüedad en busca de revelaciones: textos integrales y obras olvidadas fueron descubiertas por infatigables sabios, enamorados de las bellas letras, los "humanistas". Estos hombres se impusieron a sí mismos el inmenso esfuerzo de dominar el griego para leer directamente a los filósofos antiguos, dejando de lado las adaptaciones y traducciones edulcoradas que alimentaron el pensamiento medieval. Petrarca no había conseguido leer a Homero, pero las generaciones siguientes tuvieron más suerte. Emmanuel Chrysoloras, un griego llegado al Concilio de Pisa, formó numerosos discípulos. Toda una generación le deberá su saber. En ella encontramos, junto a Cosme de Médicis, Luca Albizzi y Palla Strozzi, a los más grandes nombres de los humanistas de entonces. Leonardo Bruni, canciller de la República florentina desde 1427 hasta su muerte en 1444, y Poggio Bracciolini, que le sucede en el cargo hasta 1459, son finos letrados, lo mismo que Coluccio Salutati. Otros sabios serán también cancilleres de la República: los dos Marsuppini, padre e hijo, Benedetto Accolti y Bartolomeo Scala.

Cosme de Médicis no siempre fue bien recibido en el ambiente humanista: es bien conocida la querella que lo enfrentaba, como a su hermano Lorenzo, a Francesco Filelfo. A su regreso triunfal a Florencia, Cosme obligará al polemista letrado a emprender el camino del exilio.

Después de 1434, la decadencia del *Studio*, universidad de los estudios de Florencia, marcó el regreso al preceptorado privado para la enseñanza del griego, pero el gusto por las letras antiguas no se debilita, como lo demuestra la búsqueda de manuscritos. Algunos sabios se arruinaron para adquirir libros: así Niccolò Niccoli, con sus 800 manuscritos, creó por testamento en 1436 la primera biblioteca florentina de la que Cosme fue nombrado uno de sus curadores. El propio Médicis mantenía a sus investigadores, principalmente Cristoforo Buondelmonti y Poggio Bracciolini, y disponía también de 400 volúmenes que sumó a los 800 de Niccoli. Hizo ordenar la colección por Tommaso Parentucelli de Sarzana, que en 1447 se convertirá en el papa Nicolás V y creará la biblioteca del Vaticano. Con la ayuda del librero humanista Vespasiano da Bisticci, que contaba con un equipo de 45 escribas, Cosme hace copiar 200 manuscritos en menos de dos años. Los libros fueron depositados en el convento dominico de San Marcos y, después del derrumbe del edificio en 1453, reinstalados en una construcción especial levantada en 1457 por Michelozzo Michelozzi. Cosme reunirá también otras dos colecciones, una en el claustro de San Lorenzo (que será la Laurenziana) y otra en la abadía de Fiésole.

El reinado del pensamiento griego. Marsilio Ficino y la iniciación en la doctrina de Platón

Con la caída de Constantinopla, el éxodo de los manuscritos va acompañado por el de los sabios mismos. Se dictaban conferencias y se enseñaba el griego en todos los conventos: en San Miniato, en Santa María degli Angeli, en la celda del camaldulense Ambrogio Traversari, hasta en Careggi, en la villa de Cosme. Juan Argyropoulos, llegado en 1456, formará una nueva generación de hombres de letras, entre los cuales destacan Donato Acciaiuoli y Angelo Poliziano. Años más tarde sus discípulos florentinos continuarán su labor, como el famoso Cristoforo Landino, que enseñará cuarenta años hasta 1497 y tendrá entre sus alumnos a Lorenzo el Magnífico y a Juliano, los nietos de Cosme.

La familiaridad de Cosme con las letras griegas tenía como base un interés profundo por los problemas filosóficos. Ese interés había sido despertado en ocasión del Concilio de Florencia, en 1439, por uno de los griegos llegados para sostener los derechos de la Iglesia ortodoxa en vísperas de su unión con la Iglesia católica romana. Fuerte personalidad, admirador apasionado de Platón al mismo tiempo que partidario de un cierto regreso al paganismo, Georgios Gemisto, apodado Pletón, se había visto obligado a polemizar en público con el famoso partidario de Aristóteles, Jorge Scolario, llamado Gennadius.

Otros adversarios de Pletón lo perseguían con encono: Teodoro Gaza y Jorge de Trebisonda. El debate, ya apasionado entre los griegos antes de su partida al Concilio, llegó a su paroxismo en el recinto restringido de la Asamblea de las Iglesias reunida en Florencia. Lejos de hacer frente común ante los teólogos católicos, los ortodoxos exhibieron sus diferencias, enfrentando una contra otra las teorías de Platón y de Aristóteles, como si esos dos filósofos antiguos fueran autoridades sobre las que se basara la fe cristiana.

La vivacidad del debate puede ser comparada con las expresiones políticas de nuestra época que oponen a los hombres en una guerra ideológica a veces despiadada. En Florencia, caído en la trampa de sus adversarios, Pletón encontró un defensor en la persona de Juan Besarión, obispo de Nicea, quien pronto sería cardenal de la Iglesia romana. Este sostenía que Platón y Aristóteles podían coincidir en sus explicaciones de los orígenes del universo y del sistema de la creación.

Pero muy pocos de sus oyentes orientales estaban dispuestos a seguirle en esa conciliación. En efecto, Aristóteles partía del principio de que ninguna intervención trascendente animaba a la naturaleza: después del impulso que le había dado el movimiento, marchaba en la dirección primitivamente impartida. Ese principio, que colocaba a Dios fuera de su creación, había sido retenido y desarrollado por toda la teología medieval desde Alberto el Grande hasta Tomás de Aquino. La criatura, responsable, podía ser juzgada y condenada por su Dios.

Platón, tal como se redescubría en textos durante largo tiempo perdidos, sostenía, contrariamente a Aristóteles, que en la naturaleza estaba constantemente presente un Espíritu que actuaba con un objetivo que se había fijado con ayuda de gran cantidad de intermediarios. Pletón retomaba esta teoría y sus desarrollos bajo la influencia especialmente de Plotino y de los filósofos alejandrinos del siglo II de nuestra era. El sostenía que el universo tenía un sentido oculto, revelado en parte por las doctrinas esotéricas de Hermes Trismegisto y de Dionisio el Areopagita. El funcionamiento de las leyes de la naturaleza tal como Aristóteles las había imaginado, podía ser modificado por la intervención de espíritus y fuerzas espirituales bienhechoras.

Esa filosofía, según la cual las relaciones de la humanidad con la divinidad ya no estaban marcadas por el temor y el sentimiento de culpa, como en el cristianismo tradicional, sino por la libertad y el amor, apasionó a Cosme y a los comerciantes y hombres de letras que lo rodeaban. Pletón había convencido al Médicis de que era necesario no sólo aprender, sino también meditar ese mensaje en las reuniones cultas y reducidas de un cenáculo: surgió la idea de una resurrección de "la academia" platónica, esa asamblea libre donde se trataban con serenidad las cuestiones esenciales. Pero Gemisto Pletón fue llamado de regreso al Peloponeso y no pudo realizar el proyecto. Pronto sería el blanco de las persecuciones de Gennadius, convertido en patriarca de Constantinopla, que lo acusaba de herejía. Cuando él murió en 1451, se quemaron algunas de sus obras, especialmente las que contenían su doctrina neopagana.

Pero la corriente de pensamiento que se había abierto camino en Florencia no se extinguía. En 1451, Cosme encargó a un joven nacido en 1433, Marsilio Ficino, hijo de su médico y que había comenzado a estudiar griego, que leyera, comentara y tradujera los diversos escritos de Platón. Hasta entonces, el joven erudito había examinado sobre todo la obra de Aristóteles. Por invitación del gran comerciante y por gusto propio, se convirtió en el restaurador de la obra de Platón y hasta en una especie de gran sacerdote del filósofo de la Antigüedad. Reunió en doctas discusiones a los sabios humanistas que frecuentaban poco tiempo atrás los círculos eruditos de San Miniato y del convento de los camaldulenses. Entre ellos se encontraba Leone Battista Alberti, el genial arquitecto, Donato Acciaiuoli, Antonio Canigiani, Alamanno Rinuccini, Giovanni Cavalcanti y muchos otros. Cosme de Médicis ofrecía a los sabios la hospitalidad de sus palacios y de sus villas, sobre todo en Careggi, donde asignó a Ficino un pequeño dominio. El aniversario del nacimiento y de la muerte de Platón, el 7 de noviembre, era celebrado como lo hacían antaño los filósofos alejandrinos Plotino y Porfirio.

Un banquete reunía a doctos invitados junto a un busto de Platón ante el cual, día y noche, ardía una lámpara. Daba comienzo una disputa filosófica que terminaba con la alabanza de Platón entonada a la manera de un himno religioso. El ritual de esas ceremonias hace pensar en un culto secreto practicado por iniciados cuidadosamente seleccionados. Se trataba, en efecto, de una celebración, la del conocimiento esotérico de los orígenes del mundo.

La iniciación en el platonismo se extendió muy pronto a la familia de Cosme. Sus hijos Juan y Pedro y hasta sus nietos Juliano y Lorenzo, no bien alcanzaron la edad de la razón, fueron iniciados en él. Instruidos en los juegos de la política y de las grandes finanzas en el ambiente cotidiano de los negocios, se hallaban así provistos de una doctrina de explicación del universo que les aseguraba su unión constante, en la acción, con Dios, esencia última del mundo. Más tarde, unos y otros alentarían el estudio emprendido por Ficino a petición de Cosme, desarrollarían y preconizarían el "neoplatonismo" como una especie de doctrina oficial de los Médicis.

La muerte de Cosme de Médicis

No puede negarse la sinceridad de Cosme en sus preocupaciones espirituales. Era un lector asiduo de obras tan diversas como las *Vidas de los filósofos* de Diógenes Laercio y las *Obras* de San Gregorio. Por lo demás, apenas se sometía al formalismo de la fe de su tiempo: como los otros notables de la época, no era fiel a su esposa y tuvo de una esclava un hijo natural, Carlo, que él educó en su hogar. Pero tanto en eso como en su práctica del préstamo a interés, con la que desafió las leyes eclesiásticas sobre la usura, no se diferenciaba en absoluto de sus contemporáneos. Tal vez sencillamente se preocupó más que la mayoría por su futuro en el más allá.

Sus últimos días en la villa de Careggi se asemejan a los de un filósofo antiguo. Con las articulaciones entumecidas, padeciendo una dolorosa uricemia, conservó hasta el fin su serenidad moral y su sentido del humor. El temor a la muerte está sin cesar presente en su espíritu. Quiso que le comentaran *El Origen del Mundo* y *El Soberano Bien*, dos tratados de Platón traducidos por Marsilio Ficino; luego meditaba silenciosamente durante horas enteras. Su mujer, la buena ama de casa Contessina, su compañera fiel de los últimos instantes, se asusta de su inmovilidad y le pregunta la razón. "Cuando vamos a partir para la casa veraniega", le responde él, "tú haces preparativos quince días antes. ¿No comprendes que yo, que debo abandonar esta existencia por la vida futura, tengo mucho que pensar?" Y luego, cuando ella le pregunta angustiada por qué mantiene obstinadamente los párpados cerrados, le contesta simplemente: "Es para acostumbrarlos".

El 24 de julio, cuando sintió acercarse el fin, Cosme no conservaba junto a él más que a su mujer y a su hijo Pedro. Este cuenta la agonía a sus dos hijos, Lorenzo y Juliano, recluidos en la villa de Cafaggiolo, a la vez para no importunar al moribundo y para huir de la peste que asolaba a Florencia.

Para sus hijos y sus nietos, el gran comerciante recordó lo que hizo en el gobierno de la ciudad y en la dirección de sus negocios. Lamentaba no haber realizado todo lo que quería y se sentía desconsolado al tener que dejar a su hijo Pedro, cuya salud era tan mala, dirigir la casa. Pero tenía confianza en él, así como en sus herederos, a quienes recomienda mantenerse unidos en el verdadero afecto. No redactó ningún testamento y, como última voluntad, deseaba solamente ser sepultado sin pompa en San Lorenzo. Se declaró dispuesto y feliz de partir cuando lo quisiera Dios.

La mañana del 25 de julio le ayudaron a levantarse penosamente de la cama. Lo vistieron. Hizo entrar a los priores de San Marcos, de San Lorenzo y de la abadía de Fiésole. Se confesó con el prior de San Lorenzo y se celebró la misa en su dormitorio. Repitió con los prelados los artículos de la fe, pidió perdón a todos los presentes y recibió el Santo Sacramento. Terminada la ceremonia, volvió a acostarse en calma y no tardó en entrar en agonía, afectado de una retención total de orina contra la cual fueron impotentes los cuidados de los médicos y en particular de un especialista venido en el último momento de Milán.

Murió en la noche del 1° de agosto de 1464, confiando en el buen Dios que Platón le había revelado tanto como los Padres de la Iglesia. El hombre que tomó por modelo a los Reyes Magos, llevaba como ofrenda al más allá una fe renovada, prenda de vida futura como la mirra con perfume a eternidad.

Segunda Parte

El heredero

Capitulo Cinco

Un duro relevo

Pedro de Médicis y su familia

El 2 de agosto de 1464 Cosme fue sepultado en San Lorenzo. Tal como había deseado el difunto, el funeral fue sencillo. Numerosos cirios brillaban en la nave y el coro. Dieciséis antorchas ardían alrededor del catafalco. Los sacerdotes de la parroquia cantaron la misa de difuntos con los dominicos de San Marcos y los canónigos de Fiésole.

Pedro de Médicis, el hijo de Cosme, presidía el duelo con su primo Pierfrancesco. Les seguían inmediatamente los dos nietos de Cosme, Lorenzo y Juliano. Detrás de ellos venían Carlo, hijo natural del muerto, Nicodemo de Pontremoli, secretario del duque de Milán, y Bartolomeo Scala, canciller de la República de Florencia. La viuda, Contessina, estaba rodeada de mujeres de la familia, veladas de negro. La Señoría y los Consejos otorgaron a Cosme el título de "Padre de la Patria". El pueblo aclamó su decisión. Esa inscripción fue grabada sobre la tumba. Durante un mes los sacerdotes van a ella a decir doscientas cuarenta misas de Requiem.

En todos los sitios de Europa donde estaban instalados los Médicis, en Roma, Venecia, Milán, Brujas, Londres, Ginebra y Aviñón, se celebraron misas. Los directores de las filiales repartieron limosnas y pagaron fianzas para liberar a prisioneros.

En Florencia, Pedro de Médicis se preparaba para hacerse cargo, en todos los planos, de la sucesión. Contaba con la edad —cuarenta y ocho años— y la experiencia necesarias. Nueve años antes, en 1455, su padre le legó, así como a su hermano Juan, la responsabilidad del banco, y luego, recientemente, todo el peso del negocio recayó en él al morir Juan prematuramente en 1463, un año antes que su padre Cosme.

Este había puesto grandes esperanzas en la colaboración de sus dos hijos. En efecto, el menor era afable, inteligente y sobre todo despierto. Podía, como lo prueba su correspondencia, desplazarse rápidamente por toda Italia para verificar las cuentas de las filiales, negociar contratos y mantener relaciones directas con los clientes. En cambio el mayor, Pedro, padecía desde 1450 una artritis deformante. Se había convertido en un inválido, pronto condenado a permanecer en su habitación y a no desplazarse más que en litera. Estaba dotado del sentido común y de la inteligencia precisa de su padre, pero la enfermedad lo había amargado, acentuando sus tendencias a la parsimonia y a la indecisión. Formado en la escuela de buenos humanistas, era un profundo conocedor en materia de arte. El concertaba, en nombre de Cosme, los encargos a los artistas. Decidía el tema de las representaciones y la manera como debían ser tratadas. La decoración de la capilla del palacio por Gozzoli se realizó bajo su control directo. Su correspondencia lo muestra exigiendo del artista una modificación: el disimulo mediante nubes del cuerpo de los grandes serafines pintados a uno y otro lado del altar.

Cosme había elegido la esposa de su hijo, como es la norma en la sociedad florentina. Se trata de Lucrecia Tornabuoni, perteneciente a una vieja familia aristocrática iniciada desde hacía tiempo en los negocios. La joven tenía nueve años menos que Pedro: había nacido en 1425. No era muy hermosa, pero se impuso en la sociedad por su elegancia y sus maneras refinadas: había recibido una educación perfecta y práctica en las artes de la música, la danza y la poesía. Será una madre cabal. De sus siete hijos —cuatro varones y tres niñas—, sólo cuatro llegaron a la edad adulta. La hija mayor, Bianca María, nacida en 1445, se casó en 1459 con Guglielmo Pazzi. La segunda, Lucrecia, llamada familiarmente Nanina para distinguirla de su madre, nació en 1448. En 1466 se convirtió en la esposa de Bernardo Rucellai.

El mayor de los varones vio la luz el 1º de enero de 1449. Recibió el nombre de Lorenzo, tradicional entre los Médicis, que recuerda al santo tutelar de la familia, patrono de la gran basílica cercana al palacio. Otro varón, Juliano, nacido en 1453, crecerá al lado de su hermano mayor, compartiendo su educación, sus alegrías y sus penas.

Además de sus cuatro hijos, Pedro tuvo una hija fuera del matrimonio, María, de madre desconocida. Educada apartada de los otros hijos, pero reconocida como su medio hermana, se casó en 1470 con Lionetto Rossi, director del banco Médicis de Lyon.

La vida transcurría tranquila en el vasto palacio florentino todavía en construcción y en las villas de las colinas. Las maternidades de Lucrecia dieron lugar a las ceremoniosas visitas de las damas patricias llegadas en cortejo a cumplimentarla, como lo representan los frescos de *La Natividad de la Virgen* y de *El Nacimiento de Juan Bautista* en Santa María Novella. Es probable que el hermano de Lucrecia, Giovanni, comanditario de esas pinturas, quisiera recordar el nacimiento de sus sobrinas y sobrinos bajo los dorados artesonados del palacio Médicis. Los temas elegidos, la vida de la Virgen y la de Juan, eran los predilectos de las poesías piadosas que escribía Lucrecia con talento. Su devoción, muy sincera, se había acrecentado bajo la influencia del arzobispo Antonio Pierozzi, llamado afectuosamente Antonino a causa de su pequeña estatura y canonizado con el nombre de san Antonino.

Lucrecia distribuía ayudas a los conventos y otorgaba dotes a las jóvenes pobres. Por medio de la caridad cristiana, inculcó a sus hijos lecciones de generosidad. Pero la joven prole no vivía recluida en Florencia. Se escapaba frecuentemente, con el pretexto del calor o de epidemias, durante largos períodos, a Pisa o a las grandes villas familiares, Cafaggiolo, Trebbio y sobre todo Careggi, donde se encontraban con los primos Médicis, el hijo y los nietos del hermano de Cosme.

Infancia y educación de Lorenzo el Magnífico

En los grandes dominios de su familia, Lorenzo, en compañía de Juliano, aprendió a gozar de la naturaleza. Siguiendo el ciclo de las estaciones, las vendimias en Careggi o las grandes cabalgatas en el Mugello ponían a los jóvenes de la ciudad en contacto con los rústicos habitantes de la campiña. Se les ofrecían otras ocasiones de codearse con el pueblo: eran las curas termales, a las que los Médicis eran fieles.

Frecuentaban sobre todo los baños de Petriolo, de Carsena y de Macerato, donde, cuando ellos llegaban, se celebraban fiestas en su honor. Más tarde, en 1477, la madre de Lorenzo comprará los baños sulfurosos de Morba, hará rehacer los surtidores y las canalizaciones y transformará el lugar en una estación terapéutica moderna.

En sus villas y palacios los jóvenes Médicis no carecían de distracciones. Se tenía con ellos gran indulgencia. El cronista de Ferrara Ludovico Carbone cuenta una anécdota significativa al respecto. Embajadores de Lucca estaban discutiendo graves cuestiones con Cosme cuando uno de sus nietos irrumpió en la habitación, tendió a su abuelo un cortaplumas y una caña y le pidió que le fabricara un silbato. Interrumpiendo la audiencia, Cosme talló el juguete y el niño, encantado, salió corriendo. A los embajadores, asombrados, Cosme les respondió: "¿Acaso no sabéis cuánto se puede amar a los hijos y a los nietos? Os escandaliza que haya tallado el silbato. Afortunadamente mi nieto no me pidió que lo tocara, pues lo habría hecho ante vosotros".

Con el correr de los años, el abuelo apreciaba cada vez más la inteligencia de Lorenzo. Le gustaba disputar con él partidas de ajedrez. Más tarde lo hará asistir a las discusiones filosóficas que mantiene en un círculo cerrado. No tardó en encargarle funciones mundanas que agradan al pueblo de Florencia.

En mayo de 1454, Lorenzo, que tenía cinco años y medio, hace una visita protocolaria. Vestido a la francesa y rodeado de un brillante cortejo, fue a saludar a Juan de Anjou, hijo del rey René, candidato sin suerte al trono de Nápoles: el príncipe era huésped oficial de la República, que le había otorgado el título de caballero.

Cinco años más tarde, con ocasión de la estancia en Florencia de Galeazzo María Sforza y del papa Pío II, en abril-mayo de 1459, Lorenzo y su hermano Juliano desempeñaron un importante papel. Cosme recibió al príncipe milanés, de apenas diecisiete años de edad, en la capilla de su palacio, resplandeciente con el oro de los frescos que se estaban terminando. Sus dos nietos recitaron los cumplidos de costumbre. Un poco más tarde, Galeazzo María fue recibido en Careggi, siendo atendido principescamente, así como a su séquito. Lorenzo y su tío Juan de Médicis se afanaban en el salón del banquete, sin sentarse a la mesa, para dar pruebas de su deferencia. Una de las hermanas de Lorenzo tocaba un pequeño órgano. Después de la cena, las esposas de Pedro y de Juan interpretaron una danza cortesana en compañía de las más hermosas damas de Florencia.

La llegada del papa Pío II, de paso hacia el Congreso de Mantua donde debía decidirse la próxima cruzada, fue pretexto para una considerable algarabía popular. Las fiestas, que atrajeron a una multitud calculada en 60.000 espectadores, comenzaron con un torneo en la plaza de Santa Croce. El 29 de abril se celebró un baile en el Mercado Nuevo, enteramente decorado con ricos tapices: sesenta jóvenes parejas bailaron con gracia, adornadas con sus más bellos atuendos.

Al día siguiente, en la plaza de la Señoría, cerrada por todos sus lados y transformada en ruedo, se soltaron a los dos leones mantenidos a expensas de la República, pues son uno de los símbolos de Florencia, como la flor de lis roja y la cruz roja sobre fondo blanco. Se hizo entrar en la arena a dos caballos, cuatro bueyes, dos toros, una vaca y su ternero, un oso salvaje, lobos y hasta un animal casi desconocido entonces, una jirafa. El pueblo esperaba una lucha general entre las bestias. Pero, ¡ay!, los gritos de la multitud, en vez de excitarlos, asustaron a los animales que permanecían inmóviles. Entonces entraron veinte hombres al campo cerrado y, en medio de las bestias, se entregaron a una carrera de persecución con una gran pelota de madera.

La atracción principal del espectáculo tuvo lugar en la noche del 1º al 2 de mayo. Iluminado por centenares de antorchas, se realizó un desfile militar en la Via Larga cuidadosamente enarenada. Treinta músicos abrían la marcha. Detrás de un estandarte con las armas del joven Lorenzo, doce jinetes soberbiamente vestidos, con pajes y servidores de librea, precedían al joven Médicis montado en un caballo blanco, adornado de oro y púrpura como aparece en el fresco de Gozzoli.

Detrás de los jinetes, una carroza alegórica representa el triunfo del Amor. Tras pasar varias veces, el cortejo se disolvió y los jóvenes patricios siguieron a Lorenzo al interior del palacio donde les esperaban delicados manjares, mientras que el buen pueblo cantó y bailó hasta muy tarde en la noche en honor de los huéspedes de Florencia.

Tal era el aprendizaje mundano de Lorenzo, salpicado de fiestas y continuas alegrías. Pero la educación ocupaba lo esencial de su tiempo. Muy temprano, hacia 1454, se le asignó un preceptor que era a la vez su pedagogo y su hombre de compañía. Gentile Becchi, nacido en Urbino, pertenecía a la clientela de los Médicis que lo habían hecho nombrar sacerdote de San Giovanni en 1450. Recibirá sucesivamente importantes beneficios, en especial una prebenda canónica de la catedral en 1462. Más tarde será vicario general del arzobispo de Florencia, Giovanni Neroni; luego, en 1473, a propuesta de su alumno Lorenzo, obispo de Arezzo. Excelente orador, su talento le valdrá numerosas misiones diplomáticas, sobre todo en Roma y en la corte de Francia. Hombre de carácter alegre, dejó una correspondencia muy vivaz, llena de humor. Dio lecciones de humanidades a Lorenzo. Le enseñó a escribir excelentemente en latín y corrigió sus primeros versos en italiano. La biblioteca de los Médicis, constantemente enriquecida desde 1440, ofrecía al joven alumno admirables recursos, entre los cuales pueden citarse el mejor manuscrito de las cartas de Cicerón y dos manuscritos de Tácito, uno de los cuales era la única copia antigua que contenía los cinco primeros libros de los *Annales*. Plinio, Virgilio y Julio César se encontraban en los anaqueles junto a los autores griegos y en especial junto a Sófocles, pero también a los más grandes poetas florentinos, Petrarca y Dante.

Otro maestro guía a Lorenzo en la familiaridad de los grandes poetas: Cristoforo Landino. El joven siguió cursos de retórica y de poética a partir de 1458 en la universidad de Florencia. El viejo *Studio* tenía aún como profesor de griego y de filosofía al célebre Argyropoulos. Durante unos diez años, este tuvo al joven Lorenzo como oyente de sus conferencias sobre Aristóteles y Platón, así como sobre la historia de la civilización y del pensamiento helénicos. Finalmente, Marsilio Ficino ejerció una poderosa influencia en Lorenzo, que asistía con recogimiento a las charlas platónicas sobre la muerte realizadas en Careggi por el filósofo a petición del anciano Cosme.

Lorenzo tuvo además la buena suerte de conocer a uno de los "genios universales" de la época, el arquitecto filósofo Leone Battista Alberti. Este le dedicó una de sus obras, el *Trivia*, que trata del arte de discutir los asuntos de Estado. El joven volvió a ver a menudo a Alberti en Florencia, adonde él iba a controlar los edificios cuyos planos había elaborado, en particular las obras comenzadas para los Rucellai. Más tarde, en Roma, Lorenzo visitará las ruinas antiguas conducido por él.

Naturalmente, todos los artistas que frecuentaban el palacio Médicis supieron cautivar alternativamente la atención del muchacho. La música, que estudió bajo la dirección del ilustre organista de la catedral, Antonio Squarcialupi, muy pronto se convirtió para él en un arte predilecto. Tocaba diversos instrumentos y le gustaba cantar. Acompañaba sus versos con melodías originales.

Ese período de formación, colocado enteramente bajo el signo del desarrollo espiritual, dejará profundas huellas en Lorenzo. Le dará el deseo de proseguir, con un pequeño grupo de amigos fieles, las discusiones sobre el Bien supremo del alma, tema privilegiado evocado tan a menudo en su juventud, sobre todo en el marco de la calma del convento de los camaldulenses: en 1474, Landino lo reflejará en sus *Disputationes Camaldulenses*.

La muerte de Cosme arrancó bruscamente al joven de ese ambiente feliz, muy alejado de las dificultades materiales vividas por sus antepasados, los laboriosos hombres de negocios.

La adolescencia de Lorenzo.
Sus misiones en Milán, Roma y Nápoles

En 1464, Lorenzo ya casi había alcanzado su estatura de adulto, que será mediana. Su cuerpo era robusto. Su rostro, de rasgos irregulares, resultaba voluntarioso. Sus ojos negros brillaban de inteligencia. Tenía algunos defectos: una voz algo chillona, mala vista, falta total de olfato. Pronto se anunciarán los primeros dolores de la gota. Pero su coraje y su alegría disimulaban sus defectos físicos. Elegante, afable, siempre disponible, aparecía ante todos como el heredero, lleno de promesas, de la estirpe de los Médicis.

A la mansión de la Via Larga afluyeron cartas de condolencias y más tarde cartas de cumplidos al nuevo jefe de la familia. En mayo de 1465, el rey de Francia Luis XI nombra a Pedro miembro de su consejo privado y le otorga el privilegio de hacer figurar en sus armas, sobre la primera de las esferas heráldicas, la flor de lis de Francia, de oro sobre azur.

Este gesto no es desinteresado. Francia atravesaba por entonces una crisis muy grave y el rey tenía la más urgente necesidad de un banquero generoso que financiara su armamento contra los señores amotinados. Más que de un reconocimiento internacional, Pedro necesitaba imponerse dentro de Italia ante los grandes Estados. Decidió enviar a su hijo mayor, Lorenzo, a las principales cortes. Concedió particular importancia al afianzamiento de los vínculos establecidos por Cosme con Francesco Sforza, duque de Milán. Justamente, este iba a casar a su hija Hipólita con el hijo mayor del rey Ferrante de Nápoles, Alfonso de Aragón. En abril, el hijo menor del rey, Federico, pasó por Florencia con una delegación importante de nobles y prelados. Va a Milán a desposar por poderes a la hija del duque en nombre de su hermano. Los napolitanos estaban de duelo por su reina, por lo que no se celebró ninguna ceremonia oficial. Quizás, en privado, el príncipe napolitano de trece años pudo haber conocido a Lorenzo de Médicis, con quien simpatizaría más tarde. Pronto se encontraron en Milán, adonde Florencia envía una delegación a las fiestas de la boda. Formaban parte de ella, con Lorenzo, su cuñado Guglielmo Pazzi y Diotisalvi Neroni, representantes ambos del mundo de los negocios y de los notables partidarios de los Médicis. Lorenzo pasó por Ferrara y Venecia, donde fue recibido con bastante frialdad: se conocían demasiado bien las relaciones privilegiadas de los Médicis y del duque de Milán.

El 9 de mayo la embajada llegó a la corte de los Sforza. Lorenzo llevaba en su equipaje la platería de los Médicis y la usó en las recepciones que ofreció con magnificencia en el palacio donde Pigello Portinari dirige una sucursal de los Médicis. El duque y su hijo Galeazzo María, que conocía bien a Lorenzo por haber cabalgado junto a él poco tiempo antes, consideraron oportuna la ocasión para pedirle auxilio: el rey de Francia Luis XI los había llamado en su ayuda y el dinero florentino será bienvenido para pagar a sus soldados. Al no disponer de poderes, Lorenzo no pudo comprometerse. Emprendió rápidamente el regreso después de la celebración de la boda.

Al mes siguiente, Hipólita Sforza hace su entrada en Florencia. Se alojó en el palacio de la Via Larga con su cuñado, el príncipe napolitano. Su estancia coincidió con las fiestas patronales de san Juan, a las que se les da un brillo excepcional: suelta de los leones familiares de Florencia en una arena improvisada, carrera del palio, acciones de gracias en las iglesias. Pedro de Médicis creía celebrar públicamente, con su recibimiento, el acuerdo que lo unía a las cortes de Milán y de Nápoles.

Una tercera corte italiana fue objeto de sus atenciones: la del Papa, con quien los Médicis mantenían relaciones comerciales. En febrero de 1466, Pedro decide enviar ante ella a su hijo Lorenzo en embajada extraordinaria. Gentile Becchi y Roberto Malatesta acompañan al joven. El 8 de marzo llegan a Roma.

El pontífice reinante desde 1464, Pablo II, era un ex comerciante veneciano. Deseaba hacer más rentable el yacimiento de alumbre de la Tolfa, que desde 1462 proporcionaba a Occidente lo esencial de ese producto, indispensable para la industria textil.

Los Médicis dieron salida a la mayor parte de esa producción:

vendieron en Europa, desde 1463 hasta 1466, 4.000 toneladas de alumbre en provecho de la Cámara Apostólica. Pero la compañía contratista, a la que el Papa había encargado extraer y refinar el mineral, no estaba autorizada a fabricar más de 1.500 toneladas por año. Ese volumen resultaba demasiado escaso para hacer frente a la demanda.

Lorenzo y su tío Giovanni Tornabuoni, director de la sucursal de Roma, presentaron sus condiciones a la Santa Sede: querían ser los dueños absolutos de la comercialización, pero también controlar las etapas previas de la fabricación, entrando como asociados de la compañía contratista.

El 1º de abril, tras arduas negociaciones, obtienen lo que desean. En el contrato que firman, Pedro de Médicis sustituye a un testaferro del Papa, Bartolomeo da Framura. La nueva compañía podrá producir tanto alumbre como demande el mercado.

Los Médicis reemplazaron a la Cámara Apostólica en todas las operaciones financieras. Se convirtieron en los depositarios de las Arcas de la Cruzada, cuya principal recaudación era proporcionada por la venta del alumbre. Los ingresos debían ser repartidos a razón de dos tercios para la Cámara Apostólica y un tercio para la compañía contratista: el contrato era un "negocio de oro". El objetivo principal del viaje ante el Papa se había alcanzado: los Médicis consiguieron el negocio del siglo, provocando los celos de sus rivales, los financistas de Florencia y de las demás ciudades italianas.

Lorenzo, orgulloso de ese resultado, habría disfrutado gustoso de los placeres de Roma. Pero su padre le había prohibido expresamente las fiestas mundanas: acababan de enterarse de la muerte súbita, el 8 de marzo, de Francesco Sforza, y Pedro impuso a su hijo llevar duelo por el duque-condotiero a fin de proclamar públicamente la fidelidad de los Médicis a su aliado milanés. Le pidió obtener del Papa, pese a sus orígenes venecianos, el compromiso de reconocer y de apoyar al heredero del Milanesado, Galeazzo María Sforza. Ahora bien, era tan importante para Roma como para Florencia mantener, frente a la República de los Dux, un Estado milanés fuerte. Lorenzo tuvo tanto éxito en su gestión diplomática como el que había obtenido en la negociación financiera. Al día siguiente de la misa mayor pontificia de Pascuas, partió hacia Nápoles el 7 de abril. Su viaje era esta vez una prolongación de su embajada a Milán: debía consolidar el eje de entendimiento entre Milán, Florencia y Nápoles. La muerte de Sforza tornó aún más necesaria la solidaridad entre Pedro de Médicis y el rey

Ferrante. Las conversaciones de Lorenzo con el monarca, en Capua, las partidas de caza y las recepciones oficiales culminaron fácilmente en un acuerdo al respecto. No ocurrió lo mismo en otro terreno, el de las finanzas. Ferrante era duro en lo que a ganancias se refiere y no dudaba en exprimir a barones y comerciantes de su reino. Quería obtener el mayor beneficio de sus minas de alumbre en Agnano, cerca de Puzol, en las islas Lipari y en Ischia. El reciente contrato concertado por Lorenzo en Roma era un estorbo: se estudiaron los términos de un acuerdo compartiendo el mercado europeo.

Bien sabía Lorenzo que los napolitanos no ocupaban una posición de fuerza: jamás producirían suficiente alumbre para ser competidores serios. A cambio de una convención de paz comercial que no le costaba demasiado, exigió que los competidores del banco Médicis en la plaza de Nápoles, esencialmente los Acciaiuoli y Luca Pitti, no resultaran privilegiados en el futuro en las operaciones financieras del soberano, operaciones muy importantes pues el rey se reservaba el monopolio de las exportaciones. También en este caso el joven Médicis logró lo que pretendía, comprometiéndose, es verdad, a hacer anular la proscripción de los miembros de la familia Strozzi que, exiliados en Nápoles, se habían hecho amigos del rey.

Se llevó a cabo el acuerdo sobre esos diferentes puntos. Era un nuevo éxito total para los Médicis, pero fue interpretado como una grave afrenta por una parte importante del patriciado florentino. La situación en ese momento habría requerido que se tuvieran en cuenta los intereses de los notables.

La oposición de los antiguos notables: Agnolo Albizzi, Luca Pitti, Diotisalvi Neroni y Niccolò Soderini

Hacía dos años que una sorda oposición crecía en Florencia en las propias filas de los viejos partidarios de los Médicis. Los Acciaiuoli eran una de las más antiguas familias de Florencia. Proscritos después del tumulto de los *ciompi* al mismo tiempo que los Médicis, se habían unido a ellos y los habían apoyado en la lucha contra el partido de los Albizzi. Uno de sus jefes, Agnolo, se distinguió poniéndose de parte de Cosme durante su exilio en Venecia: fue encarcelado y hasta torturado. Al regreso de los Médicis, encontró su recompensa: fue gonfaloniero y luego embajador ante el rey de Francia. Casó a su hija Laudomina con Pier Francesco de Médicis. Pero Cosme desconfiaba de su ambición y de sus continuas peticiones. Le negó el arzobispado de Pisa para uno de sus hijos; desbarató la boda de otro hijo de Agnolo con una joven de la familia Bardi, aliada de los Médicis. Agnolo ocultó su descontento. Su fidelidad y la de su familia, sometidas ya a dura prueba, se verían definitivamente comprometidas cuando Pedro de Médicis se propuso apartar a los Acciaiuoli de los circuitos comerciales napolitanos. Agnolo ocupaba la función de ensamblador. Era miembro de los Consejos de la Señoría; su lugar en el Estado le permitirá vengarse, llegado el momento, haciendo adoptar legalmente medidas perjudiciales para los Médicis. Muchos otros notables se encontraban en situación similar. Uno de los principales, Luca Pitti, fue el ejecutor del golpe de Estado de 1458 y pensaba que no había obtenido de él las ventajas políticas esperadas. Muy rico, tenía sin embargo urgentes necesidades de dinero para mantener las obras del palacio que mandó edificar en la colina de San Giorgio. Deseaba sacar más provecho del presupuesto del Estado y, para ello, intentó colocar a sus clientes en puestos claves y en cargos lucrativos de la administración del territorio florentino. Sus partidarios tenían unas ansias desmesuradas de poder: formaban el "partido de la Colina" por oposición al "partido del Llano" que reunía a los clientes de los Médicis alrededor del palacio de la Via Larga, situado en el valle del Arno.

Entre los que se decían amigos de los Médicis, algunos, por ambición o por celos, estaban dispuestos a unirse a la oposición que crecía día a día desde la muerte de Cosme. Tal es el caso de Diotisalvi Neroni, consejero y amigo de Cosme. Había colocado su dinero en los negocios de los Médicis y, gracias a ellos, hizo fortuna. Su hermano Giovanni se convirtió en arzobispo de Florencia. El mismo fue hecho caballero por el duque de Milán cuando acompañó a Lorenzo en su embajada. Pedro le pidió consejo cuando reorganiza el banco a la muerte de su padre. Diotisalvi le habría sugerido recuperar todos los créditos y esa medida, aplicada de inmediato, habría causado la cascada de quiebras que en el otoño de 1464 afectaron a gran número de empresas florentinas. Maquiavelo pensaba que Diotisalvi dio a propósito ese consejo a fin de provocar la explosión de descontento contra Pedro y ulteriormente su proscripción por la Señoría. Tal maquinación no ha sido comprobada. La coincidencia entre la interrupción de las cuentas del banco Médicis, por balance después de la muerte de Cosme, y las quiebras florentinas es tal vez fortuita. En todo caso, aunque interviniera de manera inoportuna, Diotisalvi no fue apartado y pudo seguir esperando su hora, disimulando sus celos. Trabajaba en la sombra para minar la confianza de los allegados a la Via Larga hacia el heredero de Cosme.

Entre los que frecuentaba a diario, encontraba a personas de opiniones violentamente opuestas dentro de una misma familia. Tal el caso de los Soderini. Tommaso Soderini estaba casado con una hermana de Lucrecia Tornabuoni. Era amigo íntimo de su cuñado Pedro de Médicis, con el que compartía todas las opiniones. Por el contrario su hermano, Niccolò Soderini, no perdía ninguna ocasión de prodigar sus críticas contra el régimen Médicis: espíritu muy idealista, aspiraba a la restauración de las antiguas libertades.

Con motivo de las consultas a las que es invitado por la Señoría, defendió el restablecimiento del sorteo de los titulares de los cargos y, a la larga, consiguió convencer a los priores y a los Consejos. El 18 de septiembre de 1465 se restauró el antiguo método. Quedó anulado el control por los ensambladores, de las aptitudes de los candidatos después de la extracción de los nombres de las bolsas. Sólo decidiría el azar. Ningún hombre designado por la suerte podía ser rechazado, salvo incapacidad grave e insolvencia ante el Tesoro público. Los Médicis perdían así el control absoluto de la elección de los miembros del gobierno.

El ataque al régimen Médicis

El sorteo del 29 de octubre, practicado según las antiguas modalidades, es favorable a la corriente republicana. Niccolò Soderini fue elegido gonfaloniero de justicia. Estalló el entusiasmo de sus partidarios, que lo llevaron en andas hasta el palacio de la Señoría. Las damas de Florencia lo coronaron con ramas de olivo. Se esperaban maravillas de su gobierno: en dos meses, es verdad, multiplicó las reuniones de reforma y los proyectos. Uno de estos se llevó a cabo: consistía en crear una comisión para ampliar la lista de los candidatos a las funciones del Estado. Enseguida se triplica su número. Muchos nuevos candidatos deseaban el regreso a la antigua República. Esta coyuntura alentó la resistencia contra Pedro en los Consejos. En la primavera de

1466, los opositores hicieron patente su poder. Pedro propuso a la Señoría, después de la muerte de Francesco Sforza, acordar un subsidio de 40.000 ducados a la duquesa viuda y a su hijo Galeazzo María. Quería comprar así el apoyo que podría necesitar para conservar el poder. Naturalmente, sus adversarios se opusieron. Luca Pitti había declarado en diciembre de 1465 que prefería el diablo al duque de Milán. La Señoría, bajo su influencia y la de Acciaiuoli, redujo la cifra del subsidio. Fue una primera derrota infligida a Pedro.

Otras le siguen. La Señoría impuso a todos los candidatos calificados para los cargos la obligación de desligarse de las facciones, cualesquiera fueran ellas. Una vez elegidos, se les prohibía reunirse en un palacio privado. Esta medida apunta casi directamente a los Médicis.

Los opositores sentían la necesidad de pronunciarse públicamente y de contar sus fuerzas. Cuatrocientos de ellos se reúnen el 27 de mayo para jurar solemnemente que observarán las antiguas normas del gobierno republicano y preservarán las libertades.

Para dar fuerza a esta declaración, firmaron su juramento. En las primeras líneas se ven los nombres de Luca Pitti, Agnolo Acciaiuoli, Diotisalvi Neroni y hasta la firma de Pier Francesco de Médicis, primo de Pedro que es también yerno de Agnolo Acciaiuoli. Pier Francesco encontró la ocasión favorable para vengarse de la rama mayor de su familia, que, según él pretendía, lo había estafado.

Los días siguientes, la oposición tomó como blanco al Consejo de los Cien, esa especie de Senado creado por los Médicis, que lo habían convertido en una dócil cámara de registro de las medidas excepcionales que necesitaban en cada momento. El voto de los Cien permitía pasar por encima de las opiniones de los antiguos Consejos del Pueblo y de la Comuna. La campaña de agitación contra esa institución fue virulenta. No cabía duda de que, si los opositores conseguían mayoría en la nueva Señoría que se iba a elegir el 28 de agosto, el Consejo de los Cien sería abolido y con él el último mecanismo de control que permanecía, en parte, en manos de los Médicis. Estos se iban a defender, era evidente. Pitti y sus amigos buscaron un aliado suficientemente fuerte y decidido para enfrentarse a ellos. Lo encontraron en la persona de Borso d'Este, marqués de Ferrara, que no ocultaba su hostilidad hacia Pedro, culpable ante sus ojos de haber renovado la alianza de Florencia y de Milán. Hércules, hermano de Borso, se puso en camino en julio. El señor de Bolonia, Giovanni Bentivoglio, advirtió a Pedro, en esos momentos retirado en Careggi, que el ejército ferrarés contaba con 800 jinetes, 2.000 hombres de infantería y 1.000 ballesteros.

De inmediato el Médicis obtuvo de Galeazzo María Sforza el envío a Imola de 1.500 jinetes milaneses. Un capitán del duque podría ocupar la plaza de Firenzuolo en los Apeninos y cerrar el camino a las tropas de Hércules d'Este. Pero los milaneses estaban demasiado lejos de Careggi para proteger eficazmente a Pedro. La vieja morada fue fortificada, pero su jardín y su terreno se abren ampliamente al campo: no se podría resistir mucho tiempo el asalto de un ejército. Desde todo punto de vista era mejor trasladarse a Florencia. Allí Pedro tendría mayor capacidad de maniobra. En Florencia, los Médicis serían advertidos de inmediato de los resultados del sorteo de la nueva Señoría. Según las opiniones de los nuevos priores, sabrían enseguida si la partida estaba ganada o perdida para ellos. Decidirán entonces, de ser necesario, hacer intervenir a los soldados milaneses contra sus adversarios.

La victoria de Pedro de Médicis

En la madrugada del 23 de agosto, una litera rodeada de escoltas abandonó Careggi rumbo a Florencia. Llevaba a Pedro, obligado por los dolores de la gota a permanecer en ella. El camino no era seguro. Se temía la presencia de sicarios emboscados. Lorenzo tomó la delantera a caballo, explorando la ruta. Bordeó la villa de Sant'Antonio, casa de campo del arzobispo de Florencia, Giovanni Neroni, hermano de Diotisalvi. Observó grupos sospechosos a su alrededor. Fue detenido. Le preguntaron si su padre lo seguía: él lo negó. Decidieron dejarle pasar. Entonces, rápidamente Lorenzo envía un mensaje a Pedro y le hace tomar otro camino. La litera llega sin problemas a Florencia. Pedro convoca a sus amigos al palacio de la Via Larga y les cuenta el intento de rapto o tal vez hasta de asesinato del que escapó sólo gracias a la valentía y a la presencia de ánimo de Lorenzo.

A partir de allí se precipitan los acontecimientos. La suerte sonríe a los Médicis. Algunos la encontrarían demasiado buena y hablaron de una manipulación de las bolsas antes de la extracción de los nombres de los priores. Sea como fuere, el resultado inesperado era un hecho: el 28 de agosto, el sorteo designó a priores completamente fieles a los Médicis. Luca Pitti meditó la importancia de este hecho y el 29 de agosto fue humildemente a presentar su sumisión, que Pedro acepta. Ese gesto sería interpretado como una cobardía por el partido de la Colina y la carrera política de Pitti quedaría arruinada para siempre. Ante la noticia del triunfo de los Médicis, el duque de Ferrara dispersa sus tropas. La oposición quedó totalmente desarmada. Los priores devolverían cuanto antes el control del gobierno de Florencia a los Médicis. Se dispuso el escenario habitual, tendiente a obtener la apariencia de un acuerdo popular. El 2 de septiembre, a petición de los nuevos priores, el pueblo es convocado en parlamento en la plaza de la Señoría, que Pedro hace rodear por tres mil soldados. En primera fila se distinguía a Lorenzo a caballo, armado de pies a cabeza. Los priores propusieron la constitución de una *balia* de reforma, que tendría todos los poderes durante cuatro meses. El pueblo aclamó esa medida. Apenas constituida, el 6 de septiembre, la *balia* nombró una nueva comisión de policía, formada por amigos leales a Pedro. Estos recibieron los poderes discrecionales que habían sido abolidos en 1465. El 7 de septiembre, hicieron comparecer a Niccolò Soderini, Agnolo Acciaiuoli, Diotisalvi Neroni y a los demás jefes de la oposición. El 11 se dictan las penas: veinte años de proscripción. Sólo se dejó en libertad a los personajes secundarios de menor importancia. La propaganda oficial celebró la magnanimidad de Pedro de Médicis.

Paralelamente a la represión, la *balia* apostó decididamente por la restauración del control de los Médicis sobre el Estado. El 5 de septiembre se decretó que, en lo sucesivo, las bolsas con los nombres de los candidatos para los cargos permanecerían abiertas y que los ensambladores buscarían en ellas tantas veces como fuera necesario hasta encontrar los nombres de personas que gozaran de toda la confianza del régimen. Ese procedimiento sería empleado durante dieciocho años, hasta la caída de los Médicis en 1494.

Tras dos años de incertidumbre, el poder de Pedro de Médicis sale fortalecido de esa larga crisis. Pero los exiliados no se consideraron derrotados. En Venecia, Niccolò Soderini gozaba del apoyo de las autoridades. La República Serenísima permitió al proscrito emplear a su condotiero Bartolomeo Colleoni. Diotisalvi Neroni se instaló en Malpaga, en el castillo del hombre de armas, donde prepararon su entrada en campaña. A las tropas de Colleoni vinieron a sumarse las de otros condotieros: Hércules d'Este, Alejandro Sforza, señor de Pesaro, Juan Pico de la Mirándola, Pino III Ordelaffi, señor de Forlì, y Astorre

Manfredi, señor de Faenza. Era una coalición de soldados improvisados deseosos de aprovechar la aventura, como lo había hecho antes Francesco Sforza, para conseguir principados a expensas de los grandes Estados italianos. Pronto estos se dan cuenta del peligro. A Pedro de Médicis nada la costó formar en Roma, el 4 de enero, una liga colocada bajo la presidencia de Pablo II, que agrupaba a Florencia, Milán y Nápoles. El ejército común sería comandado por el émulo de Colleoni, Federico de Montefeltro, conde de Urbino.

El 10 de mayo de 1467, Colleoni cruzó el Po a la cabeza de 8.000 hombres de caballería y 6.000 de infantería. Era una fuerza considerable para la época. Pero él era viejo y prudente. Avanzaba con lentitud. El conde de Urbino, frente a él, no se mostraba más ofensivo. Las operaciones no adelantaban. Sólo la República de Venecia hacía la guerra con ardor en todos los frentes, confiscando en el mar las mercancías y los barcos florentinos, tratando de suscitar una rebelión de Génova y un ataque de Saboya contra el Milanesado, retomando contacto con Juan de Anjou.

El encuentro de los dos grandes condotieros el 23 de julio de 1467 en la Riccardina, cerca de Molinella de Romaña, no decidió nada, así que resolvieron tratar. Borso d'Este se ofreció como mediador. Pero el papa Pablo II lo suplantó. El 2 de febrero de 1468 impuso la paz antes de hacerla aceptar, el 8 de mayo, por todos los interesados. Pedro de Médicis salió victorioso de la prueba final. No se le impuso ninguna concesión en lo concerniente a los proscritos. El territorio florentino permanecía intacto. Mejor aún, poco después se agrandó por la adquisición, en 37.000 florines, de Sarzana y de la plaza de Castelnuovo de Lunigiana, situada sobre la ruta de Génova y del valle del Taro. Florencia consiguió así el dominio de los caminos que llevan a Lombardía.

El Estado toscano, fuerte e independiente, aparecía de nuevo provisto de la estabilidad interna que le confería la dictadura disimulada del partido Médicis.

Capitulo Seis

La época de los placeres

Las primeras poesías de Lorenzo y su musa: Lucrecia Donati

A pesar de la vigilancia policial, el odio de los vencidos representaba un peligro permanente para los Médicis. En varias ocasiones fueron objeto de atentados y raptos que fracasaron por poco. Así, en el verano de 1467, mientras Lucrecia y Lorenzo tomaban las aguas en los baños sulfurosos de Morba, se les advirtió de un golpe inminente y apenas tuvieron tiempo de ponerse a salvo detrás de las murallas vecinas de Volterra. Una vez pasado el peligro, Lucrecia continuó su cura, pero Lorenzo, llamado por su padre, permaneció en Florencia. Allí reencontró, con la complicidad del grupo de amigos al que llamaba su "brigada", los juegos del amor a los que se entregó sin obstáculos en la ciudad sometida al poder de los Médicis.

El despertar de Lorenzo a los placeres sensuales fue precoz. Muy pronto deja un eco de ellos en sus poesías. En junio de 1465, a los dieciséis años, se detuvo en Reggio, al regreso de Milán, y allí compuso un soneto mitológico. Es la primera de sus "Rimas". Pronto estas contarán, bajo el título de *Canzoniere*, con una balada, cinco sextinas, ocho "canciones" y 108 sonetos, compuestos en su mayoría de 1465 a

1470. Ese conjunto, vibrante de emociones amorosas, es como un diario sentimental del adolescente apasionado que era Lorenzo. El ardor juvenil del muchacho se derramaba en aventuras fáciles con las jóvenes poco ariscas que frecuentaba la "brigada". Según Maquiavelo, Lorenzo se mostraba "increíblemente atraído por los placeres de Venus" y Guicciardini va más lejos describiéndolo "voluptuoso, sometido por entero al poder de Venus..., lo que, a juicio de muchas personas, debilita su cuerpo al punto de hacerlo morir, por así decirlo, en su juventud". Fueron vanos los sermones de su madre y de su preceptor, Gentile Becchi. Por lo demás, su abuelo y su padre no le habían mostrado el camino de la virtud. Pero el amor no se limitaba para él a las juergas nocturnas, peligrosas, en suma, pues eran espiadas por la multitud maligna de gente inferior y por las severas rondas de la policía urbana.

Como todos sus compañeros, cortejaba a pleno día a una dama florentina con las mejores intenciones. Era de buen tono, según las reglas del amor cortesano, que esa amante ideal fuera la única evocada en público, aun cuando sirviera de pantalla a amores vulgares donde los sentidos, más que el espíritu y el corazón, se satisfacen. Toda Florencia conocía a la que Lorenzo, en sus versos, llamaba Diana. Era Lucrecia Donati, una de las jóvenes más bellas de la ciudad. Cuando el muchacho la hizo su musa en 1465, él tenía dieciséis años y ella dieciocho, como han revelado los eruditos modernos. Acababa de casarse con Niccolò Ardinghelli, a quien fue prometida dos años antes. Lorenzo dedicaba pues sus suspiros a una joven patricia instalada en la sociedad. Su amor estaba destinado a seguir siendo "platónico", en el sentido habitual del término. Este vínculo poético era exhibido en público. El nombre de Lucrecia fue aclamado, en el gran torneo de 1469, junto al de Clarissa Orsini, la futura esposa de Lorenzo. Por otra parte, esta no se molestó por ello: aceptó, en 1471, ser la madrina del pequeño Pietro Ardinghelli, hijo de Lucrecia y de Niccolò. Este dejaba aparecer a su esposa como reina del baile en las fiestas florentinas. La patricia Alessandra Macinghi Strozzi contó así a su hijo la soberbia fiesta organizada por Lorenzo el 3 de febrero de 1466 en honor de Lucrecia en el salón del Papa, en Santa María Novella. La joven vestía magnífico atuendo, adornada con perlas de hermoso tamaño. La narradora asegura a su hijo que, en adelante, Niccolò Ardinghelli podrá pagarle lo que le debe: se dice que cuenta con un anticipo de 8.000 florines. ¿Era esa fortuna el fruto de una complacencia? No lo parece. Niccolò hacía negocios en el Levante. Frecuentes viajes, sobre todo a

Turquía, lo alejaban de su mujer durante largos meses. Que Lucrecia se divirtiera mientras tanto en los juegos y las fiestas de la "brigada" de Lorenzo no tendría nada de extraordinario en la Florencia de esa época. Pero, aunque halagada por las atenciones de Lorenzo, parece haber permanecido fiel a su marido. Los amigos del joven Médicis lo lamentaban en su correspondencia. Este no logró ocupar el lugar de Niccolò. Las proezas físicas del marido eran excepcionales, si damos fe a Braccio Martelli, compañero de Lorenzo, que hizo espiar el desarrollo de la noche de bodas de Lucrecia, el 21 de abril de 1465. Hasta pudo precisar el tamaño de la anatomía íntima del marido, comparable, según decía, ¡con el cuerno de un buey! Tales procedimientos eran frecuentes en la "brigada" medicea. Los alegres compañeros se comunicaban sus experiencias y sus aventuras tanto como sus versos y sus canciones.

La "brigada" de Lorenzo: poetas, hombres de confianza y juerguistas

Auténticos poetas formaban parte de la banda, como los tres hermanos Pulci. Provenientes de una familia antaño próspera y vinculada con la aristocracia francesa, se veían reducidos a la condición de clientes necesitados de los patricios florentinos.

El mayor, Luca, nacido en 1431, se congració con el joven Médicis cantando los amores de Lorenzo en un poema mitológico, el *Driadeo d'amore*, compuesto en 1465. Esta obra y su fidelidad a los Médicis parecen no haber sido bien recompensadas, pues murió en 1470, encarcelado por deudas. El más joven de los Pulci, Bernardo, nacido en 1438, escribió por su parte un *Canzoniere* y se casó con Antonia Giannotti, autora a su vez de obras devotas que complacían a la madre de Lorenzo. Pero el más dotado era el segundo de los hermanos Pulci, Luigi, nacido en 1432, que entró al servicio de los Médicis en 1461. Se dedicaba a las tareas más diversas: comprar espadas, llevar a reparar instrumentos musicales, representar o acompañar a los miembros de la familia. Pronto se convirtió para Lorenzo en un compañero divertido e irrespetuoso, a la manera de un bufón de corte. Los otros asiduos al palacio de la Via Larga lo amaban o lo detestaban. Pero él conservó el favor de los amos. A petición de la madre de Lorenzo, comenzó la redacción de una parodia burlesca de las canciones de gesta, el *Morgante*, obra llena de humor donde los grandes personajes clásicos de Carlomagno, Ganelón, Oliver y Roldán se comportan como tontos. El héroe de la historia será Morgante, un gigante que acompaña a Roldán y combate con el medio gigante Margutte en episodios tan cómicos como lo serán más tarde los de las aventuras de Pantagruel y Gargantúa.

El fiel Gigi, como se le llamaba habitualmente, o también Aloysius Pulcher, como él firmaba sus cartas, quiso con ternura a Lorenzo, pero este, en cambio, lo ayudó muy poco a vivir decentemente. En 1472, el poeta tuvo que dejar a los Médicis para pasar al servicio de Roberto San Severino. Antes de alejarse, Pulci había dado al joven un testimonio literario de calidad: las *Stanze* para el torneo de 1469, donde alababa las bodas de Braccio Martelli y de Costanza Pazzi y al mismo tiempo exaltaba la persona de Lorenzo.

Braccio Martelli, nacido en 1442, pertenecía a una de las familias más fieles al partido Médicis. Desde 1463 era el amigo íntimo de Lorenzo y su favorito, y ambos compartían sus secretos privados. Lorenzo lo hizo participar más tarde en el gobierno del Estado y ascender en el camino de los honores públicos como prior, podestá en el territorio florentino, embajador y, finalmente, gonfaloniero de justicia.

Entre los miembros de la brigada encontramos luego a Dionigi Pucci, nacido igualmente en 1442. Era un epicúreo, juerguista y perezoso, que prefería los placeres de la cama a los de la caza. Pero, llegado el momento, probó a Lorenzo que era enérgico y capaz de asumir un papel político eminente, apaciguando rebeliones en Città di Castello y en Faenza. Pietro Alamanni, mayor, pues nació en 1434, era igualmente compañero de placeres y a la vez hombre de confianza de Lorenzo, quien le encargará sucesivamente las más altas funciones del Estado, en las que se mostrará a la altura de sus misiones.

Igualmente hábil y servicial, el cuñado de Lorenzo, esposo de Nanina, su hermana preferida, Bernardo Rucellai, era casi exactamente su contemporáneo: había nacido en 1448. Fue el compañero fiel de los viajes oficiales del joven Médicis antes de convertirse más tarde en su embajador en Génova, Milán y Nápoles. Erudito, de inteligencia despierta, era un apasionado de la historia y la arqueología.

El segundo cuñado de Lorenzo, Guglielmo Pazzi, nacido en 1437, esposo de Bianca, personaje al parecer bastante mediocre, también formó parte, con su hermano Giovanni, de la brigada, pero uno y otro fueron apartados más tarde por haberse comprometido en la conjura fomentada por su familia.

Un comerciante licencioso, Giovan Francesco Ventura, un discípulo de Marsilio Ficino, Francesco Berlinghieri, y un humanista, Pellegrino degli Agli, de siete a nueve años mayores que Lorenzo, pertenecieron igualmente a la brigada. Uno solo de los miembros era más joven que Lorenzo: Sigismondo della Stufa, nacido en 1454, universalmente admirado por sus contemporáneos por su gran belleza. Su crédito ante Lorenzo era absoluto. Es verdad que su afecto al Magnífico era igualmente sincero y que fue recompensado con los cargos más importantes del Estado, en particular los de prior, cónsul del mar en Pisa y gonfaloniero de justicia. Estaba comprometido con Albiera degli Albizzi, muy bella joven cuya muerte en 1473 desoló a toda Florencia e inspiró patéticos poemas a los poetas. El prestigio de la belleza y del dolor rodearon a Sigismondo de una especie de aureola angelical. Muy diferente era la imagen que daban los otros miembros de la brigada, alegres compañeros, vividores y juerguistas. Por otra parte, la banda se acrecentaba constantemente con adolescentes amigos, la juventud dorada de la época, que desfilará en las justas del torneo de 1469 al lado de Lorenzo y de su hermano Juliano, como los Pitti, Vespucci, Benci, Borromei y Salutati.

Sin aviso previo invadían los palacios de las familias patricias o las villas de los alrededores. Cafaggiolo o Quaracchi, la morada de los Rucellai, vibraban con el estrépito de sus fiestas. En ellas se rivalizaba por la excentricidad y la riqueza en el vestir. Los paseos al aire libre se sucedían a un ritmo endiablado: baños en los ríos o estanques, pesca, caza, sobre todo cetrería, y, según el tiempo, cabalgatas o batallas con bolas de nieve. En Florencia, después de las noches pasadas comiendo, bebiendo y frecuentando a las cortesanas, había un torbellino de bailes donde cada uno hace la corte a su dama titular. El tiempo libre restante se dedicaba a los negocios o a la política, que la mayor parte de las veces se reducía a perseguir dignidades del Estado.

Esta brigada de libertinos y de efebos seductores rodeó a Lorenzo de una corte heterogénea dedicada a la conquista del placer y el beneficio. Afortunadamente, el joven Médicis, gracias a su muy cuidada educación y a su talento de poeta, tuvo la posibilidad de escapar del torbellino de las alegrías vulgares. Siguió el ejemplo de los grandes autores de la Antigüedad y de tiempos más recientes, y trató de expresar su alegría de vivir, pero también las profundas penas que solía experimentar. Iba en pos del hallazgo de la mujer ideal, encarnada por Lucrecia Donati. Inspirándose en Petrarca y en los poetas amorosos del *dolce stil novo*, la identificó con los nombres de astros luminosos, de sol resplandeciente, de diosa que muestra en la tierra las perfecciones del Cielo. Todo el arsenal de sus predecesores se encontraba en sus versos: el arco y las flechas del Amor, los espíritus animales que, partiendo de los ojos de la dama, invaden el corazón del enamorado, y también las imágenes del Fénix, del Basilisco, de la Medusa, las fábulas antiguas de Febo y de Dafne. Pero, de tanto en tanto, en los poemas de composición artificial, Lorenzo desliza observaciones muy frescas, la evocación de los prados y de las flores, de la naturaleza, llena de zumbidos de insectos y de pájaros, o también la sorda inquietud cuando siente a la felicidad pasar irremediablemente, sin esperanzas.

El adolescente enamorado, el fino y delicado poeta, sabía ser realista y aceptar las obligaciones que le imponía su condición de heredero del banco Médicis y futuro amo del Estado. Cuando el consejo de familia, consciente del debilitamiento físico de Pedro, estimó que, en su calidad de hijo mayor, debía formar un hogar, Lorenzo, de dieciocho años de edad, se inclinó ante la elección que le propusieron sus padres.

Compromiso con Clarissa Orsini

En los primeros meses de 1467 se eligió una esposa para Lorenzo: Clarissa Orsini. Los Orsini constituían con los Colonna, sus rivales, la más alta aristocracia romana. Por entonces se contaban entre sus miembros numerosos prelados, un cardenal, Latino Orsini, varios arzobispos, poderosos guerreros, Virginio, señor de Bracciano, Niccolò, conde de Pitigliano, Roberto, conde de Tagliacozzo, y finalmente Jacopo, señor de Monte Rotondo. Este había desposado a la sobrina del cardenal, Maddalena Orsini, y tuvieron una hija, Clarissa, principal heredera de su clan.

Giovanni Tornabuoni estableció los primeros contactos. Ambas familias se beneficiaban con la alianza proyectada. Pedro de Médicis deseaba desde hacía tiempo encauzar a su hijo menor, Juliano, en la carrera eclesiástica. Los Orsini, por su parte, tenían necesidad de la bolsa de los Médicis para aumentar su clientela en la Curia. El 26 de marzo, Lucrecia, la madre de Lorenzo, llega a Roma acompañada por Gentile Becchi. Quería apreciar personalmente la prestancia de la joven y discutir el monto de la dote. Al parecer, Lorenzo ya había visto a Clarissa fugazmente en las ceremonias religiosas de la Semana Santa, en 1466. Pero la apreciación de su madre y su juicio le eran indispensables. Lucrecia hizo su informe el 27 de marzo. No bien llegó, se encontró con la joven en el camino de San Pedro: su andar era elegante, pero la vestimenta romana, una gran capa de exterior, ocultaba sus formas. Para examinar más tranquilamente a su futura nuera, Lucrecia visitó al cardenal Orsini en la casa de su hermana Maddalena y allí apareció la joven. De unos quince años de edad, era de buena estatura, de rostro redondeado, cabellera rojiza, manos largas y pecho elegante pero algo delgado. La madre de Lorenzo lamentaba no haber podido ver sus senos, pues estaban cubiertos "a la manera romana". Pero al menos le habían parecido bien proporcionados. En una palabra, encontró a la joven muy conveniente físicamente, aunque no pudiera compararse, según ella, con sus propias hijas. Aparentemente Clarissa no fue autorizada a tomar la palabra, sino para expresar triviales cortesías. Algo más tarde, Lucrecia añadía que la joven poseía dos cualidades: era alta y bien proporcionada. Su rostro no era hermoso pero sí interesante y tenía una buena expresión. Lucrecia concluía haciendo notar a su marido que las ventajas del matrimonio eran tan grandes que, si Lorenzo se decidía, ¡todo el mundo estaría contento!

Tras el regreso de Lucrecia a Florencia, demorado por una larga enfermedad, la negociación del contrato, proseguida por Giovanni Tornabuoni y el cardenal Orsini, finaliza el 27 de noviembre de 1468: Clarissa aportará como dote 6.000 florines romanos en dinero, joyas y ropa, debiendo volver todo ello a los Orsini si la joven moría sin hijos. En diciembre, Filippo de Médicis, arzobispo de Pisa, desposaría a la novia de Lorenzo por poderes. Los preparativos de la boda y de la entrega de la desposada a la familia florentina durarían largos meses, durante los cuales Clarissa seguiría viviendo en Roma con sus padres.

Lorenzo pareció tener prisa una vez concluido el negocio pues eso era en realidad. Uno de sus tíos Tornabuoni, Francesco, que asistía a Giovanni en Roma, le escribe el 4 de enero una carta ditirámbica para obtener de él algunas líneas destinadas a Clarissa: "Veo a la señorita Clarissa todos los días. Es como si me hubiese hechizado: sus atractivos aumentan día a día. Es bella, tiene las más dulces maneras y una admirable inteligencia. Hace ocho días empezó a aprender a bailar. Cada día aprende una nueva danza... Teme importunaros si os escribe, pues os sabe extremadamente ocupado con los preparativos del torneo. Al menos, ya que no podéis visitarla, escribidle a menudo. En verdad tenéis la mujer más perfecta de Italia". El joven Médicis se digna escribir de prisa algunas líneas y Clarissa responde, no menos brevemente, con frases de una desarmante simpleza, encomendándose a su "magnífico esposo" y a su buena familia. El Amor no acudía a la cita o, más bien, revoloteaba por otro lado, alrededor del soberbio torneo al que Lorenzo dedicaba todos sus pensamientos.

El torneo de los veinte años

Esa fiesta se haría célebre en los anales de Florencia. Conocemos sus detalles sobre todo gracias al poema que le dedicó Luigi Pulci. Fue organizada para conmemorar la derrota de los adversarios de Pedro de Médicis y la reconciliación de los Estados italianos por la paz del 8 de mayo de 1468. Ya en el mes de noviembre, Lorenzo había pedido a los príncipes reinantes en Urbino, Ferrara y Nápoles que le enviaran, en señal de buen entendimiento, sus mejores corceles. Pero los jóvenes florentinos deseaban también hacer del torneo su propia fiesta, la de la juventud. Querían proclamar el comienzo de una nueva era, hecha de placeres y alegría, donde la belleza y la voluptuosidad serían reinas. Era también la fiesta de los veinte años de Lorenzo, quien empezaba a ser llamado, como sus antepasados, el Magnífico.

El 7 de febrero de 1469 por la mañana, la multitud se agolpaba alrededor de la plaza Santa Croce, donde se habían instalado las palestras. Un cortejo de dieciséis jinetes se dirigía hacia ella a través de la ciudad adornada con banderas: entre ellos estaban los jóvenes patricios de la brigada medicea. Uno de ellos, Braccio Martelli, festejaba su reciente matrimonio. Toques de trompeta señalaron la entrada de los luchadores. Cada uno de ellos iba precedido por doce señores y un paje que enarbolaba su estandarte. El de Lorenzo, pintado por el famoso Verrocchio, representa a una joven trenzando las hojas verdes y pardas de un laurel. En él se ve la alusión a Lucrecia Donati, que subyugaba a Lorenzo. Encima, en un cielo donde brilla el sol, se despliega un arco iris con la leyenda "El Tiempo vuelve". Esta divisa personal se convertiría en la de toda una época, que más tarde será llamada el Renacimiento. Anunciaba el regreso al culto de la Belleza unida a la Razón, el redescubrimiento de la antigua sabiduría, desde los griegos hasta los maestros de la gnosis que habían desarrollado el mensaje filosófico de Platón.

Detrás de su abanderado, avanzaba Lorenzo. Montaba un magnífico caballo con gualdrapa, obsequio del rey de Nápoles. Vestía túnica de seda, la mitad roja, la mitad blanca, colores de Florencia. De sus hombros caía un chal también de seda, salpicado de rosas bordadas con una red de perlas, donde se lee su divisa: "El Tiempo vuelve". Llevaba en la cabeza una toca negra ornada de perlas, de la que se alzaba, deslumbrante, un penacho de diamantes y rubíes. Su escudo estaba decorado con las armas de Francia, las tres flores de lis de oro sobre campo de azur y en el centro brillaba el gran diamante de los Médicis, llamado "el Libro". Ropa y arneses costaron 10.000 florines.

Juliano de Médicis vestía un conjunto de brocado de plata bordado en perlas tan costoso como el de su hermano. Los otros competidores rivalizaban en magnificencia. Así, Benedetto Salutati hizo que Antonio Pollaiuolo cincelara en plata fina, por un peso de 170 libras, las piezas de sus arneses.

Al llegar a la plaza Santa Croce, Lorenzo cambió su cabalgadura por un caballo de combate obsequio de Borso d'Este y se colocó la armadura de justa enviada por el duque de Milán. Cada luchador hizo lo mismo y el combate se desarrolló, a lanzazos, desde el mediodía hasta la puesta del sol.

Pero en esa fiesta, el premio no podía recaer más que en el héroe en cuyo honor se celebraba el torneo. Aunque según su propia confesión no había brillado particularmente en las justas, Lorenzo recibió, en medio de las aclamaciones de la multitud y para alegría de su dama Lucrecia, la recompensa del vencedor: un casco de plata coronado por una estatuilla del dios Marte. Al día siguiente, toda Florencia fue a felicitarlo al palacio de la Via Larga y los poetas entonaron su elogio. Lo que los florentinos celebraban era el advenimiento de su joven príncipe.

Las bodas de Lorenzo

Después del torneo, faltaba hacer oficial la boda concertada en Roma. El 27 de abril parte un cortejo de jóvenes patricios hacia la Ciudad Eterna a buscar a Clarissa Orsini. En él iban Juliano, Pierfrancesco de Médicis, Bernardo Rucellai, Guglielmo Pazzi, Jacopo Pitti y otros miembros de la brigada. Gentile Becchi, junto a ellos, hacía las veces de mentor. Un mes más tarde, el grupo está de regreso en Florencia, trayendo a Clarissa ante su esposo.

Las fiestas de la boda se iniciaron el 2 de junio con la reunión de los obsequios que habían llegado de todos los puntos del territorio florentino, ciudades, aldeas y castillos. Eran esencialmente vituallas, cuyo recuento se realizó el sábado 3 de junio por la mañana: 150 terneros, más de 2.000 yuntas de capones, pollos y gansos, enorme cantidad de pescados, de dulces, de almendras, alcaparras, frutas secas, cera en abundancia, múltiples toneles y cientos y cientos de botellas de vino, de costales de harina y de trigo y muchos otros productos. Los mayordomos comprobaron que se les habían enviado muchas más vituallas de las que necesitaban para el banquete de bodas. Ordenaron de inmediato la distribución pública de carne. ¡Ochocientos ciudadanos recibieron cada uno de 10 a 20 libras de carne de ternera!

En la misma mañana del 3 de junio, la novia abandonó la casa de Benedetto d'Alessandri donde había dormido y se dirigió a caballo, escoltada por pífanos y trompetas y acompañada por jóvenes bien vestidas, hacia el palacio de la Via Larga. Durante cuatro días, hasta el martes, allí se sucedieron bailes, conciertos y banquetes. Todos los días, al mediodía y por la noche, los mayordomos servían carne delicada y abundante a cuatrocientos invitados instalados en los grandes salones y en la logia. Las puertas de los salones de baile se abrieron de par en par para los jóvenes que en ellos encontraban mesas magníficamente provistas. No se olvidó al pueblo: el lunes se entregaron nuevos víveres a los que habían recibido porciones de carne.

Se repartieron además 1.500 comidas en la puerta del palacio y se distribuyeron vituallas, pescado, vino y pastelillos a los monjes y a las religiosas de la ciudad. Fuentes de vino manaban ante la fachada de la Via Larga y en la morada de Carlo, el tío de Lorenzo.

El martes, la novia recibió su regalo de bodas: 50 valiosos anillos, estimado cada uno en 50 a 60 ducados, una pieza de brocado, una fuente de plata, diversos objetos de arte entre los cuales se encontraba el obsequio de Gentile Becchi, un libro escrito en letras de oro sobre pergamino azul, con una encuadernación de plata y cristal. Finalmente, todos se dispersaron después de la misa de acción de gracias en San Lorenzo.

Lorenzo secunda a su padre. Muerte de Pedro de Médicis

Lorenzo y Clarissa llevaban una vida tranquila en la gran morada nuevamente austera: el joven esposo no podía soportarla mucho tiempo. Echaba de menos a sus compañeros de placeres. Pronto se le presentó una ocasión de escapar. El duque Galeazzo María de Milán y su muy joven esposa Bonne de Saboya, cuñada del rey de Francia, Luis XI, tuvieron un hijo el 20 de junio. Pidieron a Pedro de Médicis que fuera su padrino, pero Pedro estaba casi completamente paralizado. Desde la boda de su hijo, se había recluido en la villa de Careggi. Por fuerza debía delegar en Lorenzo para que lo representara en Milán. El joven Médicis se sintió encantado. El 14 de julio abandonó sin pesar a su mujer y se encaminó a Milán cabalgando con una docena de compañeros, miembros de la brigada, como Guglielmo Pazzi y Bernardo Rucellai, pero también doctos personajes como Bartolomeo Scala y Gentile Becchi. En ruta, visitó las recientes adquisiciones de Pedro, las plazas de Sarzana y Sarzanella que dominaban el acceso a Milán y a Lucca.

En todas partes era recibido con júbilo y fasto. Las fiestas milanesas fueron espléndidas y Lorenzo obsequió a la duquesa un collar de oro "a la francesa" con un gran brillante colgante, de un valor de 2.500 a 3.000 ducados. El duque, encantado, exclamó que no quería otro padrino más que Lorenzo para sus futuros hijos.

Esta misión se inscribía en lo que podría llamarse la concertación bilateral de Milán y de Florencia. La visita de Lorenzo era la respuesta a los viajes oficiales efectuados por Galeazzo María a Florencia. Al amparo de fiestas y recepciones se desarrollaron serias conversaciones políticas. El secretario de Estado Cicco Simonetta, preocupado por consolidar la alianza del ducado con la Francia de Luis XI, quería estar seguro de que Florencia ayudaría financieramente a mantener las fuerzas armadas milanesas. La situación de Milán no era cómoda: en su flanco, Saboya, gobernada desde 1466 en nombre de Amadeo IX por su esposa Yolanda, hermana de Luis XI, se había acercado al temible duque de Borgoña.

Además, la paz interna de Italia, apenas restablecida, se veía nuevamente amenazada por la ofensiva que realizó el papa Pablo II, aliado de Venecia, contra Roberto, hijo natural de Segismundo Malatesta. Este, desestimando los derechos de la Santa Sede, ocupó Rímini. La Liga, que unía a Nápoles, Florencia y Milán, decidió intervenir. Federico de Urbino, condotiero de las tres potencias, defendió Rímini contra el Papa y Venecia durante el verano de 1469. Poco deseoso de cargar con el peso de la intervención, Galeazzo María solicita a Lorenzo que obtenga de su padre la intervención de las tropas florentinas puestas bajo el mando de Roberto San Severino, primo hermano del duque de Milán, condotiero a sueldo de Florencia.

Portador de esa propuesta, Lorenzo tomó a principios de agosto el camino de regreso pasando por Génova y Pisa. El 13 de agosto ya estaba en Careggi, a la cabecera de su padre, cuyo estado de salud se había agravado considerablemente.

Pedro y sus adeptos, entre ellos Tommaso Soderini, estudiaron la petición milanesa. Hicieron decidir por la Señoría el envío de un contingente de tropas florentinas al ejército del conde de Urbino. Pero este no las necesitará; antes de la llegada del refuerzo, venció a las tropas pontificias el 30 de agosto en Cerisolo.

Los Estados de la Liga ya habían designado representantes a una dieta reunida en Roma a fin de tratar las condiciones de la paz entre el Papa y su vasallo de Rímini. Por Florencia, se encargó la negociación a dos eminentes miembros del partido Médicis, Otto Niccolini y Jacopo Guicciardini. Pedro de Médicis tenía más confianza en esos "viejos zorros" de la política que en su hijo Lorenzo, a quien lúcidamente consideraba apto para brillar en las recepciones mundanas pero incapaz de jugar con paciencia y sutileza una partida diplomática.

Consciente del agravamiento irremediable de su salud en el otoño de 1469, se esforzó, mientras la parálisis invadía todo su cuerpo, en obtener para su heredero promesas de apoyo. Reunió a su alrededor a los principales ciudadanos para recomendarles a su hijo. Hasta se comentó que había hecho venir secretamente de su exilio a Agnolo Acciaiuoli, prometiéndole el regreso de los proscritos a cambio de su ayuda. Pero no se llevó a cabo ningún acuerdo formal. Pronto fue demasiado tarde. En la noche del 2 al 3 de diciembre de 1469 Pedro moría en Careggi entre los suyos. Tenía cincuenta y tres años y su hijo Lorenzo, que estaba a punto de cumplir los veintiuno, recibía la carga de un poder oficioso de incierto futuro. Era una temible herencia para quien, después de que su padre retomara el poder en sus manos, había vivido feliz y adulado en medio de los placeres y de los éxitos fáciles de una juventud dorada.

Capítulo Siete

El coloso con pies de barro

Lorenzo recibe el poder. Cuadro de la coyuntura internacional

El joven que sucede a Pedro de Médicis había ejercido pocas responsabilidades verdaderas hasta la muerte de su padre: a lo sumo, había asumido brillantemente funciones de representación. Los grandes notables, partidarios de los Médicis y sagaces hombres de negocios, deseaban que nada cambiara. Tommaso Soderini, tío político de Lorenzo, hizo que setecientos ciudadanos de todo rango reunidos espontáneamente en el convento de Sant'Antonio aclamaran a los Médicis el mismo día del fallecimiento de Pedro. El 4 de diciembre, después de las exequias, Lorenzo y su hermano Juliano recibieron en su palacio las condolencias de los principales ciudadanos y de los miembros de la Señoría. Estos rogaron a Lorenzo que cuidara de la ciudad y del Estado como lo hicieron antes su padre y su abuelo. "Acepté sin entusiasmo", escribió el heredero de los Médicis en sus *Memorias*. "El cargo me parecía no convenir a mi edad y ser pesado y peligroso. Lo tomé únicamente para asegurar la conservación de nuestros amigos y de nuestra fortuna porque en Florencia, cuando se es rico, no es fácil vivir si no se posee el dominio del Estado." Estas palabras sin tapujos expresan perfectamente el estado de ánimo de Lorenzo y permiten comprender su comportamiento posterior.

El joven Médicis sabía que tendría que luchar de todas las maneras posibles para hacerse respetar. En el plano internacional, necesitaba la protección de los aliados tradicionales de su familia, Milán y Nápoles. El duque Galeazzo María Sforza, a quien él confió su cuerpo, su alma y sus recursos, respondió el 7 de diciembre poniendo a su disposición las tropas milanesas acantonadas en la región de Parma. Más le costó a Lorenzo consolidar la alianza napolitana. El rey Ferrante se había enfrentado al duque de Milán en el seno de la dieta que, en Roma, trataba de establecer condiciones aceptables para todos los ex beligerantes al finalizar la "guerra de Rímini". El duque quería la paz inmediata, pues su amigo, el rey Luis XI de Francia, lo había incitado a ello esperando que las tropas milanesas disponibles pudieran ser utilizadas en un descenso francés, más precisamente angevino, hacia el reino de Nápoles. El rey Ferrante, indignado, estaba dispuesto a aliarse con Venecia, su enemiga de ayer, recientemente unida todavía al papa Pablo II contra la Liga de Milán, Nápoles y Florencia. Los portavoces florentinos consiguieron, en julio de 1470, evitar la ruptura de la Liga. El mantenimiento de las alianzas exteriores era un factor de solidez para el Estado toscano, siempre amenazado por las intrigas de los proscritos de la última gran conspiración. Florencia, por otra parte, se dotó del crédito necesario para rearmarse: a mediados de diciembre, se decidió imponer un impuesto extraordinario de 300.000 florines, pese a las fuertes reticencias del Consejo del Pueblo. Así, el año 1470 parecía aportar la paz indispensable para permitir que Lorenzo tomara en calma la dirección de los asuntos del Estado. Le asistía un consejo reducido que no escatimaba opiniones. En él encontramos, con Tommaso Soderini, a Jacopo Pazzi, jefe de la gran familia rival, a quien Lorenzo deseaba halagar, y a dos miembros del partido mediceo, Luigi Guicciardini, favorable al duque de Milán, y Antonio Ridolfi, favorable al rey Ferrante.

La rebelión de Prato

Apenas evitada en el exterior, de pronto la guerra amenaza dentro del Estado en la pequeña ciudad de Prato. En una noche, los hermanos Nardi, proscritos, amigos del ex conjurado Diotisalvi Neroni, alentados al parecer por Borso d'Este y contando con complicidades internas, lograron apoderarse el 6 de abril de la ciudadela y del palacio del podestá, Cesare Petrucci. Este y los miembros del gobierno municipal fueron hechos prisioneros. Debían servir de rehenes, pero los habitantes, que permanecieron fieles a Florencia, los liberaron rápidamente. Los hermanos Nardi y sesenta de sus partidarios fueron capturados.

La represión fue despiadada. Bernardo Nardi fue decapitado el 9 de abril. Se ahorcaron catorce de sus cómplices. Otras ejecuciones siguieron a estas: cuatro el 14 y siete dos días más tarde. La noticia se propagó helando de horror a todo el territorio.

El podestá actuaba por orden de Florencia. La Señoría había solicitado la opinión de Lorenzo antes de decidir los castigos. Los Médicis sabían desde tiempo atrás que el descontento se incubaba en Prato. El tío natural de Lorenzo, Carlo, preboste de la iglesia colegiata San Esteban, observaba la situación en el terreno. Al deseo de autonomía se sumaban los celos de los comerciantes locales hacia sus rivales florentinos. Con motivo de su boda, Lorenzo había dejado ver su descontento rechazando el obsequio de Prato, un magnífico vaso de plata cincelada. Esta vez tuvo la oportunidad de abatir definitivamente a los que acababan de revelarse como sus enemigos políticos. No hizo nada. Muy por el contrario, una vez castigados los principales culpables, el podestá de Prato recibió la orden de destruir las actas del proceso. Al asegurar la impunidad de los cómplices, Lorenzo hizo posible su adhesión y se ganó con justicia la útil reputación de hombre de Estado magnánimo y generoso.

El control de las instituciones: modificación y omnipotencia del Consejo de los Cien

El caso de Prato había demostrado el malestar de los notables dentro del territorio florentino. Las deliberaciones del Consejo de los Cien, órgano central del régimen mediceo, reflejaron al mismo tiempo que ese malestar existía también entre los grandes burgueses de Florencia. Los amigos de Lorenzo lo pusieron en guardia contra esas veleidades de independencia de la oligarquía: llegaría un día en que los Cien elegirían ensambladores que no estuvieran a las órdenes de los Médicis. Entonces sería grande el riesgo de que nombraran a una Señoría hostil.

Para conjurar ese peligro, el 5 de julio de 1470 se presentó un proyecto de ley. Se quitaría al Consejo de los Cien la facultad de elegir ensambladores, otorgándosela a una comisión de cuarenta y cinco ciudadanos seleccionados entre los más convencidos partidarios de los Médicis. Lorenzo preparó una lista incluyendo a un miembro de cada una de las familias que habían ejercido el cargo desde 1434. Los Guicciardini, Martelli, Pitti y Ridolfi fueron más favorecidos que los otros: dos de sus miembros aparecían en ella.

Llovieron las críticas contra el proyecto. Bartolomeo Scala, canciller de la República, lo consideraba demasiado oligárquico y criticaba "el hermetismo" de la clase de los notables, que impediría, según él, la admisión ulterior de nuevos miembros en el partido Médicis. Un adversario de Lorenzo, Rinuccini, denunciaba esa innovación que sometería al pueblo a "cuarenta y cinco tiranos". Se pasó al voto ante el Consejo de los Cien: este rechazó dos veces la propuesta. Era un serio fracaso para Lorenzo y sus amigos, pero no se consideraron derrotados y reanudaron la ofensiva, contemplando esta vez la reforma total del propio Consejo.

Como de costumbre, el cambio institucional se realizó por intermedio de una *balia* creada a tal efecto a principios de julio de 1471, reuniendo a 240 partidarios de los Médicis. Esa gran comisión aceptó el proyecto de reforma. Una ley, decretada el 23 de julio, hizo del Consejo de los Cien la única instancia competente para el voto de los impuestos y para la adopción de decisiones políticas y militares. Así quedaba reducido a nada el papel, ya muy deteriorado, de los Consejos del Pueblo y de la Comuna. Este enorme acrecentamiento de competencia se acompañaba de una profunda modificación de la estructura del Consejo de los Cien. En adelante comprendería un núcleo permanente de cuarenta miembros, todos partidarios de los Médicis. Con la ayuda de los ensambladores en funciones, los cuarenta debían elegir al resto de los miembros del Consejo entre los ex gonfalonieros de justicia. En el futuro, gracias a este procedimiento, la oposición ya no tendría cabida en el único órgano deliberativo del Estado. El Consejo constituido sobre esta base en 1471 sería prorrogado cinco años más tarde, en 1476. El solo bastaba para asegurar a los Médicis el control del Estado. La institución funcionó sin trabas hasta la conspiración de los Pazzi, que obligó en 1478 a reforzar la influencia del partido en el poder político.

La reforma fue completada por el establecimiento de nuevas listas de ciudadanos declarados aptos para ocupar los cargos del Estado. A tal efecto, en agosto de 1472 se designaron diez "ensambladores de escrutinio": seis pertenecían al núcleo permanente de los cuarenta miembros del Consejo de los Cien, y entre ellos se encontraba Lorenzo de Médicis. Se establecieron las listas, en las que se observaba un considerable número de miembros de familias partidarias de los Médicis. En comparación con el escrutinio de 1466, que ya era muy favorable al partido, el aumento era enorme. Así, los Ridolfi pasaban de 7 a 10, los Canigiani de 4 a 8, los Guicciardini de 4 a 6, los Capponi de 6 a 10 y los Pucci de 3 a 7. En cambio los Pazzi sólo contaban con 3 representantes.

Las cifras hablaban por sí solas; las futuras Señorías ya no estarían constituidas más que por partidarios de los Médicis. Así el legislativo y el ejecutivo, después de un breve período de incertidumbre, habían caído en manos de Lorenzo de Médicis.

El banco Médicis: su dirección general y sus filiales. Estado de los negocios

El balance estaba lejos de ser tan positivo en el terreno económico. A la cabeza de la firma familiar, Francesco Sassetti cumplía la función de director general. Hijo de un cambista del Mercado Nuevo, representante, luego director de la filial de Ginebra, había hecho él mismo su fortuna a partir del momento en que, en 1459, fue llamado a Florencia para ayudar al hijo de Cosme, Juan de Médicis, del que era amigo. En 1466 se estimaba su haber en 52.000 florines. Había invertido la mayor parte en el capital de las ramas de Aviñón, Ginebra, y luego de Lyon. Vivía principescamente e hizo construir, en las alturas de Montughi una espléndida villa que le costó 12.000 florines. Preocupado por su éxito personal, daba la mayor libertad a los directores de las diversas ramas de la firma. Ahora bien, la situación, inquietante en todas partes, habría exigido no sólo la vigilancia de la sede central sino una coordinación de acciones y una política general que ni Sassetti ni Lorenzo se tomaban el trabajo de elaborar.

Las sumas prestadas al duque por el banco Médicis de Milán ascendían en 1467 al fantástico monto de 179.000 ducados. De ellos, 94.000 serían reembolsados por las rentas del ducado y 64.000 estaban garantizados por joyas empeñadas ante la rama de Venecia, pero 21.000 ducados habían sido prestados sin garantía por el director Pigello Portinari. Después de la muerte de este, en octubre de 1468, su hermano Accerrito tomó la dirección. Era inexperto e imprudente, y ello se hizo evidente cuando Lorenzo sucedió a su padre. En 1470 la filial ya no poseía ninguna disponibilidad de fondos líquidos.

En Lyon, la situación era muy mala en 1468: Luis XI perseguía con su rencor a los representantes del banco Médicis a causa de los préstamos que Tommaso Portinari, director de la filial de Brujas, concedía al duque de Borgoña, Carlos el Temerario. El rey tomó como pretexto el adelanto de dinero otorgado a otros dos de sus adversarios, Antoine de Châteauneuf y Felipe de Saboya, conde de Bresa, para expulsar al director de Lyon, Francesco Nori. Le sucedió un nuevo director, Giuliano del Zaccheria, pero murió prematuramente en 1470. Lorenzo nombró entonces en ese puesto a Lionetto Rossi, un empleado de la filial. En marzo de 1470, Rossi fue a Florencia a firmar su contrato de asociación y se casó con la hermana natural de Lorenzo, María. Volvió a Lyon con la joven, que murió allí en 1479. En realidad, Rossi era un socio secundario, siendo el asociado principal Francesco Sassetti, quien había invertido 1.800 escudos, equivalentes a 2.000 florines. Durante dos años, la filial produjo dinero, pero más tarde las ganancias declinaron. Progresivamente los deudores morosos y la acumulación de mercadería sin vender llevaron a Rossi a la quiebra que, sin embargo, no se declaró hasta pasados diez años.

La filial de Aviñón había estado enteramente dirigida, en 1468, por Francesco Sassetti y su asociado Giovanni Zampini. En 1470, Lorenzo entró de nuevo como asociado. Los negocios sólo alcanzaban un modesto volumen. Se importaban telas de lino provenientes de Verdún y de Burdeos que se reexpedían por Aigues-Mortes hacia Mallorca y Barcelona en galeras venecianas. Se había instalado un anexo en Montpellier. Esa doble sucursal no era más que una modesta empresa, pero mantenía una buena actividad bancaria. Entre sus clientes figuraban el rey René de Anjou, que pidió préstamos de hasta 7.000 florines, y el rey Ferrante de Nápoles, su enemigo.

La filial de Venecia tenía dificultades desde la época de Pedro de Médicis. El monto de los préstamos era considerable. Su director, Giovanni Altoviti, adelantaba mucho dinero a las grandes familias venecianas, sobre todo a los Cornaro y a los Dandolo. La liquidación, decidida en 1469, fue discutida nuevamente en 1471. Lorenzo nombró a un nuevo director, Giovanni Lanfredini. Pero la incesante guerra sostenida por Venecia contra Turquía, al perjudicar los negocios, hizo rápidamente inevitable la liquidación.

Una gran incertidumbre acerca del futuro pesaba sobre la filial de Nápoles, reabierta por Lorenzo en 1471 tras una interrupción de veinticinco años. En realidad, era sólo un anexo de la rama de Roma que dirigía el tío de Lorenzo, Giovanni Tornabuoni. El establecimiento napolitano se mostró incapaz de insertarse en el circuito comercial de exportación del trigo y de la fruta que dominaban los venecianos.

Las dos plazas de Venecia y Nápoles, menos interesantes para las actividades bancarias y de cambio, constituían excelentes puntos de observación para controlar el mercado del rey de los productos de la época: el alumbre.

El comercio del alumbre pontificio

El contrato de abril de 1466, obtenido por Pedro de Médicis del papado gracias a su hijo y a Giovanni Tornabuoni, daba a los Médicis un casi monopolio de venta del alumbre pontificio. Sólo Venecia quedaba exceptuada del acuerdo: allí la Cámara Apostólica entregaba ella misma el mineral, del que los mercaderes tenían gran necesidad desde que fueran privados, en 1463, de las minas orientales de Focea, ocupada por los turcos.

Ahora bien, Venecia era el eje del comercio para Alemania del Sur. Teniéndolo en cuenta, los Médicis habían exportado alumbre pontificio a Venecia, lo que molestaba a sus asociados de la Curia. Convenía remediar esa situación.

En lo concerniente a Nápoles, un acuerdo directo suscrito el 11 de junio de 1470 entre el Papa y el rey Ferrante había suprimido la competencia de las minas napolitanas, poniendo en común, durante veinticinco años, su producción y la de la Tolfa. El dinero proveniente de la venta debía ir por mitades al papado y al rey.

Uno de los primeros actos de Lorenzo el Magnífico fue negociar un nuevo contrato con la Santa Sede para la venta del alumbre. Se llegó a un acuerdo el 17 de abril de 1471: los Médicis se comprometían a tomar de la Tolfa 70.000 cántaras, o sea 3.500 toneladas de mineral. Lo pagarían a razón de 2 ducados la cántara, es decir 140.000 ducados en total: 50.000 ducados serían entregados en mercancías, paños y telas de seda; otra parte en dinero; la tercera en forma de una transferencia a la Cámara Apostólica del alumbre almacenado por los Médicis en Venecia. En contrapartida, se concedía a Lorenzo el monopolio durante cuatro años. Roma se comprometía a velar para que el alumbre vendido directamente a Venecia no fuera exportado a otros lugares. Se recordaba el compromiso de Carlos el Temerario firmado por doce años el 5 de mayo de 1468, por el cual el duque establecía el monopolio del alumbre pontificio en sus Estados, debiendo hacer la compra a Tommaso Portinari, director de la filial Médicis de Brujas. Finalmente poco después se interrumpía la puesta en común de las extracciones de las minas napolitanas y pontificias. Lorenzo aparecía como el gran amo internacional del tráfico del alumbre. Pero ese éxito sobrevenía en momentos en que la filial Médicis de Londres, que lógicamente debía ser uno de los polos más activos de difusión del producto, pasaba por las peores dificultades. No era el alumbre la causa, ni las exportaciones de lanas, que los italianos conseguían a cambio del mineral. Como en Milán, eran las exigencias del soberano lo que ponía en situación de quiebra a la compañía Médicis de Londres.

Dificultades particulares de la filial de Londres

Formada en 1465 por la asociación de Giovanni Bardi y Gherardo Canigiani, la filial de Londres había sido llevada, por la presión del rey Eduardo IV, a desarrollar sus actividades bancarias de manera asaz peligrosa. En 1468, una encuesta en el lugar realizada por Angelo Tani, enviado por Pedro de Médicis, reveló que la filial había prestado sumas considerables para la época: 10.500 libras esterlinas al rey y 10.000 a grandes señores, equivalentes, en total, a cerca de 70.000 florines. Debía además 7.000 libras esterlinas, o sea 42.000 florines, a las otras ramas de Florencia, Brujas y Milán. El rey de Inglaterra había dado a los agentes de los Médicis, para pagar la deuda, licencias de exportación de lana, paños y asignaciones sobre las aduanas, pero, a cambio de ello, obtuvo en noviembre de 1468 un nuevo préstamo de 2.600 libras esterlinas, es decir 15.600 florines. Además, con ocasión de la boda de Margarita de York, hermana de Eduardo, con Carlos el Temerario, duque de Borgoña, celebrada el 3 de julio de 1468 en Damme, cerca de Brujas, la filial de Londres concedió un crédito al rey de Inglaterra de 1.000 libras esterlinas, o sea 6.000 florines, para permitirle comprar a su hermana valiosas sedas provenientes de la fábrica Médicis de Florencia.

Asignaciones recibidas por Tani redujeron considerablemente la deuda del rey Eduardo, y la situación estaba a punto de regularizarse cuando el conde de Warwick, enemistado con el monarca, obligó a este a retirarse ante Enrique VI, el rey de la Casa de Lancaster, al que había destronado precedentemente. El nuevo reinado duraría poco tiempo, desde octubre de 1470 hasta marzo de 1471, pero fue suficiente para arruinar el equilibrio del arreglo financiero preparado por Tani. Cuando el rey Eduardo volvió a subir al trono, el peso de sus deudas había crecido tanto que los Médicis decidieron en 1472 retirar su capital y romper con sus asociados de Londres. El 6 de junio de 1475, el monarca inglés reconocía que debía aún a Lorenzo y a su hermano Juliano 5.000 libras esterlinas, equivalentes a 30.000 florines; pero en esa fecha la compañía Médicis ya no tenía en Londres más que una oficina dirigida por Tommaso Guidetti, dedicada casi exclusivamente al comercio de la lana. El ex asociado de los Médicis, Gherardo Canigiani, formó una compañía independiente. El comercio del alumbre estaba comprometido tanto por la inseguridad debida a la guerra civil como por la reticencia de los comerciantes ingleses a comprar solamente al productor pontificio.

Quiebra de la filial de Brujas

La liquidación de la filial de Londres fue confiada a la compañía Médicis de Brujas. El 15 de diciembre de 1469 el emprendedor Tommaso Portinari había formado una nueva compañía con Lorenzo y Juliano de Médicis, así como con su predecesor, Angelo Tani. Los estrechos vínculos mantenidos por Portinari con Carlos el Temerario, que lo nombró su consejero, habían traído a los Médicis grandes ventajas comerciales: arriendo de la aduana de Gravelines en los confines del territorio inglés de Calais (el impuesto de las lanas inglesas en tránsito daba importantes beneficios); entrega a los Médicis en 1464 de las dos galeras construidas y armadas por el duque en previsión de la cruzada predicada por Pío II (a partir de 1467 hicieron viajes regulares desde los Países Bajos a Pisa y a Constantinopla); finalmente prohibición por el duque en 1468 de la importación de todo alumbre que no proviniera del Estado pontificio.

Pero el año 1473 debía ser nefasto para los Médicis. El 27 de abril de 1473, piratas de Danzig capturaron una de las galeras, cargada de alumbre y de seda con destino a Southampton y transportando también obras de arte destinadas a una iglesia florentina, entre ellas *El Juicio Final,* de Memling, encargado por Angelo Tani. La pérdida era de 40.000 escudos, es decir de 8.000 libras en moneda de los Países Bajos (groat). Finalmente, el 7 de junio de 1473, por presión de los Estados Generales, Carlos el Temerario publicó una ordenanza permitiendo la importación de alumbre de cualquier origen.

Ese duro golpe, que agravaba la situación financiera de los Médicis, se transformó en desastre después de las derrotas sufridas por Carlos el Temerario ante los suizos en Grandson, el 2 de marzo de 1476, y luego en Morat, el 22 de junio del mismo año. El duque se convertía en un deudor insolvente. Pronto su muerte, frente a Nancy, el 5 de enero de 1477, tornó esa situación irremediable. Los Médicis perdían el dinero prestado por Portinari, es decir, 57.000 libras de Artois o 9.500 libras de los Países Bajos. El director de la filial intentó hacer reconocer esa enorme deuda a María de Borgoña, la hija del Temerario, y a su esposo escaso de recursos, el archiduque Maximiliano de Austria. Contra una simple promesa, adelantó a la pareja 20.000 libras de Artois, o sea, 3.330 libras de los Países Bajos. En momentos en que se disgregaba el poder borgoñón, semejante préstamo podía resultar suicida, aun para el mayor banco de la época. A esas pérdidas considerables se sumaba el derroche de Portinari: préstamos arriesgados a los portugueses para la exploración de las costas de Guinea, suntuosas restauraciones de su residencia, la mansión Bladelin en Brujas. En 1479 se calculaba que la firma Médicis había proporcionado a su filial de Brujas el equivalente a 88.084 ducados en depósitos de plata, alumbre y diversos adelantos, y que había recibido a cambio de ello 12.500 ducados correspondientes al precio de 62.500 libras de lana. La ruina de la filial representaba un riesgo mortal para la firma. Había que amputar el miembro enfermo.

La liquidación fue efectuada en 1481 por Rinieri da Ricasoli, enviado por Lorenzo. A Portinari se le reconocía el uso de la mansión Bladelin durante cuatro años. Recibía una indemnización de 1.100 ducados: la firma aceptaba pues participar en las inversiones y gastos suntuarios de su pródigo director.

Para los grandes financistas internacionales en que se habían convertido los Médicis, la estrategia de los negocios implicaba en efecto una activa política de prestigio ante los gobernantes. Los enormes adelantos de dinero y las brillantes recepciones no eran inversiones inútiles: proporcionaban a la firma el mantenimiento de sus mercados y la obtención de derechos regulares, así como la autorización de desarrollar su actividad bancaria en los diversos países. Pero esa potencia con aspecto de sociedad multinacional se asemeja a un coloso con pies de barro. Dos peligros principales amenazaban sus bases: la acumulación del pasivo provocado por la insolvencia de los príncipes y el cuestionamiento del monopolio del alumbre sobre el que se basaba lo esencial de las transacciones comerciales. El monopolio estaba protegido por censuras pontificias contra la importación del alumbre producido por los turcos infieles. Estaba igualmente asegurado, mediante un acuerdo diplomático, contra la producción napolitana. Pero nada lo garantizaba contra la aparición de otros productores decididos a imponerse, como francotiradores, en el mercado. Si se hiciera realidad ese peligro, era necesario actuar rápido, con decisión, hasta con crueldad. Lorenzo de Médicis dio ejemplo de ello en el dramático caso de Volterra.

El caso de Volterra

Volterra, una muy antigua ciudad, era desde la época etrusca la capital minera de Toscana, con un territorio rico principalmente en plata, cobre, plomo, azufre y sales diversas.

La comuna obtenía considerables ingresos del arriendo de sus riquezas a cielo abierto, solfataras, canteras, fuentes sulfurosas como los baños de Morba, frecuentados por los Médicis. Por otra parte, la comuna había sucedido al obispo en el goce de los derechos imperiales sobre el subsuelo. La concesión de exploraciones mineras y la explotación de los yacimientos formaban parte de su soberanía y proporcionaban fuertes beneficios.

La ciudad, dotada de una administración autónoma en manos de ocho priores que permanecían dos meses en el cargo, se hallaba unida a Florencia por un tratado que se remontaba a 1361. Se trataba más de una alianza que de un vínculo de dependencia. Sin embargo, Florencia nombraba al capitán del pueblo, responsable local de la policía, y Volterra pagaba un tributo anual a Florencia.

Celosa de sus libertades, Volterra se había sublevado cuando los florentinos intentaron someterla al catastro de 1427 y obtuvo, en 1431, que sus ciudadanos no fueran obligados a declarar sus bienes para el censo fiscal.

En virtud de sus derechos, el 22 de agosto de 1470 la comuna concedió al sienés Benuccio Capacci el permiso de extraer durante cinco años, en un sitio por explotar, todo mineral, oro, plata, plomo, hierro o alumbre mineral. El precio del arriendo era mínimo: 50 libras en 1470 y 1471; luego 100 libras por año. El 3 de diciembre, Capacci declaró los nombres de sus asociados. Eran seis: Andrea, hermano de Benuccio, Gino Capponi, Antonio Giugni, Bernardo Buonagiusti, florentinos estos tres, Benedetto Riccobaldi y Paolo Inghirami, de Volterra. Giugni era un testaferro de Lorenzo de Médicis. Los otros florentinos y los volterranos eran amigos suyos. El mismo día, Capacci hizo registrar los límites dentro de los cuales se proponía localizar su explotación. El terreno comprendía una cantera de piedra de alumbre, recientemente descubierta en las laderas de la colina donde se encontraba el castillo del Sasso. La prospección había sido hábilmente realizada: sólo la producción de alumbre interesaba a la compañía.

Desde luego, la revelación de la existencia del yacimiento y el rumor de su riqueza, difundidos instantáneamente, despertaron el descontento de la Señoría de Volterra. Esta estimó irrisorio el monto anual del canon fijado por el contrato. La sociedad de Capacci propuso entonces su aumento hasta 4.000 libras. Los priores consideraron esta nueva oferta demasiado modesta y, en consecuencia, el 4 de junio de 1471 acordaron denunciar unilateralmente el contrato. Hicieron ocupar la mina: se proponían explotarla en beneficio de la ciudad.

Los volterranos, al recuperar su bien, creían por cierto estar en su derecho. Pero sabían también que iban a perjudicar el monopolio del alumbre en manos de Lorenzo de Médicis. Para justificarse y proponer un arreglo, enviaron embajadores ante él. Esfuerzo inútil. Lorenzo no quiso oír razones. Furioso, envió el 28 de junio un heraldo armado portador de un ultimátum a la comuna de Volterra. Instaba a los volterranos a evacuar la mina y a devolverla de inmediato a sus poseedores. El capitán del pueblo, un florentino leal a Lorenzo de Médicis, instruyó el proceso de los ciudadanos que habían participado en la ocupación del lugar. Los condenó, mediante acciones judiciales individuales en septiembre, octubre y noviembre, a un confinamiento de un año.

Desarmados ante este procedimiento que hacía caso omiso de sus derechos, los priores de Volterra lo denuncian a la Señoría de Florencia. Afirman que, en prueba de buena voluntad, otorgan a Lorenzo de Médicis la autoridad de juzgar y arbitrar esta desavenencia. Lorenzo exigió de inmediato la reinstalación de la sociedad expulsada. Volterra, que conocía la debilidad de su poder de réplica, capituló. Los dos socios ciudadanos de la pequeña ciudad, Riccobaldi e Inghirami, volvieron como triunfadores. La gente del pueblo interpretó su actitud como una provocación. Se produjo un tumulto: en la noche del 22 al 23 de febrero, Inghirami y su suegro Barlettani fueron perseguidos hasta la casa del capitán del pueblo, donde buscaron refugio. Allí fueron capturados y asesinados de inmediato. Los priores se declararon solidarios de los responsables del atentando del que la Señoría florentina quería sacar ventaja. Volterra se preparó para soportar un sitio.

Las murallas fueron reforzadas. El 30 de abril, en Florencia, el Consejo de los Cien autorizó la constitución de una comisión de veinte ciudadanos responsables de la expedición decidida contra la comuna rebelde. Lorenzo y Tommaso Soderini formaban parte de ella. El 5 de mayo, se reunieron 3.000 soldados de infantería florentinos. El 14, el condotiero Federico de Montefeltro, licenciado de su servicio por el rey de Nápoles, se puso al mando. Las fortalezas alrededor de Volterra cayeron una tras otra. El 16 de junio, la pequeña ciudad tuvo que capitular después de un mes de sitio. Las condiciones de la rendición garantizaban el respeto de personas y bienes. Pero el 18 de junio las tropas, que habían entrado pacíficamente en la ciudad, recibieron de sus jefes el permiso para someterla al pillaje y al saqueo durante doce horas hasta la noche. El propio Federico de Montefeltro se apoderó de un valioso botín.

Nada se salvó: ni conventos, ni iglesias, ni la menor de las casas. Se cometieron los horrores habituales contra las personas. Lorenzo, advertido, se limitó a deplorar un exceso que, según dijo, él no deseaba. Protesta hipócrita, sin duda. Había recomendado el rigor a Montefeltro para dar un escarmiento, como antaño sucediera en Prato. Al término de la expedición, cuarenta ciudadanos notables de Volterra padecieron la represión y más de setenta familias tuvieron que abandonar la ciudad. En cuanto a Lorenzo, obtuvo lo que deseaba: la incorporación de la ciudad y del condado de Volterra al Estado toscano, la supresión de las libertades de la comuna y la cesión a Florencia, en propiedad plena, de la mina de alumbre. En efecto, el 29 de julio esta es cedida al Arte de la Lana, una de las corporaciones mayores del Estado florentino. Pero, de hecho, seis meses más tarde, el 23 de diciembre, el Arte devuelve la explotación a los miembros de la antigua sociedad, es decir a Lorenzo y a sus amigos. Así terminaba el conflicto de Volterra, para gran satisfacción de Lorenzo. Se había apoderado definitivamente de un yacimiento de alumbre cuya producción controlaría y que le serviría para tratar de productor a productor con el Papa y el rey de Nápoles. Estos lo ayudaron a organizar la expedición punitiva. Permitieron a Federico de Montefeltro disponer de sus propias tropas, además de los soldados florentinos. Les interesaba, en efecto, no dejar desarrollarse, de manera independiente, a un productor de alumbre que podía perjudicarlos tanto como a los Médicis.

En este asunto, el Estado florentino salía beneficiado: Volterra era rebajada al rango de ciudad súbdita. Sería una reserva de riquezas a disposición de la República, al menos en teoría, pues, de hecho, el Estado toscano se confundía cada vez más con el bien patrimonial de los Médicis. Las prerrogativas esenciales del Estado, la política exterior tanto como la organización de las finanzas públicas, estaban en manos de Lorenzo y de su partido.

Visita de Galeazzo María Sforza, duque de Milán

Desde su más tierna edad, el joven Médicis se había visto mezclado en los sutiles juegos de la diplomacia florentina, y encontraba en ellos intensa satisfacción. Sus relaciones con los príncipes le permitían elevarse a su nivel gracias a la magnificencia que desplegaba. Cuando podía tener como espectadora a la multitud de los florentinos, su amor propio triunfaba. La llegada a Florencia del duque de Milán, uno de los principales clientes de los Médicis, fue un éxito en ese aspecto. Tuvo lugar en marzo de 1471. Galeazzo María venía acompañado por su mujer, Bonne de Saboya, y por sus hermanos, el duque de Bari y el conde de Mortara, quien más tarde sería llamado Ludovico el Moro.

Un séquito inmenso componía su cortejo: dos mil caballos, montados por hidalgos lujosamente ataviados, precedían a un convoy de dos mil mulas y diez carruajes cargados con el mobiliario de la duquesa, deslumbrante de oro, plata y seda. Una fanfarria de pífanos y trompetas abría el desfile. Enanos y bufones, equipos de caza y servidores de ricas libreas escoltaban a los señores y a las damas. Durante varios días, las fiestas sucedieron a las fiestas. Lorenzo y su hermano, no queriendo quedarse atrás, respondieron al lujo con un lujo más ostentoso todavía. El duque de Milán pretendía haber gastado 200.000 florines, en buena parte prestados sin duda por los banqueros que lo recibían. El gasto no era superfluo. Serviría para reforzar el acuerdo de Milán con Florencia, sumamente necesario para Galeazzo María. El duque de Milán, hombre violento y tiránico, empezaba a efectuar un doble juego entre Luis XI y su enemigo, el duque de Borgoña. Ahora bien, Lorenzo mantenía muy buenas relaciones con el rey de Francia, quien el 13 de agosto de 1470 le había conferido los títulos de consejero y de chambelán. Luis XI incluso había sido, en noviembre de 1470, el padrino de la pequeña Lucrecia, hija de Lorenzo.

Al halagar a los Médicis, el duque de Milán buscaba complacer a Francia. Pero al mismo tiempo aportaba su protección a la duquesa Yolanda de Saboya, que seguía al duque de Borgoña, Carlos el Temerario. Lorenzo conocía la duplicidad de Sforza, pero necesitaba el apoyo milanés tanto como el de Francia. Finalizada la visita de Galeazzo María, envió a su hermano Juliano a Lombardía. Tal como había prometido en vida de su padre, se ofreció como padrino en ocasión del nacimiento de un segundo hijo, y luego de una hija, en el hogar del duque de Milán. A la menor oportunidad prodigaba los regalos más suntuosos.

Florencia entre Nápoles y Venecia

El acuerdo con Milán no era desinteresado. Lorenzo había tratado de aprovecharlo para apoderarse de Piombino en 1471, pero la indignación del rey de Nápoles había hecho fracasar rápidamente el intento. En efecto, desde 1470 el rey Ferrante había pasado de una hostilidad larvada a una oposición declarada contra el duque de Milán, y toda empresa fomentada por su rival le resultaba odiosa. Sin renunciar a su amistad con Sforza, Lorenzo se vio pues obligado a poner buena cara a los nuevos aliados de Nápoles, los venecianos. En 1472 encargó a su hermano Juliano que visitara Venecia. Sin duda, aparte del gesto diplomático, motivaban esa misión intereses económicos y tal vez la negociación de una boda con una patricia.

Los Médicis, en plena batalla comercial para defender su monopolio del alumbre, buscaban entonces afianzar su puesto en el mercado internacional. Es el mismo año, recordémoslo, en que fue decidida la suerte de Volterra, gracias, especialmente, al acuerdo de Lorenzo con el Papa y con el rey de Nápoles.

El incentivo del lucro constituía el hilo conductor de la política italiana. Los cambiantes intereses provocaban súbitas inversiones de alianzas: enemistad entre Nápoles y Venecia a fines de 1473, liga entre Venecia, Milán y Florencia en noviembre de 1474, alianza de Nápoles y del papado a comienzos de 1475. En ese agitado contexto, la Santa Sede estaba lejos de constituir un elemento moderador y un factor de paz. Dentro de Italia, sus titulares se comportaban más como príncipes temporales que como jefes de la Iglesia universal.

Lorenzo y el papa Sixto IV: las amenazas del nepotismo pontificio

Al papa Pablo II le había sucedido, el 25 de agosto de 1471, un clérigo de Savona, Francesco della Rovere, que tomó el nombre de Sixto IV. Lorenzo esperaba mucho del nuevo pontífice: la confirmación del monopolio del alumbre y del privilegio de banquero pontificio, pero también la dignidad cardenalicia para su "muy querido y muy amable hermano", Juliano. Lorenzo veía en ello una doble ventaja: acrecentar el prestigio de su Casa y apartar de él a un posible rival. Por eso decidió partir personalmente el 23 de septiembre, en compañía de cinco notables, para rendir homenaje al Santo Padre. La acogida fue cordial, y Lorenzo recibió como obsequio de Sixto IV dos bustos de mármol antiguos representando a Augusto y a Agripa. Adquirió igualmente muchos objetos de arte: una valiosa copa de calcedonia grabada, camafeos y medallas provenientes del tesoro de Pablo II y que su sucesor ponía en venta. Fue en esa ocasión cuando visitó en detalle las ruinas romanas guiado por el célebre Alberti. Pero si la estancia fue fructuosa para su cultura personal y sus colecciones, no le proporcionó certeza alguna para el futuro.

Desde su elección, Sixto IV había optado por rodearse de sus parientes más cercanos y por poblar la Curia con sus compatriotas ligures. El 16 de diciembre de 1471, la primera promoción cardenalicia contaba con dos nombres, los dos sobrinos del Papa, Pietro Riario y Giuliano della Rovere, el futuro Julio II. Las solicitudes, presentadas posteriormente en favor de Juliano de Médicis por Giovanni Tornabuoni y Gentile Becchi, quedaron sin respuesta, aunque Sixto IV nombrara, en ocho promociones sucesivas, treinta y cuatro cardenales. El Papa desconfiaba sin duda de los Médicis, pero no les era hostil, y hasta ayudó a Lorenzo en 1472 a reprimir la rebelión de Volterra. Es verdad que, al hacerlo, quiso salvaguardar el monopolio del alumbre.

En sus relaciones con Ferrante de Nápoles, la Santa Sede estaba guiada por la misma preocupación: deseaba ante todo proteger la producción y la comercialización de su alumbre contra la competencia napolitana.

Un sobrino laico del Papa, Leonardo, nombrado prefecto urbano de Roma, había recibido como esposa a una hija natural del rey, con la ciudad de Sora como dote. En recompensa, el Santo Padre dispensó al soberano del pago del tributo que debía al papado por su reino.

A partir de entonces, el entendimiento del Papa con el rey de Nápoles fue un hecho conocido en toda Italia. Eleonora, otra hija ilegítima de Ferrante, al cruzar por Roma para ir a Ferrara, donde debía convertirse en esposa de Hércules d'Este, fue agasajada durante días enteros. En su honor, el cardenal Riario ofreció en su palacio, cerca de la iglesia de los Santos Apóstoles, un festín cuya abundancia fue tal que los invitados lanzaron los selectos manjares de que se habían hartado a la multitud agolpada en la plaza. Después de esa hora de gloria, Riario, nombrado por su tío patriarca de Constantinopla, arzobispo de Florencia y legado pontificio para toda Italia, inició un viaje triunfal que lo llevó a Florencia, Bolonia, Ferrara, Milán y Venecia. En todas partes, príncipes, cortesanos y poetas se precipitaban a su encuentro. En todas partes también, deseaba gustar de los placeres. La voluptuosidad le fue fatal. Murió el 5 de enero de 1474 a los veintiocho años, minado al parecer por una enfermedad venérea contraída en Venecia.

Felizmente la fortuna de los Riario podía posarse sobre otras cabezas. Girolamo Riario era uno de los sobrinos favoritos del Papa.

El Santo Padre compró para él a Taddeo Manfredi el condado de Imola, y luego lo casó con Catalina Sforza, hija natural de Galeazzo María. Así la dinastía laica de los Riario se hallaba ahora aliada a los primeros príncipes de Italia, los Sforza de Milán y los Aragón de Nápoles. Esas uniones principescas eran inquietantes para Florencia. Creaban, en detrimento suyo, una red de pequeños principados sobre los que carecía de toda influencia. A Lorenzo de Médicis le había disgustado sobre todo la compra de Imola, que le quitaba toda esperanza de anexarse un territorio que habría codiciado gustoso. El precio de Imola era de 40.000 ducados. El Papa buscó prestamistas y los encontró en los Pazzi, los banqueros florentinos rivales de los Médicis. Lorenzo pidió secretamente a sus compatriotas que no se los prestaran. Pero ellos hicieron caso omiso, revelando así públicamente sus celos hacia los Médicis.

Mientras tanto, Sixto IV seguía trabajando para acrecentar el territorio de su familia. Había concedido el título de duque de Urbino al condotiero Federico de Montefeltro en 1474. Este, en retribución, dio su hija en matrimonio a otro sobrino de Sixto IV, Giovanni della Rovere, que recibió como feudo Senigallia y Mondovia. El clan Riario della Rovere estaba pues en camino de disponer de una hegemonía extremadamente fuerte en el centro de la península con la ayuda del rey del Nápoles, del que se decía que había obtenido la promesa del Papa de ser proclamado rey de Italia.

Inicio de las hostilidades con el papado.
Sixto IV favorece a los Pazzi

En la primavera de 1474 la situación de Italia central era de tensión explosiva, con la entrada en campaña del cardenal Giuliano della Rovere en Umbría, región que en todas las épocas había constituido una zona de influencia florentina. El terrible cardenal, tras reprimir las sublevaciones de Todi, Forlì y Spoleto, ciudades a las que saqueó horriblemente, fue a sitiar Città di Castello, donde resistía un tirano local, Niccolò Vitelli. La pequeña ciudad era vecina de Borgo San Sepolcro, que Eugenio IV había dado a los florentinos. Pese a toda su prudencia, Lorenzo decidió entonces quitarse la máscara. Dirigió un ejército de 6.000 hombres a Borgo San Sepolcro para intimidar al Papa. Una maniobra diplomática, realizada con la ayuda de Galeazzo María Sforza, presionó aún más a la Santa Sede. Roma, que había enviado contra el rebelde a Federico de Montefeltro, consintió finalmente en ofrecer condiciones honorables a Vitelli. Quedaba a salvo el honor de cada uno, pero las buenas relaciones de Lorenzo y el Papa estaban definitivamente comprometidas. El 2 de noviembre de 1474, Florencia firmaba una liga defensiva con Venecia y Milán. En el mes de enero siguiente, Sixto IV replicó concertando una alianza formal con Ferrante de Nápoles. Dos bloques hostiles se erguían frente a frente. El Papa no tardó en manifestar su rigor hacia Lorenzo, a quien consideraba el principal responsable de la situación. Le lanzó una serie de desafíos. El primero fue la sustitución de los Médicis por los Pazzi en el cargo de depositarios de la Cámara Apostólica. Esta medida provocó el principio de la ruina de la filial romana, la base más segura que le quedaba a la firma. El monopolio del alumbre fue igualmente cuestionado. Había sido objeto de una revisión de cuentas el 27 de diciembre de 1474. Sixto IV se vio obligado a reducir el derecho que percibía sobre cada cántara de mineral vendido por los Médicis, de dos a un solo ducado. En efecto, la caída de las ventas era general en Europa; había sido provocada por la acumulación de excedentes y por los disturbios que tenían como teatro a los principales países. Con el pretexto de su descontento, el Papa anuló su acuerdo con los Médicis a partir de junio de 1476. Transfirió la explotación y la venta de alumbre a la compañía de los Pazzi, sustituyendo lisa y llanamente con ellos a los Médicis por un período de diez años.

Naturalmente, el Papa no se privaba de hacer sentir a los Médicis que, en materia de beneficios eclesiásticos, era el amo absoluto. Había tenido a bien nombrar a Rinaldo Orsini en el arzobispado de Florencia para reemplazar a Pietro Riario, a finales de febrero de 1474. Al hacerlo, buscaba más contentar a esa antigua familia romana que a Lorenzo de Médicis, aliado de ella. Pronto hizo conocer que la época de las concesiones había terminado: el 14 de octubre de 1474 nombró arzobispo de Pisa a Francesco Salviati, protegido de los Pazzi, contra la voluntad manifiesta de Lorenzo, y, en enero de 1475, declaró públicamente que no nombraría a un cardenal florentino.

Con esta declaración de hostilidades terminaba el largo período durante el cual se habían establecido fructuosas relaciones entre los Médicis y la Sede Pontificia. A los sinsabores económicos sucedían las catástrofes políticas. Aunque ligados con el rey de Francia, los Médicis debían sufrir profundamente, ese mismo año, las consecuencias de la derrota del duque Carlos el Temerario. Otro acontecimiento habría de golpearlos cuestionando la solidez de la alianza con Milán. El 26 de diciembre de 1476, Galeazzo María Sforza caía asesinado por tres jóvenes conjurados contra su tiranía. El duque tenía por heredero a un niño de ocho años, Giangaleazzo. Su viuda, Bonne de Saboya, fue obligada a dejar el gobierno a Cicco Simonetta, canciller ducal. Esa regencia, pronto calificada de dictadura, no podía ser aceptada por los hermanos del difunto duque. Estos prepararon una rebelión, destinada, es verdad, a fracasar casi enseguida. En consecuencia, fueron confinados en diversas ciudades de Italia, como antaño los proscritos florentinos. Esto significaba dar a los principados rivales un pretexto fácil para intervenir en los asuntos internos del ducado. Venecia y Nápoles no iban a perder la oportunidad de hacerlo. La potencia de Milán y el apoyo que de ella sacaban los Médicis parecía pues amenazada en los umbrales de 1477.

El desequilibrio de las finanzas del Estado. Marasmo económico de Florencia. Expedientes financieros de Lorenzo

La multitud de acontecimientos que en pocos años se habían sucedido en el plano de las relaciones exteriores había causado, a esa fecha, un profundo desequilibrio en las finanzas públicas de Florencia. El caso de Volterra hizo sonar una señal de alarma; la expedición de 1472 costó cara a la República: 200.000 florines. Fueron necesarios muchos años para saldar la deuda. Esta se sumaba a los múltiples gastos del Estado, de administración, de embajadas, de expediciones y de misiones diversas.

La República solía obtener un superávit en su presupuesto. Así, en 1409, los florentinos habían gastado 400.000 florines en la guerra y perdido 200.000 florines de mercancías en el mar. Pero los fondos públicos, el *Monte*, se elevaban entonces a 4 o 5 millones de florines. Los príncipes, lejos de ser deudores de los banqueros, compraban títulos de empréstitos públicos, como el rey Juan de Portugal, que los había adquirido por valor de 20.000 florines. En 1422, se estimaban los bienes inmuebles de los particulares en 20 millones de florines y sus bienes muebles en dos millones. El tráfico internacional por mar y tierra había multiplicado esa riqueza. Todas las ciudades de la cristiandad albergaban sucursales florentinas. El dinero ganado en el exterior afluía a Florencia y a su territorio.

Ahora la situación había cambiado mucho, aunque los grandes comerciantes seguían teniendo la mejor parte. Pero, si en 1422 eran setenta y dos, en 1472 ya no eran más que treinta y tres. Empero el volumen de los negocios no había disminuido. Se había producido una concentración entre un número más pequeño de empresarios y una pauperización de los artesanos. En 1460 se contaban 273 talleres que elaboraban productos suntuarios, paños finos, telas de oro y de plata, sedas, terciopelos, brocados y joyas. Sólo las exportaciones a Venecia producían anualmente 362.000 ducados. Ahora bien, en 1474 ya no había en Florencia más que 84 talleres de ese tipo. Los reglamentos eran cada vez más rígidos para evitar la competencia. El artesano que lograba el título de maestro en el oficio quedaba preso en la red. Debía someterse a las más rigurosas prohibiciones. Se le negaba instalarse en la vecindad de su ex patrón, pero también establecerse fuera de la ciudad, exportar las materias primas de su trabajo, emplear, por ejemplo, la lana de oveja cardada o peinada para algunos paños, teñir de índigo o escarlata los paños no franceses o ingleses. En cada tienda debía venderse únicamente un solo tipo de mercancías. Si se producían varias, había que abrir varias tiendas, y por lo tanto ser muy rico. En 1477, se prohíbe a los pañeros vender o dar a teñir, o hasta poner apresto, a los paños que no hubiesen fabricado ellos mismos. Igual prohibición afecta a los fabricantes de sedas.

Ese rigor, cuyo objetivo era imponer una calidad uniforme a los productos, desembocaba cada vez con más frecuencia en un bloqueo del dinamismo comercial y finalmente disminuía la competitividad en el mercado internacional.

En el interior, resultó de ello una contracción de los salarios que perjudicaba terriblemente a los obreros. En el exterior, la producción, ya obstaculizada por los reglamentos, estaba afectada por una multitud de impuestos: algunas materias primas pagaban derechos de importación, como los paños extranjeros, para los cuales debía pagarse desde fines del siglo xiv 5 florines de oro por cada pieza de 34 metros.

En 1426, además del derecho de importación, se debía pagar un derecho de protección de las mercancías locales: se cifraba en promedio a 15 florines de oro para un valor de 100 libras. Ciertos productos provenientes del extranjero y en tránsito en el territorio florentino debían abonar, además de todos esos derechos, un impuesto de 3,50 a

11,50% de su valor. Así se vieron desaparecer de los mercados de Florencia los fustanes y algodones de Lombardía y los paños de Perpiñán. Por supuesto, las factorías, entre ellas las de los Médicis, situadas en Milán o en el Languedoc y el Roussillon, se vieron abocadas a la ruina. Esto fue pronto comprendido. En un acta pública se reconoce, en 1466, que se carecía para la vestimenta de esas telas a buen precio fabricadas en el extranjero. Se restableció temporalmente la importación, pero luego fue suspendida al creer que Florencia recuperaría su posición en el mercado con productos competitivos. ¡Lamentablemente el esfuerzo fue inútil! En 1478, la crisis de los talleres florentinos era profunda. La Señoría se dio cuenta de que los elevados impuestos de exportación que afectaban a los paños y a las sedas florentinas habían provocado la pérdida del mercado exterior y habían propiciado que los genoveses sustituyeran a los florentinos. El pueblo que trabajaba en los oficios se vio reducido a vivir de limosnas. En consecuencia, se decidió que durante cinco años ya no se percibirían impuestos en las puertas de Florencia y de Pisa, ni en ninguna otra plaza del territorio. La libertad comercial instaurada así fortuitamente no duraría mucho: sería anulada en 1480, pues los derechos sobre las mercancías eran necesarios para alimentar las finanzas públicas. Sin ellos, era imposible hacer frente a los enormes gastos del Estado.

Los impuestos sobre los productos alimenticios, otra fuente de financiación indispensable, eran muy gravosos. Los derechos sobre la sal proporcionaban al Estado alrededor del 20% de sus recaudaciones. Cada hogar debía comprar una cantidad fija. Pero la producción de la tierra se hallaba sometida igualmente a impuesto. La mayoría de los ricos florentinos —y los Médicis en primer lugar— habían colocado buena parte de sus fortunas en la tierra. El régimen de explotación era un contrato de aparcería, compartiendo las cosechas pero sometiendo al explotador agrícola de manera muy rigurosa a su amo y a la tierra que trabajaba. Se prohibía así a los propietarios emplear a un colono que hubiese abandonado a su amo sin su consentimiento. Pero a su vez el propietario estaba sometido a pesadas cargas: impuestos sobre la tierra, mantenimiento de caminos y puentes, conservación de huertos y de plantaciones obligatorias de moreras. Esas medidas eran consideradas necesarias por todos: la tierra florentina, montañosa y a veces estéril, no bastaba para alimentar a la capital más que durante cinco meses. El mercado de importación de productos alimenticios, constantemente alterado por la escasez y las pestes, era empero gravado sin piedad. El impuesto a la venta del vino alcanzaba hasta el 50% del precio de producción y, en 1477, el pueblo estuvo a punto de amotinarse contra ese gravamen.

Todos los habitantes de Florencia eran alcanzados por esos derechos y gabelas, pero sólo el pueblo bajo se veía afectado por ellos hasta la miseria extrema. Su pobreza los salvaba, en cambio, del sistema de fiscalización directa, sumamente gravoso también. Se había renovado el sistema del *catasto* o catastro. En el momento de su inauguración en 1427 y en las modificaciones sucesivas, implicaba un cálculo del capital imponible a partir de las rentas percibidas efectivamente por un hogar fiscal. Se estimaba que a 7 florines de rentas inmobiliarias y mobiliarias correspondía una fortuna de 100 florines. De ese capital se deducía el valor de la residencia principal, las personas a cargo y las herramientas de trabajo, así como las deudas. Una tasa básica del *catasto* podía alcanzar el 0,5% del capital imponible. Según las necesidades del Estado, se decidía elevar esa tasa básica tantas veces como fuera necesario, a veces hasta quince veces por año.

Cuando Lorenzo tomó en sus manos el poder, la institución del *catasto* había evolucionado mucho. La comisión de finanzas públicas, los *Ufficiali del Monte*, se reservaba el derecho de evaluar las fortunas de los ciudadanos. El peso del impuesto variaba, según las rentas, de 8% para las inferiores a 50 florines hasta 50% para las superiores a 1.500. A partir de 1471, la prerrogativa de evaluación del capital imponible fue puesta al servicio de la política. Según la comisión deseara o no favorecer a un ciudadano, lo situaba entre los ricos o entre los pobres. Los banqueros que no pertenecían a la clientela de los Médicis fueron exprimidos al máximo.

Pese a todo, el Estado continuaba padeciendo un déficit crónico. Los empréstitos, préstamos voluntarios o forzados, eran un auxilio: producían a los ricos que los suscribían intereses pagados por la administración del *Monte Comune*. Los títulos eran objeto de un tráfico lucrativo. Pero, progresivamente, el servicio de los intereses comenzó a sufrir por el desequilibrio del presupuesto, estando el monto de las recaudaciones muy por debajo del de los gastos, aumentados por la política de grandeza de Lorenzo.

En 1477 el *Monte Comune* debía a los poseedores de títulos una suma atrasada de 60.000 florines, es decir los intereses de dos años.

Entonces, para evitar la bancarrota, Lorenzo y sus amigos fueron tentados por un fácil recurso: la confiscación de una parte del capital del *Monte delle Doti*. Esta caja pública era alimentada por los padres de familia preocupados en reunir una dote para sus hijas o un capital para sus hijos. La suma inicial, bloqueada durante quince años, se veía quintuplicada al finalizar ese lapso. Si el hijo moría antes, el padre recibía la mitad de la dote que se le habría pagado. La mortalidad infantil, muy grande, convertía a esa especie de caja de seguro de vida en un buen negocio para el Estado, pero el beneficio ya no parecía suficiente. En 1475 se pensó en reducir el capital inicialmente prometido para la dote. En 1478 se decretó oficialmente que el *Monte* sólo pagaría la quinta parte de esa suma, quedando bloqueado el resto y no dando lugar más que al pago de un interés del 7%.

La venerable institución, que aseguraba el futuro de los jóvenes florentinos, se veía cuestionada en el mismo momento en que desaparecían los vestigios de las antiguas libertades republicanas. Los viejos Consejos de la República habían sido reducidos a simples figuras decorativas. En 1471, los bienes del partido de los güelfos y del tribunal de los mercaderes fueron confiscados para pagar a gobernadores y guarniciones. El número de las Artes Menores fue reducido de catorce a cinco, lo que permitió vigilar más fácilmente la aplicación de los reglamentos. El podestá se limitaba a ratificar las decisiones de los Ocho de Guardia, la todopoderosa Comisión de Policía en manos del partido Médicis. La función de capitán del pueblo, que durante generaciones había sostenido la causa de los humildes, fue sustituida en 1477 por un cargo de juez.

Pero esta considerable degradación de la antigua Constitución republicana no provocó ninguna revuelta. Preocupados ante todo por su supervivencia material, los florentinos buscaban la seguridad en los gremios y entre la clientela de los poderosos. Eludían la tristeza de su condición participando apasionadamente en fiestas y recepciones oficiales. Imitaban a Lorenzo de Médicis, que ocultaba sus preocupaciones de hombre de Estado y de financista bajo la máscara del humor y la despreocupación.

Capitulo Ocho

Laureles y pámpanos de Toscana

Lorenzo en familia. Poliziano y los otros íntimos

Los veinte años de Lorenzo transcurrían en los caminos de Toscana, de Pisa al monasterio de Vallombrosa, de la villa de Careggi a los dominios del Mugello. Ninguna residencia lo retenía mucho tiempo. La misma Florencia lo cansaba. Centro de los negocios y del poder, era sin embargo un incomparable escenario. Galeazzo María Sforza disfrutó de sus placeres durante su recepción en marzo de 1471: la fastuosa acogida que recibió de parte de la Señoría y de Lorenzo fue eclipsada por los espectáculos que se sucedieron. Representaciones religiosas, del tipo de los misterios, se desarrollaron en las iglesias. En San Felice, se muestra a la Virgen María recibiendo la visita del arcángel san Gabriel. En el Cármine, un sabio mecanismo reproduce la Ascensión de Cristo. En Santo Spirito, lenguas de fuego surgieron de las cintras para representar el descenso del Espíritu Santo sobre los Apóstoles, pero las precauciones fueron insuficientes y la iglesia ardió en un gigantesco incendio.

Las efemérides florentinas conservan huellas de las ceremonias. Continuamente tenían lugar suntuosas visitas. El cardenal Francesco Gonzaga fue aclamado en 1471; Eleonora de Aragón, prometida de Hércules d'Este, en 1473, así como el cardenal Pietro Riario. Los torneos tenían lugar en invierno, sobre todo en enero y febrero, precediendo al carnaval. La familia Médicis, rodeada de sus allegados y de los grandes notables de la ciudad, se personaba en ellos y se hacía aclamar por la multitud. Clarissa Orsini, la mujer de Lorenzo, asistía de mala gana. Tenía un carácter taciturno. Su salud, bastante precaria, se había quebrantado por las continuas maternidades. Entre 1470 y 1479 dio a luz siete hijos: cuatro niñas —Lucrecia, Maddalena, Luisa y Contessina— y tres varones: Pedro, nacido en 1472, Juan en 1475 y Juliano en 1479. Los quehaceres domésticos y las prácticas religiosas absorbían su tiempo. Permanecía muy unida a sus parientes, los poderosos Orsini de Roma: fue a visitarlos en mayo y junio de 1472. En esa ocasión asistió a un acontecimiento excepcional: la boda por poderes en el Vaticano, del zar Iván III de Rusia, el constructor del Kremlin, con una princesa bizantina, Zoé Paleólogo. Luigi Pulci acompañaba a Clarissa. Para divertir a Lorenzo, que se había quedado en Florencia, redactó un informe burlesco de la visita que hicieron a la futura zarina.

"Entramos en una habitación donde la marioneta se imponía en un asiento elevado. Allí estaba, con dos enormes perlas turcas sobre el pecho, doble mentón, rostro reluciente de grasa, mejillas gordas, ojos abiertos como platos, rodeados de tal masa de grasa y carne que hacían pensar en los más altos diques del Po. Las piernas estaban lejos de ser delgadas y las partes vecinas tenían las mismas proporciones, tanto que no creo haber visto personaje tan ridículo y repulsivo como esta loca mamarracho. No cesó de parlotear en toda la jornada por intermedio de un intérprete, en este caso su hermano, que poseía piernas dignas de un verdadero cochero. Tu mujer, encantada por el antro de la bruja, encontraba muy femenino a ese monstruo y hallaba un evidente placer en los discursos del intérprete. Uno de nuestros compañeros hasta admiró la bonita boca tentadora de la marioneta y declaró ¡que escupía con infinita gracia! Habló en griego hasta la noche, pero no hubo nada de comer o de beber ni en griego, ni en latín, ni en italiano. Ella encontró de todos modos la manera de explicar a doña Clarissa que llevaba un vestido demasiado ajustado y de mala calidad, aunque era de rica tela y cortado con tanta largueza que debieron de emplear por lo menos seis piezas de seda para hacerlo, con lo que podrían haber recubierto enteramente la cúpula de Santa María Rotonda."

"Desde entonces no he dejado de ver en sueños, todas las noches, montañas de manteca, de grasa, de sebo y de trapos, y otras cosas repugnantes."

Clarissa, hay que reconocerlo, no detestaba el estilo y los relatos graciosos de Pulci, que la distraían agradablemente de los serios cumplidos de los cortesanos y de los solicitantes que recibía constantemente.

Le era muy difícil resistirse a los importunos. Transmitía sin cesar sus solicitudes a su marido. A petición suya, su hermano Rinaldo, orgulloso y mediocre, será nombrado arzobispo de Florencia en 1474. A Lorenzo no le agradaban mucho sus torpes intervenciones ni el modo altanero y desabrido que demostraba habitualmente.

La mala salud de Clarissa explica sin duda su temperamento adusto. Sufría de tuberculosis, que habría de llevársela a los treinta y siete años en julio de 1488. Aparte de sus enfermedades y de su carácter autoritario, su falta de curiosidad intelectual, su poco gusto por el arte y la cultura alejaban de ella a su marido. A él le gustaban los juegos al aire libre, las fiestas y las recepciones. Ella los rehuía. Sus cartas breves y austeras, tan diferentes de las vivaces y alegres que Lorenzo recibía de su madre Lucrecia, muestran que permanecía apegada a su marido, aunque este la abandonara con frecuencia. Los esposos dedicaban a sus hijos un amor muy tierno. Estaban atentos a sus enfermedades, a sus primeros pasos y a sus primeras palabras. Lorenzo gozaba con ellos "como un burgués", anota Maquiavelo, desaprobando ese comportamiento demasiado familiar del amo de Florencia. La educación era una de las principales preocupaciones de los padres.

El hijo mayor, Pedro, fue confiado en 1475, a los tres años de edad solamente, al joven humanista Angelo Poliziano, cuyo espíritu liberal y maneras desagradaron tanto a Clarissa que al poco tiempo lo separó del cargo. Sin embargo Poliziano, amigo íntimo de Lorenzo, fue llamado nuevamente en 1480 y quedó como único preceptor de Pedro. Enseñó a leer a Juan, que sería el futuro papa León X. En cambio Juliano, el menor, menos sujeto a las obligaciones de la instrucción, fue un niño muy mimado, así como, entre las mujeres, Maddalena, la segunda, bonita y espiritual. Su padre le hizo contraer a los quince años un buen matrimonio con el "sobrino" del papa Inocencio VIII, Franceschetto Cibo. La unión debía tener como contrapartida la promoción cardenalicia de Juan. Maddalena pagó demasiado caro el arreglo: su marido, un licencioso veinticinco años mayor que ella, la hizo muy desdichada. La tercera de las hijas, Luisa, murió muy joven, a los once años. Las otras dos, Lucrecia, la mayor, y Contessina, se casaron con ricos comerciantes, Jacopo Salviati y Pietro Ridolfi.

Cuando se encontraba lejos, Lorenzo encargaba a sus amigos que le dieran noticias de los niños. A los antiguos miembros de la "brigada" se sumaron nuevos íntimos. Uno de los más brillantes era Angelo Ambrogini, apodado Poliziano, por el nombre de Montepulciano, donde había nacido en 1454. Al quedar huérfano, fue criado a cargo de los Médicis. Muy dotado, supera a sus maestros y, por su conocimiento de las letras antiguas y su talento como poeta, iguala a los mejores humanistas. En 1473, pasó a ser secretario particular de Lorenzo, y luego educó a los niños, pese a la oposición de Clarissa. Era sumamente fiel. Su solicitud salta a la vista en la carta del 3 de septiembre de 1477 en la que trata de tranquilizar a Lorenzo respecto de una enfermedad infantil de Juan, el futuro León X, que en aquel entonces tenía apenas veinte meses.

"No puede mamar, pero toma bien su sopita. Padece, creo, un poco de irritación de la lengua, más que de la garganta: es por eso que le cuesta chupar del seno. Debe de tener también un poco de tortícolis, pues gira la cabeza con dificultad. Pero no parece muy debilitado y, aparte de lo que acabo de deciros sobre mamar, por lo que se ve no tiene muchos dolores."

Encontramos la misma afectuosa atención en Niccolò Michelozzi, hijo del arquitecto de Cosme, uno de los pocos íntimos para los cuales Lorenzo no tenía secretos. Niccolò le llevaba sólo dos años. Había crecido, así como su hermano Bernardo, preceptor del pequeño Juan, en la casa de los Médicis. Se convirtió en jefe del secretariado de Lorenzo, su canciller privado: abría la correspondencia y la respondía cuando su amo no deseaba hacerlo personalmente, recibía a visitantes importantes y asumía misiones diplomáticas delicadas. Hombre culto, frecuentaba a poetas y filósofos. Y pese a sus múltiples ocupaciones, él también vigilaba a los niños. El 19 de abril de 1476, escribe a Lorenzo: "Los niños gozan de buena salud. Nunca los he visto tan alegres.

No paran de jugar. La pequeña Maddalena siempre quiere dirigir el baile. El pequeño Juan está muy bien".

Un eco similar encontramos en otro allegado, Cristoforo Benini, que hace una especie de jovial informe sobre los niños, el 25 de septiembre de 1473:

"La pequeña Lucrecia es muy obediente. ¡Es tan razonable! Pedro tiene buen semblante y, gracias a Dios, es alegre y simpático. Suele ir hasta la puerta que conduce a Terzolla y llama a todo el mundo, diciendo *nona* y *babo* y *mama*, de una manera tan graciosa que os haría reír. Maddalena está bien, ella también. Voy a verla todos los días cuando vuelvo de la casa de los Tornabuoni y envío a su nodriza a dar una vuelta para distraerla y hacerle hacer ejercicio, a fin de que tenga una buena salud y de que su leche sea más perfecta todavía".

Figura pintoresca, el sacerdote menesteroso Matteo Franco encontró asilo en el hogar de Lorenzo, donde fue recibido en 1474. Sus talentos de bufón y de cómico sedujeron a la austera Clarissa. El no temía atacar a Luigi Pulci en feroces epigramas que hacían huir a su rival. Escribía poemas burlescos: alababa a un caballo asmático, una casa destartalada o una cena ridícula. Sabía distraer admirablemente, pero también se dedicó a los intereses de sus bienhechores administrando los bienes de Clarissa. Acompañó a Maddalena a Roma, adonde ella siguió a su marido; convertido en su capellán, Franco sabrá reconfortarla en su infelicidad conyugal y cuidarla, con gran satisfacción de Lorenzo.

Baccio Ugolini, a quien Lorenzo entregó toda su confianza, era, como Franco, un eclesiástico que se divertía burlándose en verso de sus semejantes. Pero también era compositor y tocaba la lira. Sus talentos le valieron el favor de Lorenzo y de todas las cortes a las que este lo envió sucesivamente. En Roma, Francia, Alemania, en el reino de Nápoles, Ugolini defendió los intereses de su amo valiéndose de su seducción.

Al lado de tal personaje y de la decena de compañeros semejantes que se movían en torno de Lorenzo, Bartolomeo Scala, canciller de la República desde 1464, es decir secretario general permanente del gobierno del Estado, hacía las veces de mentor. Su edad —tenía veintiún años más que Lorenzo— y su comportamiento ex profeso solemne lo apartaban un poco del tropel de alegres camaradas, que no se privaban de burlarse de él. No por ello dejó de ser un consejero muy escuchado por Lorenzo, al que tenía al corriente de todos los debates en el seno de la Señoría y de las diversas asambleas. Gracias a él, el partido Médicis estaba constantemente presente en las más altas instancias del Estado.

La dedidación de Scala y la del pequeño grupo de sus íntimos permitían a Lorenzo liberarse del peso de las fastidiosas tareas de su vida familiar y política. Podía así, sin abdicar en nada de su poder, entregarse sin obstáculos a sus placeres. Para satisfacerlos, sabía utilizar hábilmente los pretextos oficiales.

El torneo de Juliano de Médicis: la bella Simonetta Vespucci

Lorenzo conservaba el recuerdo del magnífico torneo de 1469 como el de un triunfo personal. Inspirándose en él, decidió renovarlo de manera aún más suntuosa. Como había ocurrido antes, el motivo declarado fue la conmemoración de un triunfo diplomático, en este caso la proclamación, el 2 de noviembre de 1474, de la alianza concertada entre Milán, Venecia y Florencia.

En honor del acontecimiento, las justas tradicionales del invierno siguiente debían revestir un brillo excepcional. Lorenzo se prometía satisfacciones personales y deseaba halagar el amor propio de su hermano menor: Juliano acaba de cumplir sus veintiún años. Era amable y hermoso. Su esbelta figura, su encanto moreno, su inteligencia, su gusto por la danza, la caza y los deportes hacían de él uno de los jóvenes más seductores de la alta sociedad florentina. Los repetidos fracasos de su candidatura al cardenalato no disgustaban a las damas jóvenes. Había tenido numerosas aventuras. De una de esas relaciones nacerá algo más tarde un hijo natural que será el papa Clemente VII. Nada podía pues halagar más al joven que justas que le permitieran brillar ante los ojos de las hermosas mujeres de Florencia.

Según la costumbre, una de ellas debía ser la reina del torneo. La elección recayó en la bella Simonetta Cattaneo, casada con Marco Vespucci. No hizo falta nada más para dar crédito al rumor de que ella era la amante de Juliano. Simonetta tenía la misma edad que el joven Médicis. Nacida en Génova en una familia patricia, había entrado en

1468, por su matrimonio, en un círculo de hombres de negocios allegados a los Médicis.

Pietro Vespucci, el padre de Marco, había sido prior. El propio Marco, un hombre mediocre y vanidoso, había desempeñado algunas pequeñas funciones, pero se había hecho notar sobre todo dilapidando su fortuna en fiestas públicas. Uno de los miembros de la familia, Américo, obtuvo la gloria por haber dado su nombre al Nuevo Mundo.

La belleza de Simonetta era famosa. Todos los poetas de su tiempo la cantaron vez a vez. Ella encarnaba el ideal femenino. La imaginamos delgada y rubia, los senos pequeños y firmes, el talle esbelto, el vientre redondeado, caminando, con paso ágil, por las avenidas de laureles y de mirtos. Elegante y vivaz, era como la reina encantadora de una corte de amor galante suplantando a las otras beldades, como Lucrecia Donati.

El destino habría de ser particularmente cruel con ella: minada por la anemia o la tuberculosis, murió en la noche del 26 al 27 de abril de 1476, apenas a los veintitrés años. Había rozado solamente el suelo florentino y los artistas casi no tuvieron tiempo de fijar sus rasgos para la posteridad. Todavía los expertos discuten para reconocerla en un cuadro de Piero di Cosimo en el Museo Condé de Chantilly, en un fresco de Ghirlandaio en la capilla Vespucci de la iglesia d'Ognissanti en Florencia, en un dibujo de Leonardo da Vinci en la Galería de los Uffizi, o también en un retrato de Botticelli en el Museo de Berlín. Una cosa es segura: el duelo fue unánime entre los poetas de Florencia, y Lorenzo de Médicis aportó a él una contribución excepcional.

Gracias al *Comentario*, en el que explica el objeto de sus sonetos, nos enteramos de que cuatro de ellos están dedicados a la muerte de una dama "adornada de tanta hermosura y nobleza como ninguna otra que haya vivido antes que ella". Esa dama era para él la estrella discreta y fugaz que por un corto instante eclipsó al sol resplandeciente, a su Musa habitual, Lucrecia Donati. Esta permanecía secretamente presente en el corazón de Lorenzo.

"Era de noche y caminábamos juntos, un muy querido amigo y yo, hablando de esa desgracia que acababa de golpearnos. El tiempo estaba sereno. Y, mientras hablábamos, percibimos hacia el poniente un estrella brillante, de un esplendor tal que no sólo empalidecía a las otras estrellas, sino que por su claridad arrojaba a la sombra a los otros cuerpos celestes. Admirándola, me volví hacia mi amigo y le dije: 'No nos maravillemos si el alma de esa joven gentil se ha transformado en una nueva estrella o ha subido a unírsele'."

El relato de los funerales de Simonetta es conmovedor:

"Fue transportada, con el rostro descubierto, de su domicilio a su sepultura, tanto que hizo derramar muchas lágrimas a todos los que acudieron a verla... Inspiraba lástima, pero también admiración, pues, en la muerte, superaba su belleza que, mientras vivía, había parecido insuperable. En ella se veía la verdad de las palabras de Petrarca:

La muerte se diría bella sobre su hermoso rostro".

Lorenzo, es verdad, tuvo la precaución de ocultar su emoción bajo una explicación de técnica poética: "Si en mis versos he escrito algunas cosas que parecen hablar de una gran pasión personal, es porque... me he esforzado en figurarme que yo también había perdido a alguien muy querido. Colmé mi imaginación de todos los sentimientos capaces de conmoverme a fin de poder emocionar mejor a los demás".

Si entramos en su juego, deduciremos que Simonetta no era para él más que una relación superficial. Pero cartas privadas atestiguan por el contrario que el amor que sentía por la joven no era fingido. Envió a la cabecera de Simonetta a uno de los mejores médicos de la época y se mantuvo informado con toda precisión del agravamiento de su enfermedad. Dijera lo que dijese, su dolor era sincero y profundo.

Disimulada por razones que se nos escapan, la relación de Lorenzo fue celebrada, por medio de un hábil artificio, en el torneo de 1475. Ante toda Florencia, Simonetta fue proclamada la dama de Juliano de Médicis y reina del torneo. Eran horas de alegría. Poliziano describe a la bella encontrándose con su campeón, con trazos que parecen parafrasear, antes de su realización, las frescas alegorías de Botticelli.

> *Cándida ella es. Cándida es su túnica*
> *donde no obstante están pintadas rosas y flores.*
> *Las trenzas de los cabellos de su cabeza dorada*
> *descienden sobre su frente humilde y orgullosa a la vez.*
> *A su alrededor ríen los árboles de los grandes bosques.*
> *Sus ojos brillan de paz y de serenidad*
> *pero Cupido oculta en ellos una antorcha encendida.*

Los preparativos de las justas duraron largas semanas. Se hicieron venir caballos de toda Italia. Se seleccionó a los mejores de las caballerizas principescas de Mantua, Milán, Rímini, Urbino y Nápoles. El día señalado, el 29 de enero, los trece competidores desfilaron con gran pompa por las calles de Florencia adornadas con tapices y estandartes. Los campeones llevaban apellidos famosos, entre otros los de San Severino, Gonzaga, Soderini, Pitti y Alberti. Juliano de Médicis cabalgaba precedido por su abanderado, que enarbolaba el estandarte en el que Botticelli había pintado a Minerva y al Amor. Las *Stanze* de Poliziano describen la pintura y descubren su clave.

La dama de Juliano, la bella Simonetta, representada como Minerva, estaba de pie sobre ramos de olivo ardientes. Sostenía en una mano su escudo adornado con la cabeza de Medusa y en la otra su lanza. Miraba el sol. A su lado, el Amor estaba sujeto al tronco de un olivo, con su arco y sus flechas rotos. El sol simbolizaba la gloria de que iba a cubrirse Juliano en las justas y que inflamaría de amor el corazón de la bella.

Detrás del estandarte venían doce jóvenes, soberbiamente ataviados. Desfilaban de dos en dos, blandiendo sus lanzas, montados en magníficos caballos blancos. El atuendo de Juliano, de oro y plata, cuajado de pedrería, estaba tasado en miles de ducados. Lorenzo, rodeado de notables de la ciudad, lo seguía.

Las justas tuvieron como vencedores a Juliano y a Jacopo Pitti, recibiendo cada uno como premio un casco cincelado. Bailes y banquetes terminaron las festividades, cuyos fastos celebraron todavía durante mucho tiempo poetas y cronistas: Poliziano superó a todos ellos en sus *Stanze per la giostra di Giuliano de Medici*, que inmortalizaron el torneo.

Las cabalgatas en el campo. El poema rústico de la "Nencia de Barberino"

Apenas terminada la fiesta del torneo de Juliano, Lorenzo reanudó la existencia itinerante que tanto le gustaba. Partía con un pequeño grupo de Florencia. Poliziano cuenta así una cabalgata de la banda, formada por veintiséis jinetes, hacia San Miniato, en abril de 1476: "Salimos ayer por la tarde de Florencia, cantamos a lo largo de todo el camino y a veces discutimos algún tema sagrado para no olvidar la cuaresma. En Lastra, probamos un Zappolino, que es un vino mucho mejor de lo que se dice en nuestra ciudad... Llegados por la noche a San Miniato, nos pusimos a leer a san Agustín, pero muy pronto abandonamos. Tocamos música. La velada terminó aprendiendo los pasos de un bailarín local. A la mañana siguiente, Lorenzo fue a misa".

Para ciertos años se conoce el itinerario vagabundo de la "brigada". Cancilleres y secretarios, esposa y confidentes solían tener dificultades para encontrar al amo de Florencia. En invierno residía a menudo en Pisa, en su palacio cerca de la iglesia San Matteo, pero también en los dominios rurales que había comprado en las proximidades del mar y en el corazón de esa región particularmente rica en caza. Cuando estaba en Florencia se escapaba frecuentemente para ir, a una hora apenas de camino, hasta la villa de Careggi. Al volver el buen tiempo, viajaba a Cafaggiolo y a sus dominios del Mugello. A menudo, cuando apretaba el calor, se retiraba al convento de los monjes benedictinos de Vallombrosa en San Giovanni in Val d'Arno. Solía ir como invitado a Poggio a Caiano, la villa de Giovanni Rucellai, suegro de su hermana Nanina. La comprará en 1479 y la convertirá en su morada de descanso preferida.

En sus retiros campestres, el Magnífico encontraba amores fáciles. Sus amigos Luigi Pulci, Braccio Bartelli y Poliziano dan a entender que las Musas que allí conocía eran criaturas corpulentas. Pulci hasta da el nombre de una tal Benedetta, a quien Lorenzo habría apartado del buen camino: ella vivía en un pueblo situado a unos treinta kilómetros de Florencia, Barberino di Mugello, que el poeta dice poblado de atractivas ninfas. La anécdota está fechada en agosto de 1473. En esa época, Lorenzo frecuentaba asiduamente la campiña del Val de Sieve. No sólo buscaba allí diversiones: le agradaba la sencillez de los habitantes y decidió contar sus vidas cotidianas. Rompiendo con cierta tradición satírica que hacía del "aldeano" un bruto maloliente, un torpe codicioso e hipócrita, retomó la tradición virgiliana de las *Bucólicas*, abriendo así el camino a las églogas y poemas campestres que escribirán después de él Landino, Poliziano, Alberti y muchos otros. También puso en escena una ingenua historia de amor aldeano: es la *Nencia di Barberino*.

Ese sabroso texto nos ha llegado en tres versiones y dio lugar a interminables controversias. Para la mayoría de los eruditos es la versión más corta, en veinte estrofas de ocho versos, la que constituye la composición original, y Lorenzo es con seguridad su autor. El amo de

Florencia se revela allí como un maestro en poesía, manejando a la vez el humor y la ternura.

La pieza entera es una declaración de amor del boyero Vallera a una joven aldeana, la pastora Nencia. El lenguaje empleado es el dialecto local.

Absorto en su pasión, el aldeano casi no hace alusión a las dificultades corrientes de su vida campesina. Sin embargo no es un personaje de pastoral. Sufre de verdad. De entrada, clama su pena de corazón, y enumera, en un estilo rústico desarmante, las ventajas de su bella.

Ha asistido a todas las ferias de Toscana. En ninguna encontró una joven tan bonita. Entre otras cualidades, ella tiene el rostro tan suave y blanco como un riñón gordo. Posee dientes más brillantes que los de un caballo. Baila como una cabrita y gira como una rueda de molino. En suma, no tiene ningún defecto. Es blanca y rosada. Es de buena estatura y tiene un hoyuelo en el centro del mentón. Vallera sólo anhela una cosa: ser su marido. Su deseo no lo deja dormir de noche. Se refugia bajo el alero del horno comunal y acecha la salida de Nencia con sus ovejas. Se arriesga en fin a hacerle una atrevida proposición:

Ven a estos valles
que yo mezcle mi rebaño con el tuyo.
Pareceremos uno y sin embargo dos seremos.

Pero la muchacha es coqueta. El le hace regalos. Le promete un collar de coral. Está dispuesto a cualquier sacrificio para satisfacerla: abrirse la pierna para extraer el tuétano o... ¡vender su túnica! Y bruscamente cesa el poema al mismo tiempo que la declaración: las vacas bajan del pastoreo. Vallera debe asegurarse de que ninguna ha quedado en el prado. Además, su patrona, Mona Masa, lo llama: debe partir, pero cantando siempre el nombre de Nencia.

Este pequeño cuadro de género paródico, a veces burlesco pero tierno, muy sabiamente construido con estrofas de ocho endecasílabos, inauguraba en literatura una nueva manera de sentir y de escribir. Era una obra compleja por la frescura de su visión campesina y por la simpatía visible por doquier del autor hacia su rústico héroe. Lorenzo revelaba no sólo sus cualidades de poeta sino también su capacidad de comprender a sus semejantes, aun a los situados con respecto a él en lo más bajo de la escala social, y de amarlos.

El éxito de la *Nencia* fue tal que dio origen a una moda literaria llamada a durar varios siglos. Varios autores añadieron episodios: después de la boda, se narró el parto de Nencia y hasta su muerte. Los nombres de los dos enamorados entraron en las expresiones proverbiales. Finalmente, y de forma paralela, escritores tan célebres como Luigi Pulci, Giambullari o Baldovini ofrecieron al público las aventuras de otras parejas; pero la ironía sonriente de Lorenzo el Magnífico se había convertido en la burla pesada y en los obscenos sobreentendidos.

Los placeres de la caza. El poema de la "Cacería de perdices"

La vena poética de Lorenzo no carecía de temas basados en el espectáculo de la naturaleza. Su vida al aire libre, muy intensa, se los proporcionaba en abundancia. A fin de luchar contra la gota hereditaria que lo amenazaba, se entregaba con entusiasmo a la equitación. Mantenía una caballeriza poblada de los más hermosos corceles de Italia. Conocemos el nombre de dieciocho de sus caballos, entre ellos Falso Amigo y Querido Amigo, Gentil, Corazón Alegre, Rayo, etc. Su correspondencia revela, del mismo modo, los nombres de su herrador, de sus mercaderes de caballos, mozos de cuadra y palafreneros. Ese mundillo estaba constantemente alerta para asegurar los desplazamientos del amo, sus jornadas de pesca en los afluentes del Arno o en su desembocadura, y sobre todo sus partidas de caza. La jauría de los Médicis era famosa: Lorenzo anotó los nombres de veinticinco de sus perros preferidos, siendo Buentiempo el más amado de todos. Poseía galgos y perdigueros. Todo un pueblo de maestros de caza y de perreros formaba el equipo que cazaba en el Mugello y en la campiña pisana. La caza mayor era muy variada: venados, jabalíes, y hasta osos. A veces se capturaba a los animales con red. Pero la caza preferida de Lorenzo era la que se practica con aves de presa lanzadas sobre las garzas, las grullas, las perdices o las liebres. En sus pajareras criaba gavilanes, halcones, gerifaltes y azores. El mismo no desdeñaba amaestrarlos. Sus halconeros, cuyos nombres se conocen, y sobre todo el del más hábil, Pilato, eran tratados como personas de importancia.

Un precioso poema ha conservado para la posteridad la fugaz alegría de una cacería de perdices. *L'Uccellagione di starne* —tal es su título, "La cacería de perdices"— no estaba destinada empero a una gran difusión. Permaneció desconocida hasta la edición que de ella hizo por primera vez Roscoe en 1795. Escritas en un estilo familiar, sembradas de juegos de palabras y de imágenes burlescas, las cuarenta y cinco estrofas de ocho versos no son nada más que el recuerdo, destinado a los miembros de la brigada, de un buen momento pasado juntos. Es posible que al finalizar la cacería cada uno aportara su propia anécdota. Lorenzo habría dado forma al todo inspirándose quizás en la tradición literaria de las "cacerías", composiciones a veces cantadas, muy estimadas en las cortes medievales.

El narrador se dirige a un nuevo compañero aceptado en la brigada y que ha sido identificado recientemente como Poliziano. Al igual que en la *Nencia*, sólo existe el deseo de ser cómico y malicioso, lo que no excluye en absoluto los vuelos poéticos. La pintura del fresco amanecer evoca tal vez la campiña pisana. La trompa reuniendo a los perros, el desfile de la jauría constituyen el decorado inicial. Vienen luego los cuatro cazadores a caballo sosteniendo cada uno sobre el puño un gavilán. Lorenzo no se pone a sí mismo en la escena. Se limita a observar a sus compañeros. ¡Cuántos acontecimientos vemos acaecer! Dionigi Pucci se habría quedado gustoso en la cama. Como dormita, se resbala de su montura, rueda a un foso y cae sobre un gavilán, al que aplasta a medias. El ave de presa, furiosa, lo araña cruelmente. Entonces, lleno de ira, él se sienta con todo su peso sobre el animal y lo aplasta como a una galleta. Giovan Francesco Ventura está listo para intervenir en el valle, donde los perros hacen levantar vuelo por doquier a las perdices. Lamentablemente ¡ha olvidado quitarle la caperuza a su gavilán! Cuando se da cuenta, el pájaro vuela atontado y se precipita sobre una perdiz vieja que, más corajuda que él, se defiende arrancándole las plumas. Los dos cazadores restantes, Foglia Amieri y Guglielmo Pazzi, no tienen suerte: sus gavilanes abandonan a las perdices para pelearse entre ellos. En total, los participantes obtienen como ganancia el placer del paseo más que una presa conveniente: se cuentan dos perdices cazadas a cambio de un gavilán muerto y tres tullidos. La partida terminará sin embargo, como de costumbre, en medio del buen humor.

El gusto de la farsa. El poema satírico de "Los bebedores"

Las cacerías solían alternarse con sabrosos ágapes en los que se bebían los famosos vinos toscanos. La mesa de Lorenzo era provista de manjares finos por los envíos de sus amigos. Recibía mucha caza mayor, pero también pescado, lampreas de Pontedera, anguilas saladas de Ferrara, fruta fresca, higos y naranjas, dulces y hasta trufas, muy difíciles de conseguir. Florencia era una de las capitales de la Italia del buen comer, y los florentinos gustaban mucho de la buena carne y de la diosa botella. Muy temprano, tal vez desde 1469, Lorenzo ideó burlarse de ello en un panfleto sobre los *Bebedores*. Retomó la idea y llevó a cabo su proyecto hacia 1474 dándole la forma de una parodia burlesca de *La Divina Comedia* de Dante y de los *Triunfos* de Petrarca. Se llamó *El Simposio* o *El Banquete*. El mismo título parodiaba las serias reuniones platonianas realizadas por iniciativa de Ficino. La obra, inconclusa, termina bruscamente al comienzo del noveno capítulo.

La intriga es pobre: al regresar de Careggi, Lorenzo encuentra a un grupo de borrachos. Observa entre ellos a algunos notables conocidos. Todos van de prisa a la taberna del posadero Giannesse, ubicada en el Puente de Rifredi, cerca del oratorio consagrado a santa Lucía. Asombrado ante semejante reunión, Lorenzo interpela a un tal Bartolino para conocer la causa. Bartolino lo introduce en el círculo de los bebedores, los presenta y enumera sus hazañas del mismo modo que Virgilio en *La Divina Comedia* guía a Dante desde los círculos del Infierno al Purgatorio entre los habitantes del más allá. Como en la *Uccellagione*, el *Simposio* se propone entretener a los miembros de la brigada con una alegre diversión. Pero, esta vez, el tema denuncia los vicios de personalidades fáciles de identificar. Es un juego que se inscribe en la corriente de las sátiras moralizadoras, tan numerosas en la Antigüedad.

El poema no carece de rebuscamiento. Algunas expresiones provienen directamente de Dante y de Petrarca, pero son empleadas de manera paródica. La falta de respeto es voluntaria: se hacen juegos de palabras sobre el doble sentido de la palabra *divino* (*di vino*); el mayor sufrimiento de Cristo en la cruz es recordado por su queja: "*Sitio*"(tengo sed); Lorenzo se burla de los milagros y del gusto de su época por la magia: Ulivieri, uno de los borrachos, identificado como Oliviero Arduini, cura florentino, escupe en el suelo y, de ese escupitajo, nace un sapo. La locuacidad del autor logra hacer compartir al lector la visión deformada de las cosas que el vino produce a los bebedores.

Lorenzo quería ridiculizar a esos ebrios que desfilaban ante él. Entre ellos, eran muchos los eclesiásticos: el obispo de Fiésole, su vicario, el cura de la colegiata de Santa María de l'Antella, los curas de Stia y de San Cresci en Maciuoli, y Oliviero Arduini, ya nombrado. Los grandes burgueses también están presentes: Carlo Pandolfini fue uno de los jueces de honor del torneo de 1469, gonfaloniero de justicia en tres ocasiones; Antonio Martelli, hombre de negocios, tío de Braccio, el amigo de Lorenzo; Bertoldo Corsini, Strozzo Strozzi, Benedetto Alberti y muchos otros eran notables conocidos, con frecuencia elevados a los más altos cargos.

En el transcurso del relato, Lorenzo cambia de guía. A Bartolino le sucede Ser Nastagio Vespucci, notario de la Señoría y de varias corporaciones, padre del célebre Amerigo Vespucci (Américo Vespucio) y pariente político de la bella Simonetta. Otros personajes secundarios pertenecen a los medios más diversos: tal vez Poliziano se esconde bajo el epíteto de *il Basso* y el pintor Sandro Filipepi bajo el apodo habitual de Botticelli. El sastre y el maestre de postas de Lorenzo aparecen igualmente en escena.

La farsa se desarrolla con bromas crueles sobre las lacras de los bebedores, sarnosos, tal vez leprosos, apopléjicos, embrutecidos por la bebida. Pero predomina la risa. Está el cura Arlotto, que sólo se arrodilla ante el vino consagrado cuando es bueno, pues de otro modo no puede creer que Dios se aloje en él. Aparece el aprovechado de Botticelli, el "barrilito" que va vacío a una comida y regresa lleno. La comicidad se halla también en las situaciones grotescas, como la de Nastagio Vespucci y del cura de Stia, que quieren abrazarse y se ven incapaces por el tamaño de sus barrigas.

El *Simposio* era característico del ambiente alegre que reinaba en la brigada de Lorenzo. Además de destacar los defectos de la embriaguez, apuntaba a la pedantería de ciertos imitadores de las grandes obras de la literatura florentina. La burla no era gratuita. Lorenzo, admirable conocedor de los buenos autores, creía inspirarse en ellos realizando al mismo tiempo una creación original: es lo que muestra, además, su obra de cuentista.

El genio del cuentista. Las nouvelles *"Giacoppo" y "Ginevra"*

Las dos novelas cortas de Lorenzo el Magnífico, *Giacoppo* y *Ginevra*, fueron descubiertas en 1864, en los Archivos del Estado de Florencia. El manuscrito es de puño y letra de Lorenzo. Según los especialistas, puede datar aproximadamente de 1470. La primera *nouvelle* podría haber sido escrita por Boccaccio. Su estilo es a todas luces el del *Decamerón*. Se ha establecido que uno de los protagonistas, Giacoppo Bellanti, vivía todavía en Siena hacia 1489 y era conocido por Lorenzo. El relato es un cuento atrevido. Un joven florentino llamado Francesco va a estudiar a Siena y se enamora de Cassandra, joven de veinticinco años, esposa del rico mercader Giacoppo, cuarentón. Francesco imagina una astuta estratagema para convertirse, con el consentimiento del marido, en amante de la mujer. Va a Florencia a buscar a una "cortesana honesta", Bartolomea, y la lleva a Siena, donde la instala, diciendo en todas partes que es su mujer. La cortesana, de acuerdo con él, seduce a Giacoppo, pero pretende sentir remordimientos por haber engañado a su marido e invita a su amante a expiar su falta con ella. Giacoppo va a confesarse con un franciscano, que había sido comprado por el joven Francesco. Como penitencia, el religioso le ordena permitir a Francesco tomar la revancha en la persona de Cassandra. Y la *nouvelle* termina con la entrada del joven florentino en la casa de la bella: después de cenar opíparamente con Giacoppo, el joven se retira al dormitorio con Cassandra, con la bendición del marido arrepentido, que se queda solo en el salón de abajo.

Imaginemos esta encantadora novela corta contada por Lorenzo en el abandono de una velada entre amigos. Este ensayo del Magnífico, aunque no difundido, parecería tener una posteridad en la célebre pieza de teatro de Maquiavelo, *La Mandrágora*, donde reencontramos, con otros nombres, a los personajes y la situación creados por Lorenzo.

La segunda *nouvelle*, *Ginevra*, denota, con la preocupación realista de narrar hechos verídicos, una tendencia diferente, al estilo de Petrarca. Ginevra tiene quince años. Vive en Pisa en el noble palacio de los Griffi. Su enamorado Luigi, de la antigua familia de los Lanfranchi, será introducido en la casa por su amigo Maffio Grimaldi. Pero el manuscrito se interrumpe en el momento en que el joven entra en la habitación de la bella. Lo que ha llegado hasta nosotros basta para juzgar la calidad del estilo y para relacionar esta obra, muy cuidada, con las composiciones poéticas de Lorenzo, donde, como en la *nouvelle*, las penas de amor, las lágrimas, las encendidas declaraciones tienen un lugar predominante, a la manera del *dolce stil nuovo* desde tiempo atrás apreciado en la alta sociedad florentina.

La organización de la Universidad de Pisa

Fino conocedor y practicante de las bellas letras, Lorenzo se preocupaba en conservar en la Toscana entera su secular prestigio cultural. Para conseguirlo, recurrió a una medida radical: el 22 de diciembre de 1472 hizo que se decretara el traslado a Pisa del *Studio*, la vieja universidad florentina.

La venerable ciudad de Pisa, reducida al papel secundario de puerto de Florencia, había perdido mucho de su esplendor y de su animación de antaño. Al atraer a ella a los estudiantes, Lorenzo se proponía sin duda devolver cierta importancia a la segunda ciudad del Estado. Se hizo designar miembro del comité de cinco personas encargado de ejercer la tutela oficial de la universidad. La ejecución del proyecto no fue fácil. El problema de la financiación era arduo: para pagar a los profesores y asegurar la recepción de los alumnos, hacían falta 8.300 florines. Lorenzo pidió una parte de la suma al clero, al que gravó con un impuesto de 5.000 florines, muy mal recibido. Rápidamente instalada, la enseñanza se resintió por el mal comportamiento de estudiantes y maestros. Los primeros, atraídos de las universidades vecinas, se comportaron como un hato de bribones. Peleaban entre sí, agredían a los burgueses, robaban sus gallinas y bebían su vino, llevándose como trofeo las aldabas de las puertas. El escándalo era tal que los profesores adelantaron la fecha de las vacaciones. Los jóvenes, cortos de recursos, aprovecharon para saquear los alojamientos de los profesores durante las fiestas del carnaval, apoderarse de sus libros ¡y venderlos en provecho propio!

Los maestros se detestaban cordialmente y se denigraban los unos a los otros. La calidad de sus enseñanzas era empero muy honrosa. Entre los juristas se encontraban grandes nombres: Baldo Bartolini y Bartolomeo Socino, por ejemplo. Los profesores de medicina eran notables. Entre ellos, Stefano della Torre era médico consultor de la familia Médicis. Piero Leoni, de Spoleto, sumaba a sus conocimientos médicos talentos de filósofo y de matemático. Asistía a Lorenzo en sus curas termales. Veló por él hasta su muerte y, desolado por no haber podido prevenir el desenlace fatal, se suicidó al día siguiente del deceso de su amo arrojándose a un pozo.

Los filósofos y los profesores de poética y de elocuencia no eran tan brillantes como sus colegas. Es verdad que Florencia conservaba dentro de sus murallas la enseñanza de esas materias básicas. Cristoforo Landino continuaba inculcando a los jóvenes florentinos las humanidades clásicas. El griego seguía ocupando un lugar de honor en la enseñanza. La cátedra dictada por Argyropoulos hasta 1471 fue continuada por Andronic Callistos y luego por Demetrios Chacondylas. La tradición se mantenía.

Lorenzo protector de los humanistas.
Sus relaciones con Marsilio Ficino

Florencia seguía siendo un centro de humanistas militantes. Lorenzo enriquecía las bibliotecas abiertas a los eruditos en su palacio, en San Marcos y en la abadía de Fiésole. Tomó bajo su protección a un número considerable de hombres de letras: Bernardo Bellincioni, autor de sonetos burlescos, Naldo Naldi, poeta sensible, enamorado de la naturaleza, Ugolino Verino, una especie de poeta oficial que celebraba los acontecimientos públicos y privados de interés para los Médicis. El notario Alessandro Braccesi, escritor sensual y prolífico, con más de doscientos sonetos burlescos, y el humanista Benedetto Colucci de Pistoia, autor de declamaciones dirigidas a las potencias italianas, recibieron en recompensa modestas magistraturas. El terrible anciano Francesco Filelfo, enemistado antaño con Cosme, se reconcilió con Lorenzo, de quien terminó por obtener una cátedra de profesor de griego. Muchos otros escritores solicitaron también, en pago de sus obras de adulación, algunas migajas del amo de Florencia.

Lorenzo, poeta él también, no tenía ningún complejo frente a esos fecundos autores. Los filósofos, en cambio, le impresionaban. Para con Marsilio Ficino y los miembros de su Academia, quiso asumir el papel de protector que habían desempeñado antes su abuelo y su padre.

Marsilio no tenía problemas materiales. Los Médicis le habían dado una casa en Florencia y una villa en Careggi. Lorenzo se limitó a proporcionarle pequeñas prebendas. En 1473, le aconsejó entrar en las órdenes y le consiguió enseguida el rectorado de la pequeña iglesia de San Cristofano en Novoli. Más tarde, en 1487, hizo que le otorgaran el canonicato de la catedral de Florencia, abandonado por Juan de Médicis. Algunos años después, Marsilio obtendrá un priorato en Mantua. Esos dones materiales, debidos a la intervención de Lorenzo, eran bastante modestos. Además, eran gratuitos: Marsilio daba a Lorenzo valiosos libros y lo interesaba en el avance de su gran obra filosófica. Las relaciones entre ambos hombres se asemejaban a las de un maestro y un discípulo. Lorenzo asistía a los banquetes aniversarios de la muerte de Platón, que habían sido instaurados por Marsilio, pero no era muy asiduo a las reuniones de la Academia ni a los debates que allí se desarrollaban. Sin embargo, uno de ellos, en 1473, le daría el tema para una de sus más importantes obras, conocida con el título de *El altercado* y a veces con el de *El bien soberano*.

El poema "El altercado"

El altercado, poema en seis capítulos, se presenta como el relato de encuentros filosóficos celebrados durante el buen tiempo en la campiña de Careggi. La primera parte —los 169 versos del primer capítulo— sólo tiene una relación bastante lejana con la enseñanza doctrinaria de Ficino.

Es un poema bucólico en el que se ve a Lorenzo, bajo el nombre de Lauro (el laurel), huir del tedio de la ciudad y de la política y encontrar, en un fresco paisaje, al pastor Alfeo. Cada uno, alternativamente, pasa revista a las ventajas y a los inconvenientes de la vida urbana y de la vida campesina. Esta parte del poema responde perfectamente al título de *El altercado*. El tema y la composición se acercan mucho a una querella poética entre el ciudadano Lauro y el pastor Taviano, que figura en el *Driadeo* de Luigi Pulci. Este agradable diálogo no transmite ningún mensaje concreto.

Pero el tono cambia a partir del capítulo II, hasta el capítulo V inclusive. Los 652 versos de esta parte constituyen un verdadero tratado filosófico que corresponde al segundo título dado a veces al poema: *El bien soberano*. En efecto, Marsilio Ficino se acerca a Lorenzo y al pastor. Consultado con respecto a su opinión sobre la verdadera felicidad que puede encontrarse en la vida, él expone su propia teoría. Demuestra primero que el verdadero bien no reside en la vida corporal. Enseña que los bienes de la fortuna y los del cuerpo (fuerza, salud y belleza) son vanos, pues son perecederos. Entre los bienes espirituales, los del alma sensorial son igualmente vanos; sólo son reales los del alma razonable y, entre ellos, los bienes que resultan de virtudes adquiridas y no de virtudes innatas. Entre las virtudes adquiridas se distinguen las virtudes activas y las contemplativas: son estas últimas las que procuran la verdadera felicidad. Pero, para alcanzarla, hay que lograr la separación del alma y del cuerpo. La felicidad no es otra cosa que la contemplación de Dios. Requiere, para prepararse a ella, no sólo de la práctica de la razón, sino de la voluntad y del amor. Por eso es inútil enfrentar en disputa la vida urbana y la vida rural. La salvación pasa por una elevación personal.

Ese largo tratado no es más que una paráfrasis de una carta de Ficino titulada *De Felicitate* (De la felicidad). El capítulo VI (208 versos), con el que concluye la obra, es una traducción casi literal de la *Oratio ad Deum theologica* de Ficino (Oración teológica a Dios). El ritmo del poema es empero soberbio y exaltado. El fundador de la Academia Platónica había escrito para uso de sus discípulos esa oración particular que él mismo pronunciaba cada mañana. Pero, mientras que las preocupaciones filosóficas frenan el vuelo del texto latino de Ficino, los versos de Lorenzo están llenos de lirismo, de fervor y de ternura, particularmente cuando imploran la misericordia divina y la beatitud eterna.

El altercado, a pesar de la imitación estrecha de Ficino, es una obra interesante en muchos aspectos. Brilla con espléndidas imágenes poéticas. La sinceridad del poeta le inspira estremecidos vuelos: de un docto y seco tratado filosófico, supo extraer apasionados versos.

Lorenzo y el "amor platónico"

Al cantar los temas platónicos, ¿expresa Lorenzo su homenaje o su afecto a Ficino? Nos hemos planteado esa pregunta. Ficino y Lorenzo se escriben entonces misivas en las que abundan las expresiones casi amorosas. Sabemos que el filósofo había restaurado en la Academia de Careggi las relaciones de amor "platónico" que unían a Sócrates con sus jóvenes y bellos discípulos. Las amistades particulares servían, según esa teoría, para la elevación espiritual. El maestro contemplaba la belleza de Dios en su criatura. El discípulo, objeto de ese amor, se situaba en la escala jerárquica de la creación. Aprendía a respetar, en su propio cuerpo, la obra divina.

Esa teoría no desembocaba forzosamente en una homosexualidad practicante. Es cierto que Ficino se había vinculado amorosamente desde 1467 con un efebo, por entonces de diecinueve años, Giovanni Cavalcanti. Pero, en lo que concierne a Lorenzo, los amores femeninos parecen haberlo absorbido por entero. Se ha dudado a veces de ello al leer ciertos versos imitados de los *Amores,* de Ovidio:

> *Tú, rubio Apolo, si recuerdas todavía*
> *Tu primer amor, y si no se extingue*
> *La piedad en tu corazón,*
> *Hazme feliz, te lo ruego.*

Ahora bien, las investigaciones eruditas de André Rochon han demostrado que los sonetos en que el Magnífico se convierte en ninfa doliente para implorar a Apolo son, de hecho, la transposición de un juego de palabras: Lorenzo se encarna en Dafne, metamorfoseada en laurel, y se dirige al dios del sol, que no es otro que Lucrecia (nombre que contiene *luce*, la luz solar).

Tales obras, animadas de un sentido cósmico al mismo tiempo que muy ambiguas, corresponden profundamente al gusto de la época. Como sus contemporáneos, Lorenzo reencontraba con supremo entusiasmo valores largo tiempo olvidados. El sentimiento de la presencia divina en todos los estadios de la jerarquía en la creación derribaba las prohibiciones seculares. La armonía física ya no era considerada como una tentación diabólica. La noción de pecado era reemplazada por la de imperfección reparable. El mensaje contenido en las obras antiguas del arte y de la literatura, redescubiertas y contempladas con una mirada nueva, señalaba el camino de la salvación, es decir, de una comunión con la Divinidad en la razón y la belleza antes que en el temor y la penitencia.

La influencia de Ficino salió entonces del restringido círculo donde había nacido. A partir de 1475 se acrecentó en toda la sociedad. El filósofo acababa de atravesar un período fecundo durante el cual se encastilló en la erudición y la traducción. Accedió ahora a una fase de creación filosófica en la que desarrollará sus obras de sincretismo neopagano. En ese intento, que no pretendía borrar sino trascender el cristianismo, Ficino será ayudado poderosamente por Lorenzo. Mientras que en el cielo literario de Florencia se alzaba el nuevo astro de Poliziano, también él profundamente conquistado por el "renacimiento" de los valores y de las imágenes de la Antigüedad, los postulados de Ficino se iban convirtiendo poco a poco en una especie de filosofía oficial. No faltaban las señales del cambio. La literatura paródica y burlesca de los continuadores de la *Nencia*, de la *Uccellagione* y del *Simposio* descenderá a un nivel mediocre, y sus sostenedores, Pulci el primero, huirán más o menos voluntariamente de Florencia. La tendencia moralizadora de Lorenzo se traducirá públicamente en una serie impresionante de leyes imponiendo reglas de modestia en la vestimenta de los ciudadanos, en la celebración de las ceremonias, desde los banquetes a los funerales, y reprimiendo los desórdenes del juego: sorprendente culminación del esfuerzo literario y místico sin precedentes que llevó al joven amo de Florencia a escribir, a los veinticinco años, un millar de versos sobre el tema del bien soberano.

Esta evolución debía aparecer en la continuación del *Canzoniere*, ese grupo de baladas, sonetos y canciones que Lorenzo seguía acrecentando a merced de las circunstancias. Un compendio de piezas elegidas, la *Raccolta Aragonese*, realizado para la corte de Nápoles, muestra que el poeta elude los estereotipos que describen la pasión carnal a la manera de Petrarca, para volcar en la materia amorosa de sus versos motivos y desarrollos filosóficos bajo la influencia de Ficino.

Toda la producción literaria de Florencia se verá afectada por ello. Lorenzo da el tono: la dama que celebran los sonetos es en adelante un símbolo. Poco importa ahora conocer a la inspiradora, Lucrecia o Simonetta. Viva o muerta, no es más que un pretexto: el amante apasionado se refugia en el surrealismo filosófico.

Pero no hay que pensar que esa "conversión" de Lorenzo había apagado su alegría de vivir y su apetito de placeres terrenales. Muy por el contrario, cabalgatas, canciones, poemas y vida campestre seguían ocupando el tiempo que el amo de Florencia lograba sustraer a las finanzas, a la política y hasta a la filosofía. Esta no limitaba en absoluto el arrebato creativo y la vitalidad de Lorenzo. Parecía como si buscara una justificación. Y así es como hay que ver las cosas. Ficino demostró que era posible la reconciliación entre la naturaleza y el espíritu. Todo era lícito en la creación. El alma reflejaba el cosmos. La jerarquía de valores, deseada por la Divinidad, era la escala natural para acceder a la felicidad suprema, la contemplación. Los escalones más bajos podían ser utilizados para el ascenso espiritual. Del mismo modo, todas las enseñanzas estéticas, morales y místicas eran válidas, tanto las de Homero y de Platón como las de Cristo.

La época en que Lorenzo aceptó con entusiasmo esta "revelación" fue la misma en que entró en su intimidad el joven Poliziano, amante apasionado de las fábulas antiguas y creador a su vez de poemas voluptuosos en los que se expresa una visión alegre de la vida. Poliziano rechazaba la abstracción especulativa y toda austeridad moral. La doctrina de Ficino llegó oportunamente para dispensarlo de la reflexión sobre los fines últimos. La adoptó y la olvidó al mismo tiempo, y pudo así dedicar su obra a cantar las dichas fugaces.

Lorenzo hizo algo similar: si bien modificó la forma de su obra, no renegó de nada. En el momento en que escribía cinco "oraciones" que parafraseaban los textos herméticos, el *Asclepius* y el *Pimander* editados por Ficino, o también la *Consolación,* de Boecio, retocaba sin cesar y mejoraba sus pequeños poemas realistas. El esteta que seguía siendo hacía buenas migas con el alumno del nuevo Platón.

Lorenzo coleccionista

A Lorenzo siempre le gustaron las cosas bellas. En materia de arte era, ante todo, un coleccionista sagaz. Amaba más las obras de arte que a los artistas. La leyenda del mecenazgo de Lorenzo se forjó en el siglo XVI, cuando Cosme I de Médicis, deseoso de celebrar la gloria de sus antepasados, organizó el gran ducado de Toscana. Esa leyenda figura en los aposentos principescos del Palazzo Vecchio, pintados en 1556-1558 por Vasari, y en los tres grandes frescos concebidos en 1635 para decorar la planta baja del Palazzo Pitti. Allí se ve a Lorenzo rodeado de humanistas, de filósofos y de artistas. Estos se agolpan en el "jardín de San Marcos", reputado como una Academia de las bellas artes dirigida por el escultor Bertoldo, que en él habría formado a genios, particularmente a Miguel Angel. Pero la realidad era muy diferente. Lorenzo tenía en el palacio de la Via Larga un gabinete donde conservaba sus gemas, vasos preciosos, monedas, medallas y camafeos, heredados en buena parte de su padre. A su muerte había duplicado la colección, que contaba entonces con más de 200 medallas de oro, 1.000 de plata, 60 piedras finas grabadas en hueco y gran cantidad de vasos. Había comprado, recordémoslo, piezas raras provenientes del tesoro del papa Pablo II. Entre ellas se encontraba la valiosa copa llamada "el vaso Farnesio" y una piedra fina grabada representando el rapto del paladio.

En el jardín porticado del palacio que se abría hacia la iglesia San Lorenzo había colocado estatuas antiguas, lo mismo que en el jardín cerca de San Marcos que pertenecía a su mujer Clarissa. Entre sus colecciones figuraban principalmente los bustos de Augusto y de Agripa, enviados por Sixto IV, así como hallazgos hechos fortuitamente que le fueron obsequiados. Esos jardines de piedras, lugar de paseo, eran como museos al aire libre. En sus diversas residencias poseía numerosas obras de arte, pero en ninguna de ellas y, con mayor razón, jamás en el jardín de San Marcos, instaló o tomó bajo su protección a una escuela de jóvenes artistas. El escultor Bertoldo estaba encargado únicamente de la conservación material y de la restauración de las obras.

Lorenzo y los talleres de artistas

Sólo después de la conspiración de los Pazzi Lorenzo abrió talleres originales, principalmente en Poggio a Caiano y en Spedaletto. En la primera parte de su vida pública se limitó a practicar un modesto mecenazgo, si bien es cierto que favoreció a algunos talleres. El de Andrea Cione, llamado Verrocchio, producía obras de todo tipo. Había realizado en 1469, para la villa de Careggi, *El niño del delfín*, esa encantadora escultura que hoy adorna la fuente del patio del Palazzo Vecchio. Pero Verrocchio fabricaba también, para las fiestas de la ciudad, las máscaras de carnaval, estandartes como el de Lorenzo en la justa de 1469, o también la decoración temporal de edificios para celebrar la venida de príncipes, como en ocasión de la visita de Galeazzo María Sforza en marzo de 1471. Esos eran encargos públicos. A título privado, Lorenzo le encomendó la tumba de Pedro y de Juan de Médicis, su padre y su tío, un elegante sarcófago debajo de una arcada florida cerrada por una reja dorada, instalada en la iglesia San Lorenzo en 1472.

Otro encargo fue el del *David* de bronce, hoy en el Bargello. Lorenzo y Juliano hicieron realizar ese joven guerrero vestido a la antigua, señalando con la punta de su daga en la mano derecha la cabeza monstruosa de Goliat que acababa de cercenar. Vendieron la estatua en 150 florines a la Señoría en 1476.

Juliano quiso que Verrocchio cincelara el casco que llevaba en el torneo de 1475; Lorenzo le hizo restaurar un torso antiguo de mármol rojo. Más tarde, el escultor realizará los bustos de los dos hermanos, que actualmente se encuentran en la National Gallery de Washington. La efigie de Juliano de Médicis lo muestra vestido a la antigua, hacia 1478. La de Lorenzo, más tardía, es de terracota pintada. Lo representa luciendo el traje de ceremonia de los notables florentinos con la túnica larga y la caperuza, el rostro atento, la fisonomía severa. Esas obras, aunque ejecutadas después de la conspiración de los Pazzi, son resultado tal vez de un encargo anterior.

No es seguro, en cambio, que Lorenzo encargara a Verrocchio otras obras célebres, como *La Madonna* y *La dama del ramillete*, sin duda realizadas en esa época.

Los Médicis favorecieron a un segundo taller: el de los hermanos Pollaiuolo. Lorenzo confió a Antonio encargos oficiales de la Señoría: la ejecución de un gran cuenco de plata y de un casco cincelado obsequiado en 1472 a Federico de Montefeltro en recompensa por su intervención en Volterra. Sin duda se le encomendaron también representaciones mitológicas, especialmente los trabajos de Hércules.

Entre los otros artistas polifacéticos, Giuliano da Maiano, por recomendación de Lorenzo, realizó trabajos en edificios oficiales, como el castillo de Montepoggiolo, el palacio del capitán en Sarzana y la catedral de Faenza. Pero Giuliano y su hermano, el escultor Benedetto, serán empleados sobre todo por Lorenzo después de 1478.

Botticelli y Leonardo da Vinci

Formado en el taller de Verrocchio, Sandro Filipepi, llamado Botticelli, recibió a los veinticinco años, en 1470, por la intervención de Tommaso Soderini actuando quizás en nombre de los Médicis, el encargo de la pintura de la alegoría de *La fuerza* para el tribunal de la *Mercatanzia*. Años más tarde hizo el estandarte de Juliano para el torneo de 1475. A petición del comerciante Gaspare di Zanobi del Lama, pintó luego para su capilla funeraria en Santa María Novella una *Adoración de los Magos* que se asemeja a una ceremonia litúrgica. El primer rey es Cosme de Médicis. Dominando a los presentes, está arrodillado al pie de la Virgen y toca respetuosamente el pie descalzo del Niño. A la derecha de la Virgen y abajo, envuelto en una larga capa púrpura, el segundo rey arrodillado es Pedro el Gotoso. A su derecha, con túnica verde grisácea, su hermano Juan es el tercer rey. Detrás de él, de pie, Juliano de Médicis ofrece a los espectadores el bello perfil de su rostro pensativo.

Lorenzo sería el joven jinete de túnica corta roja y azul que en el primer plano, a la izquierda, se apoya desdeñosamente sobre su espada. Dos personajes se dan la vuelta y miran al espectador: el donante, cerca de Juliano, señalándose con el dedo, y en primer plano, a la derecha, con una capa de reflejos dorados, el propio Botticelli, la mirada atenta bajo sus cabellos rubios.

La obra es de notable precisión. Colocada a la entrada de la iglesia, como un cuadro oficial, recordaba a todos los que entraban el poder bien establecido de la dinastía reinante en Florencia.

Otro pintor que en Florencia dio pruebas en esa época de su talento, tenía la misma edad que Lorenzo: es Leonardo, hijo natural del notario Piero da Vinci. Empleado por su padre en el taller de Verrocchio, se dedicó primero a aprender la sabia restauración de las antigüedades depositadas en el jardín de San Marcos. El joven artista sorprendió pintando entonces un *San Juan Bautista*, luego *El ángel*, que pronto sería célebre, del *Bautismo de Cristo*. Vendrán luego *La Anunciación* (hoy en el Louvre), *La Madonna de las flores* (en Munich), una *Adoración de los Magos* inconclusa y *La Virgen de las rocas*, en la que aparecen unos adolescentes alados, de cabellos hermosamente rizados como los de las damas. Pero Lorenzo no hizo encargos personales a Leonardo. Le pidió únicamente un cuadro de altar para la capilla San Bernardo del Palacio de la Señoría en enero de 1478. Esa relativa falta de interés explica tal vez la rapidez con la cual Leonardo ofreció posteriormente sus servicios al duque de Milán, como harían además en la época siguiente la mayoría de los grandes artistas florentinos en beneficio de las cortes extranjeras.

Los encargos de obras de arte efectuados por Lorenzo eran pues modestos y, aun comparándolos con los de otros príncipes de la época, Borso d'Este o Sixto IV por ejemplo, absolutamente menores. Pero

Lorenzo era entonces un hombre joven de placeres simples, que buscaba la alegría del instante más que las grandes empresas destinadas a ganar una fama perdurable ante las generaciones futuras.

Lorenzo y la música

Entre las artes que Lorenzo practicó figura la música: tocaba la lira y cantaba —aunque su timbre de voz no fuera excelente—; desarrolló y mejoró el coro y el órgano del baptisterio de San Juan. Colmó de favores no sólo al famoso organista Squarcialupi, sino también a artistas extranjeros. Se esforzó en reclutar tenores en los Países Bajos, en Cambrai y en Amberes, y mantenía siempre cerca de él una formación de pífanos y de trompetas.

Por ese gusto por la música, acompañamiento de las ceremonias religiosas y profanas, al mismo tiempo que expresión del "furor sagrado" del poeta inspirado, Lorenzo era un típico florentino. Lo mismo ocurre, como ya hemos visto, con sus pasatiempos, sus obras, sus relaciones con el medio tan fecundo de los artistas. Hombre completo, amante de la vida cotidiana pero capaz también de elevarse hasta la meditación, encontró el tiempo necesario para trenzar una guirnalda de poemas, ligeros como el pámpano, serios como su emblema, el laurel. Pero el tiempo de la creación era también el de los negocios, de la política y de las intrigas. Si Lorenzo lo olvidaba, otros aprovechaban ese olvido y, desde la sombra, preparaban la trampa en la que esperaban ver sucumbir al amo de Florencia.

Cosme de Médicis "Pater Patriae". Anverso y reverso de medalla con la alegoría de Florencia. *Biblioteca Nacional, París.* (Col. Giraudon.)

El abuelo y el padre de Lorenzo el Magnífico

Pedro de Médicis (Pedro el Gotoso). Busto de Mino da Fiésole, *Florencia, Bargello.* (Col. Alinari-Giraudon.)

El palacio Médicis

La fachada.
(Col. Anderson-Giraudon.)

El patio central. (Col. Anderson-Giraudon.)

El Nacimiento de la Virgen, por Ghirlandaio (Santa María Novella). Interior de una cámara de palacio. Entre las visitantes, la joven Ludovica Tornabuoni acompañada por patricias florentinas (tal vez en el centro Clarissa Orsini, mujer de Lorenzo). (Col. Anderson-Giraudon.)

La basílica de San Lorenzo. (Col. Brogi-Giraudon.)

El Cortejo de los Reyes Magos, de Benozzo Gozzoli. Cosme, Pedro de Médicis, sus parientes, huéspedes y allegados. Capilla del palacio Médicis. (Col. Anderson-Giraudon.)

El joven Rey Mago.
Retrato de
Lorenzo el Magnífico
por Benozzo Gozzoli.
Capilla del palacio Médicis.
(Col. Anderson-Giraudon.)

El caballero del lince.
Retrato de Juliano de
Médicis por Benozzo
Gozzoli. Capilla del
palacio Médicis. (Col.
Anderson-Giraudon.)

La "dama del ramillete", de Verrocchio. Presunto retrato de Lucrecia Donati. Florencia, Bargello. (Col. Scala.)

Simonetta Cattaneo Vespucci, por Ghirlandaio. Fresco de la Virgen de la Misericordia, Florencia, Ognissanti. (Col. Alinari-Giraudon.)

Adoración de los Magos proveniente de la capilla del Lama, Santa María Novella, por Botticelli. Florencia, Galería de los Uffizi. Retrato de Cosme de Médicis con sus hijos y nietos. (Col. Giraudon.)

Juliano de Médicis, hermano de Lorenzo. Busto de Verrocchio. (Col. National Gallery of Art, Washington, D.C.)

Juan de Médicis, tío de Lorenzo. Busto de Mino da Fiésole. Florencia, Bargello. (Col. Anderson-Giraudon.)

Lorenzo Tornabuoni, primo de Lorenzo el Magnífico, recibido por las alegorías de las artes liberales. Fresco de Botticelli. París, Museo del Louvre (ant. villa Lemmi). (Col. Giraudon.)

Giovanni Tornabuoni, tío materno de Lorenzo (a la izquierda) y sus parientes, por Ghirlandaio. Detalle del fresco del Sacrificio de Zacarías. Florencia, Santa María Novella. (Col. Anderson-Giraudon.)

Lorenzo el Magnífico entre Antonio Pucci (a su derecha) y Francesco Sassetti, acompañado de su hijo menor Teodoro (a su izquierda), por Ghirlandaio. Detalle del fresco de San Francesco ante Honorio III. Florencia, Santa Trinità. (Col. Scala.)

El Nacimiento de Venus, de Botticelli, Florencia, Galería de los Uffizi. (Col. Giraudon.)

Lorenzo el Magnífico, de Verrocchio. Perfil derecho. (Col. National Gallery of Art, Washington, D.C. Samuel H. Kress Collection.)

Lorenzo el Magnífico, atribuido a Benedetto da Maiano. Perfil izquierdo. Galería Nacional de Praga. (Col. Narodni Galería V Praze.)

Lorenzo el Magnífico, atribuido a Benedetto da Maiano. Retrato de frente. Galería Nacional de Praga. (Col. Narodni Galería V Praze.)

Efigies de Lorenzo y de Juliano. Caras de la medalla conmemorativa de la conspiración de los Pazzi por Bertoldo. París, Gabinete de las Medallas. (Col. Biblioteca Nacional de París.)

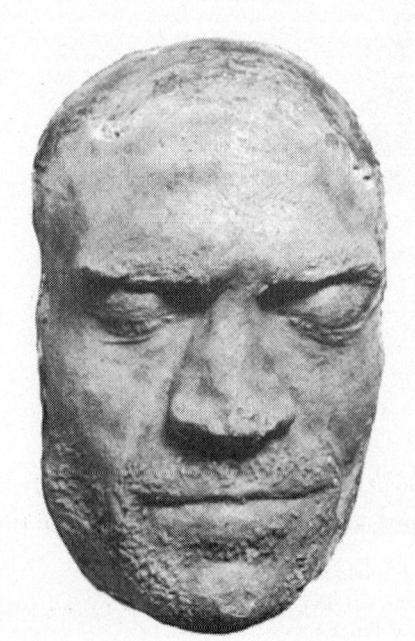

Máscara del rostro de Lorenzo en su lecho de muerte. Florencia, palacio Médicis. (Col. Scala.)

Esbozo por Miguel Angel de la tumba del Magnífico y de su hermano Juliano. París, Louvre, Gabinete de los Dibujos. (Cl. Museos Nacionales de Francia.)

"El gran Lorenzo de Médicis". Medalla de Niccolò Fiorentino. París, Gabinete de las Medallas. (Col. Biblioteca Nacional de París.)

Lorenzo con casco. Medalla del Grabador de la Tenaza. París, Gabinete de las Medallas. (Col. Biblioteca Nacional de París.)

Estampa iluminada de Giovanni Boccardi con retrato y emblemas de Lorenzo. París, Gabinete de las Medallas, donación Valton. (Col. Biblioteca Nacional de París.)

Vista de la ciudad de Florencia. Colección de Gastón de Orleáns.
París, Biblioteca Nacional, Mapas y planos. (Col. Biblioteca Nacional de París.)

Las villas preferidas de Lorenzo

Cafaggiolo.

Careggi.

Poggio a Caiano y las riberas del Ombrone.

Grabados de Giuseppe Zocchi. París, Biblioteca Nacional. Gabinete de las Estampas.
(Col. Biblioteca Nacional de París.)

Capitulo Nueve

El filo del puñal

El asesinato del duque de Milán, Galeazzo María Sforza

"¡Valor! ¡La muerte es cruel pero la gloria es inmortal! ¡El recuerdo de mi acción no morirá!"

El grito del joven Olgiati resonó en toda Italia. Maniatado sobre el cadalso frente a su verdugo, que iba a atenacearlo vivo, se enorgullecía de morir. Había asesinado al tirano de Milán, Galeazzo María Sforza, el 26 de diciembre de 1476. Se había coaligado con un puñado de jóvenes aristócratas cuyo propósito era restaurar las antiguas libertades. En esa noble tarea, esperaban el apoyo entusiasta del pueblo. Su esperanza se vio tristemente defraudada.

El atentado no provocó ningún motín, todo lo contrario. El pueblo apuñaló en el acto a dos de los jóvenes asesinos y luego asistió impasible al horrible suplicio de Olgiati. Sometido a la miseria y a duras y constantes obligaciones, el pueblo humilde miraba cómo se desgarraban notables y privilegiados. No tomaban partido y la violencia se iba apagando sola, como un fuego de paja privado de alimento.

Esta época fue fértil en parecidas rebeliones seguidas de otros tantos fracasos: levantamiento de Girolamo Gentile en Génova en junio de 1476, de Niccolò d'Este en Ferrara en septiembre, de Ludovico el Moro y sus hermanos en 1477 en Milán. El verdadero motivo de esas conspiraciones eran los celos políticos. Antes las instituciones permitían la alternancia: una fracción siempre lograba proscribir a la otra. Pero el afianzamiento del poder personal acaparado por un clan o un partido, el despotismo erigido en sistema no dejaban otra alternativa para ascender desde la oposición a las responsabilidades públicas que el crimen sangriento.

El antagonismo de los Médicis y los Pazzi

En Florencia, la tiranía del partido en el poder se ejercía sobre sus adversarios con múltiples vejaciones y separación de los cargos públicos, pero también con la ruina financiera debida a una excesiva tasación fiscal.

Para protegerse, era indispensable aliarse a los poderosos Médicis. Tal había sido durante décadas el juego de los Pazzi. Pertenecían a una familia de la antigua nobleza del *Contado*, que se dedicó al comercio en la época de las Ordenanzas de Justicia. Aliados a Cosme en 1434, se habían afiliado al partido "popular".

Su jefe, Andrea, había sido miembro de la Señoría en 1439. Era un banquero muy rico y practicaba un brillante mecenazgo. Había financiado la sala del cabildo de Santa Croce, construida por Brunelleschi desde 1429 hasta 1442, conocida después con el nombre de capilla de los Pazzi. Había recibido al rey René de Anjou en su casa y era su amigo. De sus cinco hijos, dos fueron gonfalonieros de justicia: Piero en mayo de 1462, al regreso de una embajada en Francia adonde fue a felicitar a Luis XI por su advenimiento, y Jacopo en enero de 1469. Jacopo era el mayor, y tras la muerte de su padre pasó a ser el jefe de la familia. Como no tenía descendientes —con excepción de una hija natural— sus bienes debían pasar a los hijos de sus hermanos, Piero y Antonio. Cosme de Médicis estimó honorable y provechosa una alianza con banqueros que solían ser sus competidores. Casó a su nieta Bianca, la hermana de Lorenzo, con Guglielmo, hijo de Antonio. Otro hijo de este, Francesco, apodado Franceschino a causa de su baja estatura, era jefe de la sucursal romana de los Pazzi. A pesar de los recelos de los Médicis, ofreció a Sixto IV el adelanto de los 30.000

ducados necesarios para garantizar la compra del condado de Imola en favor de Girolamo Riario. El Papa no fue ingrato: privó a los Médicis de las ventajas de que gozaban en Roma. El monopolio del alumbre y el cargo de depositario pontificio fueron transferidos a los Pazzi. Poco antes se había producido una situación similar: pero entonces el Papa favorecía a banqueros de su ciudad natal, costumbre admitida como normal, pues se consideraba al banquero como un miembro de la "familia" del Santo Padre, en el amplio sentido de la palabra.

Ahora bien, la designación en detrimento suyo de una firma florentina sometida a su poder político era para los Médicis un desafío inaceptable. Ese gesto significaba que el Papa consideraba a los Pazzi los notables más representativos de Florencia. Era lógico que ayudara a sus protegidos a imponerse en su propia ciudad como potencia dominante. Lorenzo vio el peligro y buscó cómo evitarlo. Hizo requerir a Francesco Pazzi a regresar a Florencia para defenderse de una acusación de traición. Se le reprochaba haber contribuido a sustraer Imola del dominio florentino y permitido a Girolamo Riario constituir un Estado que representaba un evidente peligro para Toscana. Francesco, prudente, esquivó la acusación.

Los ataques de los Médicis se dirigieron entonces a su hermano Giovanni, casado con Beatrice, hija única de Giovanni Borromeo, hombre extremadamente rico. Habiendo muerto su padre, la joven heredó todos sus bienes. Lorenzo se propuso privarla de ellos; para ello hizo decretar una ley que, en caso de muerte sin testamento, atribuía la herencia al pariente varón más cercano, con exclusión de las mujeres. En 1474 se proclamó su efecto retroactivo. Al no haber testado Borromeo, se privó a su hija de su fortuna y esta fue entregada a Carlo, su sobrino, amigo de los Médicis.

La preparación de la conspiración de los Riario y los Pazzi

Los Pazzi, ardiendo en deseos de venganza, no podían urdir solos una conspiración exitosa contra sus poderosos adversarios. La familia del papa Sixto les era adicta pero, para decidir a los Riario a actuar, hacían falta motivos serios. Pronto estos no faltaron. La muerte de Galeazzo María Sforza había arrebatado a Girolamo Riario un apoyo indispensable para el joven principado que trataba de construir alrededor de Imola. Las discordias en la sucesión milanesa incitarían tarde o temprano a Florencia a arruinar el poderío de Riario.

Durante el verano de 1477, un incidente reveló las intenciones de la República florentina. Aconsejado secretamente por Lorenzo, el condotiero Carlo Fortebraccio, que Venecia acababa de licenciar, atacó a la República de Siena. El cálculo era simple: se pretendía despertar el temor de Siena y obligarla a recurrir a Florencia, que la tomaría bajo su protección. Toscana, finalmente unificada, formaría un Estado muy fuerte que cerraría el paso a toda extensión del principado de Riario y recuperaría fácilmente los territorios conseguidos por este.

Al descubrirse la maniobra, Siena se volvió hacia Roma y Nápoles, que le enviaron tropas. Fortebraccio fue rechazado. El resultado fue opuesto al esperado por Lorenzo: una liga de Siena, Roma y Nápoles contra Florencia. El ratón se convertía en gato. Riario empezaba a pensar que Florencia podía ser para él una admirable capital. El Estado toscano sería su reino.

Entonces escuchó atentamente a Francesco Pazzi. La eliminación física de Lorenzo y de su hermano Juliano era la primera medida contemplada en el proyecto de Riario, y se proponía realizarla sirviéndose de los Pazzi. Luego, tras el triunfo, pensaba desembarazarse de esos muy serviciales colaboradores.

El año 1477 transcurrió mientras se maquinaba la conspiración. Francesco Pazzi y Girolamo Riario se pusieron de acuerdo sin hablar al Papa de su proyecto. Consiguieron un auxiliar de primera en la persona del arzobispo de Pisa, Francesco Salviati. El prelado, enemigo de Lorenzo a causa de las trabas que este había puesto a su carrera, detestaba a la raza entera de los Médicis. Les reprochaba la proscripción que Cosme infligiera a su familia. El trío decidió que era menester ante todo obtener el acuerdo de Jacopo, jefe de la familia Pazzi residente en Florencia. Una vez logrado su consentimiento, sería fácil convencer al Papa y a su aliado, el rey de Nápoles, de que el atentado proyectado respondía al deseo de los notables y de todos los ciudadanos florentinos. La primera tentativa de Francesco ante su tío fracasó. El viejo banquero era prudente. No quería correr riesgos mientras la Santa Sede no se comprometiera. Por otra parte Renato, uno de sus sobrinos, famoso por su buen tino, le había hecho notar que Lorenzo, por su despreocupación, ponía en peligro sus negocios y pronto estaría en bancarrota. Bastaba esperar un poco. Al perder su fortuna y su crédito, el Médicis perdería también el lugar preponderante que ocupaba en el Estado.

Pero los conjurados no querían esperar. Cuando Francesco les contó la respuesta de Jacopo, resolvieron poner a Sixto IV al corriente. El Papa ya era hostil a Lorenzo. No hicieron falta grandes esfuerzos para convencerlo de que los Médicis mantenían a Florencia en la opresión. Se mostró favorable al derrocamiento de Lorenzo, pero a condición de que no hubiese derramamiento de sangre. Su sobrino Girolamo no lo entendía así. Quería asegurarse totalmente. Dijo que, si había muertes, el Santo Padre debería consentir en conceder su perdón a los asesinos.

"Eres un bruto", le respondió Sixto. "Te repito que no quiero la muerte de nadie." Pero al despedir a los jefes de la conspiración les dio su bendición y les prometió ayudarlos "con una tropa armada o por cualquier otro medio que fuese necesario".

Así el papado daba solemnemente su consentimiento, pero sin comprometerse. Los conjurados fueron acompañados a la audiencia pontificia por Gian Battista de Montesecco, condotiero del Papa, emparentado con Girolamo Riario. Poco deseoso de participar en la empresa, Montesecco se dejó convencer cuando comprobó que el papa la autorizaba. Se persuadió a sí mismo de que la acción sería fácil. A las fuerzas armadas pontificias y napolitanas se sumaría, creía él, la ayuda de los florentinos. No dudaba de la hostilidad de estos: le habían pintado a Lorenzo como un tétrico tirano. Se imponía tomar contacto con los descontentos y sobre todo con Jacopo Pazzi. Nadie, pensaron los conjurados, lo haría mejor que Montesecco. El estaba al tanto de las disposiciones del Papa y conocía las fuerzas de que podrían disponer. Se presentó un pretexto para justificar su viaje a Florencia: el señor de Faenza, Carlo Manfredi, había caído gravemente enfermo y deseaba arreglar las diferencias que lo oponían a sus vecinos. Ocupaba una tierra, Valdeseno, reivindicada por Girolamo Riario. Montesecco fue enviado por la Santa Sede para hacer una investigación en el terreno y solucionar el conflicto. Debía detenerse en Florencia y pedir consejo a Lorenzo. Tal era su misión oficial, pero, en realidad, estaba encargado sobre todo de preparar el atentado contra ambos Médicis observando el lugar y estableciendo los contactos necesarios.

Lorenzo recibió amablemente al condotiero. Le habló con suavidad y cortesía. Su cordialidad impresionó a Montesecco. Se preguntó cómo podría poner la mano encima de un hombre tan simpático, tan diferente del ser repulsivo que le habían pintado y que además aparentaba sentir gran amistad por el conde Riario. Como soldado disciplinado que era, Montesecco apartó ese pensamiento intempestivo y, al salir del palacio Médicis, fue a ver a Jacopo Pazzi. El viejo banquero estaba solo. Su sobrino Francesco había viajado por negocios a Lucca. Quizá lo había alejado para poder rechazar más fácilmente los avances de los conjurados. "Más frío que un trozo de hielo", rehusó recibir al condotiero pero aceptó visitarlo en su posada, gesto menos comprometedor.

En su habitación, Montesecco le transmitió el saludo del Papa y le entregó cartas de recomendación de Francesco Salviati y de Girolamo Riario. El anciano las leyó pero no se mostró impresionado: "Estos audaces me vuelven loco. Quieren adueñarse de Florencia. Pero yo sé mejor que ellos a qué atenerme. No quiero oír hablar de esta historia".

Montesecco volvió a la carga. Contó con detalle la audiencia en cuyo transcurso Sixto IV había tomado partido por un cambio de gobierno en Florencia. Expuso que el medio más seguro para lograrlo era el asesinato de Lorenzo y de Juliano. El sobrino del Papa y el arzobispo de Pisa se habían decidido a la salida de la audiencia.

Jacopo Pazzi, pensativo, prometió hacer conocer su decisión a Montesecco cuando volviera a Florencia después de finalizar su investigación en Romaña. Pocos días después, el condotiero estaba de regreso. Fue recibido de nuevo amablemente por Lorenzo y hasta por Juliano, junto al cual residió en la villa de Cafaggiolo. Una noche visitó a Jacopo, a quien encontró en compañía de Francesco Pazzi. El viejo banquero había reflexionado. Pensaba que bastaba con matar a uno de los dos hermanos Médicis. Esperaba que el asesinato despertaría la oposición. Los adversarios del régimen, con un golpe de Estado, expulsarían de los Consejos y de los cargos públicos a los miembros del partido Médicis. No faltarían ocasiones para actuar. Uno de los dos hermanos debía ir sin tardanza a Piombino para las negociaciones de la boda de Juliano con la hija del señor del lugar. Podría aprovecharse ese viaje. O si no, sería posible atraer a Lorenzo a Roma y matarlo en el camino. Sin embargo, Francesco Pazzi estimaba esa partida muy aleatoria. Era más seguro desembarazarse de los dos hermanos en la misma Florencia, cuando fueran a una boda, a los juegos o a la iglesia, adonde iban habitualmente desarmados y sin escolta. Se pusieron de acuerdo en esta sugerencia. Montesecco partió nuevamente a Roma a fin de avisar al conde Riario.

Para vencer la resistencia de los partidarios de los Médicis e impedir su huida, había que prever cercar el territorio florentino. En líneas generales, el plan fue decidido en Roma. Las tropas del rey de Nápoles, acantonadas en territorio sienés, debían avanzar hasta la frontera florentina. Un ejército del Papa se concentraría cerca de Perusa con el pretexto de poner sitio a Montone, castillo de Carlo Fortebraccio. Gian Francesco de Tolentino, uno de los condotieros del Papa, reuniría refuerzos en Imola, y Lorenzo Giustini haría lo mismo en Città di Castello. Las tropas sólo intervendrían a la señal del arzobispo Salviati y de Francesco Pazzi, encargados de asegurar el asesinato de los Médicis. Sólo faltaba mantenerse listos para intervenir en cuanto se presentara la ocasión. Jacopo Pazzi, hombre taimado, jugador y blasfemo, ordenó sus asuntos en la espera: de la noche a la mañana se le vio socorrer a los pobres, pagar sus deudas y transferir a otros las mercancías que tenía en depósito. Disimuló sus bienes aparentando donaciones piadosas a los conventos. Quería asegurarse así a la vez la salvación de su alma, si debía morir, y el resguardo de su fortuna, si debía ser proscrito. La mayoría de sus parientes, prevenidos, se declararon favorables al atentado. Solamente Renato, el más prudente de sus sobrinos, y Guglielmo, cuñado de Lorenzo de Médicis, se mantenían apartados. El primero se retiró atemorizado al campo y el segundo, demasiado próximo a la familia enemiga, se había abstenido desde hacía tiempo de hacer causa común con sus parientes.

Después de arreglar todo en el exterior, Montesecco regresó para instalarse en Florencia. Lorenzo, que le había concedido su amistad, estaba persuadido de que el condotiero le sería útil para reanudar relaciones normales con los Riario y el papa Sixto IV. Lo acogió fraternalmente y, como no sospechaba nada, hasta recibió en la ciudad a los soldados de Montesecco, reclutados para la empresa de Montone. El arzobispo Salviati y Francesco Pazzi habían reunido en secreto cierto número de bandoleros dirigidos por hombres de confianza: el hermano y el primo del arzobispo; Jacopo Bracciolini, hijo —cubierto de deudas— del humanista Poggio Bracciolini; Bernardo Bandini Baroncelli, un aventurero; Napoleone Franzesi, que había formado parte de la clientela de Guglielmo Pazzi; y finalmente dos sacerdotes, Antonio Maffei, un clérigo originario de Volterra que alentaba un resentimiento patriótico contra Lorenzo, y Stefano de Bagnone, capellán de Jacopo Pazzi, que enseñaba latín a su hija natural.

La ejecución del complot en la catedral

Hallados los ejecutores, sólo faltaba preparar la emboscada: un joven de diecisiete años, Raffaele Sansoni, sobrino nieto del papa Sixto IV, estudiaba derecho canónico en la Universidad de Pisa. En diciembre de 1477, su tío abuelo lo había hecho cardenal con el título de cardenal Riario. En la primavera de 1478, el joven cardenal, nombrado legado en Perusa, decidió ir a hacerse cargo de sus funciones. El arzobispo Salviati se ofreció a acompañarlo hasta Florencia, donde él mismo deseaba visitar a su madre enferma. Francesco Pazzi, banquero del Papa, pidió a su tío Jacopo que recibiera al cardenal en su villa de Montughi, próxima a Florencia. Los Médicis, para no ser menos, invitaron al joven prelado a su villa de Fiésole. Un buen número de conjurados se había mezclado en el séquito cardenalicio, muy numeroso.

Nada más fácil que asesinar a los dos hermanos en el momento del banquete. Pero Juliano se había herido una pierna en una cacería y permanecía en su habitación en Florencia. Por lo tanto se postergó la ejecución. Era el sábado 25 de abril.

Por sugerencia de los Pazzi y del arzobispo Salviati, el cardenal pidió visitar el palacio de la Via Larga. Lorenzo aceptó encantado. Se convino que el cardenal presidiría una misa mayor en la catedral, después de la cual asistiría, con su séquito, a un banquete en la casa de sus huéspedes Médicis. Durante la noche siguiente, los jefes de la conspiración se repartieron los papeles. Todo estaba listo por la mañana, pero una noticia estuvo a punto de arruinarlo todo: Juliano, débil todavía, había hecho saber al cardenal que no asistiría al banquete, pero que iría a la catedral. Sólo quedaba una posibilidad para matar a los dos hermanos al mismo tiempo: hacerlo durante la misa. Un nuevo consejo de guerra se reunió en secreto. Se decidió actuar en el momento en que el sacerdote anunciara el fin de la misa.

Francesco Pazzi y Bernardo Bandini debían apuñalar a Juliano; Gian Battista de Montesecco a Lorenzo. Pero el condotiero era un hombre escrupuloso: ya la amabilidad de Lorenzo hacia él lo había perturbado y, profundamente creyente, le disgustaba derramar sangre ante Dios, presente en el altar. Se excusó. Los dos sacerdotes, Antonio Maffei y Stefano de Bagnone, a quienes ese sacrilegio no molestaba en absoluto, se ofrecieron para ocupar su lugar.

En ese domingo anterior a la Ascensión, la catedral Santa María del Fiore había atraído a una multitud de florentinos. A través de la concurrencia, densa en extremo, Montesecco, con treinta ballesteros y cincuenta soldados de infantería, abrió paso al joven cardenal hasta el coro, donde pronto se le unió Lorenzo. Grande fue el estupor de los conjurados: Juliano no venía. Sus dos asesinos designados salieron entonces para ir a buscarlo al palacio cercano. Bromeando y halagándolo lo convencieron para que asistiera. El joven Médicis se había vestido con ropa ligera. No llevaba daga para que esta no rozara su pierna herida. Con un pretexto amistoso, Francesco le palpó el pecho asegurándose de que no estaba protegido por una cota de malla. Juliano se extrañó un poco, pues conocía la enemistad de los Pazzi. Pero, creyendo que la venida del cardenal Riario presagiaba una paz cercana, se dejó llevar al coro sin desconfianza.

El *Ite Missa est* del sacerdote cayó de pronto sobre la multitud. Los dos Médicis se encaminaron hacia la salida. Juliano se hallaba frente a la capilla de la Cruz cuando, rápida como el rayo, la hoja de un puñal surgió del jubón de Bernardo Bandini y se hundió en su pecho. Vacilando, el joven Médicis se desplomó. Francesco Pazzi se precipitó entonces como un loco sobre la víctima tendida y le asestó tantas puñaladas y con tal desordenada violencia que se hirió a sí mismo gravemente en la pierna. Juliano ya estaba muerto cuando, del otro lado del coro, Lorenzo se debatía entre los dos sacerdotes designados para ejecutarlo. Antonio Maffei había puesto la mano sobre el hombro de su víctima antes de apuñalarlo. Ese gesto, en una fracción de segundo, permitió a Lorenzo apartarse. El puñal lo hirió en el cuello sin afectarlo gravemente. Desprendiéndose de las manos de ambos sacerdotes, se envolvió el brazo izquierdo en su capa a fin de parar los golpes, desenfundó la espada, saltó por encima de la valla del coro y, pasando ante el altar mayor, se refugió, rodeado de sus dos familiares Antonio y Lorenzo Cavalcanti, en la nueva sacristía. Poliziano y otros amigos cerraron tras de él la pesada puerta de bronce.

Francesco Pazzi y Bernardo Bandini vieron, furiosos, cómo escapaba Lorenzo. En vano intentaron atraparlo y Bandini apuñaló a Francesco Nori, que se abalanzó a su paso. Pero su retirada a la sacristía herméticamente cerrada salvó a Lorenzo. Como se temía que el puñal del sacerdote estuviese envenenado, Antonio Ridolfi se dedicó a succionar la herida y a aspirar el veneno que hubiese podido haber en ella. Una pequeña compresa improvisada bastó para detener la sangre.

Desde la catedral llegaban débilmente ruidos y clamores. Se corría por todas partes. El cadáver de Juliano, abandonado sobre el pavimento, se desangraba. En el coro, el joven cardenal Riario, tembloroso, se había retirado junto al altar mayor, pálido de espanto. Clérigos de la catedral acudieron a ponerlo a buen resguardo en una capilla. Algo más tarde sería retirado de allí por dos miembros del Comité de los Ocho que lo pusieron bajo arresto. Los asesinos, después de su fracaso a medias, habían huido. Los dos sacerdotes, rápidamente capturados, fueron linchados por la muchedumbre. Los otros asesinos pudieron escapar por el momento. Bandini, bruscamente acometido por el pánico al comprobar el fracaso de la empresa, montó a caballo y, a todo galope, llegó a las fronteras del Estado. Prosiguió viaje hasta Constantinopla buscando un refugio que resultó precario: Lorenzo obtuvo de Mohamed II su extradición en 1479, y fue colgado el 29 de diciembre de las ventanas del Bargello, donde Leonardo da Vinci lo vio e hizo un croquis de él.

Francesco Pazzi, seriamente herido, fue a curarse al palacio de su familia, pero mandó a preguntar por la acción de los otros conjurados en el palacio de la Señoría.

La sorpresa del palacio de la Señoría

Al arzobispo Salviati y a Jacopo Bracciolini se les había encargado apoderarse del edificio comunal mientras se desarrollara el atentado en la catedral. Debían expulsar a los priores, instaurar un gobierno revolucionario y hacerlo aclamar por el pueblo. El comienzo de la acción se desarrolló de acuerdo con lo previsto. El viejo palacio estaba guardado en la planta baja por una escasa guarnición. El arzobispo dejó allí a Bracciolini y a una parte de la gente que lo acompañaba —sus propios parientes así como una treintena de habitantes de Perusa, proscritos de su ciudad, a los que los Pazzi habían prometido devolverlos a su patria—. Subió los escalones hacia el piso principal diciendo que debía entregar un mensaje urgente del Papa a la Señoría. Estando la mañana muy avanzada, los priores se hallaban sentados a la mesa con el gonfaloniero de justicia, Cesare Petrucci, el mismo que, ocho años antes, como podestá de Prato, se había enfrentado victorioso a la conspiración de los Nardi. El arzobispo y un puñado de sus hombres fueron introducidos en la cancillería. El prelado dejó allí a su escolta y se encaminó solo hacia la sala donde el gonfaloniero debía recibirlo. Al salir, sin darse cuenta, empujó la puerta de la cancillería encerrando allí a su escolta. En efecto, la cerradura de la habitación se cerraba automáticamente y sólo se podía entrar o salir utilizando una llave. En presencia de Petrucci e instado a explicarse, el arzobispo se turbó y no pudo pronunciar más que confusas palabras. Se volvía constantemente hacia la puerta por la que esperaba ver irrumpir a su séquito. El gonfaloniero comprendió rápidamente que pasaba algo anormal. Salió al corredor y gritó para prevenir a sus colegas y servidores. Tropezó entonces con Jacopo Bracciolini, quien, inquieto al no haber sido llamado por el arzobispo, había subido al piso superior para informarse. Su sospechosa presencia confirmó el recelo del gonfaloniero, que se abalanzó sobre él para impedirle desenfundar la espada, lo tomó por los cabellos y lo hizo girar sobre sí mismo. Llegaban los priores y los servidores. Se habían provisto, a guisa de armas, de lo que pudieron encontrar en las cocinas: cuchillos y pinchos. El arzobispo fue maniatado al mismo tiempo que Bracciolini. De carácter muy expeditivo, el gonfaloniero, de acuerdo con los priores, hizo levantar barricadas en las puertas del piso. Los perusinos encerrados en la cancillería y el puñado de hombres que acababa de subir de la planta baja fueron apuñalados de inmediato o arrojados vivos por las ventanas. El arzobispo, su hermano, su primo y Bracciolini pronto se balancearon sobre el vacío, colgados de los grandes ventanales del edificio.

Pero, mientras tanto, el resto de los conjurados tenían en su poder la planta baja del palacio. El gonfaloniero y los priores se hallaban pues prisioneros en el piso superior. Llamaron en su ayuda al pueblo tocando a rebato desde la torre y desplegando el gran estandarte de Florencia, el gonfalón de justicia. Desde las ventanas altas, los servidores de la Señoría empezaron a arrojar piedras para alejar de la puerta grande a los partidarios de los Pazzi que acudían al asalto del viejo palacio.

Fracaso y represión de la conspiración

Las noticias de la imprevista evolución de los acontecimientos llegaron hasta Francesco Pazzi, retirado en el palacio de su tío. Aunque sangraba y estaba muy débil, ordenó que se le pusiera sobre un caballo, esperando volver a reagrupar a sus fieles en un último intento de dominar la situación. ¡Fue inútil! No pudo mantenerse en pie y cayó nuevamente sobre la cama. Suplicó a su tío Jacopo que ocupara su lugar. El viejo banquero sabía que todo estaba perdido. Pero, animado por el coraje de la desesperación y mostrando su bravura, montó a caballo y, a la cabeza de cien jinetes fieles, dio vueltas por el barrio de la Señoría al grito tradicional de: "¡Pueblo y libertad!" Pero los ciudadanos ya se habían enterado del fracaso de la rebelión. Lorenzo, salido indemne de la sacristía, acababa de regresar a su palacio. La Señoría había tomado partido por los Médicis. Por todas partes estallaban gritos: "¡Palle, Palle!" ("¡Esferas, Esferas!"). Por doquier la gente aclamaba el símbolo heráldico de Lorenzo. El clamor de "¡Muerte a los traidores!" pronto se generalizó y comenzó la cacería de los conjurados. Los dos sacerdotes ejecutores del fallido asesinato de Lorenzo ya habían sido linchados por el pueblo. Una multitud invadió la casa de los Pazzi. Francesco, sacado de su ensangrentada cama, fue llevado sin ropas al palacio de la Señoría y colgado de la misma ventana que el arzobispo Salviati.

Todos los denunciados como amigos de los Pazzi eran sumariamente ejecutados. Se arrastraban cadáveres por las calles, se enarbolaban cabezas en las picas, restos humanos cubrían las callejuelas.

No era más que el comienzo de la represión. Esta se abatió metódicamente sobre todos los miembros de la familia Pazzi. Renato, el más moderado, que no se sentía seguro en su villa, huyó al campo disfrazado de campesino. Fue reconocido, arrestado y conducido a Florencia, donde se encontró con el viejo Jacopo, prisionero, que había pasado por igual desventura al ser identificado en su huida por campesinos de los Apeninos. Cuatro días después de la conspiración, ambos eran condenados a muerte e inmediatamente colgados. El cuerpo de Jacopo sufriría múltiples ultrajes póstumos: enterrado en la sepultura familiar, fue exhumado un mes después y ocultado por escarnio bajo las murallas de la ciudad; al día siguiente, unos niños lo desenterraron, y el cadáver en descomposición fue arrastrado sobre unas parihuelas en el extremo de una cuerda y finalmente arrojado al Arno. A pocos kilómetros de allí, otros niños volvieron a pescar los pobres restos, los colgaron de un sauce, los apalearon y tiraron los huesos al río; se encontraron trozos de ellos bajo los puentes de Pisa.

Los Pazzi que no estaban comprometidos fueron condenados empero al exilio o a la cárcel, unos en los *Stinche*, otros en la fortaleza de Volterra. Galeotto Pazzi se disfrazó de mujer y se refugió en Santa Croce. Supieron encontrarlo y arrestarlo, lo mismo que a Giovanni, que se había encerrado en el monasterio de los Angeles. Lorenzo manifestó una relativa benevolencia hacia su cuñado Guglielmo, refugiado en el palacio Médicis. Debió dejar mujer e hijos para ser relegado al *contado*, debiendo residir a más de cinco millas y a menos de veinte de Florencia, a fin de poder prenderlo eventualmente y procesarlo. Secretamente se le advirtió que huyera, y encontró el medio de ir a Roma con la esperanza de que su esposa obtuviera su gracia.

Quienquiera que resultara sospechoso de haber ayudado a los conjurados era castigado: los hermanos de Jacopo Bracciolini fueron proscritos, y Piero Vespucci, acusado de haber favorecido la huida de Napoleone Franzesi, fue encarcelado en los *Stinche*.

En un mes se dictaron gran número de penas, entre ellas un centenar de condenas a muerte. La reacción de Lorenzo y de sus amigos, brutal, consiguió devolver a ese precio la calma a la ciudad. El condotiero Montesecco, tras admitir extensamente su participación en la conjura en confesiones cuidadosamente registradas, fue decapitado. No costó trabajo dispersar a los pocos soldados que lo acompañaban. Los otros condotieros del Papa, Lorenzo de Castello, en Val di Tevere, y Gian Francesco de Tolentino, en Romaña, se habían preparado para intervenir en Florencia a fin de asegurar el poder de los Pazzi. Advertidos del fracaso cuando apenas empezaban a ponerse en camino, se batieron inmediatamente en retirada. Pero el Papa y el rey de Nápoles no pensaban abandonar tan pronto la partida: el grueso de sus tropas tomó la ofensiva; el ejército napolitano avanzó y el de la Santa Sede se acantonó en la región de Perusa.

El peligro de cerco que amenazaba al territorio reavivó el terror. Una larga guerra se iniciaba entre Sixto IV y el rey Ferrante por un lado y Lorenzo por el otro, convertido en la encarnación de la resistencia florentina. Ese régimen de terror se prolongaría a lo largo de todas las hostilidades. Lorenzo no olvidaba a su hermano bienamado cuyas exequias celebró con emoción en medio de una enorme concurrencia del pueblo: el ataúd abierto fue públicamente expuesto en San Lorenzo para mostrar el cuerpo acribillado por veintiuna puñaladas, como el de César. Poco antes del atentado, el joven Médicis había engendrado un hijo natural en una joven perteneciente a la familia Gorini, vecina de la casa del arquitecto Sangallo. Unos meses después de la muerte de su padre, nació un varón que recibió el nombre de Giulio. Lorenzo habría de criarlo entre sus hijos, como hermano de ellos más que como primo, y asociarlo estrechamente a los destinos de la familia. En cuanto a los Pazzi, después de su castigo recibían el oprobio público. El 22 de mayo se decretó que sus gloriosas armas, recibidas durante la primera cruzada —cinco cruces y dos delfines—, fueran borradas de todos los edificios que las ostentaban.

La encrucijada llamada *Canto dei Pazzi* desde hacía siglos perdió ese nombre. También se le quitó el nombre a una tradición muy popular, la del "Carro de los Pazzi". Desde la participación de Pazzo, ancestro de la familia, en la toma de Jerusalén en 1099, un carro conteniendo tres piedras que él había traído del Santo Sepulcro era paseado por Florencia el Sábado Santo. Se golpeaba una de esas piedras hasta obtener una chispa que encendía en la noche un fuego de artificio que iluminaba las iglesias. No se suprimió la fiesta, pero se hizo desaparecer en su desarrollo toda alusión a la familia maldita.

Los supervivientes debieron cambiar de apellido y de escudo de armas. Quienquiera que desposara a una descendiente de Andrea Pazzi por la rama masculina sería privado para siempre de oficio y dignidad. Finalmente se infligió a los culpables el habitual signo de infamia pública: la Señoría encargó a Sandro Botticelli, por un salario de 40 florines, representarlos ahorcados en la fachada del palacio comunal. Bernardo Bandini, que al huir había escapado por algún tiempo del castigo, figuraba allí bajo la inscripción:

Yo soy Bernardo Bandini, nuevo Judas.
Fui en la iglesia traidor y asesino.
Mi rebelión me destinó a una muerte más cruel.

Los panfletistas se desataron contra la familia réproba. Los opositores callaron prudentemente. Sólo Alamanno Rinuccini osó en secreto escribir a comienzos de 1479 un tratado, *De la libertad*, en el que los Pazzi eran proclamados mártires de la libertad, al igual que los jóvenes asesinos del duque de Milán. Su rebelión era presentada como un ejemplo contra el opresor, Lorenzo de Médicis. En realidad, aunque habían preparado cuidadosamente el proyecto en el plano internacional, los Pazzi habían omitido, como los asesinos de Sforza, interesar en él al pueblo. En Florencia como en Milán, los humildes ciudadanos pronto comprendieron que los conjurados sólo buscaban sustituir el poder establecido y reemplazar una dictadura por otra, sin beneficio alguno para las clases desfavorecidas de la sociedad. Optaron pues por la fidelidad a los Médicis, y especialmente a Lorenzo, del que al menos apreciaban la magnificencia.

Después del duelo público de los funerales de Juliano, se ordenó celebrar acciones de gracias para agradecer al Cielo por haber salvado a su hermano. La Señoría decretó que se depositaran en las iglesias exvotos con su imagen. Se encargaron tres efigies a Andrea Verrocchio. Ayudado por Orsino, un compañero modelador, el escultor realizó tres figuras de cera de tamaño natural, formadas por madera entrelazada de juncos y encolada con telas enceradas. Los maniquíes tenían cabeza, manos y pies de cera pintados al aceite, al natural. La semejanza era asombrosa. Una de las estatuas, vestida con la ropa que llevaba Lorenzo en la catedral cuando ocurrió el atentado, fue depositada en los Agustinos de la Via Sangallo; la segunda, con el *lucco*, la túnica larga de los notables florentinos, en la Annunziata; la tercera en Santa María degli Angeli.

Además, a fin de conmemorar el acontecimiento y darlo a conocer a la posteridad, Lorenzo hizo acuñar por el escultor Bertoldo una medalla en la que figuraba, de uno y otro lado, su retrato y el de su hermano. La cabeza de Juliano emergía de la inscripción *Luctus publicus* ("Duelo público"). Debajo, se representaba el coro de la catedral en el momento en que el sacerdote terminaba la misa y los asesinos acribillaban a puñaladas al joven. En la otra cara, la cabeza de Lorenzo coronaba la inscripción *Salus publica* ("Salvación del Estado"). Se veía el otro lado del coro y el fracaso de los asesinos rodeando a Lorenzo sin lograr abatirlo. La medalla simbolizaba igualmente la continuidad del poder de los Médicis y proclamaba que este era ejercido por el bien del Estado. La muerte era impotente para interrumpirlo. Lorenzo, el superviviente, heredaba una legitimidad de cuyo beneficio no había gozado hasta entonces. El atentado constituía un cruento y glorioso advenimiento. El pueblo había tomado partido por Lorenzo, lo había defendido y aclamado como si hubiese sido el príncipe de Florencia y como si los Pazzi fueran culpables de un crimen de lesa majestad. Así interpretó los acontecimientos el rey Luis XI de Francia en una carta de condolencias dirigida a la Señoría el 12 de mayo de 1478. En ese mensaje, anunciaba la llegada a Florencia de su bienamado consejero y chambelán, Philippe de Commines, señor de Argenton y senescal de Poitou, para pensar la mejor manera de castigar a los responsables del delito. En efecto, ahora se trataba de atacar a los que, en Roma y en Nápoles, habían dirigido el puñal de los asesinos.

Capítulo Diez

El cabo de las tormentas

Sixto IV declara la guerra a Lorenzo y a Florencia

El fracaso de los Pazzi fue interpretado en Roma como un desastre.

Cuando Girolamo Riario se enteró de la noticia, en su furor se dirigió con trescientos alabarderos a la casa del embajador de Florencia, Donato Acciaiuoli. Se apoderó de la persona del diplomático, lo condujo al Vaticano y se dispuso a encarcelarlo en el Castel Sant'Angelo. Acciaiuoli exigió ser recibido por el Papa. Aseguró a Sixto IV que su sobrino nieto, el cardenal Sansoni Riario, iba a ser liberado y deploró la muerte del arzobispo Salviati. Sus colegas, los embajadores de Venecia y de Milán, se solidarizaron con él; el Papa cedió y liberó a Acciaiuoli, pero, en contrapartida, hizo arrestar y detener durante cierto tiempo a comerciantes florentinos, arrancándoles la promesa de no alejarse: los retuvo como rehenes.

A Lorenzo le importaba poco el descontento de Roma. Su odio hacia los Riario, a quienes considera, al igual que a los Pazzi, culpables del asesinato de su hermano, era tal que no hizo ningún gesto tranquilizador. El Papa le envió al obispo de Perusa para negociar la liberación inmediata del joven cardenal. El se negó a darla. Tampoco escuchó los consejos de moderación del Sacro Colegio, cuyos miembros le habían hecho llegar sus condolencias sin hablar en sus cartas del ahorcamiento del arzobispo, pero sugiriendo la liberación del sobrino nieto de Sixto IV.

Esa obstinación resultaba inadmisible para el papado, que encargó a una comisión de cinco cardenales instruir el "proceso de Florencia". El 1º de junio el Papa pronuncia la sentencia: excomulga a Lorenzo, a la Señoría, a los Ocho de Guardia y a todos sus cómplices.

La bula pontificia, promulgada el 4 de junio por la mañana, enumeraba todos los cargos de la Santa Sede contra Florencia: la guerra de Città di Castello, el apoyo aportado a Carlo Fortebracci, el asilo ofrecido a enemigos del Papa, el impedimento a la instalación en Pisa del arzobispo Salviati, su ahorcamiento, y en fin, la prisión del cardenal.

Ni una palabra, en cambio, acerca del asesinato de Juliano de Médicis ni del intento de homicidio perpetrado por los dos sacerdotes contra Lorenzo. Este, calificado de hijo de la iniquidad, es excomulgado, así como sus seguidores declarados infames, abominables, ineptos para ejercer todo cargo, testar, heredar o comparecer ante la justicia. Se prohíbe a todos los hombres tener con ellos cualquier relación, ya se trate de comercio o de simple conversación. Sus bienes pasarán a la Iglesia, sus casas serán destruidas hasta sus cimientos y dejadas para siempre en ruinas. La bula pronunciaba también el interdicto contra la ciudad de Florencia si dentro del plazo de un mes, o sea para el 1º de julio, no entregaba a los culpables a los tribunales eclesiásticos. Nadie, entonces, podría ser bautizado, casado o enterrado y no se celebraría ninguna misa más en las diócesis de Florencia, Fiésole y Pistoia. Florencia perdería además su rango de arzobispado.

La Señoría era solidaria con Lorenzo. Le demostró su adhesión concediéndole el principesco privilegio de rodearse de una guardia personal, tanto se temía el gesto vengador de un desesperado. Pero ante la amplitud de la condena papal, los priores creyeron oportuno dar muestras de conciliación. El joven cardenal Sansoni Riario, detenido en el palacio Médicis, fue transferido el 5 de junio a la Annunziata, convento de los servitas. El 12 de junio se le permitió salir y él huyó, pálido y tembloroso, rumbo a Roma. Jamás olvidaría esa humillación y guardaría su deseo de venganza hasta el pontificado de León X, el hijo del Magnífico, contra quien urdió mucho más tarde una conspiración. Lorenzo y la Señoría no se hacían ilusiones: la liberación del cardenal no bastaría para calmar al Papa y al conde Riario. Era de esperar una declaración de guerra. El 10 de junio se constituyó en Florencia el Comité de los Diez para preparar y dirigir las operaciones futuras. Lorenzo formaba parte de él. Convenía avisar cuanto antes a los aliados de la República, Milán y Venecia.

Tommaso Soderini se encontraba en Milán. Se le encomendó obtener del joven duque y de su madre una tropa de mil hombres y una ayuda financiera de 8.000 ducados a fin de reforzar la guarnición de soldados milaneses que ya se encontraban en Romaña. Del mismo modo, se le encargó a Giovanni Lanfredini, director de la filial Médicis en Venecia, realizar igual gestión ante la República Serenísima: Lorenzo anunciaba que deseaba atacar Imola, la ciudad del conde Riario.

La Señoría florentina intentó ganar a su servicio a los señores de Romaña, que, tradicionalmente, se empleaban como condotieros de la Santa Sede. Galeotto Manfredi, señor de Faenza, concertó en efecto a principios de junio un acuerdo con Florencia. Pero Costanzo Sforza, señor de Pesaro y Pino Ordelaffi, señor de Forlì, vacilaban. El primero deseaba obtener la protección de sus tierras, peligrosamente rodeadas por las posesiones del Papa y del duque de Urbino. El segundo, para comprometerse, debía romper el contrato que lo ligaba con el papado. Recibía 8.000 ducados de la Santa Sede y Florencia le ofrecía 12.000 para ser su condotiero. Ordelaffi, tras muchas vacilaciones, terminó por rehusar. El Papa había puesto todo su peso en la balanza: excomulgaba por una bula del 22 de junio a los señores de Romaña que ayudaran a Florencia.

La República sufría cruelmente la falta de ejército. Tendría que haber dispuesto de 2.000 hombres por lo menos y no poseía más que algunos centenares cuyos sueldos pagaban parcialmente sus aliados, Venecia y Milán.

La ofensiva diplomática contra el Papa: intervención de Luis XI

Decepcionante en el terreno militar, la respuesta florentina fue tajante en el terreno diplomático. La Señoría refutó inmediatamente la bula de excomunión. Quiso hacer conocer sus argumentos al mundo entero, y para ello se encomendó al canciller Bartolomeo Scala redactar un documento que sería enviado a todos los príncipes de la cristiandad. Ese largo discurso, que incluía la confesión de Montesecco, no fue terminado hasta el 11 de agosto. Siete abades y religiosos, siete notarios y el arzobispo de Florencia, Rinaldo Orsini, lo certificaron.

En junio, el clero florentino había llegado a la conclusión de que la condena pontificia carecía de todo valor y, en consecuencia, era lícito en las tres diócesis puestas en interdicto tocar las campanas, celebrar la misa y administrar los sacramentos. La fiesta de San Juan Bautista se celebró con un poco de demora. Gentile Becchi, obispo de Arezzo, y Rinaldo Orsini, arzobispo de Florencia, fomentaban y apoyaban la resistencia de los sacerdotes. Una opinión de eminentes teólogos, fechada el 23 de julio, fue enviada al Papa, pero también al emperador, a los reyes de Francia, de Hungría, de Castilla y Aragón y a todos los príncipes no afectados por el conflicto. Se fustigó la actitud parcial y cruel del Santo Padre. Se apeló al Rey Muy Cristiano, Luis de Francia, desde siempre "patrono y protector del Estado florentino". Esa apelación no era sin embargo necesaria: Luis XI ya había hecho saber a Sixto IV que abrazaba por completo la causa de Lorenzo y que esperaba del Papa el castigo de los culpables. Acababa de enviar a Commines a Florencia. El señor de Argenton llegó en julio después de haberse detenido en Milán, donde confirmó la alianza de Francia y renovó la enfeudación de Savona y Génova al Milanesado. Commines iba acompañado por una escolta de 600 hombres, pero el rey de Francia no podía ayudar mucho a Florencia en el terreno. Sí podía, en cambio, dedicarse a perjudicar el crédito de Sixto IV en la cristiandad. Para ello, reunió en septiembre en Orleáns un concilio formado por prelados franceses, a falta del concilio general que había solicitado en vano al Papa para unir a los cristianos contra los turcos. El resultado fue, en verdad, más provechoso para Francia que para Florencia: mientras el Papa luchara contra otros cristianos, se prohibiría dejar salir del reino el dinero destinado a la Cámara Apostólica, por temor a que sirviera para la continuación de la guerra que la Santa Sede sostenía en Italia.

La "guerra de los Pazzi". Avance de los ejércitos del Papa y del Rey de Nápoles

La estación avanzaba. Las operaciones de las tropas napolitanas y pontificias se habían visto dificultadas al principio del verano por una catástrofe natural: plagas de langostas se habían abatido sobre el norte de Italia destruyendo la mayor parte de las cosechas, desde Venecia a Florencia y más allá. El hambre y la peste siguieron al flagelo. Venecia y Milán vacilaban en enviar más soldados, y Lorenzo buscaba en vano un condotiero como general en jefe. Mientras tanto el Papa y el rey de Nápoles habían logrado firmar un contrato con el famoso Federico de Montefeltro, el guerrero más ilustre de ese tiempo. El 3 de julio Montefeltro se unió a Alfonso de Calabria, hijo del rey Ferrante de Nápoles, en la frontera del territorio florentino. El 11 acampaban cerca de Montepulciano. Desde allí enviaron un heraldo a llevar a Florencia un breve pontificio en forma de ultimátum: la guerra cesaría de inmediato si la Señoría expulsaba a Lorenzo y se comprometía a participar en la cruzada contra los turcos. Por supuesto, la Señoría permaneció sorda a ese llamamiento. Las hostilidades eran pues inevitables, y se iniciaron a medida que iban llegando las tropas milanesas, comandadas por Alberto Visconti y Gian Jacopo Trivulzio, un noble que había guerreado junto a Luis XI contra la Liga del Bien Público y que más adelante sería mariscal de Francia durante las guerras de Italia. Con mucha dificultad se contrató al fin a un general en jefe del lado florentino. Se trataba de Hércules d'Este, duque de Ferrara. Pero ni los unos ni los otros estaban motivados para combatir contra los soldados del rey de Nápoles y del Papa. ¿Acaso el joven duque de Milán, Gian Galeazzo, no era cuñado del conde Girolamo Riario, marido de su hermana bastarda? Gran número de militares milaneses de todo rango habían servido a los Riario y recibían sueldos de ellos. Por otra parte, Hércules d'Este, de quien Venecia, aliada de Florencia, desconfiaba como de un vecino poco escrupuloso, era yerno del rey de Nápoles. Su hermano servía en el ejército napolitano, y su cuñado, el duque de Calabria, comandaba ese ejército. Florencia le pagaba caro para asegurarse su fidelidad: 60.000 florines por año durante las operaciones militares y 40.000 si se hacía la paz. Pero, a fin de controlar los servicios de ese dudoso general en jefe, la República puso a su lado a un comisario civil, Jacopo Guicciardini.

  Llegado al campamento levantado ante Poggio Imperiale el 13 de septiembre, el duque de Ferrara no recibió su bastón de mando hasta el 27, día designado como favorable por los astrólogos. El tiempo no se habría perdido en vano si se hubiese aprovechado para poner al ejército en condiciones de combatir. Pero las tropas, de orígenes dispares, eran indisciplinadas, las compañías se mezclaban las unas a las otras, el abastecimiento estaba mal organizado, se había prohibido saquear el territorio florentino y los comerciantes de víveres aprovechaban para vender sus productos a un precio exagerado. Del total de las tropas, Trivulzio estimaba tener tan sólo ciento cincuenta hombres armados convenientemente. Durante la inacción del ejército florentino, los pontificios y los napolitanos asolaron, bajo la dirección de Montefeltro, la región de Chianti, el Val d'Elsa y las alturas que dominaban el Arno, incendiando en particular los castillos de la familia Ricasoli, a quien la Señoría de Florencia recompensó su resistencia con privilegios y una declaración de aptitud para los cargos de la República. En fin, cuando el duque de Ferrara reagrupó su ejército, sus adversarios, para atraerlo, pusieron sitio a Monte San Savino, una importante plaza fuerte que dominaba, sobre la frontera florentina, la entrada de las llanuras de Arezzo y de Cortone, el valle del Ambra y el del Arno. Hércules d'Este seguía perdiendo un tiempo precioso en maniobras imprecisas. Algunos lo consideraban sospechoso de traición: ¿no había recibido en el campamento la visita de su hermano Alberto, amigo del rey de Nápoles? Los acontecimientos parecían confirmarlo: Monte San Savino cayó el 8 de noviembre de 1478 ante los ojos del general en jefe del ejército florentino, que dejó a sus enemigos ir tranquilamente a sus cuarteles de invierno en el Chianti.

Inseguridad florentina. Maniobras diplomáticas internacionales

Durante toda la campaña, Lorenzo no se tomó el trabajo de ir a visitar el ejército. Estimaba que los comisarios de la República eran más que suficientes. El mismo prefería permanecer en Florencia donde era fácil el contacto con los embajadores de los países extranjeros amigos y, en primer lugar, con Commines, el representante especial de Luis XI. Inmediatamente después de la conspiración de los Pazzi, Clarissa y sus hijos fueron enviados a Pistoia, ciudad bien protegida, donde eran huéspedes de la familia Panciatichi. Poliziano enviaba noticias de ellos con frecuencia. En esta época redactó su relato del atentado de los Pazzi en forma de apología de los Médicis y recabó la opinión de teólogos eméritos con respecto al interdicto lanzado sobre Florencia. Pero proseguía igualmente sus tareas de pedagogo. Hacía estudiar a los niños, luego los llevaba de paseo a los jardines que abundaban en la ciudad o a la librería de Maese Zambino, repleta de buenos manuscritos griegos y latinos. "Juan anda en su poney todo el día", escribía en agosto, "y todo el mundo corre detrás de él en la ciudad. Cada uno nos ofrece obsequios, que rechazamos, excepto la lechuga, los higos y algunas botellas de vino... Tomamos precauciones y hemos puesto una guardia en las puertas." A principios de septiembre el pequeño Pedro hizo los honores de la ciudad al duque Hércules d'Este. Poco después escribía a su padre para decirle que había aprendido muchos versos de Virgilio y conocía casi por entero el primer libro de gramática griega de Teodoro Gaza. Ese niñito de seis años añadía: "Creo que la comprendo. Mi maestro me hace recitar las declinaciones y me interroga a diario. Juan suele ir a misa con él".

La intensificación de las operaciones militares y la inseguridad resultante pusieron fin a esa tranquila estancia. Lorenzo decidió en el otoño enviar a Clarissa y a sus hijos a la villa de Cafaggiolo, fortificada y situada en la región alejada del Mugello. Allí habrían de pasar el invierno con frío y la lluvia continuos, junto al fuego. Al resultar imposible todo paseo o partida de caza, Poliziano y los niños se desentumecían jugando a la pelota.

En Florencia, tranquilizado por los informes que recibía de la campaña, Lorenzo no permanecía inactivo. Envió un embajador a la Dieta Imperial para justificarse ante el emperador Federico III. El 12 de noviembre recibió a un emisario de Matías Corvino, rey de Hungría, yerno del rey de Nápoles y cuñado de Hércules de Ferrara. El emperador y el rey intervinieron en Roma en favor de Lorenzo, pero en vano. En diciembre, Luis XI envió ocho embajadores a Italia, dos a cada una de las ciudades de Milán, Florencia, Roma y Nápoles. Debían transmitir su deseo de un concilio general que podría desarrollarse en Lyon bajo la presidencia del Papa o de un legado. Allí se estudiarían los mejores medios para realizar la cruzada contra el Turco. Pero antes debía terminar la guerra emprendida, con dineros de la Santa Sede, contra los cristianos.

Luis XI consideraba que Riario, "hombre hasta hace poco desconocido, de baja y pequeña condición", ejercía una influencia nefasta sobre el Papa y que era necesario liberar de ella a la Santa Sede. La intervención francesa constituía una maniobra diplomática útil a Florencia. A falta de la prometida ayuda militar —quinientos lanceros—, hubo que contentarse con eso.

En Milán y en Venecia se aplaudía la iniciativa del Rey Muy

Cristiano y se solicitó una reunión del Concilio Ecuménico. La República Serenísima, que acababa de firmar la paz con los turcos el 26 de enero de 1479, se permitió, además, alzar la voz en la corte de Roma denunciando las ofensas de Sixto IV a los florentinos.

No era solamente a Lorenzo, inocente de todas sus presuntas faltas, a quien el Papa atacaba, sino al Estado y al gobierno de Florencia. El pontífice, furioso, rehusó levantar sus sanciones.

Por su parte, el rey Eduardo IV de Inglaterra se decidió a tomar partido a pesar, o tal vez a causa, de los enormes préstamos recibidos de los Médicis y que no había reembolsado. Al comienzo de la primavera envió una embajada a Roma en favor de Lorenzo.

Sometido a esa intensa presión internacional, Sixto IV aparentó ceder. Propuso zanjar sus diferencias con Florencia mediante el arbitraje de una comisión formada por los reyes de Francia y de Inglaterra, por el emperador y su hijo, el archiduque Maximiliano casado con la heredera de Borgoña y, en fin, por el Papa, representado por un legado. Ahora bien, resultaba imposible reunir a tales personajes, enemistados entre sí. Cuando se le advirtió esto, el Papa dio a conocer, a mediados de abril, las condiciones de su perdón. Los florentinos deberían implorar su absolución en Roma, distribuir limosnas, hacer celebrar misas y construir una capilla expiatoria para hacerse perdonar el asesinato de los sacerdotes perpetrado durante la conspiración. Se borraría la efigie infamante del arzobispo pintada en el palacio. Florencia devolvería a la Santa Sede Borgo San Sepolcro y le cedería Modigliana y Castrocaro. Prometería no volver a atacar jamás a los Estados de la Iglesia.

En contrapartida, para demostrar su buena voluntad, aun antes de que sus condiciones fuesen aceptadas, el Papa consentía en levantar las censuras eclesiásticas contra Florencia que, por lo demás, nunca se habían aplicado.

La penitencia era demasiado dura para ser aceptada. Al no conseguir hacerla aligerar, los embajadores de Venecia, Milán y Florencia protestaron y, el 2 de junio, se marcharon abruptamente de Roma.

En el terreno militar, los jefes de los ejércitos del Papa y del rey de Nápoles conseguían ventajas. Gozaban del apoyo de las ciudades independientes de Toscana, Siena y Lucca. En esta última se había refugiado Cola Montano, el amo e instigador de los tres jóvenes asesinos de Galeazzo María Sforza. Sus encendidos discursos señalaban a Lorenzo de Médicis como el nuevo tirano a abatir.

Los aliados de Florencia estaban lejos de ser tan belicosos como sus adversarios. Venecia no deseaba encender la guerra en Romaña. Disuadía a Bentivoglio, señor de Bolonia, y a Manfredi, señor de Faenza, de atacar a Imola. El joven duque de Milán y su madre acababan de perder Génova, declarada independiente en noviembre de 1478.

Lorenzo, por temor a ver incautadas cuatro galeras cargadas de mercancías suyas por valor de 300.000 florines, había reconocido la secesión genovesa, lo que enfrió sus relaciones con el gobierno de Milán.

Este, además, estaba muy ocupado resistiendo en su frontera norte los ataques lanzados por los suizos del cantón de Uri, respondiendo a la llamada del papa Sixto IV.

Intervención de Ludovico el Moro

En estos momentos en que se producía el debilitamiento de los aliados de Florencia, surgió un nuevo peligro. El ejército de Roberto San Severino, condotiero de Ludovico el Moro, había ayudado a Génova a liberarse. Con una fuerza de 4.000 hombres, estaba disponible para otra campaña. Ludovico lo dirigió a Toscana, poniéndolo al servicio de la coalición del Papa y del rey de Nápoles. Esperaba obtener, en recompensa, el reconocimiento de sus derechos al gobierno de Milán y una ayuda efectiva para conseguirlo.

Los florentinos hubiesen necesitado un general genial para hacer frente al ejército de Ludovico el Moro. Pero no lo tenían. Hércules d'Este se prodigaba en marchas infructuosas. Tenía bajo sus órdenes condotieros proporcionados por Venecia, Carlo, hijo del célebre Fortebraccio, y Deifobo de l'Anguillara, así como los señores romañoles Costanzo Sforza, Antonello Manfredi y sobre todo Roberto Malatesta de Rímini. Este último consiguió vencer a las tropas del Papa cerca del lago Trasimeno, pero el duque de Ferrara y el marqués de Mantua, condotiero a su vez del duque de Milán, únicamente preocupados en el reparto del botín, se dejaron cortar las comunicaciones entre sí por el general en jefe enemigo, Montefeltro, instalado en el extremo del valle de Chiana. Los napolitanos avanzaban por el valle del Elsa. Una plaza fuerte, Poggio Imperiale, les cerraba el paso. Los florentinos se habían asentado allí para bloquear el camino a su capital. Al ver avanzar al enemigo, fueron presa del pánico y levantaron campamento, provocando la desesperada huida de campesinos hacia las murallas de Florencia. Era el 7 de septiembre de 1479. Ese mismo día, en Milán, una entrevista dramática enfrentaba a Ludovico el Moro con su cuñada, la duquesa Bonne. El Moro lograba adueñarse del poder, que mantendría de manera absoluta bajo la cobertura nominal de su sobrino, el joven duque Gian Galeazzo María.

En el otoño de 1479 reinaba el pesimismo en torno de Lorenzo. Tras la vergonzosa desbandada de Poggio Imperiale, el pequeño castillo de Colle retuvo sesenta días al triunfante ejército napolitano, dirigido por el duque de Calabria. El sitio duró el tiempo suficiente para forzar al duque a retirarse a sus cuarteles de invierno, salvando así momentáneamente a Florencia de la invasión. Pero no era más que una postergación: faltaban recursos para proseguir la guerra. Los ciudadanos se quejaban de los desconsiderados gastos militares y de la mala conducción de las operaciones. Los comerciantes, proveedores de la riqueza del Estado, se desconsolaban al ver sus negocios reducidos a la nada. El escándalo de ese interminable enfrentamiento con el papado atormentaba a las almas piadosas. Pero, por encima de todos los resentimientos y temores, se levantaba, común a todos los ciudadanos, el temor de que en la primavera siguiente Ludovico el Moro, apoyado en la alianza del Papa y del rey de Nápoles, quebrara el equilibrio de las fuerzas rompiendo la Liga que unía Florencia a Milán. Si él tomaba la ofensiva contra la República, nada podría la resistencia florentina. El apoyo financiero de Venecia, la ayuda diplomática de los monarcas occidentales, las pocas tropas de sus condotieros, no darían a Florencia más que una irrisoria protección, que sería rápidamente aniquilada. Era vital un acuerdo con Ludovico el Moro. Lorenzo así lo comprendió rápidamente. Apenas recibió la noticia de la capitulación de la duquesa viuda ante su cuñado, no vaciló. Dictó su línea de conducta a Girolamo Morelli, embajador florentino en Milán, en una carta del 11 de septiembre de 1479:

"No creo que el Señor Ludovico, ahora todopoderoso y detentando el poder absoluto, quiera perjudicarnos: ello sería contrario a su interés. El es de índole benevolente y creo que nunca recibió injurias de nosotros, en público o en privado. Es verdad que ha obtenido el poder gracias al favor del rey de Nápoles, pero pienso que la ayuda que otros le han brindado y sus propias cualidades le fueron más provechosas. Por lo poco que sé de Su Señoría, me parece apto para comprender lo que es bueno para él y capaz de ejecutar lo que ha comprendido. Por ello, en cuanto podáis, sería conveniente que vierais a Su Señoría y que le mostrarais, empleando todas las razones que podáis, que sólo esperamos de él el bien, en nombre de nuestra vieja amistad, porque ninguna desavenencia nos opone y porque es de su interés. Aseguradle que nuestra ciudad desea ir de la mano con el Estado de Milán, es decir con Su Señoría, y para ello, preguntadle y alentadlo a que os informe sus intenciones a fin de que podamos actuar conforme a sus deseos. Mostradle los peligros en que nos encontramos, de qué importancia son para su Estado y que él tiene el remedio en sus manos".

Lorenzo encargaba a Morelli entregar a Ludovico una carta personal. Anunciaba que enviaba a Milán a Niccolò Martelli, por medio de quien había tratado precedentemente todos los asuntos importantes con el Moro. Martelli era además amigo del nuevo potentado.

Las relaciones entre Lorenzo y Ludovico se reanudaron fácilmente gracias a esa iniciativa.

El juego diplomático de Ludovico el Moro

Uno de los primeros actos de Ludovico al tomar el poder fue enviar dos embajadores al Papa y al rey de Nápoles, así como a sus generales, los duques de Urbino y de Calabria, para proponer el estudio de un arreglo. Lorenzo estaba ansioso por conocer el resultado de sus gestiones. Muy afectado por una grave crisis de fiebre terciana, encomendó a su propio canciller, Niccolò Michelozzi, ir a informarse a Milán. El pretexto era obtener la liberación de Orfeo Cenni de Ricavo, un florentino miembro del Consejo secreto del ex duque, comprendido en la depuración emprendida contra los partidarios de Cicco Simonetta, consejero todopoderoso de la duquesa Bonne.

Es cierto que Lorenzo y la Comisión de los Diez, encargada de los asuntos militares, no pusieron todas sus esperanzas en las transacciones diplomáticas. Después de la derrota de Poggio Imperiale, habían intentado reunir las dos partes de su ejército, la una al mando de Costanzo Sforza, la otra al de Roberto Malatesta. Pero los dos señores habían obtenido libertad de acción por la partida de Hércules d'Este, muy mal sustituido por su hermano Segismundo, y ninguno de los dos quería renunciar a esa libertad. Sin embargo, la unidad táctica era indispensable si se deseaba reconstruir una fuerza conveniente. Venecia, que pagaba ya 1.000 soldados de infantería, ofrecía el sueldo de 1.000 soldados suplementarios. Giovanni Bentivoglio de Bolonia podía proporcionar también 1.000 soldados más. La gloriosa resistencia de la pequeña plaza de Colle había demostrado que la partida no estaba perdida totalmente en el terreno si, manteniendo los efectivos, se resolvía el problema del mando. Saliendo de su reserva habitual, Lorenzo fue a inspeccionar a las tropas florentinas cerca de San Casciano, el 29 y el 30 de octubre de 1479. Los condotieros se hallaban desalentados al comparar el número de sus soldados con el del enemigo, que los duplicaba: 100 escuadras de caballería y 5.000 infantes. Se negaron a concentrarse en un campamento común en San Gimignano, y el comisario veneciano ante el ejército les dio su apoyo.

Ese desorden era de mal augurio. Las tropas florentinas no podrían enfrentarse al enemigo si se quedaban solas por la secesión de Milán. Tal perspectiva no parecía imposible. Los dos embajadores enviados por Ludovico a Roma habían sido amablemente recibidos, y el Papa había encargado al cardenal Juan de Aragón, hijo del rey de Nápoles, transmitir sus buenas intenciones a Milán. Pero los términos exactos intercambiados durante la audiencia del 12 de octubre no habían sido puestos en conocimiento de Lorenzo, lo que provocaba su inquietud.

Menos le preocupaba Nápoles. Los dos diplomáticos milaneses enviados allí lo mantenían puntualmente al tanto de los progresos de su negociación. Ferrante aceptó estudiar una fórmula de paz que incluyera a la vez a Milán y a Florencia. El 3 de noviembre propuso a Lorenzo, por intermedio de los dos embajadores, determinar las concesiones que podría hacer a fin de contentar al sobrino del Papa, Girolamo Riario.

Negociaciones de Lorenzo en Nápoles

El 5 de noviembre, Lorenzo confió sus propuestas de paz al comerciante Filippo Strozzi, que había vivido mucho tiempo en Nápoles durante su exilio y mantenía buenas relaciones con el rey.

Strozzi partió de inmediato con una pequeña escolta de diecisiete jinetes. Poco después, una carta de Ludovico el Moro a Lorenzo, fechada el 12 de noviembre, le anunciaba que el rey Ferrante consentía en iniciar conversaciones. El Moro aconsejaba forjar el hierro mientras estuviese caliente.

En efecto, el momento no podía ser más favorable. Florencia, triste y debilitada, ya no tenía voluntad de lucha; el rey de Nápoles tampoco, pues la importancia adquirida por Riario en Italia central se le hacía insoportable. El conde dominaba una vasta región que separaba al reino de Nápoles de sus amigos del norte de la península, Génova y Milán, e impedía a Ferrante instalarse en Siena como habría deseado. Florencia, necesitada, sin ninguna duda sabría mostrarse más acomodaticia que el sobrino del Papa.

Así preparado el terreno, el embajador de Francia en Nápoles, Pierre Palmier, hizo saber a Florencia que, para concertar la paz, era necesario enviar a alguien con "más poder" que el comerciante Strozzi.

Lorenzo tomó entonces la audaz decisión de ir él mismo a la corte de Nápoles. Hizo llevar un mensaje secreto al duque de Calabria, encargado de arreglar los preámbulos del acuerdo: "El Magnífico Lorenzo", decía el mensaje, "ha decidido ir libremente a ver al rey y, para ello, le ruega enviar galeras a Pisa". Al recibir ese mensaje, el duque hizo levar anclas, el 4 de diciembre, a dos galeras reales de Talamone a Pisa avisándole a Lorenzo. El 5 de diciembre Lorenzo reunió por la tarde a unos cuarenta ciudadanos. En presencia de los Diez de la Guerra, anunció solemnemente que, puesto que era sólo a él a quien se pretendía combatir, a él le correspondía ir en busca de la paz, a riesgo de su propia vida.

Este énfasis gratuito —pues bien sabía que lo aguardaban en Nápoles— servía a su popularidad. Sus partidarios no tardarían en recordar la desventura del condotiero Piccinino, invitado por Ferrante a Nápoles y asesinado traidoramente en 1465. Hecha su declaración, Lorenzo designó a Tommaso Soderini para representarlo durante su ausencia. En la mañana del día 6, tomó el camino de Pisa. El día 7 hizo etapa en San Miniato, desde donde avisó oficialmente a la Señoría de su partida. Encargó a los Diez de la Guerra exhibir su carta en la plaza pública y distribuirla a los diplomáticos, en especial a Filippo Sacromoro, representante de Ludovico el Moro en Florencia.

El tono de esa carta era muy emotivo. Lorenzo se decía feliz de sacrificar su persona en pro de la paz de Florencia, y ello por dos razones: puesto que era perseguido personalmente, al entregarse, vería si su sacrificio bastaba para terminar la guerra; por otra parte, habiendo recibido en Florencia honores y distinciones en abundancia, le correspondía consagrarse más que nadie y hasta hacer el don de su vida a la patria. "Me voy con esta firme voluntad, pensando que tal vez Dios, mi Señor, quiera tener en sus manos el destino de esta guerra, comenzada con mi sangre y la de mi hermano. Deseo ardientemente que mi vida y mi muerte, lo que me perjudique y lo que me aproveche, sirvan siempre al bien de nuestra ciudad."

El 10 de diciembre el Magnífico estaba ya en Pisa, pero las dos galeras se habían visto demoradas por vientos contrarios. La partida no podía tener lugar antes del 14. Los Diez de la Guerra aprovecharon el retraso para hacerle llegar un mandato de embajador ante el rey de Nápoles a fin de hacer oficial su misión.

Lorenzo desembarcó en Nápoles el 18 de diciembre. La recepción fue fastuosa. El hijo menor y el nieto del rey lo aguardaban en el puerto. Al día siguiente, el propio Ferrante lo saludó con palabras afectuosas y lo acompañó al castillo. El lunes 20 se iniciaron las conversaciones serias con cuatro consejeros reales, entre los que se encontraban el poderoso secretario Antonello Petrucci y Antonio Cicinello, especialmente encargado de las relaciones con Roma. La negociación resultó ardua: la paz parecía mucho más dura de negociar de lo que Lorenzo se figuraba por las indicaciones recibidas en Milán.

El rey Ferrante no estaba en absoluto dispuesto a devolver todas las plazas tomadas en Toscana y a asegurar la salvaguarda de los señores de Romaña —Rímini, Pesaro y Forlì— que habían proporcionado tropas a Florencia. Lorenzo encontró una eficaz ayuda en los embajadores milaneses, pero sus viejos enemigos, Jacopo Piccolomini, representante de Siena, y Diotisalvi Neroni, que se había hecho nombrar representante del Papa en Nápoles, intrigaban a más y mejor para aumentar la desconfianza de los napolitanos.

Las entrevistas duraron tres meses. Desde los primeros días era evidente que Lorenzo no regresaría pronto a Florencia. Los opositores a su régimen, acallados desde la represión de la conjura, osaron aprovecharse. Se agruparon detrás de Girolamo Morelli, ex embajador en Milán, miembro ahora de la Comisión de los Diez de la Guerra, señalado por su agrio espíritu crítico.

Las negociaciones de Lorenzo, decían ellos, creaban un peligro real: el Estado, confiando en la paz en marcha, no se preocupaba ya por su defensa; la frontera de Siena estaba desguarnecida; la plaza de Sarzana, vendida por Ludovico Fregoso a los florentinos, acababa de ser sorprendida por su hijo, con total desprecio de la tregua. Las conversaciones de Lorenzo y las propuestas que hacía en Nápoles eran además analizadas minuciosamente en los Consejos. Se cuestionaba la distribución de los impuestos. Los partidarios de Lorenzo, alterados por ese creciente malestar, le rogaron apresurar su regreso. Pero no era posible acelerar el curso de las espinosas discusiones que se desarrollaban entre Lorenzo y los napolitanos. Tropezaban regularmente con el tema de la restitución de las localidades florentinas ocupadas y de la salvaguarda por conceder a los señores de Romaña empleados por Florencia como condotieros. El rey Ferrante había advertido al Papa la muy firme posición de Lorenzo en esos dos temas. Una primera reacción de Sixto IV, inspirada por Girolamo Riario, había sido, bajo el influjo de la cólera, exigir la ida a Roma del Médicis antes de tratar esos puntos. Ferrante disuadió a Lorenzo de aceptar, pues habría sido arrojarse literalmente en las fauces del lobo. En un segundo tiempo, a principios de enero, el Papa aceptó que Ferrante arbitrara la restitución de las plazas teniendo en cuenta el interés de los sieneses, pero pidió que las localidades ocupadas recientemente en los alrededores de Imola fuesen atribuidas a Girolamo Riario. En lo concerniente a los señores de Romaña, pretendía que fuesen librados a su arbitrio a fin de poder castigarlos. En cambio, en cuanto a Lorenzo, si bien seguía exigiendo un acto solemne de penitencia, señalaba cierto progreso: no impondría a la Señoría florentina la condición previa de su proscripción.

Era este un pobre consuelo dentro de la desesperante lentitud de las conversaciones, que daban lugar a un constante ir y venir de mensajeros y de diplomáticos entre las cortes. En esa peligrosa prueba de la negociación, Lorenzo era sostenido por los sabios consejos de los Diez de la Guerra que actuaban como una especie de consejo privado de gobierno. Pero hallaba también un gran consuelo en el cálido afecto de su pequeña familia. Las frecuentes cartas de sus allegados seguían manteniéndolo al tanto de los más nimios hechos y gestos de los niños. La pequeña Lucrecia le informaba sobre el comportamiento del futuro papa León X: "El pequeño Juan va a acostarse temprano sin protestar. Dice: '¡Yo no me despierto de noche!' Está gordito y sano". Y Poliziano añadía: "Juan siempre quiere saber qué noticias vuestras tenemos. Dice a cada rato: '¿Cuándo volverá Loenzio?'."

Nadie sabía cuándo concluirían las interminables conferencias.

Junto a Lorenzo, los embajadores milaneses se impacientaban. Además del tratado de paz, debían establecer una liga con Nápoles. Ludovico el Moro, agradecido por la ayuda que Ferrante le había prestado, deseaba en efecto transformar el estado de hostilidad anterior en una alianza sólida. Sus representantes no podían sin embargo aceptar todas las condiciones de sus antiguos adversarios, en particular que Génova fuese considerada en el tratado como potencia independiente. Naturalmente faltaba también consultar la opinión de Venecia, el otro aliado de Florencia. Pero Venecia, por su parte, había entablado conversaciones de paz con el Papa. El aviso llegó a Nápoles hacia fines de febrero, con la noticia de que René de Lorena, heredero de las pretensiones angevinas, había partido de Marsella en una expedición contra Ferrante. Ese peligro y las relaciones directas entre Venecia y Roma, unidos a la impaciencia de los milaneses, sólo podían incitar al rey de Nápoles a concertar cuanto antes la paz con Lorenzo.

Por otra parte, la situación de cada uno de los actores de ese ballet diplomático aparecía fluctuante e insegura. Ludovico el Moro sólo era nominalmente el amo de Milán: su sobrino podía muy bien suplantarlo. El Papa podía morir súbitamente y su sucesor cambiar totalmente de política. Según la presión de los turcos, la República de Venecia podía representar o no un peligro para sus vecinos. Florencia, donde la oposición se hallaba desarmada, parecía por el contrario, dentro de ese contexto, un aliado estable. Disponía del apoyo de Luis XI: el rey era peligroso para Nápoles, donde Francia podía siempre alentar las pretensiones de los angevinos. Lo mismo valía para el papado, con el que no tenía consideraciones. Florencia era también amiga del Turco: ¿no acababa Mohamed II de entregar a Bandini, el asesino de Juliano? Finalmente, a pesar del rumor de sus dificultades bancarias, Lorenzo se había comportado en Nápoles como un gran señor generoso, gastando una fortuna en banquetes y fiestas, llegando hasta a dotar a jóvenes pobres y a liberar de las galeras a cien prisioneros dando a cada uno diez florines de oro, una casaca y calzas de paño verde.

Un hombre así, magnífico en su tren de vida, generoso y valiente en público, prudente y minucioso en las discusiones privadas, no podía más que ganarse la simpatía del monarca napolitano, habituado a observar y a juzgar a las personas que lo rodeaban.

Concertación de la paz entre Florencia y Nápoles

Con total conocimiento de causa, Ferrante se decidió a obviar las múltiples dificultades y a concertar la paz no bien recibió el acuerdo de principio de Roma, el 27 de febrero. Avisó inmediatamente a Lorenzo. Esa misma noche este, sin esperar que el tratado fuera puesto por escrito, subió a una galera real y se hizo conducir hasta Gaeta.

Esa brusca partida se asemejaba a una huida. En realidad, formaba parte de una puesta en escena sabiamente convenida con Ferrante. Sixto IV había aceptado en efecto la paz, pero, antes de firmarla, exigía que Lorenzo se humillara ante él. En el caso de que Lorenzo se negara, el rey Ferrante debía capturarlo y enviarlo a Roma bajo custodia. Presa de su rencor, Sixto IV había declarado que no depondría las armas si Lorenzo no salía de Italia. El enviado de Ferrante a Roma, Antonio Cicinello, había escuchado personalmente esas palabras.

Al dejar alejarse al Médicis, el rey de Nápoles no tendría que desobedecer al Papa y podría dar forma al tratado a su conveniencia. Bastaba con que Lorenzo otorgara poderes a personas de confianza. Es lo que este hizo compareciendo el 6 de marzo ante Angelo Bontempo, juez de contratos, y Niccolò Castagnola, escribano público en Gaeta. Designó para representarlo en la firma del tratado a Hipólita de Aragón, duquesa de Calabria, y a su propio canciller Niccolò Michelozzi. El 13 de marzo estos rubricaron el tratado de paz en compañía del rey de Nápoles y de los representantes de los beligerantes, en particular de Lorenzo Giustini, enviado del Papa. Ese mismo día, Lorenzo desembarcaba en Livorno después de una travesía horriblemente agitada. Las borrascas eran tales, escribía él a Michelozzi, que lo habían aterrorizado. Pero tenía la satisfacción de regresar triunfador. El recibimiento que se le brindó estuvo a la altura del esfuerzo realizado. Fue aclamado en el puerto en la ciudad de Pisa, donde hizo escala. Se le aplaudió con gritos de alegría en Florencia. Todos los ciudadanos se precipitaban a su encuentro, los unos abrazándolo, los otros tendiéndole sus manos para que las estrechara.

Los instrumentos originales de la paz llegaron el 20 de marzo a Florencia. El 25, fiesta de la Anunciación, que en Florencia marcaba el principio del año nuevo, la paz fue solemnemente proclamada y procesiones de acción de gracias recorrieron las calles festivas.

El tratado contemplaba la formación de una nueva liga defensiva concertada por veinticinco años entre el Papa, el rey de Nápoles,

Milán, Florencia y Siena. Se preveía que Venecia y Ferrara podrían sumarse a ella. La paz era más favorable a Milán que a Florencia. La restitución de las localidades ocupadas era sometida al arbitraje de Ferrante. No se mencionaba la plaza de Sarzana ni se aseguraba la protección de los señores de Romaña. Lorenzo debía ir personalmente ante el Papa a fin de solicitar su perdón y el de Florencia.

Cuando los florentinos conocieron el texto, decreció singularmente su satisfacción. El pueblo sospechó, escribe Rinuccini, "que el tratado contenía muchos artículos secretos que no eran ni útiles ni honorables para esta desdichada ciudad". Ciertamente la paz no era ni gloriosa ni tranquilizadora para el futuro. Costaba muy cara: se había tenido que asegurar al hijo del rey de Nápoles, el duque de Calabria, un suntuoso contrato de condotiero por 60.000 florines al año. El duque se instaló en Siena, donde, aprovechando las desavenencias locales, se hizo todopoderoso. Grande era el peligro de verlo invadir desde esa base, con un pretexto cualquiera, el territorio florentino, sirviéndose de los soldados pagados por la propia Florencia.

Lorenzo se vio obligado a liberar a los Pazzi, a los que todavía mantenía prisioneros en la fortaleza de Volterra. Era devolver la libertad a hombres sin duda alguna sedientos de venganza y que podían un día tornarse peligrosos.

Pero el peligro podía igualmente provenir del exterior. El papa Sixto IV, a la espera de la penitencia pública de Lorenzo, no deponía las armas. Más aún, se había acercado a Venecia. La Serenísima, su enemiga de la víspera por su alianza con Florencia, constituía en abril una liga con la Santa Sede. El conde Riario fue su capitán general, teniendo como lugarteniente a René II, que recibía 2.000 ducados por mes. La lección era clara: en adelante Florencia ya no podría contar con la ayuda veneciana contra el clan Riario. Paralelamente la alianza con Milán podía perder su eficacia en beneficio del acercamiento de Ludovico el Moro a Ferrante, reforzado aún más por la boda de la hija del duque de Calabria con Gian Galeazzo, el joven duque, sobrino del Moro.

El fortalecimiento del poder: el Consejo de los Setenta

La nueva geografía política de las alianzas desfavorecía pues a Florencia y la exponía como punto de mira a todas las ambiciones de

Italia. Se hacía más necesario que nunca el fortalecimiento del poder ejecutivo. Ahora bien, en momentos en que se proclamaba la paz, cesaban las funciones del poderoso Comité de los Diez de la Guerra, que tan eficazmente sostuviera la acción militar y diplomática de Lorenzo. Este, por haber atravesado en los dos últimos años las peores tormentas de su existencia, no deseaba encontrarse desprevenido en la prueba. Recurrió al viejo procedimiento que tan a menudo utilizaran su padre y su abuelo: la constitución de un Comité de Reforma todopoderoso.

El 8 de abril de 1480, sin hacer que repicara la campana comunal, y por lo tanto sin saberlo la gran mayoría de los ciudadanos, Lorenzo reunió a un grupo de sus fieles a la manera de los parlamentos florentinos de antaño y les hizo adoptar el principio de reunión de una balia. La resolución fue presentada a los tres Consejos del Estado, que la adoptaron en dos días. Los miembros de la Señoría debían elegir, por mayoría legal de seis votos sobre nueve, a treinta ciudadanos para designar, juntamente con la Señoría y los Colegios, a 210 personas de menos de treinta años de edad, es decir que nunca hubiesen conocido el régimen republicano. A esos 210 jóvenes se sumarían los Señores, los Colegios y los treinta ciudadanos elegidos para formar una balia que duraría hasta el 30 de junio, sustituiría a los tres Consejos de la República y tendría derecho a delegar luego todos sus poderes a otra instancia. Ahora bien, una tarea resultaba prioritaria para retomar las riendas de la vida pública tras la desorganización provocada por la conspiración y la guerra: realizar un escrutinio, es decir llenar las bolsas oficiales con los nombres de los ciudadanos aptos para los oficios, que los ensambladores extraerían con motivo de las periódicas vacantes.

En sus deliberaciones, la balia decidió que los treinta ciudadanos elegidos por la Señoría procederían a la nominación de los candidatos a los cargos sumándose otros cuarenta y ocho ciudadanos, a razón de doce por cada barrio. El resultado de la operación fue tan satisfactorio que Lorenzo se decidió el 19 de abril a hacer permanente esa comisión y a convertirla en la base de un nuevo cuerpo del Estado. Poco después ella recibió delegación de los poderes de la balia, transformándose entonces en el Consejo de los Setenta.

El nuevo Consejo debía constituir un verdadero Senado. Eclipsó al Consejo de los Cien y a los dos viejos Consejos del Pueblo y de la Comuna. Organo ejecutivo y legislativo a la vez, el Consejo de los Setenta contaba con miembros vitalicios representando a las Artes, según la misma proporción que en los otros cargos del Estado. Podía sustituir, designándolos él mismo, a aquellos de sus miembros que murieran o fuesen afectados de incapacidad. Ninguna familia, aparte de los Médicis y otra familia misteriosa, podría tener en él más de un miembro. Lorenzo, asegurado de la perennidad de esa asamblea y de su docilidad, la dividió en dos secciones, cada una de las cuales funcionaría seis meses alternativamente.

Las prerrogativas de los Setenta eran inmensas. Designaban al gonfaloniero, a los priores y a los miembros de todas las comisiones, a los Ocho de Práctica encargados de las relaciones exteriores y que elegían a los embajadores, a los Ocho de Balia, que instruían las causas civiles y criminales, a los Diez de la Guerra, cuando esta estallaba, a los Doce procuradores encargados de fijar los impuestos, de supervisar el *Monte*, el tribunal de comercio y los Cónsules del mar.

A propuesta de la Señoría, todas las decisiones eran examinadas por los Setenta. Los otros Consejos, totalmente simbólicos ahora, sólo intervenían ocasionalmente. En adelante, con esa fiel cámara de registro, Lorenzo poseía él solo tanto poder como el Consejo de los Diez que dirigía a Venecia. Se ha dicho que para conmemorar el acontecimiento, hizo acuñar una medalla con su perfil en una cara con la siguiente inscripción: "El gran Lorenzo de Médicis", y, en la otra, la figura de la República, sosteniendo un lirio, sentada debajo de una palmera, con la inscripción: "Tutela de la patria".

La paz con Sixto IV

El Magnífico había accedido al rango más eminente. Encarnaba al Estado en sus relaciones con el extranjero, por lo que su dignidad le impedía ir a humillarse a Roma ante el pontífice vengativo que seguía amenazándolo. Pero el Papa aguardaba ese gesto para olvidar definitivamente sus quejas y condenas concernientes a Florencia. Un dramático acontecimiento acabó con el empecinamiento del anciano. El 28 de julio, una flota turca de cien barcos llevó el ejército del gran visir Keduk Ahmed ante Otranto, ciudad del reino de Nápoles. El Turco deseaba castigar a Ferrante por la ayuda que este proporcionaba a sus enemigos, los caballeros de Malta. La plaza capituló el 11 de agosto. La repercusión fue inmensa. El rey de Nápoles exigió del Papa que renunciara a todas sus diferencias respecto de Italia para hacer causa común con él, a fin de reconquistar la ciudad caída en manos de los infieles.

La advertencia tuvo éxito. Sixto IV aceptó recibir en lugar de Lorenzo a doce embajadores para acordar su perdón. El 25 de noviembre, después de haber entrado por la noche en Roma, los florentinos fueron recibidos en consistorio secreto. El 3 de diciembre, primer domingo de Adviento, se presentaron bajo el pórtico de San Pedro. Se les hizo esperar ante la puerta cerrada. Finalmente fueron admitidos a prosternarse ante el pontífice. El rito se cumplió. "No volváis, como los perros, a vuestros vómitos". Al decir estas palabras, el Papa golpeó el hombro de cada embajador con la gran vara del penitente mientras ellos entonaban el *Miserere*. Enseguida los admitió a besarle los pies, les dio su bendición y los reconcilió con la Iglesia. Más tarde pediría a Florencia armar quince galeras contra los turcos. Era en cierto modo imponer el precio de la penitencia.

La invasión turca y la ocupación de Otranto durarían casi un año. Providencialmente solucionaron la crisis y obligaron al Papa a ceder. Se hicieron sentir otras consecuencias. El duque de Calabria, llamado por su padre, abandonó el territorio de Siena y las localidades que ocupaba. Los señores romañoles recuperaron su antigua libertad de acción; ellos formaron en las puertas del territorio florentino una pantalla protectora contra toda agresión.

Por fin la suerte sonreía a Lorenzo. Florencia, escribe Maquiavelo, lo llevó a las nubes, diciendo que "su buena estrella le había permitido recuperar por la paz lo que la mala le había hecho perder por la guerra". En verdad, Lorenzo sólo debía a su habilidad el haber doblado, sin graves daños, el cabo de las tormentas. Evitó a su ciudad las afrentas y los ultrajes. Se sirvió del peligro para dotarse de eficaces instrumentos de poder. En adelante podía confundir su destino con el de Florencia.

Tercera Parte

El amo de Florencia

Capitulo Once

Entre los príncipes rapaces

Consolidación territorial de Girolamo Riario

Al demorar su perdón, Sixto IV neutralizó a Florencia durante largos meses y aprovechó hábilmente esa circunstancia para ocuparse del engrandecimiento territorial del principado de Imola. El 4 de septiembre de 1480, favorecido por controversias en la sucesión, arrebató Forlì a la familia Ordelaffi y la adjudicó a su querido sobrino.

La Señoría de Florencia no reaccionó. Otra tarea la absorbía: aprovechando la partida del duque de Calabria para el sitio de Otranto, ella había vuelto a ocupar, sin aguardar el arbitraje previsto, Colle, Poggibonsi, Poggio Imperiale y Monte San Savino, en una operación que se prolongó hasta marzo de 1481. Todas las tropas napolitanas habían sido llamadas al sur. Sin embargo, no fue su llegada en masa lo que hizo levantar el sitio sino un acontecimiento fortuito: la muerte repentina de Mohamed II, el 3 de mayo de 1481, seguida de una guerra civil entre sus dos hijos, Bayaceto y Djem. La guarnición de Otranto, privada de auxilios, capituló el 10 de septiembre de 1481. El duque de Calabria tomó a su servicio a los valientes defensores de la plaza. Con ellos tenía la posibilidad de ir al ataque de Constantinopla: así se lo propuso al Papa y a los príncipes cristianos, pero ninguno aceptó la propuesta. Les preocupaban más sus propios intereses que los de la Cristiandad.

De acuerdo con Sixto IV, Girolamo Riario continuaba sus campañas en Romaña. Quería instalarse en Faenza. El Consejo de los Diez de Venecia le hizo saber, en enero de 1481, que no se opondría. Alentado por tan buenas disposiciones, Riario propuso entonces al Consejo una asociación interesante: Venecia le aseguraría el apoyo de sus naves en una expedición militar que proyectaba contra el reino de Nápoles con el propósito de reconquistar los condados de Alba Fucense y de Tagliacozzo, arrebatados a los Orsini por el rey Ferrante. A cambio de ello, Riario aseguraba a la Serenísima que el Papa cerraría los ojos si a ella se le ocurría marchar contra Hércules d'Este, que había dejado de pagar su tributo anual como feudatario de la Santa Sede y merecía ser castigado.

La guerra de Venecia contra Ferrara

Venecia ansiaba cercenar el creciente poderío del duque de Ferrara, juzgado particularmente peligroso desde que este se casara con la hija del rey de Nápoles. La proposición del sobrino del Papa llegaba oportunamente. Un convenio que repetía sus términos se estableció en septiembre de 1481 entre la Serenísima y el conde Riario, proclamado para la ocasión ciudadano y noble de Venecia.

Se creyó tener un pretexto de guerra en la excomunión pronunciada por el obispo de Ferrara contra el "vidamo", representante en la plaza de los intereses venecianos. Pero el duque se dio cuenta a tiempo y pidió al obispo que levantara su censura. La Serenísima encontró enseguida un nuevo motivo. Ferrara extraía su sal de las lagunas de Comacchio, lindantes con su territorio. Venecia pretendía que esas lagunas le pertenecían y que tenía el monopolio de la manufactura de la sal. Lo conservaría mientras Ferrara retuviera el Polesine, que ella decía ser dominio suyo. Al no obtener satisfacción, como era de esperarse, el 3 de mayo de 1482 declaró la guerra a Ferrara. La Serenísima tenía como aliados al papado y a Girolamo Riario, así como a Siena, Génova y al marqués de Montferrat. Hércules d'Este podía contar con la ayuda de Nápoles, Florencia, Milán, Mantua y Bolonia.

De uno y otro lado se designaron rápidamente los jefes militares: Venecia reclutó a Roberto San Severino, que acababa de rebelarse contra Ludovico el Moro; el Papa contrató a Roberto Malatesta, señor de Rímini, yerno de Federico de Montefeltro, duque de Urbino; Hércules d'Este confió su defensa al duque Alfonso de Calabria y al duque de Urbino.

La guerra se inició en tres teatros de operaciones diferentes. En el centro, Florencia se reservaba el ataque a las posiciones pontificias. Hizo poner sitio y ocupar Città di Castello por Costanzo Sforza, señor de Pesaro. La plaza de Forlì fue tomada por Antonio de Montefeltro, hijo de Federico. Lorenzo y los Diez de la Guerra, cuya comisión fue reconstituida, trataban de arruinar al amenazador principado del conde Riario.

En el norte, las operaciones se desarrollaron en la llanura del Po, llena de pantanos y de aguas estancadas, de canales y de ríos de arenas movedizas. Los venecianos, habituados al terreno, avanzaban victoriosos ocupando Adria, Comacchio, el castillo de Ficarolo, Rovigo y Lendinara. Las guarniciones de Montefeltro fueron hechas prisioneras. La malaria exterminó gran número de soldados, causando, según se dijo, 20.000 muertes ese año en la llanura del Po. El mismo gran condotiero Montefeltro fue víctima de la enfermedad: murió el 10 de septiembre en Ferrara. Las operaciones contra Venecia terminaban pues en un fracaso.

Al sur, el tercer terreno de enfrentamiento se ubicaba muy cerca de Roma. Contando el Papa con el apoyo de los Orsini, las otras familias feudales, los Savelli y los Colonna, ofrecieron su ayuda al invasor napolitano. Alfonso de Calabria se apoderó de Terracina. Avanzó por la campiña romana conquistando sin resistencia Albano y Castel Gandolfo. Finalmente, el 21 de agosto de 1482, se enfrentó en Campo Morto, en los pantanos de Nettuno, a su adversario Roberto Malatesta. El combate fue encarnizado. La victoria correspondió a Malatesta, quien hizo una entrada triunfal en Roma el 24 de agosto. Pero en los pantanos había contraído malaria y murió a causa de la enfermedad el 10 de septiembre, el mismo día en que sucumbía en el norte su suegro, el duque de Urbino.

Ahora bien, como el conde Riario se había enemistado con los Orsini, Sixto IV se encontró súbitamente desprovisto de protección. En su desesperación, le pareció indispensable negociar. Escribió el 29 de agosto a los príncipes de la Cristiandad para expresar su voluntad de paz y al emperador Federico III para solicitarle su mediación. Al hacer esto, quería desarmar una tortuosa maniobra conciliar a la que se prestaban Lorenzo de Médicis y el rey de Nápoles.

Maniobra conciliar contra Sixto IV

El protagonista de la intriga armada contra el Papa era un extraño prelado, Andreas Zamometic, arzobispo de Carniola. Era un dominico enviado en misión a Roma en 1478 por el emperador. Habiéndole negado el Papa el capelo cardenalicio, el arzobispo se había enfurecido y prodigado en términos injuriosos contra Sixto IV. Encerrado en el Castel Sant'Angelo, luego liberado por consideración a Federico III en septiembre de 1481, fue a Florencia, donde se dice que Lorenzo lo alentó en su rebelión contra la Santa Sede. El arzobispo partió enseguida a Basilea, donde, el 25 de marzo de 1482, subió al púlpito en la catedral, proclamándose representante del emperador y anunciando la próxima reapertura del Concilio Ecuménico de Basilea, que nunca había sido formalmente clausurado. Prosiguió luego su campaña de agitación en Berna. El emperador confirmó la protección que dispensaba al prelado. Este, en julio, lanzó violentas proclamas contra el Papa, que lo excomulgó. A fines del verano de 1482, Florencia y Milán enviaron consejeros a Basilea para asistir al arzobispo. Uno de ellos era Baccio Ugolini, amigo y confidente de Lorenzo. Durante la segunda quincena de septiembre, Ugolini logró que el Consejo de Magistrados de Basilea se adhiriera al arzobispo de Carniola. Florencia se hallaba pues en condiciones de promover un antipapa contra Sixto IV. En realidad, el peligro había sido agrandado artificialmente, como se comprendió algo más tarde cuando en octubre, habiéndole retirado el emperador su protección, el arzobispo fue arrestado por el Consejo de Basilea y mantenido en prisión hasta que fue ahorcado en su celda el 13 de noviembre de 1484.

En todo caso, a principios del otoño de 1482, la maniobra conciliar resultó útil para empujar al Papa a iniciar conversaciones de paz con el duque de Calabria, rápidamente seguidas de una tregua. También su sobrino Riario lo había incitado vivamente a hacerlo, pues quería tener las manos libres para apoderarse de Rímini, donde el heredero de Roberto Malatesta, condotiero que diera la victoria a Sixto IV, era un niño pequeño, Pandolfo. Por amor a su sobrino, el Papa le dejó despojar al huérfano y a la viuda. Pero esta, Isabel de Montefeltro, era una mujer enérgica. Ante el peligro, repudió el compromiso concertado por su esposo con la Santa Sede y solicitó la ayuda de Florencia, que Lorenzo le concedió; de esta manera consiguió mantener a Rímini fuera del alcance de Riario.

Roma se vuelve contra Venecia. Acercamiento con Florencia

Decididamente la suerte estaba cambiando. Sixto IV se apresuró a conseguir un tratado. El 12 de diciembre de 1482 firmó la paz con la liga enemiga. Las plazas conquistadas por ambos bandos serían devueltas y la Santa Sede se pondría del lado de los aliados para defender a Ferrara. Se comprometería con ellos en una liga de veinte años, conviniéndose en que se propondría a Venecia participar también. Ahora bien, al hacer la paz sin preocuparse por ellos, el Papa se ganó la enemistad de los venecianos. Su enviado, Sigismondo de Conti, recibió una tajante negativa cuando en diciembre pidió al dux y al Consejo que aceptaran el armisticio. Antes que hacerlo, Venecia estaba dispuesta a llamar a los turcos en su ayuda. No podía resignarse a verse privada de una victoria fácil sobre Ferrara.

Obligado por la palabra que acababa de empeñar, Sixto IV cambió de pronto totalmente su comportamiento. Envió a su sobrino a Ferrara, acompañado, como legado, por el cardenal Gonzaga. El embajador de Venecia abandonó Roma prestamente. El 5 de febrero, el condotiero pontificio Cesare de Varano recibió la orden de partir hacia Ferrara. Lorenzo de Médicis se había hecho enviar a Roma en calidad de embajador a fin de hacer notar claramente que, en adelante, la alianza se imponía a las antiguas ofensas. En señal de buena voluntad, el Papa se comprometió a favorecer la carrera eclesiástica del pequeño Juan de Médicis, que tenía en ese momento siete años. Lorenzo buscaba grandes beneficios para su hijo y pronto los obtuvo de sus aliados: Luis XI le ofreció la abadía de Fontdouce en la diócesis de Saintes, a falta del arzobispado de Aix, beneficio demasiado importante para estar en poder de un niño; el rey Ferrante dotó al pequeño de la abadía de Monte Cassino, una de las más ricas de la cristiandad. Sixto IV no podía, en esas condiciones, obstaculizar el acceso del pequeño Juan a esas dignidades, a la vez lucrativas y singularmente honoríficas.

El Papa decidió mantener una conferencia con sus aliados a fin de preparar una expedición punitiva contra Venecia, culpable de continuar sola la guerra de Ferrara.

La dieta de Cremona. Operaciones militares contra Venecia

El 28 de febrero de 1483 se reunió en Cremona la dieta de los príncipes confederados. El Papa estaba representado por su legado, el cardenal Francesco Gonzaga. Se hallaban presentes Lorenzo de Médicis, el duque de Calabria, Ludovico el Moro y su hermano Ascanio, el marqués de Mantua Federico Gonzaga, Giovanni Bentivoglio de Bolonia y, desde luego, Hércules d'Este. Se decidió llevar la ofensiva a territorio veneciano más allá del Po. Ludovico el Moro aceptó a participar regañadientes. Todas las tropas disponibles fueron reunidas en Ferrara: los aliados tenían 4.000 hombres de armas a caballo y 8.000 de infantería. El 7 de marzo se enfrentaron en el Po con el ejército veneciano, cuya fuerza era de 2.000 soldados de caballería y 6.000 de infantería. Venecia fue derrotada. Contrató entonces como condotiero a René II de Lorena, heredero de René de Anjou, siempre dispuesto a buscar aventuras en Italia. Mientras él contenía al ejército de los confederados, el otro condotiero veneciano, Roberto San Severino, debía franquear el Adda, conquistar Milán y tratar de sublevar a la ciudad en nombre del joven duque y de su madre contra Ludovico el Moro. Paralelamente a esas operaciones, se desarrollaba una guerra marítima. Los aliados habían invertido 50.000 ducados en armar una flota, pero fueron impotentes para impedir que los venecianos asolaran las costas de Apulia y arrebataran al rey Ferrante la importante plaza de Gallípoli. Finalmente el Papa se decidió a utilizar las armas espirituales: el 24 de mayo publicó una bula colocando a Venecia en interdicto y la envió a todos los príncipes de Europa. Esta medida fue bien recibida en Francia. El rey Luis XI, temiendo la muerte, estaba sometido a la influencia del ermitaño François de Paule. Se apresuró pues a publicar la sentencia pontificia.

Las operaciones entraban en una fase activa. En el verano, dejando en Ferrara para su protección a 4.000 soldados de caballería y 2.000 de infantería, el duque de Calabria penetró con 12.000 jinetes y 5.000 infantes en las regiones de Bérgamo, Brescia y Verona. San

Severino y Lorena resistían con mucha dificultad, defendiendo el acceso a Venecia. En septiembre de 1483, terminada la duración de su contrato, Lorena se retiró. Parecía acercarse el momento en que todas las posesiones venecianas de tierra firme caerían en manos de los aliados. La Serenísima llamaba en vano en su ayuda a Ana de Beaujeu, que a la sazón gobernaba a Francia en nombre de su pequeño hermano Carlos VIII. En esa circunstancia extrema la salvación llegó de la mano de los disturbios que estallaron en el bando de los vencedores. De mayo a junio de 1484 una terrible querella entre los Orsini y los Colonna puso a Roma a sangre y fuego. La muerte de Federico Gonzaga en junio privó a los aliados de un elemento moderador capaz de apaciguar las diferencias entre Ludovico el Moro y el duque de Calabria. Este último deseaba ver al joven duque de Milán, Gian Galeazzo, esposo de su hija Isabel, tomar efectivamente el poder. El deseo imperioso de alejar a los napolitanos de Milán movió a Ludovico a firmar en Gagnolo, cerca de Brescia, el 7 de agosto de 1484, una paz que era un triunfo para los venecianos: recuperaban todas sus posesiones, se anexaban Rovigo y el Polesine y obligaban a Ferrara a reconocer su preeminencia. Entraban en la liga de los Estados italianos, pero para mandar: su condotiero San Severino pasaba a ser comandante en jefe de las tropas aliadas con un sueldo anual de 20.000 ducados. Restituían Gallípoli al rey de Nápoles. Secretamente habían acordado, según Commines, 60.000 ducados a Ludovico el Moro. Pero Florencia y Roma no obtenían ninguna ventaja.

Muerte de Sixto IV. Elección de Inocencio VIII

El papa Sixto, enfermo desde hacía un tiempo, estaba en cama con una fuerte fiebre cuando se le informó de la concertación de la paz. La maestría del Moro y de su hermano, el cardenal Ascanio Sforza, le afectó profundamente. En la agitación de los remordimientos y las lamentaciones, su mal empeoró. Murió el 12 de agosto por la noche, completamente amargado. El conde Riario se hallaba ausente de Roma. Su mujer, Catalina Sforza, tuvo la presencia de ánimo de atrincherarse en el Castel Sant'Angelo, donde, poco después, su esposo fue a encontrarse con ella.

La venganza de los Colonna se desató sobre la ciudad. Sus partidarios saquearon los palacios del conde Riario y de los Orsini. Detrás de ellos, el pueblo miserable atacó los comercios de cereales y los navíos genoveses cargados de vino amarrados en los muelles del Tíber. Había que restablecer la calma para poder abrir el cónclave. El colegio de los cardenales negoció la rendición de la fortaleza pontificia, el Castel Sant'Angelo, que protegía al Vaticano. Riario la abandonó contra el pago de 4.000 ducados y se retiró a Imola. Bajo la guardia de las tropas pontificias, el cónclave eligió el 29 de agosto al cardenal genovés Giambattista Cibo, que tomó el nombre de Inocencio VIII.

La cuestión de las plazas fuertes de Sarzana y Pietrasanta

Florencia aplaudió la elección pontificia. Esperaba que el nuevo pontífice la ayudaría a sacar provecho de la paz de Bagnolo. Cuando esta se firmó, los florentinos se hallaban comprometidos en el sitio de Sarzana, que desde 1479 había pasado al dominio genovés. Génova, comprendida en el tratado como aliada de Venecia, debía devolver las plazas que ocupaba indebidamente: tal era el razonamiento florentino. Desde luego, Agostino Fregoso, que defendía la plaza, no lo entendía así; el gobierno de Génova tampoco, aunque se encontraba entonces en plena anarquía, pues el arzobispo de la ciudad había desposeído del poder al dux, su pariente. El nuevo Papa, un genovés, podría tal vez hacerles atender razones. Pronto la esperanza se desvaneció.

Abandonando momentáneamente la acción diplomática ante la Curia romana, Lorenzo y sus consejeros decidieron intensificar su presión sobre Sarzana. En septiembre de 1484 todas las tropas florentinas disponibles cercaron la plaza. Agostino Fregoso, a quien los disturbios internos de Génova privaban de la ayuda necesaria, optó por vender la ciudad al banco San Giorgio antes que rendirse. Esa sociedad constituía en Génova un Estado dentro del Estado: poseía inmensas riquezas y percibía la mayor parte de los ingresos públicos a título de reembolso de los préstamos concedidos a la República genovesa. El banco tomó de inmediato las riendas de la situación, envió una flota al mar y reforzó la guarnición de Pietrasanta, un pueblo que controlaba el camino de Florencia a Sarzana. Los florentinos debían necesariamente hacer saltar ese cerrojo, y a ello se dedicaron con todo su empeño.

La tarea no era fácil. Era menester asegurar, al mismo tiempo que el sitio de ambas plazas, la defensa del territorio florentino. La desvergüenza de los genoveses no tenía límites: tomaron e incendiaron la fortaleza de Vada, y la flota del banco San Giorgio lanzó sobre Livorno pontones incendiarios. Pero el 5 de noviembre se rindió Pietrasanta. El 8, Lorenzo acudió a recibir su capitulación. Ese triunfo —muy relativo, pues Sarzana seguía resistiendo— estuvo a punto de provocar un nuevo conflicto. Los habitantes de Lucca reivindicaban Pietrasanta, que antaño les perteneciera y que ellos habían simplemente dado como garantía al banco San Giorgio. Florencia desechó su pretensión con habilidad: consentiría contra la indemnización de los enormes gastos realizados y las pérdidas en vidas humanas sufridas durante el sitio.

Quitada la espina de Pietrasanta, Lorenzo exigió de nuevo a Inocencio VIII que hiciera entrar en razón a sus compatriotas con respecto a Sarzana. Si no obtenían la plaza, los florentinos estaban dispuestos, decía, a entrar otra vez en guerra en la primavera de 1485. El riesgo era grande para Florencia: Génova podía esperar en Toscana el apoyo de Siena y de Lucca. Había recurrido a René de Lorena y hasta al duque de Orleáns. No obstante, las hostilidades no se reanudaron. Faltaba voluntad política.

Lorenzo, gravemente afectado por la gota, padecía fuertes y súbitos dolores de estómago. Se vio obligado a alejarse de los asuntos de Estado para buscar alivio a su enfermedad en las curas termales. En Génova, la inestabilidad del régimen no se prestaba a una conducción firme de las operaciones. En cuanto al Papa, había caído enfermo y tuvo que renunciar a proseguir su arbitraje. Pero el fuego, momentáneamente extinguido entre Florencia y Génova, se reavivaría con más fuerza, esta vez entre Inocencio VIII y el aliado de Florencia, el rey Ferrante de Nápoles.

Las desavenencias de Inocencio VIII con el rey de Nápoles

Giambattista Cibo, cardenal de Santa Cecilia, antes de ser Papa había estado estrechamente vinculado con la corte de Nápoles. Candidato a la tiara, apoyado por Giuliano della Rovere, sobrino de Sixto IV, por los venecianos y los Colonna, había sido elegido sólo gracias a la unión de Ascanio Sforza y de Juan de Aragón, hijo del rey Ferrante.

Para los napolitanos, ese genovés de cincuenta y dos años era casi un compatriota. Su padre, un rico comerciante de Génova, traficaba en Nápoles, donde el joven Giambattista fue educado y vivió en el ambiente licencioso de la corte. Joven letrado destinado a la carrera eclesiástica, en el ardor de la juventud se había entregado sin reserva a los placeres del amor. De diversas mujeres tuvo siete hijos, dos de los cuales por lo menos, Teodorina y Franceschetto, habían nacido antes de que él recibiera el sacerdocio. Los reconocía como sus hijos y fue el primero de los pontífices en renunciar al hipócrita apelativo de sobrinos para designarlos. En 1467, Pablo II le había conferido a los treinta y cinco años el obispado de Savona, que cambió, bajo Sixto IV, por el de Molfetta, una pequeña ciudad vecina de Bari sobre el Mar Adriático, que le había concedido el rey Ferrante. En 1473 llegó a cardenal. De su existencia mundana y cortesana conservaba costumbres muy dulces de bondad y benevolencia, que impresionaban como una debilidad de carácter. En realidad, dejó tomar al enérgico cardenal Giuliano della Rovere, el futuro Julio II, una parte predominante en el gobierno de la Iglesia. Giovanni, el hermano del cardenal, que ya era prefecto de Roma, fue nombrado en diciembre de 1484 jefe de los ejércitos de la Santa Sede, con el título de capitán general.

Así pues, si bien el régimen de Riario había terminado, el de los della Rovere, los otros sobrinos de Sixto IV, tomaba su relevo. Lorenzo de Médicis no se había equivocado: "Enviad una buena carta al cardenal della Rovere", ordenaba a su embajador en septiembre, "pues es Papa, y más que Papa". El cardenal insuflaba al nuevo pontífice un espíritu combativo que no estaba en su manera de ser. Pronto los napolitanos se dieron cuenta de ello. Al pasar por Roma, el duque Alfonso de Calabria, a su regreso de Ferrara, fue recibido por el Papa el 20 de octubre de 1486. Inocencio VIII recordó la obediencia y el tributo tradicional que le debía Ferrante. Pero el duque, en lugar de confirmar el envío de una próxima embajada a tal efecto, presentó una arrogante reclamación: su padre había incurrido en considerables gastos para recuperar Otranto de manos de los infieles y había ayudado, con el voto de su hijo el cardenal, al ascenso de Inocencio VIII. En recompensa, deseaba anexarse los territorios de Benevento, Terracina y Ponte Corvo. La perentoria negativa del Papa, aconsejado por el cardenal della Rovere, hacía presagiar una reacción violenta del rey de Nápoles. Para no encontrarse aislado, Inocencio VIII se acercó a Venecia. El 28 de febrero de 1485 levantaba las censuras eclesiásticas de Sixto IV. La Serenísima manifestó su contento enviando una embajada de obediencia a la que el Papa respondió mandando a Venecia a Tommaso Catanei, obispo de Cervia. El obispo debía pedir a la República que pusiera a su condotiero Roberto San Severino al servicio de la Santa Sede.

El conflicto con Nápoles parecía ahora inevitable. Las finanzas napolitanas se hallaban totalmente hipotecadas por el peso de las guerras realizadas sin interrupción durante largos años. Ferrante se había visto obligado a vender o a empeñar sus bienes personales, sus joyas y hasta los libros de su biblioteca ante banqueros florentinos. Impuso al clero contribuciones forzadas y llegó hasta a vender obispados a sujetos indignos.

La petición de auxilio al Papa de los barones napolitanos

Reducido a buscar recursos en todas partes, a Ferrante se le ocurrió exprimir a los barones del reino que recibían dinero de las arcas del Estado gracias a los cargos que ejercían. Se ganó así el odio de los principales de ellos: Antonello San Severino, príncipe de Salerno y almirante, Pietro Guevara, conde de Ariano, marqués del Vasto y gran senescal, y Pirro del Balzo, príncipe de Altamura y gran condestable. La conspiración que se formó contra Ferrante se extendió a señores feudales de todo tipo, como los Orsini o el conde de Montorio, Pietro Camponeschi, que gobernaba L'Aquila, ciudad de los Abruzzos. Pero comprendía igualmente a allegados de Ferrante: un nuevo rico, Francesco Coppola, conde de Sarno, asociado al rey en asuntos comerciales, así como al propio secretario real, Antonello Petrucci, y a su hijo.

La oposición no se había declarado todavía cuando el rey hizo acto de homenaje en Roma el día de san Pedro y san Pablo. Su embajador presentó la hacanea blanca ofrecida tradicionalmente a la Santa Sede en señal de homenaje feudal, pero no entregó el tributo que debía acompañarla. Se excusó invocando los considerables gastos en que se había incurrido en la lucha contra los turcos. Lejos de dejarse convencer, Inocencio VIII se enojó. Rechazó la cabalgadura y despidió al embajador. Su hostilidad hacia Ferrante no necesitaba más que una ocasión para estallar, y esta no tardaría en presentarse.

En posesión de buen número de indicios, el duque de Calabria había decidido no esperar la sublevación de los grandes señores y tomar la ofensiva contra ellos. El conde de Montorio era uno de los más peligrosos conjurados. En L'Aquila, lejos de Nápoles, era casi independiente. En junio, con un falso pretexto, el duque lo atrajo a Chieti y lo hizo prisionero.

No bien conocieron la noticia, los habitantes de L'Aquila tomaron las armas. Ejecutaron al comisario del rey de Nápoles y a varios ciudadanos acusados de colaboración con los napolitanos y enarbolaron la bandera de la Santa Sede. Enviaron una embajada al Papa para entregarle su ciudad; le solicitaban asegurar su defensa contra el rey tirano. Inocencio VIII recibió con diligencia esa petición al mismo tiempo además que una llamada de los barones napolitanos. Solidarios de Montorio, se dirigían a él como a su señor feudal.

En nombre del rey Ferrante, su hijo, el cardenal Juan de Aragón, fue a suplicar al Papa que no se comprometiera del lado de los rebeldes. Pero, víctima de la peste que rondaba en Roma desde el comienzo del verano, pronto debió interrumpir sus conversaciones para guardar cama antes de expirar, el 17 de octubre. Había encontrado en el Sacro Colegio un adversario decidido en la persona de Juliano della Rovere. Este, enemigo encarnizado del rey de Nápoles, hizo convocar a sus colegas por el Papa el 4 de octubre y les arrancó su consentimientos para una declaración de guerra contra Ferrante. Una bula del 14 de octubre, exhibida diez días más tarde en las puertas de San Pedro, anunció la decisión del Papa a la Cristiandad.

La "guerra de L'Aquila"

En Roma y en Nápoles, cada uno de los bandos se preparaba para el enfrentamiento. Ferrante convocó a sus aliados: podía contar con los Orsini dentro del Estado pontificio, pero necesitaba sobre todo la ayuda efectiva de los Estados aliados a Nápoles por el acuerdo defensivo de la reciente liga.

La posición de Florencia era delicada. La República acababa de hacer la paz con Roma tras el duro enfrentamiento que la había sacudido y no deseaba exponerse de nuevo a los deplorables efectos de las censuras pontificias. Además, contaba con la mediación en curso de

Inocencio VIII para recuperar Sarzana. El Papa hizo exponer sus argumentos a Lorenzo por su tío, el arzobispo Rinaldo Orsini. Pero Florencia no tenía interés en reconocer la extensión del poder pontificio en los Abruzzos y en favorecer la formación de un nuevo Estado, del tipo del de Imola, que iría sin ninguna duda a manos de los della Rovere. Lorenzo dio pues la orden al conde de Pitigliano de marchar inmediatamente sobre Roma con las pocas tropas disponibles en Florencia. Hizo entregar al mismo tiempo a los Orsini las sumas necesarias para tomar las armas.

Ludovico el Moro era más reticente. Temía que el Papa recurriera a René de Lorena: si así lo hacía, el Milanesado sería invadido. Por otra parte, el peligro veneciano seguía preocupándole, y Génova, de donde el Papa era oriundo, lo apoyaría totalmente. Así pues, Milán no ofreció a Nápoles más que una participación meramente simbólica para su defensa: cien soldados de caballería.

El rey Ferrante fue más afortunado con su yerno Matías Corvino, rey de Hungría, quien le prometió ayuda militar. Esta habría de llegar bastante tarde a Nápoles, en la primavera de 1486, en forma de un cuerpo expedicionario de mil soldados de caballería y setecientos de infantería. Pero el rey de Hungría presentaba la ventaja de servir de pantalla contra Venecia, aliada ahora de la Santa Sede.

El gobierno de Venecia había aceptado poner a su condotiero Roberto San Severino a disposición de la Santa Sede. Impaciente por contar con él, Inocencio VIII lo hizo ir a Roma el 10 de noviembre, aun antes que el grueso de sus tropas. Lo puso en contacto con los jefes de las familias feudales Savelli y Colonna, que ya habían movilizado a sus propios ejércitos. El día 30, Roberto era proclamado gonfaloniero de la Iglesia. El Papa envió un primer contingente para ayudar a los rebeldes de L'Aquila. Pero el enfrentamiento debía producirse en la campiña romana, habiéndose unido el duque de Calabria a sus aliados, los Orsini y los soldados florentinos, en Vicovaro. Roma se hallaba casi bloqueada cuando las tropas de San Severino hicieron su entrada el 24 de diciembre. Inmediatamente iniciaron la acción: antes de finalizar diciembre tomaron por asalto el puente de la Via Nomentana que ocupaba el duque de Calabria; en enero de 1486 la ciudad de Mentana fue tomada a los Orsini; el cardenal Orsini, asustado, abrió las puertas de Monte Rotondo; finalmente, sintiéndose abandonado, Alfonso de Calabria huyó, y sus tropas se retiraron presurosas a Vicovaro, con gran indignación de los florentinos. La diplomacia pontificia marcaba puntos a su favor denunciando al rey de Nápoles al emperador, a los reyes católicos de España, Fernando e Isabel, y a la mayoría de los príncipes cristianos. El cardenal Balue, embajador de Carlos VIII en Roma, y el cardenal della Rovere habían persuadido a Inocencio VIII de que era necesario llamar a Francia en su apoyo. El 23 de marzo Giuliano della Rovere se embarcó en Ostia dirigiéndose a Génova, donde negoció activamente con el embajador del duque de Lorena al mismo tiempo que hacía armar una flota para la Santa Sede. Pero, mientras Roma obtenía ventajas un poco por doquier, Alfonso de Calabria, después de lo que se había calificado como huida y que en realidad no era más que un repliegue estratégico, retomó la ofensiva e infligió una derrota a Roberto San Severino cerca de Montorio. Los agentes florentinos, por su parte, provocaron al mismo tiempo levantamientos contra los representantes del Papa en Perusa, Città di Castello, Viterbo, Asís, Foligno, Montefolco, Spoleto, Todi y Orvieto. La anarquía se extendía por todo el Estado Pontificio. El Papa había llamado en defensa de Roma a todos los proscritos y condenados, conmutándoles de oficio sus condenas. La mayoría de ellos se aprovecharon para instalarse en plazas donde se arrogaron todo el poder.

En el mes de abril de 1486 un jefe de bandas, Boccolino Gozzoni, se apoderó de Osimo. Se anunciaba que Matías Corvino enviaba tropas para ocupar Ancona. Barcos turcos navegaban a lo largo de las costas adriáticas. Las arcas pontificias, demasiado solicitadas para el pago de los gastos de guerra, estaban exhaustas. Después de una apariencia de éxito, los asuntos del Papa iban muy mal.

El 31 de mayo habían llegado a Roma los embajadores del rey de Francia y del duque René de Lorena a fin de proponer una acción conjunta contra Nápoles. Pero los representantes del rey Fernando de Aragón tomaban la contraofensiva con sus proposiciones. Sostenidos por los cardenales Borgia y Savelli, trabajaban en un arreglo con el rey de Nápoles. De pronto, L'Aquila cambió de bando y se levantó contra la soberanía de la Santa Sede. Alfonso de Calabria llegó a las puertas de Roma.

La paz de 1486 entre Roma y Nápoles.
La venganza de Ferrante contra sus barones

Inocencio VIII se veía obligado a hacer la paz. La firmó el 11 de agosto de 1486, con la garantía de los Reyes Católicos de España, de Milán y de Florencia. Ferrante reconocía la soberanía del Papa y pagaría el tributo saldando las anualidades atrasadas; además concedería amnistía a los barones que presentarían su sumisión. L'Aquila sería libre de optar entre Roma o Nápoles. El Papa se reconciliaría con los Orsini, que le pedirían perdón, y tendría libertad absoluta para conceder obispados y beneficios en el reino de Nápoles.

Apenas firmada la paz, el condotiero San Severino emprendió la huida, perseguido por el duque de Calabria y por los florentinos, y se refugió en Ravena. La Santa Sede quedaba desprovista de toda fuerza de resistencia. Ferrante lo comprendió rápidamente. En el mes de septiembre rompió el tratado que acababa de firmarse. Expulsó de L'Aquila a las tropas del Papa, ejecutó a su gobernador e impuso duramente su soberanía. En Nápoles se vengó cruelmente de sus barones.

Dos días después de la firma de la paz, Francesco Coppola, Antonello Petrucci, los condes de Carinola, de Policastro y de Borelo, así como el consejero Giovanni Pou, fueron invitados por Ferrante al Castillo Nuevo de Nápoles en compañía de sus mujeres e hijos. No bien entraron al salón fueron hechos prisioneros. Mientras se hallaban encerrados en los calabozos más lúgubres de la fortaleza, se instruía su proceso por traición. Pero sin esperar el resultado, el rey se incautó de todos sus bienes, los puso en venta y obtuvo por ellos 300.000 ducados. Carinola y Policastro fueron ejecutados en noviembre de 1486. Sarno y Petrucci en mayo de 1487. Los otros rebeldes que no habían sido arrestados en Nápoles, los príncipes de Altamura y de Bisagno, el duque de Melfi, los condes de Lauría y de Melito, fueron asesinados por sicarios lanzados en su persecución o arrojados al mar. Con todo el dinero que obtuvo de la confiscación de sus bienes, el rey pudo pagar a los mejores condotieros de la época, Virginio Orsini, Próspero y Fabrizio Colonna y Gian Francesco Trivulzio.

Acercamiento de Inocencio VIII y de Lorenzo: boda de Maddalena y Franceschetto Cibo. Recuperación de Sarzana. Promoción cardenalicia de Juan de Médicis

El cruento fortalecimiento de su aliado napolitano era provechoso para Lorenzo de Médicis. El Papa, asustado por la violenta actitud de Ferrante, se puso a buscar frenéticamente alianzas. Renovó formalmente la que tenía con Venecia, con la que firmó una liga en febrero de 1487. Pero la Serenísima, a la sazón en pleno conflicto con Segismundo, archiduque de Austria y conde de Tirol, casi no podía serle útil contra Nápoles y Milán. Entonces el pontífice se acercó estrechamente a Florencia.

En marzo de 1487 se decidió la boda de Franceschetto Cibo, el hijo cuarentón de Inocencio VIII, con Maddalena, la tercera hija de Lorenzo y de Clarissa Orsini. Ambas partes intercambiaron, en señal de acuerdo y de amistad, sus buenos oficios en dos asuntos pendientes. Lorenzo propuso su mediación entre el Papa, cuyos condotieros resultaban impotentes, y Boccolino Gozzoni, que usurpaba el gobierno de Osimo en las Marcas y amenazaba con entregar la plaza a Bayaceto II. Contra el pago de 7.000 ducados, Gozzoni se retiró a Florencia y de allí a Milán, donde pronto Ludovico el Moro lo hizo ejecutar como aventurero peligroso.

Como contrapartida, Inocencio VIII intervino en el asunto de Sarzana ante los genoveses y el banco San Giorgio. Su gestión fue desafortunada: fue interpretada como una provocación por Génova, que envió 3.000 soldados de infantería a sitiar el fuerte de Sarzanello, próximo a Sarzana, perteneciente a los florentinos. Un esfuerzo militar sin precedentes, apoyado por misiones diplomáticas ante Nápoles, Venecia y Milán que no enviaron más que frases de aliento, culminó al fin en la victoria de Florencia: en abril de 1487 los genoveses fueron derrotados por un gran ejército puesto bajo el control de Jacopo Guicciardini y Piero Vettori. Pero Sarzana tardó en capitular: no lo hizo hasta el 22 de junio, entregando la capitulación en las propias manos de Lorenzo, presente en el campamento.

El apoyo del Papa había sido meramente teórico. En realidad, jamás había sido tan grande la debilidad de Inocencio VIII en el plano internacional. La agresividad del rey de Nápoles había alcanzado un grado extremo: en julio de 1487, cuando el nuncio Vicentino le pidió que se explicara sobre sus violaciones al tratado, se marchó a una partida de caza sin concederle audiencia. El Papa se apresuró a concertar la boda Médicis: Clarissa y su hija Maddalena viajaron en noviembre a Roma. El Papa obsequió a su futura nuera con una joya de 8.000 ducados y a su hijo otra de 2.000. El 20 de enero de 1488 tuvo lugar la firma del contrato. Lorenzo esperaba más todavía de Inocencio VIII: el capelo cardenalicio para su segundo hijo, Juan. En junio de 1487, había hallado celosos defensores en el Sacro Colegio, en especial los cardenales Sforza y Borgia. Pero el pontífice demoró tanto como le fue posible la concesión, habida cuenta de la juventud del candidato. La promoción cardenalicia, decidida en febrero de 1489, no fue anunciada hasta el 10 de marzo. Era hecha *in petto*. Debía ser aplazada durante tres años. La consigna, impuesta so pena de excomunión, no fue respetada por Lorenzo, quien, muy feliz, comunicó ese mismo día la noticia a todas las potencias amigas. No le convenía callarse, decía, después de haber gastado 200.000 florines en ganarse al Papa y a los cardenales.

Así Lorenzo realizaba uno de sus sueños: acceder al rango de príncipe, asociándose a los Cibo, familia por cierto de origen bastante modesto, pero que reinaba sobre el trono más prestigioso del mundo. La nominación cardenalicia de Juan era para los Médicis, como lo escribe Maquiavelo, "una escala para subir al cielo".

Acontecimientos familiares: boda de Pedro de Médicis.
Muerte de Clarissa Orsini

Para consolidar la posición principesca que su familia ocupaba en Roma, Lorenzo decidió renovar los vínculos que lo unían a los Orsini. Alfonsina, prima segunda de Clarissa, fue unida en 1487 a Pedro de Médicis, de dieciséis años. La boda tuvo lugar por poderes en el mes de marzo en Nápoles, donde residía Alfonsina, cuyo hermano era condotiero del rey Ferrante. Aprovechando la estancia de Maddalena y de su madre en Roma, Lorenzo envió allí en mayo de 1488 a su hijo Pedro, en compañía de Poliziano, para consumar el matrimonio: Alfonsina había regresado a la cuna de su familia tras la muerte de su padre al servicio de Nápoles. Lorenzo no pudo desplazarse para asistir a las ceremonias, pues su estado de salud era deplorable. Una vez sellados debidamente los vínculos matrimoniales, Pedro y su joven esposa de dieciséis años, Clarissa y Maddalena, retornaron a Florencia. Lorenzo había solicitado y obtenido del Papa que Franceschetto no acompañara a Maddalena. Esta, con dieciséis años, no era demasiado joven para consumar el matrimonio, pero su madre deseaba conservarla a su lado en el estado de debilidad al que se hallaba reducida y que parecía dejarle poco tiempo de vida.

El hijo del Papa pretendía aprovechar su alianza con los Médicis para obtener una importante posición personal. Pero, en la primavera, Lorenzo no le había entregado aún la dote de Maddalena. Franceschetto le pidió que al menos lo ayudara a constituir un Estado señorial que tuviera a Piombino, Città di Castello o quizás a Siena como capital. Inocencio VIII no apoyó la petición de su hijo, con gran desesperación de este.

Poco a poco la familia se iba ampliando alrededor de Lorenzo por las bodas. El año 1488 ve sellarse, además de las uniones de Pedro y de Maddalena, la de Lucrecia, que a los dieciocho años se casa con Jacopo Salviati, y la de Luisa que, con once años, es prometida solemnemente a su primo Juan, hijo de Pierfrancesco de Médicis. En el hogar de Lorenzo y de Clarissa sólo falta comprometer a los más pequeños, Contessina y Juliano, de diez y nueve años, respectivamente. Todo ocurre como si los padres se apresuraran en dar a cada hijo una situación personal próspera que les permita hacer frente a los azares de la vida, y, al mismo tiempo, estrechar los vínculos de solidaridad de los Médicis con grandes y nobles familias. Pero la desgracia no tarda en golpear: la muerte se lleva sucesivamente a Bianca, la hermana de Lorenzo, esposa de Guglielmo Pazzi, y luego a la pequeña Luisa, recién comprometida. Pedro y Alfonsina, su joven mujer, que debían celebrar en Florencia su reciente boda, debieron detenerse en la villa de Careggi, donde se organizó en su honor un gran banquete con la participación de los notables de la ciudad y de los embajadores ante la República florentina.

Poco después, Franceschetto Cibo, rodeado de la flor y nata de la nobleza romana, fue a reunirse con su esposa en Florencia, siendo alojado en el palacio confiscado a Jacopo Pazzi. El pueblo lo aclamó al grito de "¡Cibo y *Palle!* La recepción se acompañó de soberbias fiestas: fue la primera vez que se celebró nuevamente con alegría el día de San Juan después de la conspiración de los Pazzi. Esa fiesta será la última cuyos ecos oiga Clarissa, la mujer de Lorenzo. La tuberculosis la minaba inexorablemente. El 29 de julio, durante la noche, se apagó piadosamente, rodeada de sus hijos pero en ausencia de su marido, a quien una crisis aguda de gota forzó a acudir poco antes a las termas de Filetta. Fue Pedro, el hijo mayor, quien presidió el duelo.

Lorenzo protector de los principados de Romaña

El yerno de Lorenzo no asistió a las exequias de Clarissa. Su padre, el Papa, lo había enviado en misión a Perusa para arbitrar las desavenencias entre las familias Baglioni y Oddi. No había conseguido constituir un principado, aunque estuvo a punto de lograrlo en el mes de abril: unos conspiradores de Forlì habían dado muerte, el 14 de ese mes, al conde Girolamo Riario. Algunos supusieron que Lorenzo e Inocencio VIII podían haber armado el brazo de los asesinos para dejar vacante el Estado de Imola en favor de Franceschetto. Pero Catalina Sforza, la viuda de Girolamo, se impuso a los conjurados apoderándose de la ciudadela que dominaba la ciudad y proclamó heredero a su hijo Ottaviano. Lorenzo aprendió la lección de ese valiente acto. Ya no volvió a intentar arruinar a la heroica viuda y se alió a ella ofreciéndole la mano de Juan de Médicis, que acababa de perder a su joven prometida Luisa. Sin saberlo, construía la grandeza futura de su Casa, pues, de la pareja que acababa de formar, surgiría mucho más tarde la dinastía de los grandes duques de Toscana.

La derrota relativa que Lorenzo sufrió en Forlì pronto fue compensada por un triunfo conseguido en Faenza. Galeotto Manfredi, dueño de la plaza, buscaba venderla a Venecia, lo que habría sido sumamente peligroso para Florencia, pues su territorio hubiera pasado a ser limítrofe del de la Serenísima. Muy oportunamente, el 31 de mayo de 1488, Galeotto fue asesinado por su mujer Francesca, movida por los celos y por las incitaciones de su padre, Giovanni Bentivoglio de Bolonia, interesado en la anexión de Faenza. El pueblo de Faenza, que deseaba conservar su independencia, se sublevó en nombre del joven Astorre Manfredi y se puso bajo la protección de Florencia. Lorenzo no esperaba más que esa llamada. Respondió enviando soldados y, de camino, se apoderó de la fortaleza de Piancaldoli, que el conde Girolamo Riario había quitado tiempo atrás a Florencia. Colocadas en posición de fuerza, las tropas florentinas conquistaron el castillo de Faenza el 9 de junio. Lorenzo, que había hecho prisionero a Bentivoglio, le devolvió la libertad, pero separó al pequeño Astorre de su madre asesina y lo colocó bajo la tutela de Florencia.

De ese modo, el verano de 1488 vio a Lorenzo solucionar el problema de los principados de Romaña de la manera más favorable para los intereses de Florencia. Los señores de Imola y de Faenza pasaban a estar prácticamente bajo su protectorado. Por fin quedaba constituida una barrera de pequeños Estados formando una especie de explanada protectora delante de las fronteras florentinas. Lo cierto era que el rapaz apetito de los grandes vecinos de la República no se extinguía, pero Milán y Venecia estaban absorbidas ambas por urgentes problemas. Ludovico el Moro debía contar con la rivalidad inquietante de su sobrino, el duque Gian Galeazzo, apoyado por su mujer, Isabel de Aragón, y por su suegro, el duque Alfonso de Calabria. En cuanto a Venecia, que continuaba la lucha contra los turcos, estaba inmovilizada por un segundo frente abierto contra la Casa de Austria. Sucesivas guerras ocuparon a las tropas venecianas contra Segismundo y luego contra Maximiliano, elegido rey de los romanos en 1486 y que pronto reunió en sus manos todas las posesiones austríacas, en especial el Tirol, desde donde hizo pesar sobre el dominio veneciano una constante amenaza.

Mientras que Inocencio VIII y Ferrante de Nápoles seguían enfrentándose a propósito del tributo y de la masacre de los barones, Lorenzo de Médicis, magnánimo y desinteresado en apariencia, parecía ser el mediador nato, el príncipe de la paz en la Italia desgarrada por las pasiones y los odios.

Según la voz del pueblo, era el eje de la balanza que indicaba la posición ideal en que debía mantenerse cada potencia para preservar el equilibrio del país.

Capítulo Doce

Malabarismo financiero y dominio político

Conspiración de Baldovinetti y Frescobaldi. Impopularidad de las presiones fiscales

En el interior de Florencia, la derrota de los Pazzi había proporcionado a Lorenzo de Médicis el medio de controlar el gobierno por intermedio del Consejo de los Setenta, cuyas deliberaciones eran regularmente aprobadas por los antiguos Consejos y aplicadas por la Señoría.

En junio de 1481, el fracaso de una nueva conspiración le permitió hacerse reconocer indirectamente con la dignidad de un verdadero jefe de Estado. El asunto parecía ser de poca importancia: se basaba en el rencor de dos notables que injustamente se consideraban mantenidos al margen de los cargos oficiales. El primero, Marotto Baldovinetti, era conocido por sus conexiones con Girolamo Riario. El segundo, Battista Frescobaldi, ex representante de Florencia en Turquía, había hecho capturar a Bernardo Bandini, uno de los asesinos de Juliano de Médicis, y lo había entregado a Lorenzo, pero sin conseguir por ello ninguna ventaja particular. Furioso por esa ingratitud, imaginó reiniciar contra Lorenzo el atentado fallido de los Pazzi. Ambos hombres fueron condenados no bien se tuvieron indicios de sus propósitos. El 6 de junio fueron colgados de las ventanas del Bargello, en compañía de uno de sus amigos. A muchos les pareció inmerecida esa ejecución sumaria, pues la conspiración no había tenido ningún asomo de realización, pero la Señoría y el Consejo de los Setenta querían dar un escarmiento. A partir de entonces quedó claro que quienquiera que ofendiera a Lorenzo sería perseguido por crimen de lesa majestad.

Probablemente tal severidad era motivada por el creciente descontento debido a medidas fiscales impopulares, impuestas para satisfacer las necesidades de la guerra contra Nápoles y el papado. Sobre la base de la apreciación de las fortunas, el impuesto era progresivo. En mayo de 1480, era del 5% para la categoría más baja, comprendiendo a los ciudadanos poseedores de 1 a 50 florines de renta, y del 16,33% para los ricos que gozaban de rentas de 1.200 florines y más. En enero de 1481, la tasa de los de mayor fortuna fue elevada al 22%. Ese impuesto se llamó *decima scalata*, es decir "décima escalonada". Debía proporcionar al Estado la décima parte de todas las rentas de Florencia, o sea un mínimo de 25.000 florines. Otro impuesto por cabeza, llamado "capitación", gravó igualmente de manera progresiva a los ciudadanos en función de su tasa de impuesto a las ganancias. El que tenía una tasa del 7% pagaba 1 florín 4 céntimos 4/5 de capitación; el que tenía una tasa del 22% debía pagar 4 florines 4 céntimos 4/5 de capitación. Se cobraba un número variable de décimas por año.

En la primavera de 1482, en el momento en que empezaba la guerra de Ferrara, la presión fiscal llegó al máximo.

El 5 de marzo de 1482, se decidió que la suma total de las recaudaciones fiscales debía ser de 150.000 florines por año, lo que correspondía a seis veces el monto de una *decima scalata*.

Pero en junio, la entrada en campaña de los condotieros que combatían por Florencia impuso un incremento de las cargas. Se creó un nuevo impuesto, que fue llamado el *dispiacente sgravato*, en otras palabras "el impuesto desagradable desgravado", pues los contribuyentes podían hacer valer derechos de desgravación hasta un cuarto de su cotización. Eran posibles desgravaciones superiores, pero los recaudadores sólo podían decidirlas después de ser autorizados por la Señoría y los Colegios.

Decima y *dispiacente* se alternaron regularmente desde septiembre de 1482 hasta noviembre de 1488. Se percibieron así 44 *dispiacenti* y 33 media*decima scalata*. Los ciudadanos pagaban al contado o utilizaban los intereses de las sumas colocadas en el *Monte*, la caja pública. Pero a veces el *Monte* retenía todos los intereses, o la mitad, la tercera o la cuarta parte, para amortizar la deuda del Estado, y entonces había que pagar al contado, como ocurrió con las veintiséis series de impuestos recaudadas desde 1485 a 1487.

Repercusiones financieras de la conspiración de los Pazzi: dificultades de las filiales del banco Médicis en Roma, Lyon y Florencia

La presión fiscal que arruinaba a los particulares era igualmente nefasta para las empresas, obligadas a practicar el mayor rigor en la conducción de sus negocios. El banco Médicis se veía obligado a ello más que ninguna otra empresa, después de la liquidación de sus filiales de Brujas y Venecia, ocurrida en 1480. La conspiración de los Pazzi provocó el secuestro de los bienes de las filiales de Roma y de Nápoles.

En Roma, la incautación se acompañó del repudio de las deudas de la Cámara Apostólica con el banco y de la prohibición de negociar en la ciudad. Giovanni Tornabuoni fue expulsado. Sixto IV transfirió la explotación y la comercialización del alumbre, confiada tiempo atrás a los Pazzi, a grandes comerciantes genoveses, los Cigala, Centurione y Doria, que desde 1478 hasta 1480 suplantaron a los florentinos.

Privado de las habituales facilidades de cambio, en julio de 1478 Lorenzo se vio obligado a solicitar al canciller milanés Simonetta un enorme anticipo de 30 a 40.000 ducados. De mayo a septiembre de 1478, pidió en préstamo a sus primos segundos Giovanni y Lorenzo, hijos menores de Pierfrancesco de Médicis, de los que él era tutor, el equivalente a una fortuna: 53.643 florines. En 1485, al llegar los jóvenes a la mayoría de edad, exigieron la devolución de su dinero. En la imposibilidad de saldar su deuda, Lorenzo debió cederles la villa de Cafaggiolo y otras propiedades en el Mugello, sin lograr empero contentarlos. Retuvo buena parte de las sumas tomadas, pretendiendo que representaba la participación de Giovanni y de Lorenzo en la tercera parte de las pérdidas sufridas por la compañía Médicis en la plaza de

Londres, así como su contribución a diversos gastos suntuarios realizados sin saberlo su padre Pierfrancesco.

Era esencial reorganizar los circuitos comerciales y bancarios en cuanto las circunstancias se prestaran a ello. En Roma, en diciembre de 1481, en el mismo momento en que el Papa se reconciliaba con Florencia, Giovanni Tornabuoni estableció un compromiso con la Cámara Apostólica. Para saldar su deuda con los Médicis, esta les ofreció excedentes de alumbre. Más hubiese valido obtener el dinero, pues resultó muy difícil dar salida al mineral, ya que los genoveses controlaban todo el tráfico del alumbre pontificio y las filiales Médicis de Brujas y de Londres, donde podía venderse, habían sido disueltas. Algo más tarde, es verdad, hacia 1485, la firma consiguió volver a asentarse en el lucrativo tráfico del mineral, pero sólo momentáneamente, ya que había pasado el tiempo de los beneficios comerciales. Quedaba la actividad bancaria. El hecho de que Giovanni Tornabuoni gozara nuevamente del favor del Papa devolvió la confianza a la clientela habitual de depositantes. En 1483, el movimiento de fondos logró apropiadas recaudaciones y no se registró pérdida alguna. El equilibrio se mantuvo al menos hasta 1487. Ese año, Giovanni Tornabuoni concertó con su sobrino Lorenzo el Magnífico un nuevo contrato de asociación. Se liquidó la antigua sociedad, se dividió un monto de 18.783 ducados, cuyas tres cuartas partes correspondieron a Lorenzo y un cuarto a su tío. Se constituyó una nueva sociedad bancaria: sus ganancias debían ser divididas en la misma proporción que el capital de la antigua sociedad. Ella debía asegurar el control de la filial. Se aclaraba que Giovanni Tornabuoni recuperaba 3.000 ducados del capital que había invertido en la filial de Lyon, a la sazón en muy mala situación, retirándolos del banco de Florencia, la *Tavola*. Preparaba en cierto modo su alejamiento de los negocios. Poco después abandonó Roma por Florencia, dejando la dirección del banco a su sobrino Onofrio. La situación del establecimiento estaba comprometida por los considerables préstamos que Giovanni se había visto obligado a conceder al papa Inocencio VIII, a su hijo Franceschetto y a los Orsini, a fin de favorecer la política familiar de Lorenzo.

Socio mayoritario de Lorenzo y director general del banco Médicis, Francesco Sassetti sólo se había visto indirectamente afectado por las vicisitudes de la filial de Roma. Sufriría en cambio fuertemente por la mala administración del banco Médicis de Lyon. Allí era socio de Lorenzo. La filial tenía como director a Lionetto Rossi, esposo de María, la hermana natural de Lorenzo. Después de la muerte de su mujer en 1479, Lionetto, que ya no podía apelar a su parentesco para asegurarse la indulgencia de Lorenzo, tendría que haber optado por la prudencia en la conducción de sus negocios. Muy por el contrario, comprometió a la firma en arriesgadas operaciones que obligaron a Lorenzo y a Sassetti a enviar en dos ocasiones a Lyon un inspector, Lorenzo Spinelli, agente de los Médicis en Montpellier. Esos controles revelaron que gran parte del capital de la filial había estado inmovilizado en mercancías preciosas, joyas y ricos tapices imposibles de vender rápidamente para equilibrar la balanza comercial. Lyon sacaba del banco de Roma tales sumas que Giovanni Tornabuoni en varias oportunidades debió renunciar a pagar sus letras de cambio. Finalmente los derechos debidos a Roma por los eclesiásticos franceses por sus bulas de nominación eran retenidos tanto tiempo en Lyon que esa plaza estaba constantemente en deuda con la Cámara Apostólica romana. Las compensaciones efectuadas tradicionalmente en las ferias de Lyon entre los banqueros internacionales se veían igualmente comprometidas a causa de la filial Médicis.

Era evidente que los procedimientos de Lionetto Rossi habían hecho a su banco insolvente. Lorenzo convocó a su cuñado a Florencia y, de acuerdo con Sassetti, lo hizo arrestar y mantener prisionero en los *Stinche* en 1485 y, de nuevo, tras un corto período de libertad, en 1487. Lionetto debía a sus ex socios 30.000 florines, que fue absolutamente incapaz de reembolsar. Un nuevo inspector, Agostino Biliotti, descubrió que el déficit de la filial alcanzaba la astronómica suma de 50.000 escudos. Para salvar al banco de Lyon de la quiebra, fue necesario disolver la antigua compañía que lo administraba y establecer una nueva sociedad con Lorenzo, Francesco Sassetti y Giovanni Tornabuoni, a quien sin duda su sobrino Lorenzo debió forzar en cierto modo a intervenir en ella. Lorenzo Spinelli fue nombrado director, pero no consiguió sacar a flote el negocio. El anciano Sassetti, enfermo y reumático, tuvo que viajar personalmente a Lyon en mayo de 1488 para controlar la empresa, descubriendo que el nuevo director no hacía las cosas mucho mejor que el anterior. Se había atribuido una colosal remuneración (3.000 escudos); había sacado joyas y objetos preciosos del banco; se había prestado fondos a sí mismo, más para equilibrar sus cuentas que para aprovecharlos personalmente. Sassetti debió pasar diecisiete meses en Francia tratando de cobrar las sumas prestadas a la nobleza y al alto clero. La recuperación de esos créditos permitió sacar la filial a flote. Pero el banco Médicis sufría la suerte común a los otros bancos italianos instalados en Lyon: en marzo de 1484, el gobierno de Carlos VIII les había prohibido transferir productos a Italia e importar sedas y mercancías de lujo en el reino. La filial siguió no obstante desempeñando un gran papel en las relaciones entre Florencia y la corte de Francia. Se ocupó igualmente de negociar para el joven Juan de Médicis el otorgamiento por el rey Luis XI de la abadía de Fontdouce. Pero el momento de su esplendor había quedado definitivamente atrás. La muerte de Sassetti en marzo de 1490 y la entrada como socio de su hijo, Cosimo, pretencioso e ineficaz, precipitaron la degradación de la situación.

Entre las otras filiales Médicis, el banco instalado en Florencia misma, la *Tavola* o mesa de cambio, efectuaba un conjunto muy variado de operaciones. Sus transacciones comerciales eran activas, en especial con España y el Oriente, de donde se importaban el oro y la plata, así como materias preciosas como la seda cruda. Pero buena parte de las ganancias de la *Tavola* provenían del tráfico de títulos de empréstitos sobre el *Monte*, la caja pública de Florencia. El banco compraba a bajo precio esos títulos, percibía los intereses y los revendía con beneficios. El cambio que practicaba de plaza a plaza era igualmente provechoso.

En la época de la conspiración de los Pazzi esa filial estaba bajo la responsabilidad de Francesco Nori. Este había dirigido el banco de Lyon antes de ser expulsado de Francia por desavenencias con Luis XI. Cuando fue muerto el 26 de abril de 1478 en Santa María del Fiore al cubrir la huida de Lorenzo, Ludovico Masi, su adjunto, ocupó su lugar. La compañía que administraba la *Tavola* tenía como socios mayoritarios en 1482 a Lorenzo y a Francesco Sassetti; luego, en 1484, a Giovanni Tornabuoni y a Agostino Biliotti. Poco a poco, el movimiento comercial se hizo más lento en la plaza de Florencia.

En 1487, los socios mayores, inmersos en sus propias dificultades, se retiraron, y Lorenzo se quedó solo con un socio menor, Giambattista Bracci. Este, en 1494, tras la caída política de los Médicis, sería el liquidador de la *Tavola*, incautada por la República con todos los demás bienes de la familia. Pero en ese momento el banco de Florencia, como todos los otros bancos florentinos, había dejado de ser una potencia financiera. El *Arte del cambio*, antaño floreciente, se reducía prácticamente a nada.

Situación de los negocios en Nápoles, Milán y Pisa

En las diversas plazas de Italia, el período siguiente a la conspiración de los Pazzi tuvo igualmente como resultado un movimiento comercial bastante negativo. En Nápoles, el rey Ferrante había decretado el 14 de junio de 1478 el secuestro de todas las propiedades de los Médicis. Sus oficiales embargaron las mercancías depositadas en Trani y en Ostuni en Apulia. Ocuparon el edificio del banco en Nápoles y se apoderaron del registro de caja. La restitución efectuada tras la paz, en marzo de 1479, no permitió la continuación de los negocios. No pudo establecerse ningún acuerdo satisfactorio con la corte, y las deudas impagas no fueron reembolsadas. En Roma, Giovanni Tornabuoni se desesperaba al comprobar que la filial de Nápoles debía, en 1481, 10.000 ducados a la de Roma y que él mismo había comprometido, sin esperanza de recuperación, 7.000 ducados en los negocios de esa filial. En 1483, un severo examen de las cuentas demostró que las pérdidas de los Médicis en Nápoles ascendían a 30.000 ducados. Se encargó a Francesco Nasi liquidar la sociedad. Lo hizo tan bien que logró crear una sociedad nueva de la que era principal accionista junto con Lorenzo y que, en 1490, con un capital más modesto de 9.500 ducados, consiguió dar beneficios.

En Milán, la liquidación efectuada en 1478 fue confiada a Accerrito Portinari, su director, quien trató de cobrar las deudas más importantes y que enseguida formó su propia sociedad. A él recurrió Lorenzo el 1 de enero de 1481, cuando se encontró de nuevo ante una carencia súbita de dinero. Accerrito le prestó 2.000 ducados. En compensación, dispuso durante cinco años del palacio milanés del banco Médicis. En 1486, al expirar ese plazo, Lorenzo comisionó a Folco Portinari para vender el palacio a Ludovico el Moro, efectuándose la transacción en 4.000 ducados. El mobiliario y las tapicerías no estaban incluidos en el precio.

La única plaza italiana en la cual los negocios de Lorenzo progresaron algo fue Pisa, donde en 1486 constituyó con Ilarione Martelli una sociedad que tuvo una duración limitada. En 1489, modificada en forma de una compañía con Giovanni Cambi, esa sociedad tomó el control de una asociación, la *magona* de Pietrasanta, cerca de Carrara, dedicada esencialmente a la importación de mineral de hierro de la isla de Elba, propiedad de los señores de Piombino. Una vez tratado en fundiciones de la región de

Pistoia o de Arezzo, el hierro era vendido por la firma en Roma, Nápoles o Palermo.

Los beneficios de esa actividad eran menores en comparación con los obtenidos precedentemente de la explotación y del comercio del alumbre. En el terreno industrial, el único producto en el que todavía podían esperarse ganancias sustanciales era el tejido de la seda: la manufactura que poseía la firma en Florencia, cuando fue retomada a la caída de los Médicis en 1494 por Lorenzo, hijo de Giovanni Tornabuoni, había sumado, a su capital de 7.500 florines, más de 11.000 florines en concepto de beneficios.

Proyectos de reorganización de las estructuras del banco; las instituciones públicas en auxilio de los Médicis

La complejidad de sus negocios y la mala coyuntura general llevaron a Lorenzo hacia 1482, tras la liquidación de las importantes filiales de Brujas y Venecia, a pensar en una reforma completa de las estructuras de la firma. Se constituirían dos compañías nuevas. La primera, bajo la dirección de Francesco Sassetti, controlaría la *Tavola* de Florencia y las filiales de Lyon y Pisa. De la segunda, dirigida por Giovanni Tornabuoni, dependerían las filiales de Roma y Nápoles. El capital de ambas compañías sería como mínimo de 48.000 ducados, de los cuales Lorenzo proporcionaría 18.000, y Sassetti y Tornabuoni 15.000 cada uno. Se pensaba incorporar socios minoritarios por 20.000 ducados. El sector de la seda debía ser prioritario con la ampliación del taller de Florencia y la creación de una fábrica en Lyon bajo la dirección de Francesco del Tovaglia.

El motivo esencial de esa reorganización era reforzar el control de la sede central sobre todas las filiales, pero nunca se emprendió su realización, sin duda a causa de la resistencia de las filiales, deseosas de conservar su autonomía. No obstante, el proyecto fue retomado en 1486, esta vez en forma de una sola compañía central con Lorenzo, Sassetti y Tornabuoni como socios mayoritarios, representado cada uno de ellos en las filiales locales. Pero tal reestructuración dependía de Sassetti, que careció de voluntad para llevarla a cabo. Nada se había hecho cuando este murió el 31 de marzo de 1490.

A la espera de esas reformas de estructuras, era necesario encontrar los medios de hacer frente a las dificultades financieras que no cesaban de abatirse sobre la firma. Ciertamente los empréstitos podían dar cierto "respiro", pero no bastaban. Alrededor de los Médicis, las otras grandes empresas financieras de Florencia iban a la quiebra. En 1422 eran 62, en 1470 sólo 33 y en 1494 menos de media docena. Los bancos eran víctimas de una depresión contra la que no se conocía el remedio.

Los Médicis pudieron resistir mucho más que los otros porque podían hacerse ayudar por el Estado. En enero de 1495, la comuna, que acababa de expulsarlos, exigió a sus representantes el reembolso de 74.948 florines, que Francesco della Tosa, guardián de la caja pública, había entregado en varias ocasiones a Lorenzo o a sus agentes. No se sabe qué uso hizo el Magnífico de esa suma tan importante. ¿Tal vez la utilizó para remunerar servicios prestados al Estado? Pero el hecho de que Lorenzo Tornabuoni y Giambattista Bracci, a la sazón socios del banco Médicis, fueran declarados solidarios del reembolso ha hecho suponer que se trataba más bien de dineros públicos utilizados en los negocios privados de Lorenzo. Naturalmente el banco Médicis podía retirar al paso comisiones sobre transacciones públicas. Así circuló el rumor popular de que Lorenzo habría percibido un porcentaje del 8% sobre los sueldos pagados a los condotieros por el banco Bartolini, donde él tenía intereses. No obstante, mientras él vivió, nadie se atrevió a formular en voz alta esa acusación u otras del mismo género.

Nuevas medidas de control político

Desde julio de 1481 el Consejo de los Cien efectuaba el control de las finanzas, pero ese órgano estaba estrechamente sometido al nuevo Consejo de los Setenta, enteramente formado por personas fieles a Lorenzo. Una ley promulgada el 17 de septiembre de 1484 consagró ese estado de hecho. Su aplicación fue nuevamente prolongada en 1489 y en 1493, confirmando a los Setenta los plenos poderes para decidir, año a año, el modo de elección de los miembros del Consejo de los Cien. Hasta entonces, la media sesión anual de los Setenta, es decir treinta y cinco personas, elegía cada dos meses a los miembros de la Señoría. Para evitar divergencias de puntos de vista en el seno de un grupo en suma todavía bastante numeroso, se decidió que el Consejo de los Cien designara a cinco personas entre los treinta y cinco miembros de la media sesión para servir de ensambladores especialmente encargados de designar a la Señoría. El control recíproco ejercido por los dos Consejos tenía por objeto hacer fracasar las maniobras de personalidades que dispusieran, en uno u otro de los Consejos, de un grupo de partidarios.

En lo concerniente a los otros cargos del Estado, especialmente las funciones de la administración del territorio que seguían siendo electivas, un nuevo "escrutinio", organizado por la ley del 17 de septiembre de 1484, repartió igualmente entre los Setenta y los Cien el control de la operación: los primeros, en colaboración con la Señoría en funciones, nombraron la comisión de los 231 ciudadanos encargados de recoger las candidaturas; los segundos designaron a los 10 ensambladores encargados de constituir las listas correspondientes a cada una de las funciones.

El escrutinio de 1484, bien conocido por un relato de Piero Guicciardini, permite darse cuenta de la manera como Lorenzo participaba en los actos políticos esenciales de la vida del Estado. Los miembros electivos de la comisión del escrutino debían ser elegidos a razón de una cifra máxima de dos miembros por familia, pero la Señoría tenía derecho a aumentar el número de los representantes de ciertas familias de notables. En consecuencia, entre los miembros elegidos se encontraban cinco Médicis y cuatro Ridolfi. Entre esos Médicis se hallaba el joven primo de Lorenzo, llamado también Lorenzo, hijo de Pierfrancesco. Fue recusado, con el pretexto de que estaba inscrito en la lista de los deudores del fisco. Quizás haya que ver en ello el resultado de una presión de Lorenzo sobre la Señoría: su primo estaba a punto de iniciar contra él una acción enérgica para obtener la devolución del dinero que le había sido arrebatado desde 1478. Es verdad que, poco después, Lorenzo el Magnífico, nombrado uno de los diez ensambladores del escrutinio, lo hizo inscribir en la lista de candidatos aptos para ejercer los cargos mayores de la administración del territorio, es decir los de Capitán y de Podestá de Pisa. El Magnífico quería favorecer a su primo a condición de que fuese lejos de Florencia.

Los 8.000 nombres inscritos en el escrutinio de 1484 para la calificación en la Señoría y sus Colegios se repartían así: 6.400 ciudadanos pertenecían a las Artes Mayores y 1.600 a las Artes Menores. Entre los primeros, cerca de 4.250 eran miembros de familias de notables: los *popolani antichi nobili*. Al lado de los célebres Bardi y Strozzi, considerados como auténticos *popolani*, ese grupo reunía vestigios de las antiguas familias de magnates, tales como los Albizzi y los Peruzzi, y a los miembros de verdaderas dinastías políticas, como los Guicciardini, los Corsini y los Soderini. Aparte de esos notables, un importante grupo de personas estaba formado por una burguesía de "hombres nuevos" que iban sustituyendo progresivamente a las antiguas familias, como la familia Serristori. Esta clase, llamada *gente nuova*, proporcionó más de la mitad de todos los candidatos calificados para los tres cargos mayores del Estado. Los diez ensambladores de escrutinio, respaldando la opinión de Lorenzo el Magnífico, prefirieron dar cargos a esos hombres, cuya gran docilidad daban por descontado, antes que a las antiguas familias de magnates. Empero Lorenzo insistió para que fuesen favorecidas las más antiguas familias de *popolani*, tales como los Strozzi, que se habían unido a él.

Así se efectuaba la elección de los candidatos de una manera bastante ágil, teniendo en cuenta las aptitudes de cada uno pero también la popularidad del grupo al que pertenecía. En efecto, los "hombres nuevos" acaparaban los sufragios de sus colegas comerciales pertenecientes a las antiguas familias, pero también los de los ciudadanos surgidos de las categorías sociales más humildes, de las que ellos mismos provenían, y que esperaban hacerse escuchar por su intermedio, dispuestos a constituirse en su clientela.

El papel personal de Lorenzo. Su participación en las comisiones de finanzas, de la policía y de la guerra

Lorenzo no se contentaba con actuar indirectamente en el seno de los complejos engranajes del sistema político florentino. Llegada la ocasión arriesgaba su vida, reunía en su palacio a los miembros de los Consejos, consultaba a la Señoría, apoyaba con sus cartas y sus embajadores personales la acción del Estado. El historiador Francesco Guicciardini lo llama *tiranno piacevole*, tirano amable. Desde 1478 hasta su muerte en 1492, gobierna de acuerdo con sus partidarios, lo que implica a la vez un entendimiento basado en la concertación y una adaptación muy ágil a los avatares de la coyuntura.

Entre las cualidades que le permitieron alcanzar el dominio político, hay que destacar su desinterés en cuanto a los títulos tradicionales del Estado florentino. A la inversa de su padre, nunca se hizo nombrar miembro de la Señoría. Era una manera hábil de permanecer por encima de los priores y del gonfaloniero. En cambio, siguió de cerca los asuntos financieros como miembro de la Comisión de los Doce Procuradores desde 1484 a 1489, y de la de los cinco oficiales del *Monte* entre 1487 y 1490.

En dos ocasiones, en 1481-1482 y en 1490-1491, el desorden monetario requirió la creación de una balia especial, llamada de los Diecisiete Reformadores. La mayoría de los historiadores modernos que se inspiraron en Guicciardini, desde Reumont y Perrens, vieron en esa institución temporal un nuevo comité destinado a controlar y a neutralizar el Consejo de los Setenta. El historiador inglés Nicolai Rubinstein ha hecho justicia a esta tesis: los Diecisiete tenían un cargo preciso y limitado en el tiempo. Su misión era el saneamiento financiero del Estado. Para lograrlo, se les encargó en 1490 diseñar una reforma monetaria cuya impopularidad recayó sobre Lorenzo, que formaba parte de la comisión.

Decidieron depreciar las monedas antiguas de plata con el pretexto de que estaban gastadas y negras. Se acuñó una nueva moneda blanca que comprendía dos onzas de plata por libra y valía un cuarto más que la antigua. Las gabelas en las puertas de la ciudad y en el territorio debían ser pagadas con ellas. La antigua moneda sólo sería aceptada en las cajas públicas a cuatro quintos de su valor. En cambio, el Estado continuaría utilizándola a la cotización del mercado para pagar sus propias deudas.

La reforma sirvió así para equilibrar por un tiempo el presupuesto: los ingresos del Estado se acrecentaron en un quinto. Pero la medida provocó un aumento brutal de los precios y despertó en el pueblo un gran descontento. Ya los ciudadanos se quejaban de la manipulación de los empréstitos públicos, de la paralización del pago de los intereses y de la disminución de las dotes abonadas por el Estado. A los Ocho de Guardia, comisión de la policía, les costó mucho prevenir aquí y allá motines populares. Uno de estos tuvo lugar en enero de 1489. Es narrado por Guidoni, el embajador de Hércules d'Este. Un joven fue llevado ante la justicia por haber matado a un servidor de los Ocho. El pueblo tomó partido por él, lo ayudó a escapar y lo protegió, pero los Ocho se presentaron en la plaza, ordenaron que fuera evacuada y se apoderaron por la fuerza del joven asesino. Algunos notables intervinieron ante Lorenzo para que fuera perdonado. Entre ellos se encuentran Lorenzo y Giovanni, los primos del Magnífico. Este les apaciguó con buenas palabras pero hizo apresurar el proceso del joven. Se pronunció su sentencia de muerte, que fue ejecutada inmediatamente colgándolo de una de las ventanas del Bargello. Fueron arrestadas cuatro personas del pueblo que habían alentado al acusado a huir; a cada una de ellas se le castigó con cuatro golpes del suplicio de la cuerda y la proscripción durante cuatro años. La anécdota es característica: Lorenzo no necesitaba, para mantener duramente el orden, ser miembro de la Comisión de Policía. Su voluntad se confundía con la de los Ocho de Guardia. Cuando se trató de reprimir la conspiración de los Pazzi y de castigar a todos los implicados, sus conciudadanos lo eligieron miembro de los Ocho de Guardia, pero él renunció a la comisión al cabo de dieciocho días para demostrar que los conjurados eran castigados por una falta contra el Estado y no para satisfacer su venganza personal.

Si no hizo más que pasar brevemente por la Comisión de Policía, Lorenzo continuó empero siendo miembro de la Comisión de la Guerra, los Diez de Balia, durante todo el tiempo que duraron las hostilidades subsiguientes a la conspiración de los Pazzi.

Intervención de Lorenzo en los Consejos del Estado. Castigo de Neri Cambi

La participación del Magnífico en los Consejos del Estado fue, en cambio, regular. En 1466 fue nombrado miembro del Consejo de los Cien por un decreto especial, para ocupar la vacante de su padre. En 1484, cuando alcanzó la edad requerida de treinta y cinco años, ocupó un escaño a título personal. Asimismo, de 1481 a 1489, fue miembro de los Setenta y en consecuencia asumió la función de ensamblador para la elección de los miembros de la Señoría. Finalmente su cargo de ensamblador en el escrutinio de 1484 le permitió, como ya hemos visto, desempeñar un importante papel en la selección de los hombres de confianza que debían proporcionar posteriormente los funcionarios del Estado. Pero no se contentaba con nombrar a los responsables: él sabía también intervenir para llamarlos al orden cuando era necesario.

Los cronistas Giovanni Cambi y Alamanno Rinuccini cuentan al respecto un agitado episodio de la vida pública florentina. Ocurrió en 1489 con motivo del sorteo de los miembros de la administración territorial. La Señoría debía efectuar su selección junto con los Colegios. Ahora bien, llegado el momento, no se alcanzó el quorum en el Colegio de los gonfalonieros. Los priores enviaron a buscar a los ausentes. Todos fueron encontrados salvo uno, Piero Borghini, un sexagenario que se hallaba en una partida de caza en un campo lejano. Llegó muy tarde, ya de noche, con botas y caperuza negra. A la mañana siguiente la Señoría, siguiendo la propuesta del gonfaloniero de justicia, Neri Cambi, decidió por unanimidad decretar la incapacidad civil, durante tres años, de Piero Borghini y de otros tres gonfalonieros recalcitrantes.

Mientras esto sucedía, Lorenzo el Magnífico se encontraba en Pisa. Se sintió indignado por ese proceder e instó a la Señoría, por medio de su canciller, a revocar la decisión. Los priores se negaron. Entonces Lorenzo aplicó a Neri Cambi la ley del talión: hizo que lo condenaran a la incapacidad civil por tres años por el Consejo de los Setenta, de acuerdo con la comisión del orden interno, los Ocho de Práctica. Los cuatro miembros del Colegio de los gonfalonieros fueron restablecidos en sus funciones.

A los ojos de todos esta acción pasó por meritoria. La opinión pública era unánime contra Neri Cambi, quien, según Rinuccini, era "hipócrita y perverso, provocador, mancillado por todos los vicios, hasta el de sodomía, conocido por sus numerosas bajezas, estupideces y maldades". En realidad, Lorenzo actuó muy hábilmente favoreciendo a los que pasaban por perseguidos pero que, de hecho, formaban parte de la misma categoría de privilegiados que Cambi: la única diferencia era el papel que desempeñaban ante las masas populares, ya que eran, en cierto modo, sus representantes ante la Señoría. Tocarlos era como tocar al pueblo. Lorenzo no tenía el menor interés en disgustar a este por una querella de procedimiento. Al darles satisfacción, conseguía por el contrario una fácil popularidad.

Por lo demás, Lorenzo continuaba viviendo como simple ciudadano. Cedía el paso y el lado de la pared a toda persona de edad. Invitaba a su hijo Pedro a mantenerse modestamente en segunda fila en Milán y en Roma, sabiendo bien que se le llamaría a ocupar el lugar de honor. Siempre estaba dispuesto a visitar en sus posadas a los enviados de las otras potencias italianas y a los condotieros de paso, aunque con el correr del tiempo la gota y el reumatismo le hicieran padecer fuertes dolores. Cuando no podía asistir a una asamblea, enviaba a un representante particular, como Pier Filippo Pandolfini, cuyos consejos y compañía apreciaba mucho, o Piero de Bibbiena, su canciller.

Pero siempre se hacía rendir cuentas y sabía tomar distancia de sus íntimos para decidir la mejor solución por adoptar. En su existencia, dentro de su horario cada vez más recargado, sabía reservarse momentos de calma, de ensueño y de contemplación. El hombre de buen gusto, el coleccionista, el amante del arte y el poeta seguían siempre presentes bajo el diplomático, el financiero y el hombre político. Oficialmente Lorenzo era miembro de las dos comisiones que, en el seno del gobierno, se ocupaban de la vida intelectual y artística. Formó parte de los *Ufficiali dello Studio* desde 1472 a 1484. Como hemos visto, se interesó activamente en la reorganización de los estudios mediante la creación de la Universidad de Pisa. La segunda comisión, llamada de "la Obra del Palacio" (*gli Operai del Palagio*), lo contó entre sus miembros desde 1479 hasta su muerte. Esa comisión se ocupaba de renovar la decoración del viejo palacio de la Señoría. Puso a Lorenzo en comunicación con los más grandes artistas de la época y, en contacto con ellos, como en el de los maestros que reinaban en las bellas letras, conocería algunos de los goces más profundos que pueda experimentar el ser humano.

Capítulo Trece

La parte de la ensoñación

*La decoración de la Capilla Sixtina:
el triunfo de los maestros florentinos*

La reconciliación de Roma con Florencia tuvo como consecuencia la realización de una obra de arte de inmensa repercusión.

El papa Sixto IV había comenzado en 1475 la reconstrucción de la gran capilla del Vaticano, adosada desde muy antiguo al conjunto de los edificios residenciales, en el flanco de la basílica de San Pedro. Allí se celebraban consistorios y cónclaves, misas pontificias y solemnes proclamaciones. Construida en el primer piso del palacio y comunicándose directamente con los aposentos del Soberano Pontífice, la Capilla Sixtina estaba concebida al mismo tiempo como un salón del trono y como un santuario donde se definían el dogma y las reglas de la disciplina.

La sobria arquitectura de esa nave, de unos cuarenta metros de largo por trece de ancho y veinte de altura, exaltaba la majestad del amo del lugar. Pero la función augusta del vicario de Cristo no podía contentarse con una afirmación de poder temporal, sino que exigía que se proclamara la autoridad sobre la que se basaba ese poder intermedio entre el Cielo y la Tierra. El programa pictórico debía consistir en una doble serie paralela de frescos representando la vida de Cristo y la de Moisés, aunando así el Antiguo y el Nuevo Testamento.

El Papa había elegido como maestro de obra de la decoración a un hombre oriundo de Umbría de treinta y dos años, Pietro Vanucci, nacido en los Estados de la Iglesia cerca de Perusa, de donde provenía su apodo de "el Perugino". Pero la amplitud del trabajo requería la participación de numerosos artistas. Ninguna otra ciudad más que Florencia podía proporcionar hombres aptos para realizar con éxito la obra. Cuando cesaron las hostilidades, la Señoría y Lorenzo consintieron en dejar a tres de sus compatriotas unirse al Perugino, que había trabajado con ellos en el taller de Verrocchio.

Cosimo Rosselli, un artista experimentado de cuarenta y dos años, había concluido un fresco en el claustro de la Annunziata. Domenico Bigordi, apodado Ghirlandaio, y Sandro Filipepi, que obedecía al sobrenombre de Botticelli, ambos de unos treinta años de edad, acababan por su parte de ejecutar con maestría los bellos frescos del convento de Ognissanti. Se imponía la elección de esos maestros florentinos. Como estaban en condiciones de intervenir inmediatamente con sus equipos, recibieron el encargo del Papa por contrato del 27 de octubre de 1481. Se comprometieron, juntamente con el Perugino, a entregar diez frescos en el plazo de seis meses. La primera entrega de cuatro frescos tuvo lugar en enero de 1482. Fueron estimados cada uno en 250 ducados. En total se realizaron doce frescos en la nave y tres sobre el altar mayor. Perugino era el autor de estos últimos, *El nacimiento, La asunción, El descubrimiento de Moisés,* borrados más tarde para dar lugar al *Juicio Final* de Miguel Angel.

La obra, hormigueante de pintores trabajando lado a lado sin descanso, avanzaba rápidamente. Cada uno se rodeaba de un equipo talentoso: así, junto al Perugino, aparece el joven Pinturicchio y, al lado de Rosselli, un adolescente Piero di Cosimo. Cuando estalló la guerra de Ferrara, la prosecución de la obra se vio comprometida pues, habiendo tomado el Papa partido por Venecia contra Florencia y sus aliados, los súbditos florentinos volvieron a ser mal vistos en Roma. El Magnífico llamó a sus embajadores. Estos partieron el 14 de mayo de 1482. Ese mismo mes, Ghirlandaio volvió a Florencia donde se casó; luego regresó a Roma pues deseaba terminar su obra y marcharse cuanto antes. Los otros pintores florentinos, que no se sentían cómodos, se retiraron a Florencia en el otoño, obligando al Papa a llamar a otros pintores, en especial a Luca Signorelli, originario de Cortona, ayudado por Bartolomeo della Gatta. Terminadas finalmente las pinturas, Sixto IV procedió a la consagración de la capilla el 15 de agosto de 1483. Los elogios del admirable conjunto de los frescos de la Sixtina corrieron de boca en boca.

Centenares de personajes poblaban las escenas. Las fisonomías, las actitudes, la marcha misma, reflejaban directamente la realidad. Los modelos estaban allí, muy cercanos, tomados en vivo de la corte pontificia, de las embajadas que allí se sucedían, de los bancos, los comercios, los cuarteles que rodeaban el Vaticano. La gente se maravillaba al reconocer los rasgos de Girolamo Riario, portando su bastón de mando, en el fresco de Botticelli, *La tentación de Cristo*, o también los de Giovanni Tornabuoni, el director de la filial de los Médicis, de su joven hijo Lorenzo así como del famoso humanista Juan Argyropoulos, en *La vocación de Pedro y Andrés* por Ghirlandaio. Más tarde, ese aspecto realista de los frescos de la Sixtina invitó a buscar en ellos alusiones a los acontecimientos de la época: el desastre de los egipcios en el paso del Mar Rojo fue interpretado como un recuerdo de la victoria de Campomorto; el castigo de Corah, fulminado por Dios, como una alusión a la excomunión del arzobispo Zamometic; la trasmisión de las llaves de San Pedro como una representación de la paz con Nápoles. Tales interpretaciones eran totalmente erróneas. Las pinturas habían sido encargadas mucho antes de esos acontecimientos. Exponían un mensaje que los exégetas católicos leían en el Antiguo y en el Nuevo Testamento: el de la primacía de la sede romana y del poder que Dios le había conferido para asegurar la salvación eterna de los hombres.

El éxito romano consagró el genio del Perugino, de Ghirlandaio y de Botticelli. Los tres, después de su partida de Roma, recibieron, el 5 de octubre de 1482, como encargo oficial, la decoración del salón de las flores de lis en el palacio de la Señoría.

Ghirlandaio en la Capilla Sassetti de Santa Trinità

Los notables florentinos apreciaron en los frescos del Vaticano los retratos de los allegados a la corte pontificia. Quisieron entonces procurarse para ellos parecida gloria en las paredes de las capillas de su ciudad.

Giovanni Tornabuoni ya había empleado a Ghirlandaio en Roma antes de la conspiración de los Pazzi. Le había encargado la ejecución de unos frescos en Santa María sopra Minerva, el lugar donde fuera inhumada su esposa, Francesca di Luca Pitti, muerta en 1477. Francesco Sassetti, colega y rival en los negocios de Tornabuoni, no quiso quedarse atrás: acababa de terminar su suntuosa villa de Montughi y pensó en dotarse de una capilla funeraria digna de su fortuna. Habiendo fracasado sus conversaciones con los religiosos de Santa María Novella, se volvió a la iglesia Santa Trinità, cercana a su palacio. Se le concedió una capilla al norte del coro. Hizo construir allí, frente a frente, a uno y otro lado del altar, dos nichos bajo arcadas ricamente esculpidas con guirnaldas y motivos romanos. Su sarcófago de pórfido y el de su esposa Nera Corsi, realizados por Giuliano da Sangallo, se ubicaron allí. Alrededor de las tumbas hizo surgir, del pincel de Ghirlandaio, sus propios símbolos, el centauro y la fronda, así como escenas en grisalla imitadas de relieves antiguos, y sobre las bóvedas las figuras de las Sibilas. Pero el esmero más grande se reservó a la decoración del presbiterio. Ghirlandaio pintó para el altar un cuadro de la Natividad. Representaba el momento en que los pastores —en quienes se reconocía a los hombres de negocios de la familia Sassetti— se arrodillaban con sus presentes junto al Niño Jesús acostado al pie de un sarcófago. José escrutaba el horizonte donde se veía acercarse, por un camino en pendiente, el cortejo de los Reyes Magos —discreta alusión a la familia Médicis—. Ese cuadro unía pues, como era tradicional, la evocación religiosa y la alusión al mundo contemporáneo. Una técnica mucho más decidida se adoptó en los grandes frescos que coronaban el altar. En registros superpuestos figuraban episodios de la historia de San Francesco, patrono de Sassetti. Se veía representado un milagro que había tenido lugar en las proximidades de la iglesia Santa Trinità, en la plaza donde se levantaban los palacios Sassetti, Spini y Gianfigliazzi. Un niño de la familia Spini, caído por la ventana y dejado por muerto sobre el pavimento, había resucitado por la intercesión de San Francesco. La escena muestra al niño levantándose de su cama mientras que en el cielo San Francesco lo bendice. La multitud ricamente vestida, que asiste al milagro en ese decorado típicamente florentino, está poblada de insignes ciudadanos contemporáneos de Sassetti. Según Vasari, debe reconocerse en ellos a Maso degli Albizzi y a sus dos graciosas hijas, Albiera y Giovanna, esposa de Lorenzo Tornabuoni. Figuran también Agnolo Acciaiuoli y Palla Strozzi.

Con el pretexto de mostrar la confirmación de la regla de San Francesco por Honorio III en 1223, el fresco superior destaca maravillosamente a Sassetti y a sus hijos, pero también a Lorenzo el Magnífico y a los suyos, Pedro, Juan y Juliano, a quienes se ve subiendo una escalera conducidos por su maestro, Poliziano, y seguidos por Matteo Franco y Luigi Pulci. Lorenzo asiste a la escena entre un anciano, identificado a veces como Antonio Pucci, y su director general Sassetti, que tiene a su lado a su hijo menor, Teodoro. Sereno y majestuoso con su larga capa púrpura, el rostro casi sonriente, Lorenzo atrae todas las miradas, más que el consistorio pontificio situado en el plano central. En el fondo de la escena se percibe la plaza de la Señoría con su logia y el palacio mismo, ante el cual discurren pequeños grupos de florentinos. El ambiente pacífico y armonioso de la escena es verdaderamente el de una corte soberana. El Papa en su trono y San Francesco arrodillado entre los cardenales, están allí casi como comparsas, como si participaran de una de las ceremonias oficiales de la Señoría cuyo decorado atraía la atención, mientras que al margen, alrededor de Lorenzo, se trataban verdaderamente los asuntos importantes.

Así, gracias a Sassetti y a Ghirlandaio, la iglesia de Santa Trinità se convirtió en un lugar donde se rendía una especie de homenaje público a Lorenzo el Magnífico en su poder político y financiero. Hay que hacer notar que la capilla mayor de la misma iglesia se hallaba igualmente llena de frescos, hoy destruidos, en los que Lorenzo figuraba rodeado de los principales notables florentinos. Habían sido encargados a Alesso Baldovinetti, maestro de Ghirlandaio, por Bongianni Gianfigliazzi, varias veces encargado por Lorenzo de misiones importantes y cuyo palacio se levantaba muy cerca de la iglesia. El comanditario figuraba con su familia al lado del Magnífico y en compañía de Luigi Guicciardini, de Luca Pitti y de gran número de otras celebridades florentinas, en especial Filippo Strozzi.

Santa Trinità era el panteón de las familias allegadas a los Médicis. No lejos de la capilla Sassetti será inhumada en 1501, en la capilla Ardinghelli, Lucrecia Donati, la musa de Lorenzo. Pero Santa María Novella, la gran iglesia del convento donde se hospedaba el Papa cuando iba a Florencia, era más apreciada por los notables que el pequeño santuario urbano.

Las composiciones de Ghirlandaio en Santa María Novella

Cuando Ghirlandaio terminó la capilla Sassetti, el 15 de diciembre de 1485, abordó el decorado del coro de Santa María Novella en virtud de un contrato firmado el 1 de septiembre con Giovanni Tornabuoni. La obra lo retuvo desde 1486 hasta 1490, habiendo sido consagrado el coro el 22 de diciembre de 1490. Constituía un magnífico monumento dedicado a la gloria de los Médicis, a los cuales Tornabuoni estaba estrechamente vinculado por su hermana Lucrecia, madre de Lorenzo.

La capilla Tornabuoni, situada en el coro, tenía un carácter funerario, como la de Sassetti. Estaba destinada a guardar el recuerdo de Tornabuoni y de su esposa Francesca Pitti, representados de rodillas a uno y otro lado del altar. Pero alrededor de ellos, sobre la pared de la derecha en los episodios de la historia de San Juan Bautista —patrono de Tornabuoni y de Florencia—, y sobre la pared de la izquierda en los de la historia de la Virgen, abundaban los personajes familiares del entorno de Lorenzo. Desde luego, se ha buscado entre ellos al Magnífico, sin reconocerlo formalmente.

Las identificaciones más seguras conciernen a los personajes de *La aparición del Angel a Zacarías*. Entre los veintiún espectadores se reconoce a Giovanni Tornabuoni, rodeado de su familia, en el grupo a la izquierda del ángel; luego a miembros de las familias Médicis, Sassetti, Tornaquinci y, finalmente, en el famoso grupo del primer plano a la izquierda, a Cristoforo Landino, Marsilio Ficino, Angelo Poliziano y Gentile Becchi, humanistas y amigos íntimos de Lorenzo.

Las escenas de *La Natividad de San Juan* y de *La Natividad de la Virgen* abundan en personajes femeninos. María, recién nacida esperando su baño, es saludada por Ludovica, la hija de Giovanni Tornabuoni, una bonita joven de catorce o quince años ricamente ataviada, seguida de un grupo de cuatro damas patricias, entre las cuales se ha propuesto reconocer en segunda fila a Ginevra Benci, a quien Lorenzo dedicará dos sonetos religiosos, o tal vez a Clarissa Orsini, su mujer.

En *La Natividad de San Juan* figura quizás, entre las visitantes de la parturienta, Lucrecia Tornabuoni, madre de Lorenzo, con la cabeza cubierta por un velo blanco.

En la escena de *La Visitación* se reconoce a Giovanna degli Albizzi, esposa de Lorenzo Tornabuoni. Este, hijo preferido de Giovanni

Tornabuoni y su continuador, participa en primer plano, a la izquierda, de la escena de *Joaquín expulsado del Templo*, junto a un personaje enigmático en quien algunos proponen ver a Lorenzo el Magnífico. Frente a los dos personajes, Domenico Ghirlandaio se ha representado en compañía de su hermano David, de su padre Tommaso (identificado a veces como su maestro Alesso Baldovinetti) y de su ayudante, que luego fue su cuñado, Bastiano Mainardi. Al entrar ellos mismos en el fresco, ponían su firma. Lo merecían después de ese trabajo inmenso, que habría de reportarles 1.400 grandes escudos de oro, a condición de que el comanditario pudiera encontrar en el trabajo, decía el contrato, "la exaltación de su propia familia y de su Casa". El contrato había sido bien cumplido e imaginamos la satisfacción de Tornabuoni y de su sobrino Lorenzo el Magnífico cuando pudieron leer la inscripción latina que coronaba la arcada de la derecha del Templo de Jerusalén en *La aparición del Angel*: "El año 1490, cuando la ciudad, bella entre las bellas, ilustre por sus riquezas, sus victorias, sus artes y sus monumentos, gozaba dulcemente de la abundancia, de la salud y de la paz".

Mosaicos e iluminación de estampas

Florencia daba esa impresión cuando se recorrían sus iglesias resplandecientes de oro y de colores suaves. Por encima de los frescos brillaban los mosaicos. Lorenzo el Magnífico era muy aficionado a ellos. No escatimaba gastos, a juzgar por su diálogo, narrado por Vasari, con un artista bastante extravagante, Graffione, a propósito del decorado interior del duomo de Santa María del Fiore en 1490.

"Quiero hacerlo decorar con mosaicos y estuco", dice Lorenzo. "Pero no tenéis maestros en ese arte", responde Graffione. Lorenzo le replica: "Tenemos suficiente dinero para hacerlos". Y Graffione concluye: "¡Eh, Lorenzo! ¡El dinero no hace maestros; son los maestros los que hacen dinero!". Pero el dinero no faltaba: el cierre sucesivo de las cuentas de las filiales extranjeras producía un regreso considerable de capitales. Antes que reinvertirlos en negocios de dudoso futuro, se prefería aprovecharlos inmediatamente y emplearlos en gastos suntuarios. Como en suma los trabajos artísticos eran bastante modestamente retribuidos, el dinero disponible alimentaba las obras que se iniciaban un poco en todas partes. Lorenzo el Magnífico había admirado la restauración de los mosaicos del baptisterio de San Juan, comenzada hacia mediados del siglo y proseguida durante mucho tiempo por Alesso Baldovinetti, que restauró igualmente los mosaicos de San Miniato al Monte.

Gracias a esas obras, Florencia se puso a la vanguardia de la técnica del mosaico, antes que Venecia. El Magnífico deseaba que su ciudad conservara la primacía de un arte que Ghirlandaio consideraba como "la verdadera pintura para la eternidad". Los maestros pintores se transformaban fácilmente en maestros mosaiquistas: los dos hermanos Ghirlandaio trabajaron en el Duomo aplicando las enseñanzas de su maestro, Alesso Baldovinetti. Coronaron la puerta de la catedral que se abre sobre la Via dei Servi con una *Anunciación*. Adornaron de mosaicos las bóvedas de la capilla de San Zanobi y el perímetro del coro. Su equipo comprendía a los dos hermanos Gherardo y Monte del Fora, llegados al mosaico a través del trabajo de la miniatura. Desde 1470 dirigían un taller de iluminación de estampas que producía admirables libros litúrgicos para los conventos y la catedral de Florencia, pero también textos antiguos restituidos por los humanistas. Esas obras originales de la Antigüedad se encontraban en las diversas bibliotecas florentinas y, en particular, en la de Lorenzo, como el *Dídimo* y los *Salmos de David*, ilustrados por cuenta de Matías Corvino, rey de Hungría, y retenidos por el Magnífico en pago parcial de las deudas del soberano. Además de los hermanos del Fora, Attavante Attavanti y Giovanni Boccardi son prestigiosos iluminadores.

La influencia de las miniaturas en el desarrollo del gusto artístico fue considerable. Por su contemplación cotidiana en las horas de meditación y de plegaria, alimentaban la ensoñación. Los medallones con personajes, los *putti*, los follajes y los frutos estilizados, brillantes de oro y de vivos colores, condicionaban desde la infancia la visión del mundo. El primer libro de matemáticas del pequeño Juliano, el hijo de Lorenzo, estaba cuidadosamente decorado con encantadores dibujos representando a mercaderes con sus fardos. Lorenzo leía sus *Horas* en un libro ilustrado con floridas miniaturas por Francesco de Antonio. Consultaba las traducciones griegas de Ficino en manuscritos adornados con efigies de personajes antiguos mezclados con contemporáneos. Cuando hizo imprimir en Florencia las *Obras* de Homero, dio su ejemplar a iluminar: en él figura su retrato, vestido de rojo vivo, realizado al parecer por Ghirlandaio.

Ese gusto pasó a sus hijos. El cardenal Juan, luego papa León X, continuó encargando miniaturas: en especial, hizo ejecutar por Giovanni Boccardi el retrato de su padre para decorar la tapa de un manuscrito que hoy se encuentra en la Biblioteca Nacional de París. Los márgenes están llenos del emblema tradicional del Magnífico: esferas reducidas a seis, plumas de avestruz con la divisa *"Semper"*, follaje verde de laurel, troncos y símbolos más raros: la colmena laboriosa del comerciante y del político, el ramo de flores del poeta y el ave curiosa —un lorito— del hombre astuto, con su divisa francesa *"Nul ne le set (por 'sait') qui ne l'essaie"* (No lo sabe quien no lo intenta). La riqueza de ese lenguaje ilustrado explica la aparición de los miniaturistas en los equipos de mosaiquistas, igualmente llamados a jugar sobre espacios reducidos con colores rutilantes y pequeños símbolos decorativos. Los dos hermanos del Fora, en su obra del Duomo, colaboraban en la colocación de los mosaicos con Sandro Botticelli, también él maestro pintor de floridas alegorías.

El simbolismo de Botticelli

En 1482, Botticelli estaba respaldado por años de oficio. Había recibido encargos de las familias notables y de los conventos. Su amistad con Lorenzo, cuatro años menor que él, y con sus jóvenes primos, Lorenzo y Giovanni, hijos de Pierfrancesco de Médicis, le otorgó una aureola de artista oficial.

En efecto, Botticelli sabía mezclar hábilmente las escenas sagradas con los personajes contemporáneos. Pero también sabía desprenderse de ese contexto demasiado concreto para alcanzar en muchos de sus cuadros piadosos la pura evocación religiosa: las *Vírgenes con el Niño* se sitúan fuera del tiempo y del espacio, en el seno del Paraíso mismo.

Para acentuar esa impresión de intemporalidad, el pintor deja voluntariamente de lado las reglas de la perspectiva teórica. Las formas elegantes de los protagonistas que pone en escena en sus "triunfos sagrados" están cada vez más desprovistas de volumen y de masa. La acción principal figura en segundo plano detrás de las escenas secundarias. En ninguna parte esa técnica aparece mejor que en las composiciones de temas mitológicos, a las que el hermetismo de las actitudes y los decorados imprime una extraña atmósfera de iniciación esotérica.

Las grandes pinturas de Botticelli pertenecientes a este ciclo fueron consideradas durante largo tiempo como alegorías portadoras de mensajes. En el siglo XIX se pensó que eran manifiestos de ruptura con la época precedente marcada por el oscurantismo y por la dictadura de una ortodoxia cristiana limitada. En tal calidad se hicieron célebres como modelos de manifestaciones del Renacimiento. Sabemos hoy que el lenguaje del antiguo paganismo, adoptado con entusiasmo como consecuencia del redescubrimiento de la Antigüedad por los humanistas, sucedió muy naturalmente —o más bien se mezcló— al lenguaje alegórico de lo que mucho más tarde se dio en llamar la Edad Media.

El sentido de ese simbolismo alimentó las discusiones de generaciones de exégetas y todavía continúan floreciendo hipótesis a la manera de las múltiples corolas que salpican el suave césped de *La primavera*. Los últimos estudios parecen admitir que las cuatro composiciones paganas más célebres de Botticelli: *Marte y Venus, La primavera, Palas y el Centauro* y *El nacimiento de Venus*, se vinculan con bodas famosas en las familias notables allegadas a Lorenzo de Médicis.

La pintura de *Marte y Venus* tal vez estaba destinada al panel de un lecho nupcial. Surge del arte de los *cassoni*, esos grandes baúles donde se guardaba, como en un valioso armario, el lujoso ajuar de la novia. Tal vez fue ejecutada con motivo de una boda en la familia Vespucci. Refleja una enseñanza neoplatónica: Marte hace más fuertes a los hombres, pero Venus los domina. Los juegos de los amorcillos que se burlan del guerrero desnudo se reencuentran en un poema antiguo de Luciano.

La primavera y *Palas* fueron pintadas para Lorenzo, el primo segundo del Magnífico, hacia 1482. Durante mucho tiempo se creyó que la primera de esas composiciones había sido realizada hacia 1478 para la villa de Castello, donde Vasari la vio en el siglo XVI. Un estudio más reciente propone una hipótesis algo diferente. Es sabido que Lorenzo el Magnífico se convirtió en 1476 en tutor de sus primos segundos, Lorenzo, nacido en 1463, y Giovanni, nacido en 1467, a la muerte del padre de ellos, Pierfrancesco. La participación financiera de estos en la firma de los Médicis era considerable. Se repartió el capital por mitades y los jóvenes Médicis recibieron en su parte la villa de Trebbio en el Mugello. Entre 1476 y 1478 compraron una segunda villa, Castello, más cerca de Florencia, donde residían habitualmente en su palacio urbano situado en la Via Larga, cerca del gran palacio Médicis.

Ya hemos dicho que se vieron obligados a prestar al Magnífico en 1478 la considerable suma de 53.643 florines y que obtuvieron en concepto de reembolso la villa de Cafaggiolo y varias propiedades más en Toscana. Pero el Magnífico no se limitó a esa importante compensación. En 1482 arregló para Lorenzo una rica boda con Semirámide, hija de Jacopo Appiani, señor de Piombino. Este poseía en sus dominios la isla de Elba y sus minas de hierro, y la firma Médicis había desplegado su estrategia comercial en esa dirección. El joven Lorenzo recibía así indirectamente una nueva satisfacción de su primo, quien, además, trató de favorecerlo de muchas otras maneras, en especial enviándolo en 1483 como embajador a Francia para felicitar a Carlos VIII por su acceso al trono.

La primavera y *Palas* habrían sido realizadas en ocasión de la boda con Semirámide en 1482 para decorar, frente a frente, la misma habitación del palacio urbano de Lorenzo, sin duda la antecámara nupcial. Sólo más tarde habrían sido llevadas a Castello. La escena de *La primavera* muestra el jardín de Venus. Bajo naranjos cargados de frutos, donde revolotea Cupido, el primer personaje de la izquierda, Mercurio, elegante joven semidesnudo, muestra el cielo. Las tres Gracias bailan con agilidad. En el centro, Venus misma está de pie en segundo plano, castamente cubierta. Parece ordenar la fiesta, con su mano levantada. A la derecha de la composición, detrás de Flora ricamente ataviada con un vestido florido, una ninfa, Cloris, con flores en la boca, es perseguida y alcanzada por Céfiro, que baja volando entre los arbustos, con las mejillas infladas. Esta escena es una interpretación literal de un pasaje de los *Fastos* de Ovidio. Sin duda las fuentes antiguas proporcionaron más ideas: así, en *El asno de oro* de Apuleyo, Mercurio preside el juicio de Paris por Venus. La presencia de las tres Gracias es más enigmática. Podrían representar las virtudes conyugales: *Castitas, Pulchritudo, Amor*. La lección final estaría inspirada en Ficino: Venus es el signo planetario de los seres amables y corteses. Algunos críticos, basándose en esta consideración, interpretaron *La primavera* como una representación del horóscopo de los esposos.

La interpretación del cuadro *Palas y el Centauro* dio lugar también a muchas hipótesis. La difundida con más frecuencia fue, durante mucho tiempo, la de una alegoría política magnificando la victoria de Lorenzo sobre los Pazzi. En la actualidad esa hipótesis está totalmente desechada. Tomando por los cabellos al centauro, símbolo de los apetitos y necesidades animales, la diosa de la sabiduría, cuyo vestido está sembrado de anillos preciosos, uno de los emblemas de los Médicis, muestra que la castidad y las pasiones nobles deben triunfar sobre la lujuria. Una alegoría semejante figuraba en el estandarte pintado por Botticelli en 1475 para la justa de Juliano de Médicis. Esta composición, si así se la interpreta, tenía pues su lugar en la antecámara del aposento nupcial del joven Lorenzo.

El nacimiento de Venus pone en escena a personajes que ya figuran en *La Primavera*. Céfiro, abrazando a la ninfa Cloris, vuela hacia la gran concha marina que sirve de barca a Venus. La diosa está desnuda, pero oculta castamente su pecho y su sexo. A la derecha, en la orilla a la que llega Venus, una ninfa con vestido florido, como la Flora de *La primavera*, tiende un velo precioso a la diosa. A veces se la ha identificado con una de las *Horas* de la mitología.

Las *Stanze per la Giostra* de Poliziano habrían podido inspirar la composición. Pero también se puede ver en ella la reconstrucción de una pintura antigua de Apeles, Venus Anadiomena, que habría sido encargada a Botticelli, como se le encargó restituir otra obra maestra del pintor antiguo, *La calumnia*, en la que figura una bella joven, desnuda como Venus, objeto de la persecución de los malvados.

El nacimiento de Venus, como *La primavera*, coloca el destino humano bajo el símbolo de Venus: la humanidad nace a la civilización; surge de la nada y aborda la ribera de la naturaleza que la acoge y la viste.

Considerada más tardía que *La primavera*, esta composición, tal vez ejecutada hacia 1483, parece haber sido realizada también con motivo de una boda.

En esa época se preparaba la unión del primo hermano de Lorenzo el Magnífico, Lorenzo Tornabuoni, con Giovanna degli Albizzi. No lejos de Careggi, los Tornabuoni poseían una villa a la que sucedió en la época contemporánea la villa Lemmi. Botticelli le procuró una suntuosa decoración, depositada hoy día en el museo del Louvre. En la logia se veía a Giovanna recibida por Venus y sus ninfas —algunos las interpretaron como las Virtudes cardinales— y, por otra parte, a Lorenzo Tornabuoni conducido por una divinidad hacia un círculo de siete damas, que representarían a las Artes liberales. Aquí también la lección estaba inspirada por la doctrina ficiniana: el acceso a la vida superior se realiza bajo el signo de Venus, pero pasando por las escalas del saber.

Lorenzo el Magnífico no se limitaba a admirar las composiciones de Botticelli en las mansiones de sus parientes y amigos. Utilizó para sí mismo al pintor en una importante obra que inició hacia 1484, en su villa de Spedaletto. Esta casa, como la de los Tornabuoni, era una morada de descanso en el campo y servía a Lorenzo para sus curas. La logia, lugar de reposo, fue decorada con pinturas en las que colaboraron, además de Botticelli, Ghirlandaio, Perugino y Filippino Lippi. Las composiciones han desaparecido por completo. Representaban divinidades antiguas: así Ghirlandaio había pintado, según Vasari, a Vulcano y a sus ayudantes forjando los rayos de Júpiter.

Filippino Lippi y el gusto por lo fantástico

La presencia del joven Lippi en Spedaletto revelaba el favor que le concedía Lorenzo. Filippino tenía veintisiete años. Era hijo del gran Filippo Lippi, pintor favorito de los Médicis, y de Lucrecia Buti, una monja de Prato. Huérfano a los once años, fue criado por el colaborador de su padre, fra Diamante, y desde muy pequeño manejó los pinceles, especialmente en Spoleto y en Prato. Luego, en 1472, a los quince años, se convirtió en alumno, allegado y amigo muy querido de Sandro Botticelli. El Magnífico hizo extensiva al joven su propia amistad por Botticelli: en 1488 encargó a Filippino hacer ejecutar, por cuenta suya, una suntuosa tumba para su padre Filippo en la catedral de Spoleto. Poco antes de trabajar en Spedaletto, Filippino había recibido el encargo de completar los frescos de la capilla Brancacci en el Cármine. Lo había hecho, según la moda de la época, llenándolos de personajes florentinos. En *La Resurrección por San Pedro del hijo de Teófilo* figura un grupo impresionante de personajes muertos, pintados casi todos tomando como modelo sus máscaras fúnebres. Se reconoce sobre todo a Luigi Pulci, Piero Guicciardini, Niccolò y Tommaso Soderini. En cambio, en *San Pedro y San Pablo ante el Procónsul* se distinguen interesantes figuras de contemporáneos: así se ve el elegante perfil de Antonio del Pollaiuolo, la cabeza redonda de Botticelli y, muy cerca, mirando al público, el bello rostro moreno del joven Filippino.

Después de esos frescos, el pintor recibió un encargo de la Señoría: el gran cuadro de la Madonna para el Salón del Consejo. La Comisión de las Obras del Palacio se lo confía el 27 de septiembre de 1485, dejando el Magnífico fijar el precio en una suma muy elevada.

La recomendación de Lorenzo sirvió tal vez a Filippino para obtener la decoración de la capilla del cardenal Caraffa en Santa María sopra Minerva, en Roma, donde se encontró con otro protegido del Magnífico, Antonio del Pollaiuolo, encargado de construir la tumba de Sixto IV. Pero es quizás en Florencia donde Filippino habría de dejar su composición más interesante en la capilla Strozzi. Encargada en 1487, fue ejecutada a partir de 1489 y terminada bastante después. Ese conjunto monumental mezcla símbolos paganos y cristianos: ángeles, ninfas, musas y esfinges rodean a los patriarcas y a la Virgen. La evocación de san Felipe y de san Juan Evangelista se resuelve en escenas extrañas. El emperador Domiciano juzga a san Juan al pie de una columna donde está incrustada una cabeza de fauno dorada que sostiene el estandarte de Roma. Drusiana es resucitada en Efeso ante dos extraños templos, cerca del altar de Diana, adornado con máscaras de faunos y de prisioneros y coronado por la divisa: *Orgía*.

Finalmente, *El milagro de San Felipe ante el altar de Marte* es un triunfo del arte fantástico. El pórtico semicircular que rodea la estatua del ídolo, con sus panoplias, sus victorias aladas, sus cariátides y sus atlantes, se anima con una vida mágica. El decorado ya no es ni piedra, ni marfil, ni metales, sino un pulular de potencias tenebrosas y maléficas que lanzan hacia el apóstol la fuerza de sus influjos amenazadores. Pero el gesto victorioso de Felipe hacia el monstruo horrible que repta a sus pies rompe la pesadilla.

Lorenzo apreciaba en Filippino la gran fecundidad de su imaginación y su facultad de imitar los ejemplos antiguos, adaptándolos. En diferentes fechas, el pintor produjo *Alegorías* cargadas de extraños mensajes.

En la *Alegoría del Amor*, un unicornio hunde su cuerno en un manantial envenenado. *El centauro herido* se desploma ante la gruta donde habita su familia. La *Alegoría de la música*, elegante y ligera, muestra a la musa Erato sujetando con una preciosa banda, ayudada por dos amores, al cisne de la poesía; sobre un altar de espuma, una cabeza de ciervo en forma de lira mira la escena con sus ojos vivos; a lo lejos brilla el mar, inmenso y claro, mientras que en el primer plano, sobre un profundo estanque al abrigo de oscuras frondas, nadan tres pequeños cisnes. Se ha visto en esta pintura la ilustración de una égloga de Lorenzo el Magnífico, *Apolo y Pan:*

Nell'aque all'ombra delle sacre fronde
canton candidi cigni dolcemente:
l'acqua riceve il canto, e poi risponde.

En el agua a la sombra de la sagrada fronda
cantan cándidos cisnes dulcemente.
El agua recibe el canto, y les responde.

Se establece un permanente intercambio entre la pintura y la poesía. Ambas beben en las mismas fuentes de inspiración, la naturaleza y la filosofía, revestidas de símbolos paganos; paralelamente, se establecen múltiples correspondencias con las otras artes. Toda la producción artística y literaria está marcada por el signo del esoterismo y de la jerarquía de valores inspirada en las enseñanzas de Ficino.

Andrea del Verrocchio

En materia de escultura, Andrea del Verrocchio sigue siendo el intérprete favorito de las emociones íntimas de Lorenzo. Esculpió el bello busto de Juliano, representado como joven guerrero antiguo sonriente, que conserva el recuerdo de la amable víctima de la conspiración de los Pazzi. Modeló en terracota el interesante retrato de Lorenzo con ropa de gala de notable florentino y caperuza en la cabeza. Esta escultura, bastante austera, constituye una especie de retrato oficial en el que se inspirarán numerosos artistas. En el siglo XVI, el pintor Bronzino concebirá a partir de ella una admirable efigie.

La dama del ramillete, terminada hacia 1480, no ha sido identificada con seguridad. Tradicionalmente se ha supuesto que se trataba de Lucrecia Donati. La obra destaca excepcionalmente las manos delicadas de esa bella joven que sostiene un ramillete apretado contra el pecho. Ahora bien, el tema de manos sosteniendo flores es tratado con predilección en los sonetos de Lorenzo:

Cándida, bella y delicada mano... (Soneto VI)

Bellas y frescas violetas purpúreas
Que esta mano blanquísima corta. (Soneto VII)

Entre las otras obras confiadas a Verrocchio se encontraba un monumento funerario levantado en la iglesia romana de Santa María sopra Minerva, en la capilla decorada por Ghirlandaio en honor de Francesca Pitti, mujer de Giovanni Tornabuoni, muerta de parto en 1477. Lorenzo mantenía una tierna relación con su tía política y debió pedir a Verrocchio que esculpiera esa tumba.

Lorenzo hacía realizar a los artistas obras destinadas a los príncipes extranjeros. Tal fue el caso de Verrocchio a quien, según Vasari, le encomendó unos bajorrelieves representando cabezas antiguas que obsequió a Matías Corvino, rey de Hungría. Permitió además al escultor ir a Venecia a modelar la estatua del Colleoni, el gran condotiero de la Serenísima. Verrocchio murió en 1488 antes de haber concluido su tarea, pero la estatua ecuestre, una vez terminada por sus continuadores, proclamó y sigue proclamando en la ciudad de la laguna la grandeza del escultor de Lorenzo.

Giuliano y Benedetto da Maiano

Los hermanos Giuliano y Benedetto da Maiano, que aportaron uno y otro su contribución al florecimiento del arte mediceo, fueron como Verrocchio enviados por Lorenzo en misiones artísticas al extranjero, sobre todo a Roma, Milán, Nápoles y Venecia. Eran oriundos de la modesta familia de un tallador de piedra y escultor en madera. En un principio habían sido empleados por los Pazzi en su capilla de Santa Croce —donde realizaron la monumental puerta de madera—, en su palacio urbano y en su villa de Montughi. Después de la conspiración, pasaron sin dificultad a formar parte de la clientela Médicis. El 1 de abril de 1479, Giuliano fue nombrado maestro de obras del Duomo de Florencia, sin duda por recomendación de Lorenzo. Construyó en Nápoles, inspirándose en Vitruvio y en Alberti, la villa de Poggio Reale para Alfonso de Aragón, duque de Calabria. Benedetto, su hermano, era ante todo escultor. En 1480 colaboró en tal carácter con Giuliano para erigir una puerta monumental en el palacio de la Señoría, puerta que conduce del salón de Audiencias al salón de las flores de lis: la decoró con estatuas de la Justicia y de San Juan Niño. En 1490 Lorenzo le encargó esculpir los bustos de Giotto y del músico Antonio Squarcialupi, que deseaba erigir en la catedral de Florencia en homenaje a esos grandes hombres. Un poco más tarde, Benedetto ejecutó la tumba y el busto funerario de Filippo Strozzi en Santa María Novella y colaboró con Giuliano da Sangallo en la construcción del gran palacio urbano de los Strozzi. Es sin duda de esa época que data el curioso busto de Lorenzo, conservado en el museo de Praga. Esta obra, poco conocida, es uno de los retratos más vivos de Lorenzo. La fealdad del rostro con su gran nariz achatada y su pesada mandíbula, una semisonrisa, presente en la boca y en los ojos, le confieren una atrayente impresión de inteligencia y de dulzura.

La obra maestra de Sangallo

El mundo de los arquitectos abundaba en maestros pletóricos de ideas, verdaderos misioneros de la resurrección de las formas antiguas, siguiendo las huellas del gran Alberti. Algunos fueron enviados a las cortes extranjeras como embajadores del arte florentino, como Luca Fancelli a Mantua. El artista más apreciado por Lorenzo fue Giuliano Giamberti, llamado Sangallo. Seis años mayor que Lorenzo, había trabajado siendo joven en Roma en las obras de San Pedro y del palacio de San Marcos bajo el pontificado de Pablo II e igualmente en Florencia en el palacio Médicis, donde esculpió tallas con su padre, Francesco Giamberti. Los trabajos de fortificación y los sitios impuestos al ejército florentino durante la guerra de los Pazzi hicieron que fuera contratado como arquitecto militar con su maestro Francione y otro arquitecto, Francesco de Angelo, llamado La Cecca. Sus grandes encargos datan de 1485: en Florencia, Francesco Sassetti le encomendó la realización de su propio sarcófago y el de su mujer en la iglesia de Santa Trinità.

A ese prestigioso cometido se suman otros dos que consagran el talento de Giuliano: la ciudadela de Ostia, encargada por Juliano della Rovere, el futuro papa Julio II, y la iglesia de Santa María delle Cárceri en Prato, cuyo consejo de clérigos lo eligió por recomendación de Lorenzo de Médicis. Pero el Magnífico continúa empleando al arquitecto en calidad de especialista militar. En 1486 le confía la reconstrucción de las defensas de Poggio Imperiale, cerca de Poggibonsi: esa obra durará hasta 1490, año en que Giuliano la interrumpirá para ir a Roma a hacerse cargo de la superintendencia de los trabajos de la basílica de San Pedro. Mientras tanto, se le encarga dirigir el sitio de Sarzana y luego, al caer la plaza, dotarla de fortificaciones. Su celebridad es tal que Lorenzo lo envió a Nápoles en 1488 a presentar al rey Ferrante una maqueta de palacio que debía rivalizar con la reciente villa de Poggio Reale. La satisfacción del rey fue tan grande que ofreció al arquitecto una copa llena de monedas de oro, dos caballos, muchos otros regalos y, por añadidura, 100 escudos de oro. Ferrante agradeció también a Lorenzo, obsequiándole estatuas antiguas: un busto del emperador Adriano, una efigie femenina y un Cupido que fueron ubicados en los jardines del Magnífico.

Esa época de intensa actividad, desarrollada con la colaboración de su hermano Antonio, ve trabajar al arquitecto en Florencia en el claustro y en el convento de Castello convertido más adelante en Santa María Magdalena de los Pazzi y sobre todo en el convento de los agustinos, cerca de la puerta de San Gallo, donde residía el predicador preferido de Lorenzo, fray Mariano de Genazzano. El edificio, inconcluso todavía a la muerte de Lorenzo, fue destruido durante el sitio de Florencia en 1529. Sólo los diseños conservados en la Galería de los Uffizi mantienen su recuerdo. El conjunto constituía un monumento excepcional. La grande y bella iglesia, el claustro, la biblioteca, los tres dormitorios, la enfermería, el noviciado, el capítulo y el albergue de peregrinos, con un segundo claustro y un gran jardín cerrado, costaron 16.900 florines. Ese logro confirmó a Giuliano Giamberti el sobrenombre de Sangallo, que ya llevaba como oriundo de ese barrio de San Gallo y que luego utilizó por voluntad expresa de Lorenzo en memoria de su obra maestra. En adelante figuró, aunque en compañía es verdad de su rival Giuliano da Maiano, en las comisiones de los grandes expertos, para examinar los proyectos de la fachada de la iglesia del Santo Spirito y de la catedral. Se le encargó la construcción de moradas patricias: el palacio de Giuliano Gondi, enriquecido por el comercio con el rey de Nápoles, y el palacio de Bartolomeo Scala, canciller de la República, cuyo elegante patio es justamente célebre. Finalmente, participó, con Benedetto da Maiano, principal arquitecto, en las obras del palacio Strozzi.

La villa modelo de Poggio a Caiano

Giuliano da Sangallo construyó para Lorenzo una villa modelo. Los diversos repartos de las propiedades familiares con sus primos obligaron al Magnífico a elegir un nuevo lugar de retiro en el campo, después de apaciguarse los disturbios provocados por la conspiración de los Pazzi. En 1479 compró la propiedad bastante modesta de Poggio a Caiano. Desde 1476, había estado allí varias veces como invitado y pudo apreciar sus comodidades. Era un dominio cercano a Florencia —está sólo a diecisiete kilómetros de distancia—, de acceso rápido por la ruta de Pistoia y fácil de defender al estar situado sobre una colina que domina esa ruta. Allí se levantaba una casa asaz modesta. Había sido construida sobre las ruinas de una antigua fortaleza por la familia Cancellieri, que la había vendido en 1420 a Palla Strozzi en 7.390 florines de oro. La propiedad había pasado luego a los Rucellai. Lorenzo apreció sus atractivos y la compró: el Magnífico quiso hacer de ese lugar un abra de paz y de descanso donde pudiera distraerse, en la poesía y la ensoñación, de los ajetreos financieros y políticos. Siguiendo sus indicaciones, Sangallo trabajó allí desde 1485 hasta 1489. El plano refleja la concepción de la villa patricia a la manera antigua expresada por el gran teórico Alberti. Adopta la forma de una H mayúscula: dos cuerpos de edificación rectangulares de dos plantas unidos en el centro por un gran salón. Esa habitación monumental, cuyo techo salta hasta el piso superior, sustituye al patio tradicional. Un pórtico con arcadas soporta el conjunto del edificio, constituyendo su planta baja. Sobre la fachada principal dos escaleras rectas subían hacia la entrada. En el siglo XVIII fueron reemplazadas por una doble rampa en herradura. El acceso principal es un templete jónico, realizado en *pietra serena*, que contrasta por su material gris azulado con el revoque blanco del resto del edificio. Esa armoniosa disposición sería propuesta al rey Ferrante para el gran palacio que deseaba construir en Nápoles. El frontón del templete de entrada ostenta el blasón con las esferas de los Médicis, encuadrado por las elegantes volutas de cuatro cintas flotantes. Por debajo, un notable friso corona las cuatro columnas y las dos pilastras de capiteles jónicos. Ese friso está compuesto por temas antiguos y fue realizado, sin duda, por Andrea Sansovino, en mayólica clara —azulejo blanco sobre fondo azul— como los frisos de la iglesia vecina de Santa María delle Cárceri en Prato. Cinco compartimentos están delimitados por dioses Términos. En el centro, una escena bélica muestra a Jano abriendo el templo de Marte. A uno y otro lado se distinguen las alegorías de la Noche y del Día con el vuelo del carro del Sol; luego las estaciones con las escenas de un calendario rústico; finalmente, los trabajos y los placeres de los hombres, simbolizados por carreras de cuadrigas. Cuando se entra a la loggia se adivinan los restos de un gran fresco de Filippino Lippi: *El sacrificio de Laocoonte*. Pasado el umbral, un amplio vestíbulo acoge al visitante. Una escalera suspendida realizada por Sangallo conduce al gran apartamento que ocupa el primer piso. El lugar más prestigioso de la villa es el gigantesco salón situado en el centro, actualmente decorado con magníficos frescos del siglo XVI. Sangallo lo había cubierto con una gran bóveda de medio punto artesonada en dorado.

Ese verdadero castillo situado en plena naturaleza está cuidadosamente protegido. Cuatro torres unen las murallas que rodean el terraplén sobre el que se levanta la morada. Ese cerco está a su vez incluido en un segundo recinto más amplio que abarca una gran granja, igualmente construida por Sangallo. Situada no lejos de la villa, posee un gran patio fortificado y rodeado de un foso. El edificio agrupaba establos para las vacas, caballerizas y todas las construcciones necesarias para una explotación agrícola intensiva. En efecto, en Poggio, Lorenzo llevaba una vida de hidalgo granjero. Cuidaba con pasión a sus caballos: en 1488 compró en Nápoles veinte yeguas y, poco antes de morir, hizo traer sementales de Egipto y de la costa berberisca. Su caballo favorito, Morello, estaba tan apegado a él que enfermaba cuando Lorenzo no lo alimentaba con la mano.

El Magnífico había importado de Sicilia una raza especial de faisanes dorados y de Calabria una variedad de soberbios cerdos. Sus vacas eran famosas en toda Italia: con su leche se fabricaba un queso superior al de Lombardía. Las moreras de la propiedad permitían alimentar gran cantidad de gusanos de seda.

Un inmenso coto de caza y un gran huerto completaban la propiedad. El huerto estaba formado por arriates y cuadros de arbustos frutales. Un pequeño jardín independiente, circundado a su vez por muros, llamado el "jardín secreto", ofrecía a poca distancia, a mano derecha de la entrada, sus glorietas regulares, sus macizos de flores y de plantas exóticas y, en el centro, un octágono de verdor concebido para el descanso. Detrás de la villa, el huerto descendía hasta el Ombrone. Al pie de la colina, una islita, a la que se llamaba Ambra, había dado su nombre a la villa. En un invierno particularmente riguroso, la crecida del río se la llevó; esto dio ocasión a que Poliziano y su amigo Lorenzo compusieran versos lamentando la pérdida de ese marco familiar de armonía y felicidad.

El poema de Poliziano, en latín, fue escrito en 1485; el de Lorenzo, en italiano, quizás algo más tarde. Uno y otro trasladaron el acontecimiento al mundo de los dioses y diosas. Dieron a su composición la forma literaria de una *Selva*, variación sobre un tema que se pierde y se reencuentra a lo largo del poema, como cuando se busca el camino en una selva.

El poema de Ambra

Poliziano hizo de Ambra una ninfa, hija del Ombrone, enamorada de Lorenzo. Más clásico en su inspiración, Lorenzo imaginó por su parte que la ninfa era importunada por el amor de Ombrone y se convertía, para escapar de él, en roca, la misma roca sobre la que se levantaba la villa de Poggio a Caiano. Sus fuentes literarias eran múltiples: las *metamorfosis* de Ovidio, las *Selvas* de Estacio, el *Ninfale fiesolano* de Boccaccio y el *Driadeo d'amore* de Luigi Pulci, con reminiscencias de Virgilio, de Dante y de Petrarca.

La *Descripción del invierno* —tal es el título que llevan varios de los manuscritos— ocupa las veintidós primeras estrofas de ocho versos y la leyenda de la ninfa los veintiséis siguientes. El cuadro, extrememadamente vivo, de la fría estación en Toscana, está impregnado de acentos semejantes a los de una canción de Dante.

> *La estación ha huido después de haber cambiado*
> *las flores en frutos, ya maduros y cosechados.*
> *La hoja ya no queda en la rama...*
>
> *El pino sigue verde en las montañas blancas*
> *y el peso de la nieve hace inclinar sus ramas.*
> *El ciprés esconde alguna ave en secreto...*
>
> *El olivo, al sol, en una suave pendiente,*
> *según el juego del viento, parece verde o plata.*

El poema evoca luego el vuelo de las aves migratorias, los terrores y placeres de las largas noches de invierno, los círculos de las grullas y del águila rapaz, las desventuras de los peces:

*El agua viva murmurante se congela en cristal
de hielo y se entrega a la calma del reposo.
El pez, aprisionado en el agua sólida y transparente,
parece un mosquito de oro inmóvil en el ámbar.*

Se anuncia la primera metamorfosis: la montaña que domina el valle se convierte en un gigante colosal cuya cabeza se pierde entre las nubes, mientras que el bosque y las rocas parecen pelos de su barba, rígidos por el hielo. Sus ojos y su nariz son un manantial congelado por el frío.

Pero llega el viento del sur, fundiendo nieve y hielo:

*Y los arroyos contentos van hacia las aguas amigas
surgiendo de las profundidades de sus grutas antiguas...*

*Su seno hinchado ya crece con orgullo.
Su cólera, contenida durante muchos días,
se agranda y trepa al asalto de sus riberas tímidas.*

Las aguas bajan rápidas las pendientes y van a unirse a su emisario común.

*Cuando, hinchado y crecido, debe encerrarse
entre las altas paredes de un profundo valle,
sus aguas braman por el esfuerzo, malvadas y turbulentas
y mezcladas con la tierra, se tiñen de amarillo.*

El torrente acarrea y amontona rocas en el estrecho paso. Arremolina sus olas espumosas que rugen horriblemente como las solfataras de las inquietantes lagunas de Volterra. Los campesinos aterrorizados abandonan sus casas. Una mujer lleva a su bebé en la cuna. Su pobre mobiliario parte a la deriva. Los bueyes y los cerdos escapan de los establos y se salvan nadando. Las ovejas se ahogan. Pese al espectáculo de su ruina, el desdichado encaramado en su techo se siente contento de salvar la vida. Sólo los peces, liberados de su estrecha morada, son felices. Exploran las praderas sumergidas, antes inaccesibles. En ese paisaje atormentado se sitúa el episodio legendario.

> *Entonces, como una pequeña isla,*
> *Ombrone, amante soberbio, estrecha a Ambra,*
> *Ambra, no menos cara a Lauro...*

Lauro es Lorenzo, convertido en pastor de las montañas que describe como espectador la persecución de la ninfa. El deseo del torrente Ombrone es evocado con vigor.

> *Cuando el cuerpo de la virgen entra*
> *en el agua oscura y helada, él se conmueve.*

Escondido entre la fronda, Ombrone se acerca a la ninfa. Está a punto de abrazarla. Pero ella escapa, como escapa el pez del hilo del pescador. Ombrone se desconsuela.

> *¡Oh, ninfa! Soy río y sin embargo me abraso.*

Ambra no se deja convencer. Huye entre las espinas y las piedras afiladas que la laceran. La pasión de Ombrone llega a su paroxismo: es al mismo tiempo sudor y hielo. La ninfa se acerca al lugar donde el Ombrone va a mezclar sus aguas con el Arno. El torrente invoca al río que crece a su vez y forma un lago para detener a Ambra. La ninfa, entre los dos peligros, invoca a Diana quien, para salvarla, la transforma en roca. Ombrone se lamenta eternamente bañando con sus aguas las formas petrificadas.

Y Lorenzo concluye:

> *Aprendí cómo agradar*
> *a la mujer amada y ganar su amor.*
> *Cuanto más se la quiere, ella más os desprecia.*
> *¡Oh, Boreas!, viento helado, que lo congelas todo,*
> *endurece y hiela la corriente de mi onda*
> *para que, convertida en piedra, rodee a la ninfa.*
> *Que jamás el sol de claros rayos dorados*
> *transforme en agua sus rígidos cristales.*

Las "Selvas de amor"

En el retiro de Poggio a Caiano, Lorenzo, ya en la cuarentena y físicamente cansado, recuperó el gusto por la vida. En contacto con la naturaleza se sobreponía al peso de los sinsabores y de los males que poco a poco lo iban transformando, como a su padre y a su abuelo, en un hombre achacoso, desplazándose con dificultad, derribado a veces por la gota. Cada vez con mayor frecuencia se refugiaba en la ensoñación poética.

El amor seguía inspirándolo, aunque las mujeres jóvenes que antes lo enardecían ya no gozaban del mismo favor. Al parecer se dejaba subyugar cada vez más por amores de sirvientas, como se adivina por las confidencias veladas de íntimos como Poliziano. La muerte de Clarissa, su mujer, no habría hecho más que acentuar ese gusto. Por fortuna, el vuelo de su musa trascendía la realidad. Eso ocurre en las *Selve d'amore* (Selvas de amor), obras muy cercanas a *Ambra*, hormigueantes de referencias a los poetas antiguos, a Dante, a Petrarca, a Ficino y a Platón. El primero de esos poemas en treinta y dos estrofas magnifica la voluntaria servidumbre hacia el ser amado, mediante la cual se obtiene la libertad.

La altiva belleza a que el corazón aspira
la veo tan sólo en los rasgos de mi amiga,

A ella sola deseo ardientemente...

Siento latir mi corazón en el seno amoroso
de mi dama gentil. El quiere cantar
y para alabar ese instante bendito
usar su bella boca...

La segunda *Selva d'amore*, mucho más extensa —ciento cuarenta y dos estrofas—, comprende numerosos episodios: pintura de los celos, recuerdo de la mujer amada, descripción de la esperanza que transporta al amante, en fin, la evocación de la edad de oro imperante en la tierra y rota por Júpiter. El rey de los dioses, para vengarse del robo del fuego divino entregado por Prometeo a los hombres, les envía a Pandora, una bellísima joven forjada por Vulcano, portadora de una caja dentro de la cual están encerrados todos los males. Pandora se casa con Epimeteo, hermano de Prometeo, y este abre la caja de donde se escapan todas las desventuras que invaden el mundo. De la feliz edad de oro no queda más que el recuerdo y la esperanza de que tal vez vuelva algún día, desprovista de pasiones, temores y penas. El poeta, por medio de la imaginación, vive allí con su beldad.

En el tiempo que nunca alcanzará la edad madura,
en el que nuestro dulce amor permanecerá eterno:
ninguna otra belleza para ella, ningún otro fuego
para nosotros, más que las solas dulzuras de ese tiempo
[y lugar.

Pero los dos amantes son separados. La primera buena acción del dios Amor será unirlos nuevamente. El poema prosigue pues con una plegaria al Amor, que satisface a Lorenzo haciendo aparecer a su amada en una nueva aurora, adornada con el reflejo de la belleza divina.

Y he aquí a mi sol que cae sobre los montes
y en su movimiento desplaza a las sombras.
Yo saludo su luz, yo gusto su calor:
Es el brillo, la belleza, el calor del amor.

Las églogas

Dos églogas, plenas de reminiscencias de Ovidio, de Teócrito y de Virgilio, redactadas al parecer en la misma época, hacia 1486, muestran con qué maestría manejaba Lorenzo las imágenes, los símbolos y las leyendas paganas. *Apolo y Pan* desarrolla el tema de la lucha de las dos poesías, la celestial y la natural; *Corinto*, el del amor de un pastor de ese nombre por la divinidad marina Galatea. La imitación de la Antigüedad no impide a Lorenzo expresarse con acentos originales, a veces con comicidad, como en el episodio en que el pastor, a quien su amada acaba de abandonar, va a ver en un manantial el reflejo de su propia persona, para darse cuenta por sí mismo si es bello o feo.

Si no soy blanco, es por culpa del sol,
[y eso no es tan malo,

> *pues soy un pastor ¡bastante fuerte y robusto!*
> *Pero dime: un hombre que no fuera moreno,*
> *[¿qué valdría?*
> *Si el vello invade mis hombros y mi busto,*
> *eso no debería desagradarte,*
> *si es verdad que tienes, tanto como belleza,*
> *[inteligencia y gusto.*

Y el valiente joven enumera sus proezas: ha volteado un toro, matado una osa, obtenido el primer premio de tiro con arco. Posee bienes bajo el sol: rebaños de vacas y ovejas. Obtiene buena leche, fresas y miel con la que hace la mejor ambrosía. Posee también rosas que crecen en su jardín. Sabe que están sujetas a morir vivazmente. Y concluye:

> *Corta la rosa, ¡oh, ninfa! ahora que es tiempo.*

Bajo el ropaje antiguo, una vez más reaparece en los versos de Lorenzo la savia popular más auténtica. La naturaleza es maestra de sabiduría y, en esto, las enseñanzas de Ficino están presentes con su doctrina de la unión jerarquizada de las energías, desde las más bajas a las más elevadas, desde el cosmos al alma. Los allegados a Lorenzo comparten esas teorías. El más influyente, el amigo íntimo, Poliziano, las hace figurar también en sus poesías latinas, graciosas y eruditas. Por la noche, después de la comida, en los palacios y las villas, Poliziano sueña con su amigo y declama sus propias *Selve*, la segunda de las cuales, dedicada a Lorenzo Tornabuoni, termina con la alabanza de la villa de Poggio a Caiano.

La cuarta *Selva*, llamada la *Nutricia*, exalta a Lorenzo, "maravilla de la Señoría y del Pueblo", "pacificador de Italia", al mismo tiempo que el igual de los más grandes poetas. Poliziano termina esta obra en Fiésole, el 8 de septiembre de 1486, en la pequeña casa que le ha obsequiado su amigo sobre la agradable ladera de Fonte Lucente, no lejos de la villa Médicis, una de las moradas favoritas de Lorenzo.

La renovación de la "brigada": Pico de la Mirándola. Placeres del esteta y del coleccionista

Al entorno familiar viene a unirse en 1484 un joven de muy noble familia, el conde Juan Pico de la Mirándola, de veintiún años, extremadamente dotado para la filosofía y la poesía, que pronto se convirtió en el amigo íntimo de Poliziano y del poeta Girolamo Benivieni. Alumno de los mejores humanistas, estaba impregnado de las teorías de Aristóteles y no tardó en criticar la teología platónica de Ficino, a quien lo ligaba sin embargo una viva amistad. En efecto, en vez de perjudicarle, su actitud, apoyada en razones fundadas en numerosos ejemplos, inspiraba una admiración unánime.

Invitado en 1485 a la Universidad de París, instalado luego en Perusa como consecuencia de una extraña aventura amorosa durante la cual fue perseguido por seducción y rapto, se consagró al estudio de la cábala. Hacia finales de 1486 redactó 900 tesis o propuestas filosóficas que se ofreció a defender en Roma en un debate público. Inocencio VIII hizo examinar previamente las propuestas: siete fueron consideradas heterodoxas y seis dudosas. Pico las defendió. Ofendido, el Papa condenó entonces en bloque las 900 tesis. El joven filósofo huyó a Francia donde los enviados del Papa lo encontraron, lo hicieron arrestar en 1488 y encarcelar en Vincennes. Liberado gracias a la intervención de varios príncipes italianos, fue autorizado por el Papa a instalarse en Florencia. Lorenzo el Magnífico lo tomó bajo su protección personal y lo alojó en su villa de Fiésole.

La estancia fiesolana de Pico, Poliziano y Ficino reaviva entonces el prestigio del círculo erudito y filosófico de Florencia. La Academia platónica está superada. Por otra parte, ya una nueva orientación espiritual, teñida de austeridad, sube de la ciudad a las colinas. Las prédicas del monje Savonarola anuncian un cambio en la conciencia florentina. Decididamente convencido de la profunda unidad de las doctrinas filosóficas, Pico vierte la quintaesencia de sus convicciones en el *Heptaplus*, tratado sobre la organización del mundo, que dedica a Lorenzo. En otro tratado, *De ente et uno*, en 1491, intenta lograr una concordancia entre Aristóteles y Platón. La dignidad y la libertad humanas son temas centrales en su obra y para exaltarlas no escatima esfuerzos, llegando a redactar un largo ataque, publicado después de su muerte, contra las doctrinas astrológicas que por un momento le habían atraído. Una obra tan valiente como abundante, que habría de valerle una absolución en Roma en 1493, un año antes de su prematura muerte, sólo fue posible gracias a la protección de Lorenzo. Una vez más, el Magnífico testimoniaba por su actitud personal que ninguna de las preocupaciones intelectuales, morales y religiosas de su época le eran ajenas. La brigada, en esos años fecundos, aunaba a la mayoría de las personalidades literarias de Florencia: el erudito Cristoforo Landino, Ugolino Vieri, poeta y compañero de caza de Lorenzo en las riberas del Ombrone, Alessandro Braccesi, secretario del Magnífico y poeta enamorado, Matteo Franco y Bernardo Bellincioni, poetas humoristas. La apertura al mundo se traduce en el constante enriquecimiento de las bibliotecas colocadas bajo el patronazgo de los Médicis, en San Marcos, en San Lorenzo y en la abadía de Fiésole.

Lorenzo se volcó decididamente a la imprenta, lo que llenó de desconsuelo al viejo Vespasiano da Bisticci, gran realizador de copias de manuscritos antiguos. No obstante, el nuevo arte produce maravillas, a veces impresas en pergamino e iluminadas. La búsqueda de los manuscritos antiguos continuaba a través del mundo por intermedio de las filiales Médicis. Lorenzo hacía copiar los textos que no podía procurarse. Así, en 1485, después de haber pedido en préstamo a Hércules d'Este la *Historia Romana* de Dión, envió en 1488 un griego a Ferrara para copiar el manuscrito. Hércules d'Este le obsequió con la traducción italiana de la obra. Los libros manuscritos seguían siendo objetos de colección.

Admirador esclarecido de las estatuas antiguas descubiertas en las excavaciones, de monedas y medallas y de vasos preciosos, Lorenzo ampliaba con entusiasmo su colección. Además favoreció a los talladores de camafeos florentinos, Pietro Razzanti y Giovanni di Lorenzo, quien realizará su retrato.

El número de las medallas se acrecienta con retratos de los Papas, de los príncipes italianos, de artistas y de hombres de letras contemporáneos, pero también con efigies de sus parientes y amigos. El medallero se convierte en un álbum de familia, más íntimo que los grandes frescos triunfalistas. La luz se aferra a los relieves y da vida a las formas. De la misma manera, acaricia los vasos, los aguamaniles y las copas de cornalina y de piedras preciosas. Hace cantar los oros y los colores irisados de los tapices flamencos que adornan las paredes: el Magnífico apreciaba el arte de los Países Bajos y poseía un centenar de esos grandes tapices en Florencia y en el campo.

A Lorenzo le agradaba permanecer en su gabinete, donde las

gemas se animaban con vida misteriosa, haciendo resurgir, con los recuerdos, las penas y los placeres. Como la poesía, el arte era para él un encantamiento, que le aportaba gozo y consuelo. Para el amo de Florencia, adulado y detestado, atormentado por los asuntos mundanos, perpetuamente preocupado por el mañana y el más allá, la cultura no era ni un lujo ni un decorado vano: confiere a la vida el indispensable apoyo para la ensoñación.

Capítulo Catorce

El canto del cisne

A los cuarenta años, Lorenzo podía al fin lanzar sobre el mundo una mirada serena. En torno de Florencia tronaban las pasiones y los odios. Pero Toscana estaba tranquila. Sarzana, finalmente reconquistada, vigila la frontera norte contra los peligrosos designios de Ludovico el Moro quien, desde el verano de 1488, ocupa la ex República de Génova. Forlì y Faenza están bajo protectorado florentino. El papa Inocencio VIII parece sometido a su vez a la voluntad del Magnífico. Se dice corrientemente que ve todo con los ojos de Lorenzo. Es verdad que este paga muy caro la complacencia del Pontífice.

El director de la filial de Roma, Giovanni Tornabuoni, antes de ceder el cargo a su sobrino Onofrio, había concedido imprudentes préstamos al hijo del Papa, a los Orsini y a los principales prelados, para asegurar el prestigio de su casa. En Florencia, el director general Francesco Sassetti murió el 31 de marzo de 1490 sin haber restablecido el equilibrio financiero de la empresa. Giambattista Bracci, que lo sustituyó, ex director de la Mesa de Cambio, era un hombre sin fortuna, carente de prestigio. Su nombramiento provocó violentas convulsiones en el seno del banco de Lyon que era, con Roma, la única filial importante superviviente. Los hijos de Sassetti chocaron allí con el director local, Lorenzo Spinelli: como consecuencia, se pensó en la liquidación del establecimiento.

Lorenzo quería ignorar ese malestar. En él, ahora, el príncipe sin corona desdibuja al banquero. El Tesoro público financiaba su acción, supliendo las dificultades encontradas en los negocios. La antigua compañía Médicis se difuminó ante la gestión de Estado, que era en adelante el objetivo de Lorenzo. Los notables, sus pares, lo habían investido tácitamente de la dirección de los asuntos de Florencia. El se reservó personalmente la actividad más noble, la conducción de las relaciones exteriores. Su tarea consistía en preservar al Estado de las agresiones extranjeras inspirando respeto a los otros. El reconocimiento del poderío florentino era una de las condiciones esenciales para establecer la paz en Italia, esa paz que los comerciantes de Florencia necesitaban para recuperar su prosperidad económica. Mediante la diplomacia, Lorenzo esperaba llegar a constituir una nueva liga italiana que agrupara a las potencias de la península según una fórmula varias veces experimentada desde la paz de Lodi. La incitación podía provenir, como antaño, de la necesidad de hacer frente al enemigo común, el Turco.

El contexto de la cruzada: Zizim, rehén de los cristianos.
La paz entre Roma y Nápoles

A partir de 1484, el hijo de Mohamed II, Bayaceto, había reanudado la ofensiva contra los cristianos en el Mediterráneo y los Balcanes. El papa Inocencio VIII llamó a los príncipes europeos a la cruzada en mayo de 1487. La hostilidad persistente entre Roma y Nápoles constituía un obstáculo insuperable para el lanzamiento de la guerra santa: el rey Ferrante, con el apoyo de su yerno Matías Corvino, rey de Hungría, rechazó todo arreglo con el papado. La situación se deterioró aún más a comienzos de 1489, debido a una curiosa peripecia internacional a la que podría llamarse el juego del rehén.

El sultán Bayaceto tenía un hermano muy ambicioso, Djem, hijo de Mohamed II y de una princesa cristiana serbia, prima de Matías Corvino. El príncipe, después de una rebelión abortada, pidió asilo en 1482 al gran maestre de la orden de San Juan de Jerusalén, Pierre d'Aubusson. Este lo acogió en Rodas, puesto avanzado de la cristiandad frente al imperio turco, y le prometió que no lo entregaría a su hermano. Pero Djem quedaba libre de preparar su revancha. El sultán Bayaceto, para garantizarse de que no lo haría, propuso al gran maestre una pensión anual de 45.000 ducados, un río de oro, contra la promesa de que mantendría a su huésped bajo buena custodia.

Pierre d'Aubusson envió al príncipe a su lejano priorato de Bourganeuf, en el corazón de la Marca limusina. Allí los lugareños dieron al Gran Turco el apodo de Zizim, que vivió entre ellos varios años tranquilo.

Pero numerosos soberanos ponían sus miras en esa presa tentadora. Se daban cuenta de que Bayaceto no atacaría nunca a un país en posesión de la persona de su rival, pudiendo en cualquier momento lanzarlo sobre Macedonia. El dux de Venecia, el rey de Nápoles y su yerno el rey de Hungría, el duque René II de Lorena y el rey de Francia, que reivindicaban la herencia de los reinos de Nápoles y de Jerusalén, así como el papa Inocencio VIII, trataron quien más quien menos de hacerse entregar a Zizim, proponiendo al gran maestre considerables sumas adelantadas por los banqueros. La oferta más importante, 600.000 ducados, la hizo el jefe islámico de Egipto, el sultán de El Cairo. Este príncipe, cuya autoridad se extendía a toda Africa del Norte, a Palestina y Siria, era enemigo de Bayaceto. Con tal motivo, mantenía buenas relaciones con los cristianos. Florencia, metrópoli comercial y bancaria, estaba en excelentes términos con él. En 1487, el sultán había enviado una embajada a la Señoría y obsequiado animales exóticos a Lorenzo de Médicis: un león y una jirafa, pronto convertida esta en el animal favorito de los florentinos.

No obstante, fue Inocencio VIII quien, tras congraciarse con el rey de Francia, logró hacerse entregar a Zizim por Pierre d'Aubusson a cambio de un capelo cardenalicio y la unión de los bienes bastante considerables de la Orden militar del Santo Sepulcro con los de la Orden de San Juan de Jerusalén. Quedó entendido que el Papa cobraría directamente del sultán la pensión fijada en 40.000 ducados.

Zizim desembarcó en Civitavecchia el 6 de marzo de 1489, siendo recibido con gran pompa en el Vaticano el 17 de marzo, tras atravesar Roma, donde el pueblo se extasió con su persona. El pintor Mantegna hizo a su protector Francesco de Gonzaga, marqués de Mantua, una descripción horrenda del príncipe, al que presentó como un borracho cruel. "Camina como un elefante y, en sus movimientos, tiene la gracia de un tonel veneciano..." Esto era una broma. En realidad, Zizim, de unos treinta años de edad, era un hombre de buena estatura, rostro bronceado, nariz aguileña y ojos azules ligeramente estrábicos: un príncipe de gran porte. Se esperaba secretamente que, restablecido en sus derechos en Constantinopla, favorecería a los cristianos y tal vez hasta se convertiría.

Zizim fue confortablemente instalado en el Vaticano. El Papa hizo conocer a los diversos feudatarios del sultán de Constantinopla, en especial al sultán de Egipto, que albergaba al descendiente legítimo de Mohamed. Pensaba así provocar defecciones dentro del imperio turco, que sucumbiría más fácilmente a los ataques de los cruzados.

Bayaceto, que en varias ocasiones había tratado de hacer envenenar a su hermano, se vio obligado a pagar su colosal pensión al Papa: este obtenía así los medios financieros para levantar un ejército contra el Islam. Convocó en Roma a los representantes de todas las potencias cristianas: del 25 marzo al 30 de julio de 1490, se estableció el plan de campaña contra los turcos. Tres ejércitos internacionales irían por tierra y por mar hacia el Oriente. Debían contar con quince mil jinetes y ochenta mil infantes. Pero, para que la campaña tuviese éxito, era menester reducir a la obediencia a los príncipes cristianos rebeldes a Roma, el rey de Nápoles y su yerno Matías Corvino. Este, cuyas cualidades de guerrero eran famosas, fue sondeado para ser el general en jefe de la cruzada. Pero un súbito ataque de apoplejía acabó con él el 6 de abril de 1490, a la edad de cuarenta y siete años. En cuanto a Ferrante de Nápoles, seguía negándose con insistencia a pagar el tributo que debía al Papa. Inocencio VIII lo excomulgó el 11 de septiembre de 1489 y declaró solemnemente que retomaba el reino de Nápoles del que era soberano. El rey de Francia, en cuyo territorio se habían asilado, con el príncipe de Salerno, los grandes barones fugitivos, se ofreció para dirigir la operación punitiva contra Ferrante, cuyo reino tenía esperanzas de hacerse otorgar. Fue entonces cuando Lorenzo de Médicis medió con éxito entre Roma y Nápoles. Gracias a la diplomacia florentina, ambas partes se pusieron de acuerdo en 1491. El Papa proclamó las cláusulas del entendimiento el 27 de enero de 1492: avocación en Roma del proceso de los barones napolitanos; pago por Ferrante de 30.000 ducados por el atraso del tributo y promesa de cumplirlo en adelante mediante el mantenimiento anual de dos mil jinetes y de cinco galeras, es decir que Nápoles aportaba su contribución activa a la futura cruzada. La paz debía ser sellada por la boda del nieto de Ferrante, Luis de Aragón, con la nieta del Papa, Battistina, hija de Teodorina Cibo y de Gherardo Usodimare. Así la dinastía aragonesa de Nápoles se convertía en prima de los Médicis por intermedio de los hijos del Papa.

Nada impedía ya el avance de los aliados cristianos sobre los territorios del sultán Bayaceto. Asustado, este trató de demorar ese final entregando al Papa una insigne reliquia de la Pasión de Cristo, la Santa Lanza con la que el soldado romano Longino había atravesado el costado del Salvador en la cruz. En el otro extremo de Europa, Granada, último reino islámico de España, capitulaba el 2 de enero de 1492 ante los Reyes Católicos, Isabel y Fernando. Un poco más tarde, el navegante Cristóbal Colón aportaría a Castilla un mundo nuevo para evangelizar.

La "representación sacra de los santos Juan y Pablo": un testamento moral y político

Incluso antes de que llegasen a Florencia todas esas buenas noticias, una ola de exaltación mística recorría la ciudad. Había sido sabiamente orquestada por Lorenzo en momentos en que se esforzaba en reconciliar al Papa con el rey de Nápoles: se trataba de hacer comprender a los florentinos qué era lo que se jugaba en el plano internacional. La enseñanza se apoyaba en una pieza de teatro dentro de la tradición de los misterios medievales: la "Representación sacra de los santos Juan y Pablo".

El pueblo estaba habituado a tales espectáculos. Las grandes fiestas florentinas, como la de San Juan, eran celebradas con misterios preparados por compañías de artesanos o cofradías de jóvenes sobre temas extraídos de la Historia Sagrada o de la Leyenda Aurea de los santos. La pieza fue escrita por Lorenzo hacia 1490 y fue representada varias veces en la plaza de la Señoría, con la participación de los hijos del Magnífico, en especial el 17 de febrero de 1491 con motivo de la elección de Juliano, su hijo menor, como dignatario de la compañía teatral de San Juan Evangelista.

Los dos santos, Juan y Pablo, habían sido martirizados en el año 362 en Nicomedia. Sus reliquias, traídas muy pronto del Asia Menor, fueron depositadas en su casa del monte Celio en Roma: el papa Inocencio I (401-417) la transformó en iglesia. Al elegir la historia de esos mártires, Lorenzo manifestaba una delicada atención hacia Inocencio VIII, que había escogido el nombre de su lejano predecesor. Por otra parte, los dos santos figuraban en el canon de la misa por delante de los dos protectores de la Casa de Médicis, Cosme y Damián, cuya fiesta se celebraba el 26 de junio entre la de san Juan Bautista y la de los santos Pedro y Pablo. Al conmemorar a esos mártires, Lorenzo daba la impresión de celebrar a dos santos protectores de Florencia y de su Casa.

El texto, de 1.168 versos de longitud, se repartía en treinta y dos papeles. Numerosos comparsas, cortesanos, soldados, caballeros, astrólogos, intervenían también. La acción era rica en símbolos y alusiones a los acontecimientos contemporáneos.

Al iniciarse el drama, la hija del emperador Constantino, Constanza, afectada de lepra, acude a la tumba de santa Inés. Se produce un milagro: la joven sana. Va a gritar su alegría a la corte de su padre:

He aquí a tu hija, ¡oh, padre!, la leprosa.
Vuelve a ti de cuerpo limpio y bello,
con una salud verdadera y perfecta,
pues su cuerpo ha sanado y su alma también.
Soy en extremo dichosa y la felicidad me colma.
¡Oh, padre mío! Qué dulce es ver tu alegría,
pues un divino milagro ha quitado a la vez
a mí la lepra y a ti el dolor.

La curación de la princesa simboliza la conversión del alma pecadora. Constanza formula la promesa de profesar la religión. Pero el pagano Gallicano, que acaba de conseguir para Constantino una victoria en Persia, solicita su mano. La princesa, por inspiración divina, posterga la celebración de su boda hasta el regreso de una expedición que dirigirá el general contra los dacios rebeldes.

El emperador da por compañeros de su general a Juan y Pablo, dos oficiales, sus favoritos. Ahora bien, Gallicano es derrotado por el enemigo y sus compañeros, que son cristianos, aprovechan la lección. Juan le pide que se convierta.

Dios te inflige tal vez semejante jornada
para hacerte sentir cuál es tu destino.
Por sí mismo, mortal y pleno de corrupción,
el hombre alcanza el pecado y la desolación.
Vuelve en ti y proclama tu fe en Dios,
de quien depende todo el bien de este mundo.

Pablo apoya:

*Dios te ha quitado el honor en combate cerrado
para mostrar a tu gloria y a tu vanidad
que El da la victoria pero también la quita.*

Gallicano se convierte. Un ángel desciende del cielo y le asegura que Dios lo sostendrá en el sitio de la ciudad enemiga:

Enarbola siempre la Cruz como estandarte.

El general ve aparecer de pronto, milagrosamente, una legión de soldados, espíritus celestiales enviados por Dios. Se pone con toda naturalidad a su cabeza sin ser molestado. Utiliza con ellos el lenguaje enérgico del condotiero:

*Que el ejército obedezca mis órdenes.
El primero que suba a la cima de la muralla
tendrá mil ducados en premio de mi parte,
el segundo quinientos y el tercero cien.
¡Duplicaré el sueldo a todo el regimiento!*

Desde luego, el asalto es victorioso. Magnánimo, Gallicano perdona al vida al rey enemigo y a sus hijos. Va al encuentro de Constantino para anunciarle su victoria. Le dice que renuncia a desposar a su hija: se retirará al desierto para pasar el resto de su vida en oración.

Poco después, el emperador Constantino abandona el poder a sus tres hijos dándoles una lección de moral política. Su testamento parece ser el de Lorenzo:

*Que aquel de vosotros que herede
sepa que el poder lega, con las preocupaciones,
una fatiga extrema del cuerpo y del espíritu.
El imperio no es tan dulce como se cree de afuera.
Quienquiera que trate de querer gobernar
para el bien universal, deberá ante todo pensar.
Conviene elegir la vida más honesta
que será para el pueblo una regla perfecta...
dar igual balanza a todos en justicia,*

arrojar lejos de sí lujuria y avaricia,
ser dulce y afable, pleno de amable verba:
un señor debe siempre servir a quien le sirve.

El mayor de los hijos, el joven Constantino, sucede a su padre con el acuerdo de sus hermanos Constante y Constancio. Puesto en la obligación de luchar contra los rebeldes, implora en un sacrificio al dios Marte, pero pronto sucumbe, así como sus hermanos. Su sucesor es Juliano, sobrino del gran Constantino. Acusa a la fe cristiana de ser responsable de la derrota. Restablece el culto de los dioses paganos y vuelve a erigir en la Curia la estatua de la Victoria. Para procurarse dinero confisca los bienes de los cristianos y los persigue.

Cristo, en verdad, dice a cada uno de los suyos:
"Tienes que renunciar a lo que posees".

Los oficiales Juan y Pablo se niegan a ofrecer sacrificios a Júpiter. El emperador ordena su martirio. Luego marcha a la guerra contra los partos después de haber proclamado con nobleza los deberes inherentes a la función imperial.

Jamás un verdadero señor abandona su tarea
para buscar beneficio o perseguir sus placeres...
Si tiene bienes, es para distribuirlos,
actuando movido por la razón y la generosidad.
Protege a su pueblo contra todo sufrimiento
causado por el enemigo. Tiene su ejército listo.
Si el trigo es caro, él debe alimentar
a los hombres que sin él morirían de hambre.
Señorío y riqueza, atributos del imperio,
son sólo del pueblo, nada le pertenece a él,
y, aunque de todos sea el amo y señor,
no posee nada y no goza de usufructo.
Su misión es aportar servicios a los otros:
obtiene de ello el honor como sola recompensa,
el honor ante el cual todo sentimiento es vil,
y que es de gran valor para el noble corazón gentil.

El sentido del honor es lo que impulsa a Juliano a vengarse de los partos por las injurias que infligieron a Roma y a los romanos que exterminaron. Antes de partir, consulta a los astrólogos que le aconsejan desconfiar del mal que le vendrá de un hombre muerto. Es la ocasión que se presenta a Juliano para aparentar ser fuerte:

> *Rey y sabio tienen sobre sí estrellas semejantes.*
> *Yo me sitúo fuera de esta vana ley.*
> *Creo que el momento de la hora favorable*
> *resulta para el hombre sólo de su elección.*

Es desafiar imprudentemente a la suerte. El apóstata esperaba, en su expedición, no sólo vencer a los partos, sino también castigar al jefe de los cristianos, el monje san Basilio de Cesarea. Este suplica a Dios y a la Virgen que tomen la defensa de la Iglesia. La Virgen aparece y hace surgir de la tumba a un soldado cristiano martirizado un siglo antes en Egipto, donde numerosas iglesias de las antiguas comunidades le habían sido dedicadas con el título de "Padre de las Espadas". Se llama san Mercurio.

A los florentinos, conocedores del Panteón romano, Mercurio les recordaba la divinidad pagana de ese nombre: el pasador del alma de los muertos, que unía habitualmente la tierra con el más allá. Pero otra imagen más se superponía a la del mártir. La del gran maestro legendario del esoterismo, Hermes Trismegisto, llamado también Mercurio Tres Veces Grande, o Mercurio de los Egipcios. Según se decía, ese personaje había vivido en Egipto veinte siglos antes de Jesucristo. Allí había fundado la mayor parte de las ciencias, especialmente las ciencias ocultas y la alquimia. Reveló a los sacerdotes egipcios los secretos del mundo que fueron transcritos en los "libros herméticos". Marsilio Ficino tenía en gran honor a la filosofía esotérica puesta bajo el nombre de Hermes Trismegisto: había traducido el *Pimander* (el Pastor), tratado del poder y de la sabiduría divina. Al dar a san Mercurio, homónimo a la vez de un dios antiguo y del maestro del esoterismo, la misión de vengar la fe ultrajada, Lorenzo sugería a su audiencia que la doctrina neoplatónica y el sincretismo que ella proponía no eran peligrosos para el cristianismo. Muy por el contrario, le aportaban una apreciable defensa. A ese campeón, tan complejo, que ella misma eligió, la Virgen le habla con un lenguaje de diosa vengadora.

> *¡Mercurio, levántate! ¡Sal de tu tumba oscura!*
> *Armate de nuevo, blande tu espada*
> *sin aguardar el llamado al Juicio Final.*
> *Ordeno que por ti sea vengada mi injuria...*
> *¡y la ofensa a los cristianos cruelmente castigada!*
> *¡La orden te viene de Dios por la Virgen María!*
> *¡Mata a esa maldita serpiente, llena de cruel veneno,*
> *que bebe sin descanso la sangre pura de los cristianos!*

Pese a la advertencia que le ha sido hecha, Juliano se pone a la cabeza del ejército cuya disciplina y orden alaba su tesorero real:

> *He dado a tus hombres oro en abundancia...*
> *Jamás pudiste ver soldados más provistos,*
> *bien armados, valientes y muy disciplinados.*

El emperador se alegra:

> *¡Oh, mis valientes soldados! ¡Oh, mi pueblo tan fuerte!*
> *Yo estaré con vosotros en la vida y la muerte.*

Pero, cuando Dios lo ha decidido, nada puede detener la marcha del destino. El fantasma de san Mercurio atraviesa las filas cerradas de los soldados. Hiere al emperador que expira exclamando, conforme a la tradición:

> *¡Cristo de Galilea, eres tú quien me ha vencido!*

Esta obra debió su éxito al vivo interés dramático de su acción y al pintoresquismo de las escenas marcadas por la irrupción de lo fantástico en la vida cotidiana: los ángeles transformándose en soldados, la Virgen resucitando a un muerto, el fantasma de un mártir derribando al enemigo de los cristianos. Los espectadores se sentían agradablemente sorprendidos por el movimiento de los comparsas, los decorados exóticos y los numerosos pasajes cantados. El acompañamiento musical era de Enrico Isaac, músico alemán, maestro de capilla de San Giovanni.

La lección moralizadora complacía al pueblo humilde: el buen jefe de Estado, que actúa para favorecer de la mejor manera el interés público, sólo puede salvarse si tiene fe. En la conducción de una campaña legítima contra los enemigos, la mejor carta de triunfo y de supervivencia es la obediencia a la ley divina. De ese modo, la obra se hacía eco de la doctrina del papado: supremacía del poder espiritual sobre el poder temporal. Al recordar que era necesario luchar contra los enemigos del Imperio, aludía por otra parte al gran tema del momento, la cruzada contra los turcos. Los príncipes cristianos no triunfarían en esa gran empresa si no se unían detrás del Soberano Pontífice, guardián de la fe.

Lorenzo y la astrología

No todo era claro en el mensaje contenido en la pieza de Lorenzo como, por ejemplo, su posición con respecto a la astrología. Juliano el apóstata (si por un instante lo asimilamos al Magnífico) rechazaba la predicción que le anunciaba su ejecución por un hombre ya muerto, pero era castigado por él: la predicción se cumplía. Ello aclara de manera muy interesante la mentalidad de Lorenzo y la de su época.

Para luchar contra la magia y las creencias esotéricas que la alimentaban, el papa Inocencio VIII había tomado medidas radicales. Mediante una bula del 5 de diciembre de 1484 dio enérgicas directivas a los inquisidores encargados de la represión de la hechicería en la alta Alemania y en los países renanos, donde se había declarado una verdadera epidemia de adhesiones al culto satánico. Se decía que allí numerosas personas de ambos sexos habían celebrado alianzas carnales con los demonios, causando grandes daños a los hombres y a los animales con sus hechizos y conjuros mágicos. El mal castigaba a toda la cristiandad.

A esto acababan de sumarse otros problemas igualmente espinosos para Roma. En España, la reconquista católica tuvo como corolario la conversión forzada de los judíos. Estos se vengaban, cuando podían, con sacrilegios secretos —crucifijos rotos, hostias consagradas mancilladas— y hasta con el asesinato de sus perseguidores, como el del inquisidor Pedro Arbues, mortalmente herido en septiembre de 1485 en la catedral de Zaragoza.

En tales condiciones se comprende el rigor de la censura pronunciada por el papado contra las tesis de Pico de la Mirándola en

1486. Entre las propuestas publicadas por el amigo de Lorenzo se encontraba la afirmación de que la magia y la cábala judía más que ninguna otra ciencia humana, ¡podían demostrar con certeza la divinidad de Cristo!

Pico intentó desbaratar la condena romana con una hábil defensa. La redactó en forma de una apología dedicada a Lorenzo el Magnífico, que lo había alentado a prepararla. Pero no consiguió convencer a los teólogos. La inquisición romana decretó su arresto y lo persiguió hasta Francia, donde se había refugiado. Este contratiempo le llevó a un cambio completo de opinión y se convirtió en un atacante de las creencias esotéricas.

En momentos en que Lorenzo se acercaba políticamente a Inocencio VIII después de la condena de Pico de la Mirándola, no podía más que desligarse de la opinión de su amigo, recientemente censurada.

Así, pues, en la obra escrita en esa época encontramos una denuncia de las prácticas basadas en el esoterismo.

La segunda de las *Selve d'Amore* es muy explícita al respecto:

Vuela la Noche que siempre huye por el mundo
como la Aurora ante los rayos del sol...

Siguen a la desdichada en extraña cohorte
sueños, predicciones, descarados engaños,
los que leen las manos, todos los adivinos,
que desvelan la suerte y hacen profecías
de viva voz, por escrito, tirando las cartas
que dicen, cuando ya pasó, lo que debe venir;
y la alquimia también y la ciencia astral,
describiendo el futuro según su voluntad.

Esta condena estaba destinada a los teólogos humanistas que frecuentaban los círculos cultos de Florencia y la Academia platónica. En la calle, Lorenzo no temía expresarse de otro modo. Gran organizador de las fiestas florentinas, compuso sobre el tema de la astrología una de sus famosas canciones de carnaval, sin duda para el martes de carnaval de 1490.

Una carroza representaba los siete planetas de la astrología: Saturno, el Sol, Marte, Júpiter, Mercurio, la Luna y Venus. Personajes disfrazados exponían las tendencias de los seres nacidos bajo esos diversos signos: los melancólicos, los alegres, los impacientes, los hombres de estudio y de mando, los mentores, los trabajadores manuales y, finalmente, los hombres nacidos para el placer y el amor.

El poema, cantado con acompañamiento de una melodía de Enrico Isaac, comenzaba con una profesión de fe en la astrología:

De nuestros tronos celestiales, los siete planetas
para enseñaros descendemos a la tierra.
De nosotros provienen tanto bienes como males,
lo que os hace llorar, lo que os pone contentos.
Lo que le adviene al hombre, a los seres animados,
a las plantas y a las piedras, lo decidimos nosotros.
Prontamente es abatido quien lucha contra nosotros,
quien cree en nosotros en cambio es dulcemente guiado.

Lorenzo continuaba proclamando que la fatalidad astral era conjurada por el Amor. El planeta Venus tenía la vocación de atraer a él a los hijos de todos los demás signos que quisieran ser felices.

Venus graciosa, clara y bella
hace nacer en el corazón amor y gentileza.
Quien se ha quemado en el fuego del dulce planeta
arderá para siempre en la belleza de otro.
Las bestias, las aves, los peces, sienten su dulzura.
Por él de nuevo el mundo puede renacer.

De pie, formemos un cortejo al astro bienhechor,
¡Galante dama joven y doncel elegante!
Vosotros sois llamados por la bella diosa
de Chipre a prodigar vuestra vida en la alegría,
sin vacilar demasiado cuando llega la ocasión,
pues cuando ella pasa, ya no regresa más...

Todos deben divertirse y todos deben amar.
Esté contento quien puede: el honor y la fortuna
para quien no sabe gozar, ya no sirven de nada.

Los últimos ecos de la alegría popular: cantos de carnaval y canciones para bailar

El mismo cortejo de carnaval celebraba el "triunfo" de Baco, ilustrado por una carroza que presentaba, entre ninfas y sátiros, los amores de Baco y de Ariana. La canción es célebre. Comienza con los versos más famosos de Lorenzo el Magnífico:

> *Quant'è bella giovinezza*
> *che si fugge tuttavia!*
> *chi vuol esser lieto, sia:*
> *di doman non c'è certezza.*

> *¡Cuán bella es la juventud*
> *que huye a pesar de todo!*
> *Quien quiera ser feliz, que lo sea:*
> *del mañana no hay certeza.*

Las seis estrofas siguientes comentan los cuadros vivos que acompañaban la carreta del dios de la embriaguez: danzas de sátiros y de ninfas, procesión grotesca del viejo ebrio Sileno, historia del rey Midas que, al convertir todo lo que toca en oro, no puede encontrar con qué saciar su sed. La copla final invitaba frenéticamente a los jóvenes al placer.

> *Doncellas y donceles enamorados,*
> *¡Viva Baco y viva el Amor!*
> *¡Cantad y bailad uno a la vez!*
> *¡Que vuestros corazones se abrasen de dulzura!*
> *Apartad las penas, el dolor:*
> *lo que deba ser ocurrirá.*
> *Sed felices, no esperéis más:*
> *el mañana sólo es vana promesa.*

Para las fiestas de los carnavales precedentes, Lorenzo había evocado un tema semejante, el de la belleza luchando con la envidia. El martes de carnaval de 1489 hizo cantar a jóvenes doncellas frente a las "cigarras", es decir, a las viejas maledicentes.

Como veis, somos, señoras,
niñas elegantes y alegres...
¿Pero qué vale nuestra belleza
perdida en vuestras palabras?
¡Viva el amor, la cortesía!
¡Muerte a los celosos y a la envidia!
Decid todo el mal que os plazca,
nosotras gozaremos, vosotras hablaréis.

Con la "Canción de los rostros invertidos" Lorenzo abordaba la sátira social. Proclamaba que todo el mundo marchaba al revés. Los cantantes disfrazados que entonaban el poema llevaban una máscara en la nuca y así parecían caminar retrocediendo. Encarnaban a los traidores, a los hombres demasiado prudentes para ser honestos y a los que se complacían en mostrar a los otros la parte carnal de sus personas.

¡No os maravilléis
si las damas lo hacen también!

Las otras siete canciones de carnaval escritas por Lorenzo, cantadas y mimadas los años precedentes, estaban destinadas a corporaciones de oficios que, por tradición, desfilaban a través de la ciudad en cortejo burlesco. Sus palabras son atrevidas y sus sobreentendidos lo son aún más. Los fabricantes de panecillos de especias, los pasteleros que venden barquillos así como los panaderos, alaban su mercancía, cuya forma y consistencia dará, como aseguran, plena satisfacción a su clientela femenina. Los perfumistas proponen a las damas fragancias sutiles que, empleadas sabiamente, atraen a los amantes. Los fabricantes de almizcle pregonan las virtudes afrodisíacas del líquido nauseabundo del gato. Los campesinos no se quedan atrás: ofrecen a las compradoras verduras y frutas de aspecto ambiguo, pepinos granulosos, largas vainas de habas bien hinchadas, de las que destacan groseramente ¡su semejanza con los órganos masculinos! Finalmente, los jardineros indican gustosamente, con guiños cómplices, cómo colocar un injerto:

Hay que introducirlo con cuidado:
apresurarse suele arruinarlo todo.

> *Quien se toma su tiempo lo hace bien:*
> *hay que actuar cuando viene la savia.*

Las fiestas populares permitían así a Lorenzo recuperar la vena juguetona de sus poemas campesinos. No obstante, en las fiestas mundanas seguía inspirándose en temas delicados y refinados del amor cortés: escribía para la buena sociedad "canciones para bailar". Los versos eran puestos en música por Antonio Squarcialupi. Algunos motivos se acercan a los de la "Canción de Baco":

> *Señora, cuán vano es creer*
> *que nunca llega la vejez*
> *y que la juventud*
> *permanecerá siempre inmutable.*
> *El tiempo vuela y escapa.*
> *La flor de la vida se marchita.*
> *El corazón amable debe pensar*
> *que el tiempo lo arruina todo...*

Otro poema retoma esa queja:

> *La bella juventud no vuelve jamás.*
> *El tiempo perdido nunca recomienza...*
>
> *¡Oh, cómo la juventud desprecia la felicidad!*
> *Y sin embargo, ¡qué bellas son las flores en la primavera!*

Los himnos religiosos

Lorenzo sentía más vivamente que nunca esa especie de desesperanza ante el tiempo que pasa, clavado como estaba la mayor parte del tiempo, por sus dolorosas crisis de gota, en su silla de lisiado o en su litera. Los suspiros del amor cortés y los malabarismos de la imaginación no bastaban para disipar su angustia. Buscó consuelo en la plegaria. Sus meditaciones durante la Semana Santa de 1491 dieron origen a himnos o *laudi*. Para invitar al pueblo a tararearlas, las hizo acompañar por la misma música que los cantos de carnaval. Así su *Loa a la Virgen*, muy parecida por el ritmo a la *Canción de Baco*, se cantaba acompañada por la misma melodía que la canción atrevida de los aldeanos.

¡Cuán grande es tu belleza
Virgen Santa a la que todos oran!
Que todos te alaben, ¡oh, María!
y canten tu dulce bondad.

Que todos te alaben, ¡oh, María!
Tú, Virgen, que tanto bien hiciste
a la naturaleza al nacer,
tan humilde que Dios convino
en ser tu criatura...

Lorenzo se torna patético en su lamentación del Viernes Santo.

¡Oh, malvado y culpable corazón,
fuente de mis malignos pensamientos,
cómo no rompes mi pecho,
cómo no estallas de dolor!

Llora fundiéndote como la cera,
corazón mío pervertido y malo,
porque muere quien vive de verdad,
Jesús, tu dueño, tu dulce Señor.

Sobre el madero duro póstrate yacente
con Jesús crucificado.
Sé por la lanza atravesado,
la que hirió el corazón de Jesús.

Estos himnos, de gran belleza, fueron adoptados, como deseaba Lorenzo, por la piedad popular. Hombres, mujeres y niños de los medios devotos tenían la costumbre de reunirse el sábado por la tarde en la catedral de Santa María del Fiore a celebrar un oficio de plegarias en honor de la Virgen. Cada barrio cantaba alternativamente *Laudes* —himnos, cánticos y baladas sacras— bajo la conducción de su propio maestro de coro, a quien se le llamaba *capitano degli Laudesi*. Los cantos pertenecían a un fondo común constantemente acrecentado. Entre los autores, figuraban Feo Belcari y

Lucrecia Tornabuoni, la madre de Lorenzo, pero también buen número de religiosos que utilizaban ese medio para mantener la devoción del pueblo en el intervalo de sus sermones.

La moda de los predicadores. Savonarola

El predicador de moda era fray Mariano de Genazzano, perteneciente a la orden de los ermitaños de san Agustín. Era un humanista de lenguaje elegante, que mezclaba en sus homilías a Cicerón y Virgilio con la Biblia y los Padres de la Iglesia. Poliziano lo describe como un hombre moderado, ni demasiado severo ni demasiado indulgente con los defectos de su época. Cuando subía al púlpito no temía censurarlos, pero en privado se mostraba amable y lleno de sensatez. No sólo Poliziano, sino también Pico de la Mirándola y el propio Lorenzo gustaban de su compañía. Iban con frecuencia a visitarlo y a conversar con él en la biblioteca del bello y espacioso monasterio, recién construido por Francesco Giamberti cerca de la puerta San Gallo. Lorenzo, en los duros días que vivía, destrozado por su sufrimiento físico, podía esperar de fray Mariano un real consuelo. El religioso compartía su sentimiento de que las creencias de las generaciones humanas convergían y mostraban que Dios era bueno y se manifestaba en el mundo para ayudar a los hombres de buena voluntad.

Fue en esos momentos en que Lorenzo buscaba conjurar su angustia, cuando fray Girolamo Savonarola comenzó a seducir verdaderamente a los florentinos con el poder de su verbo profético.

¡Extraño destino el de Savonarola! Nacido en 1453 en Ferrara, fue educado en el entorno de la brillante corte d'Este de la que su abuelo era médico. Rostro expresivo pero feo, de baja estatura, pelirrojo, voz ronca, no tenía nada para triunfar en sociedad. Un rechazo amoroso sufrido a los dieciocho años por parte de una joven de la familia Strozzi le inspiró un odio salvaje a la carne y a las cosas materiales. Abandonó el mundo y tomó el hábito dominico en Bolonia en abril de 1475. Hizo recaer en sí mismo su disgusto por la condición humana, entregándose a constantes mortificaciones; apenas se alimentaba y dormía en un jergón de paja. En público y en la vida privada, denunciaba los vicios de sus contemporáneos. Después de alojarse en distintos conventos de su orden, Savonarola fue nombrado el 28 de abril de 1482 lector del convento de San Marcos de Florencia por el capítulo de la provincia lombarda. Pico de la Mirándola asistía a él. Allí escuchó una discusión teológica en la que el dominico ferrarés se impuso a su adversario. Ello provocó en Pico una gran estima por Savonarola, haciendo partícipe de ella a su amigo Lorenzo de Médicis.

Desde 1482 a 1484, fuera de la enseñanza que impartía a los novicios de San Marcos, el religioso casi no se hizo notar en Florencia. Sus prédicas de Adviento y de Cuaresma en el monasterio de los Murate, en Orsanmichele y en San Lorenzo, no atraían a más de veinticinco personas, cuando en el mismo momento fray Mariano llenaba de fieles la nave central de la catedral. Ahora bien, en 1485, Savonarola tuvo una visión: Dios le anunciaba que el tiempo del castigo había llegado; le encargaba difundir la terrible noticia y, en recompensa, le prometía el martirio. Después de vacilar largo tiempo, Savonarola se atrevió, el primer jueves de Cuaresma de 1486, a divulgar esa revelación. Había llegado el tiempo del fin del mundo. Para retomar las palabras de san Lucas, ya el hacha del leñador se apoyaba en el tronco que debía derribar. Sus superiores alejaron al inquietante predicador primero a Bolonia, luego a Ferrara. El fortaleció su convicción de que el Apocalipsis se acercaba. Se sentía encargado de la misión de extirpar de Florencia, madre de todos los vicios, las perversiones satánicas, pero su palabra ya no resonaba en los púlpitos de la ciudad donde, por el contrario, fray Mariano, predicador titular de Lorenzo el Magnífico, hacía escuchar sus sermones de piedad equilibrada y, en suma, tranquilizadora.

Pico de la Mirándola, protector del dominico, estaba ausente. Se hallaba en Francia huyendo de la vindicta pontificia abatida sobre él tras la condena de sus tesis en la corte de Roma. Cuando regresó a Florencia en 1488, pidió a su amigo Lorenzo que convocara a Savonarola. Pico sentía en efecto la necesidad de tener cerca, como garantía, un religioso de ortodoxia irreprochable, que compartía algunas de las opiniones que él conservaba pese a la condena romana. En sus precedentes obras destinadas a la enseñanza de los novicios, Savonarola había profesado algunos puntos de vista inspirados en la corriente neoplatónica. Aceptaba cierta tradición esotérica. Podía evitar a Pico nuevas persecuciones en momentos en que la "caza de brujas", a impulsos de la bula de 1484, adquiría una amplitud sin precedentes y era orquestada por los dominicos. ¿Acaso Jacques Sprenger, provincial de la orden e inquisidor general en

Alemania, y su colega suizo, Henri Krämer, no habían publicado un manual, *Martillo de las hechiceras*, destinado a ayudar a reconocer y a conjurar los maleficios?

Lorenzo escribió pues el 29 de abril de 1489 al superior de la orden dominica para solicitarle que enviara de nuevo a Savonarola al convento de San Marcos. Obtuvo satisfacción un año más tarde. Los superiores del religioso vacilaban, pues ya conocían muy bien su carácter rígido, totalmente desprovisto de flexibilidad. Pero precisamente en esos defectos se basó el éxito de sus sermones. El anuncio de catástrofes inminentes cautiva irresistiblemente a las multitudes. El 1 de agosto de 1490, abandonando el claustro ya demasiado exiguo para albergar a sus oyentes, Savonarola habló en la iglesia de San Marcos. Comentó el Apocalipsis. Pronto hasta esa misma iglesia ya no pudo contener la marea creciente de su público. En la Cuaresma de 1491 se instaló en el púlpito de la catedral. Aludió a Lorenzo de manera casi directa. Lo acusó de arruinar el Estado y de dilapidar los bienes de los ciudadanos depositados en las arcas públicas. El Magnífico se alteró y le envió a cinco notables: Domenico Bonsi, Guidantonio Vespucci, Paolo Antonio Soderini, Francesco Valori y Bernardo Rucellai. Esos hombres mesurados dieron a entender al religioso que sus sermones podían hacerlo expulsar del territorio florentino. La respuesta de Savonarola fue desdeñosa: "Eso no me preocupa. ¡Que lo haga! Pero que sepa esto: yo soy extranjero y él el primero en la ciudad. Sin embargo, yo permaneceré y él partirá". Estas palabras fueron interpretadas de inmediato en Florencia como la predicción de la próxima muerte de Lorenzo. Por otra parte, Savonarola no se privó de repetirlas. En la sacristía de San Marcos afirmó, en presencia de varias personas, que debían esperarse grandes cambios en Italia y que la muerte no tardaría en llevarse a Lorenzo el Magnífico, al Papa y al rey de Nápoles.

Lorenzo perdió la paciencia y pidió a fray Mariano que denunciara desde el púlpito las pretensiones de Savonarola en materia de profecías. En efecto, el día de la Ascensión, el religioso agustino comentó en su sermón un pasaje de los Hechos de los Apóstoles: "No os corresponde conocer el tiempo y la hora que Dios ha puesto en su omnipotencia". Ante una gran multitud, el predicador condenó a Savonarola, llamándolo vano y falso profeta, propagador de escándalos y de desórdenes. Pero la misma fogosidad del sermón benefició al dominico quien, retomando ese comentario en su propio púlpito de San Marcos, lo aprovechó para demostrar que Noé, Jeremías, Daniel y varios otros personajes de la Biblia habían sido favorecidos por revelaciones sobre acontecimientos precisos. ¿Por qué él no podía recibir el anuncio de la renovación de la Iglesia y de hechos que la marcarían? Los parroquianos que por curiosidad habían escuchado precedentemente al sabio agustino quedaron convencidos por ese razonamiento tan simple. A partir de entonces Savonarola, como reconocido profeta, comenzó a ejercer sobre el pueblo piadoso de Florencia una verdadera dictadura espiritual.

En el verano de 1491 su prestigio se había acrecentado tanto ante sus cofrades religiosos que lo eligieron prior de San Marcos. La tradición imponía que cada nuevo responsable del convento fuera a hacer una visita de cortesía al jefe de la familia Médicis, que ejercía su patronazgo. Savonarola se negó. Lorenzo, deseoso de mostrarse conciliador, asistió a la misa en la iglesia de San Marcos. A la salida, se demoró en el jardín, luego en los claustros. Savonarola no se presentó. Cuenta una anécdota que Lorenzo había llevado una importante suma en monedas de oro que deseaba entregar al prior para su convento. Savonarola la rechazó y la hizo distribuir entre los pobres. Lorenzo perdonó la insolencia observando que, después de todo, el muy loable propósito del religioso era forzar a los ciudadanos de Florencia a enmendarse.

La última enfermedad de Lorenzo

Lorenzo se preocupaba más y más por su salvación. A principios del invierno de 1491, una fuerte fiebre lo acometió. No se lograba hacerla bajar. Lorenzo se hallaba paralizado por el sufrimiento. Padecía violentos dolores de estómago y punzadas en todo el cuerpo: sus venas, nervios, músculos y articulaciones parecían tensos, a punto de estallar. Su médico habitual, Piero Leoni, no sabía qué nuevo remedio inventar. Recibió el apoyo de un colega de gran notoriedad, el médico Lázaro de Pavía, enviado por Ludovico el Moro. Pero uno y otro resultaron impotentes para mejorar el estado del enfermo. Se limitaban a controlar su régimen y a recetar medidas de higiene elementales. No pensaban en un desenlace fatal cercano.

Junto a Lorenzo se hallaban su hija mayor, Lucrecia Salviati, su hermana Nanina Rucellai, su hijo mayor Pedro y su mujer Alfonsina

Orsini, así como dos adolescentes, su hijo menor Juliano, de trece años, y su sobrino Julio de catorce. Advertidos del agravamiento del estado de su amigo, Poliziano y Pico de la Mirándola acudieron desde Venecia donde se hallaban por entonces velando por la impresión de sus obras por Aldo Manucio.

En los primeros días de 1492, Lorenzo debió abandonar casi todas sus actividades. Hasta entonces se había esforzado en recibir a los embajadores extranjeros con puntualidad, pero su debilidad lo obligó a postergar quince días la audiencia de los enviados de Milán. Experimentaba la imperiosa necesidad de rodearse de todos los que amaba: su segundo hijo, Juan, el joven cardenal, faltaba en el círculo íntimo al que se reducía ahora la corte del palacio de la Via Larga. Lorenzo lo hizo llamar a Pisa, donde el adolescente de diecisiete años terminaba sus estudios de derecho canónico.

Entrada solemne del cardenal Juan de Médicis en Florencia

El regreso de Juan fue celebrado como una fiesta. A principios de marzo, se organizó su entrada oficial en Florencia en calidad de príncipe de la Iglesia. Su hermano Pedro salió a su encuentro fuera de las murallas de la ciudad, montado en un caballo con arneses de oro y rodeado de patricios soberbiamente ataviados. El joven cardenal avanzó por las calles en su compañía. Cabalgaba en una mula suntuosamente enjaezada. Un cortejo de obispos y de prelados venidos de toda Toscana formaba su séquito. Pese a la fuerte lluvia que se abatió sobre Florencia, una numerosa multitud agolpada a lo largo del camino aclamaba al cortejo.

El cardenal se dirigió en primer lugar a la Annunziata para un oficio de acción de gracias, luego al palacio de la Señoría donde lo recibieron el gonfaloniero y los priores, y finalmente al palacio de la Via Larga. El pueblo lo acompañó hasta la puerta y lo aplaudió al despedirse. A la noche se encendieron en las plazas fogatas de festejo. En todos los barrios de la ciudad repicaron las campanas y resonaron improvisados cantos de alegres cadencias. Su armonía aportaba a Lorenzo, tendido en su lecho de dolor, una dulcísima satisfacción: el contento popular halagaba su orgullo paterno.

Al día siguiente tuvo lugar una misa solemne en la catedral; luego se formó en torno del joven cardenal un cortejo de notables, de embajadores, de miembros de la Señoría y de los Consejos, que fue a visitar a Lorenzo recluido en su habitación. En el palacio Médicis cada uno presentó sus obsequios, pero Juan no quiso aceptar más que los de su familia y los de la Señoría. Se despidió de los florentinos, pues debía ir a Roma a formar parte del Colegio de cardenales.

Lorenzo bendijo a su hijo. Lo confió a su antiguo preceptor, el anciano obispo de Arezzo, Gentile Becchi. Encomendó a dos diplomáticos confirmados, que le eran fieles, Francesco Valori y Pier Filippo Pandolfini, guiar al joven cardenal en los arcanos de la política. Presentía que ya no podría cumplir esa tarea y que no volvería a ver a su hijo y a sus amigos. Así se lo dijo. Como ellos protestaron, añadió simplemente: "El espíritu celestial que siempre veló por la defensa de mi cuerpo me ordena dejar todas estas preocupaciones para no ocuparme nada más que de la muerte".

Empero, su amor paterno le hizo dictar, para su hijo, reglas de conducta y principios de sentido común que podían serle útiles. Se ha conservado el texto de la carta, cuyo tono es amable y sereno. Lorenzo juzga con realismo al mundo y sus debilidades. Ya sólo piensa en evitar que su hijo sucumba a las celadas de la vida.

"Mi señor Juan... Os pido que os esforcéis por ser agradecido a Dios, recordando a toda hora que os habéis convertido en cardenal no por vuestros méritos ni por vuestro esfuerzo, sino por el solo efecto de la gracia de Dios. Testimoniadle vuestro reconocimiento llevando una vida santa, ejemplar, honesta... He experimentado, el año último, una gran alegría al saber que, sin que nadie os lo haya recordado, os habéis confesado y habéis comulgado varias veces... Cuando os halléis en Roma, antro de todos los vicios, sé cuán difícil os será hacer lo que acabo de deciros... Vuestra promoción al cardenalato ha provocado mucha envidia y los que no pudieron impedir que recibierais esta dignidad se ingeniarán sutilmente para disminuirla denigrando vuestra manera de vivir y tratando de haceros rodar a la fosa donde ellos ya han caído, seguros de triunfar a causa de vuestra corta edad. Cuanto más falte la virtud en el Colegio actual de cardenales, más deberéis resistir."

Lorenzo indica a Juan la manera como deberá comportarse con Inocencio VIII: no importunarlo y siempre aceptar su opinión. En fin, le da consejos concernientes a su higiene y al empleo de su tiempo.

"Alimentaos sólo de comidas simples y haced mucho ejercicio, sin lo cual corréis el riesgo de contraer pronto una enfermedad que no curará más... Tendréis que levantaros temprano porque, además de beneficiar la salud, así se tiene la posibilidad de despachar todos los asuntos del día: celebrar oficios, estudiar, conceder audiencias... Os recomiendo como muy necesario, particularmente al principio, pensar la víspera en todo lo que debéis hacer al día siguiente, salvo imprevisto... Conservaos en buena salud."

El último retiro en Careggi. Señales en el cielo

Después de cumplir así su deber de padre, el Magnífico se hizo trasladar el 21 de marzo de 1492 a su villa de Careggi. Llamó allí a su viejo amigo Marsilio Ficino. En sus dolores cada vez más agudos, se sentía reconfortado rememorando las teorías tranquilizadoras de Platón y de sus discípulos sobre los fines últimos del hombre y la inmortalidad del alma, como lo hiciera su abuelo Cosme. Marsilio Ficino narró su estancia al hijo de Lorenzo, el joven cardenal Juan. El filósofo había percibido en su jardín turbadoras señales en el cielo: nubes en forma de gigantescos combatientes y, por la noche, la aparición de un astro nuevo encima de la villa de Lorenzo. Creyó también ver fuegos fatuos que se dirigían desde Fiésole a Careggi. Pensó en los espíritus celestiales de que habla Hesíodo, que vienen a recibir el alma de los moribundos. Al volver a ver a Lorenzo, notó en su rostro, marcado por el sufrimiento, otra señal ineludible: "el esplendor de la divina bondad" que brillaba en sus rasgos.

Unos quince días después de su llegada a Careggi, Lorenzo se sintió en el límite de sus fuerzas. Pidió a su hermana Nanina que le indicara claramente la gravedad de su estado.

"Hermano mío", le respondió ella, "habéis vivido con mucha grandeza de alma. Ahora debéis abandonar la vida con coraje y piedad. Sabed que toda esperanza se ha perdido." Lorenzo estaba preparado para recibir la terrible noticia: "Si esa es la voluntad de Dios, nada me agradará más que la muerte". Envió a buscar a su capellán, se confesó y recibió los últimos sacramentos; luego llamó a su hijo mayor, a quien deseaba confiarle sus últimas voluntades. Pedro de Médicis tenía veinte años. De temperamento orgulloso e inflexible, corría el riesgo de que ciertos ciudadanos opositores a la influencia de los Médicis sobre el Estado lo convirtieran en el blanco de su descontento. Lorenzo le aconsejó:

"Los ciudadanos, mi querido Pedro, te reconocerán sin duda alguna como mi sucesor y no dudo de que obtendrás la misma autoridad que me concedieron a mí. Pero como el Estado es un cuerpo provisto de numerosas cabezas y es imposible agradarles a todas, recuerda siempre que habrá que optar por la conducta más honorable y por el bien común antes que por los intereses particulares".

Delegó en Pedro el cuidado de velar por su joven hermano Juliano y por su pequeño primo Julio. Finalmente, pidió que sus exequias fueran celebradas con la mayor sencillez, como lo habían sido las de Cosme.

Al término de esa corta entrevista, se abrió la puerta de la habitación a los allegados. Se acercó Poliziano: Lorenzo le tomó ambas manos y se las estrechó. Poliziano volvió la cabeza para ocultar sus lágrimas. Lorenzo se preocupó al no ver a Pico. Se envió de inmediato un correo a Florencia y, en la jornada del 7 de abril, el joven protegido de Lorenzo llegó a Careggi. No venía solo: su amigo Savonarola se le había unido en su condición de prior de San Marcos. Pico conversó con el Magnífico; hablaron como antaño de las bellas letras y de filosofía, como si la muerte no estuviese presente. Lorenzo lamentaba no haber podido enriquecer su biblioteca con todos los libros que interesaban a su amigo.

Después de esta entrevista de tono placentero, el austero Savonarola entró en la habitación del moribundo. Poliziano se hallaba presente. Oyó al religioso exhortar a Lorenzo a conservar con firmeza la fe, a arrepentirse de sus pecados y a mirar la muerte con coraje. Luego Savonarola recitó las oraciones de los difuntos y, a petición de Lorenzo, le dio su bendición. Tal parece haber sido el desarrollo de la última entrevista de las dos fuertes personalidades de Florencia, a las que todo oponía. Más tarde Savonarola hizo circular una versión de esa escena totalmente diferente, a fin de impresionar las imaginaciones. Lorenzo se habría confesado al dominico acusándose de tres pecados mayores: el saqueo de Volterra, la dilapidación de la caja destinada a dotar a las jóvenes y finalmente la feroz represión de la conspiración de los Pazzi. Savonarola habría supeditado su absolución a tres condiciones: un acto de fe absoluta en Dios, la restitución de todos los bienes mal habidos y, en fin, el restablecimiento de la libertad en Florencia. El moribundo habría aceptado las dos primeras condiciones pero, al enunciado de la tercera, habría dado la espalda al religioso que habría salido de la habitación sin absolverlo de sus pecados. Así Lorenzo habría muerto con el alma torturada frente a la perspectiva de la condena eterna.

Es evidente la insensatez de esta escena. El historiador más autorizado de Savonarola, Roberto Ridolfi, demostró que se trataba de una invención posterior de los partidarios del dominico.

La próxima muerte de quien reinaba sin título sobre Florencia no impresionaba solamente a sus allegados, como Marsilio Ficino. Todo el pueblo estaba a la espera de las noticias que venían de Careggi. La tensión era grande. Tres días antes de la muerte de Lorenzo, durante la misa en Santa María Novella, una mujer se puso a gritar:

"¡Ay, ciudadanos, no veis a ese toro rabioso que con sus cuernos de fuego derriba esta iglesia!".

Los fenómenos extraños eran recibidos como el anuncio del acontecimiento excepcional que se esperaba: el óbito del gran Médicis. Fue así como se observó que los leones, mantenidos por la Señoría como símbolos de la ciudad, trataron de matarse mutuamente en su jaula, muriendo uno de ellos. Una tormenta acompañada de un violento huracán se abatió en la noche del 7 de abril sobre la ciudad. Se notó con horror que el rayo había caído en la linterna de la cúpula de la catedral, dañando el escudo de armas de los Médicis. Savonarola velaba entonces en su celda donde preparaba su sermón del día siguiente. En medio de la violencia de los elementos tuvo de pronto la visión de una mano en el cielo blandiendo una espada. Alrededor de la aparición una llameante inscripción anunciaba: "*Ecce gladius Domini super terram, cito et velociter*", es decir: "He aquí la espada de Dios que se abate sobre la tierra, rápida como el rayo". A la mañana siguiente, frente a los florentinos extenuados por la terrible noche que acababan de pasar, el dominico aprovechó para anunciar, haciendo alusión al Magnífico, que la hora de Dios había sonado.

Una muerte serena

En Careggi, Lorenzo acababa en efecto de exhalar el último suspiro, no sin embargo en el terror, sino en paz y con serenidad. En la noche del 8 de abril tuvo conciencia de que su vida llegaba a su término. Aparte de los miembros de su familia, un grupo de fieles lo velaba. Entre ellos se encontraban Paolo Cerretani, Bartolomeo Dei y Poliziano, que dieron testimonio de sus últimos momentos. Lorenzo pidió que en sus instantes finales se le leyera el relato de la Pasión de Cristo. Cuando comenzó la lectura, había perdido el uso de la palabra pero se asoció a ella moviendo los labios. Luego ya no consiguió hacer ese esfuerzo. Entonces movió débilmente la cabeza y los dedos para mostrar que ponía atención en el texto sagrado tanto como le era posible. Terminada la lectura, le acercaron a los labios un crucifijo de plata que besó. En ese movimiento, expiró. Un hermano camaldulense que allí se encontraba se aseguró de que había muerto acercando a los labios del difunto sus lentes sobre los que no se depositó ningún vapor: todo estaba consumado, como acababa de leerse en el Evangelio. Lorenzo abandonó el mundo apenas tres meses después de haber cumplido cuarenta y tres años.

La ciudad dio libre curso a su desconsuelo. El médico y amigo de Lorenzo, Piero Leoni, era el más abatido de los hombres. Había ensayado en vano todos los remedios, hasta el polvo de perlas preciosas diluido en un brebaje. Se consideraba tanto más culpable porque, entusiasmado con la astrología, había tenido la certeza de que Lorenzo no moriría todavía. Desesperado huyó de Careggi y se refugió en la aldea de San Gervasio, en la casa de sus amigos Martelli. Allí fue encontrado a la mañana siguiente ahogado en el pozo de la villa. Los enemigos de los Médicis pretendieron que Pedro, el hijo de Lorenzo, lo había hecho arrojar para vengarse del fracaso de sus cuidados. Empero es probable que se tratara de un suicidio. Sin duda Leoni sintió pesar sobre sí la fatalidad de su propio horóscopo que le vaticinaba que moriríra ahogado.

En la noche siguiente se transportaron los despojos mortales de Lorenzo a Florencia. Las exequias tuvieron lugar por la mañana en la basílica de San Lorenzo entre una multitud doliente, a la luz de antorchas de cera portadas, según la tradición, por los pobres de la ciudad. La Señoría y los Consejos habían pedido a Pedro que asumiera en Florencia el papel eminente que antes correspondiera a su padre. Tres días después de la muerte de Lorenzo se promulgó un decreto para rendirle un testimonio público de gratitud. En él se decía que había subordinado su interés al de la ciudad. Nada había escatimado por el bien del Estado y su independencia. Había asegurado el orden por medio de excelentes leyes y terminado una guerra peligrosa, recuperado plazas perdidas y conquistado ciudades. Siguiendo el ejemplo de la Antigüedad, para mantener la seguridad de sus conciudadanos y la libertad de su país, se había sometido al poder de sus enemigos. De una manera general, había recurrido a todo para acrecentar el prestigio de su patria y aumentar su territorio.

La muerte de Lorenzo sumió en la consternación a todas las cortes de Italia, en particular a las de Roma y Nápoles. El papa Inocencio VIII se hallaba gravemente enfermo —Savonarola había predicho su muerte cercana—. Se mostró muy quebrantado por el fallecimiento de quien había construido y consolidado con él el eje de entendimiento entre Roma y Florencia: "¡La paz de Italia está perdida!", exclamó. En Nápoles, el anciano rey Ferrante expresó también el mismo temor: "Vivió demasiado tiempo para sí mismo, pero demasiado poco para la salvación de Italia. Quiera Dios que no se aproveche su muerte para maquinar lo que nadie osaba hacer en vida suya". Estas palabras aludían a Ludovico el Moro, que trataba de apartar del trono de Milán a su sobrino, el joven duque, esposo de Isabel de Aragón, nieta de Ferrante. El Moro intrigaba también en París para incitar a Carlos VIII a reivindicar la corona de Nápoles que formaba parte de la herencia de la Casa de Anjou. En vida de Lorenzo, la diplomacia florentina había conjurado los peligros. ¿Qué ocurriría después de su muerte?

El ejemplo que había dado de una política basada en el equilibrio y la armonía de las naciones corría grave riesgo de ser olvidado. Quedaría sin embargo el modelo de su vida personal que supo conservar ajena a las ambiciones de la política, a las intrigas mezquinas de los negocios y a las obligaciones a veces asfixiantes de la sociedad.

Siguió las huellas de los grandes florentinos: Dante, Petrarca y Boccaccio. Como ellos, cantó y lloró el espectáculo de la vida. Pero también, a la manera de su abuelo Cosme, buscó el sentido de esta comedia humana en las lecciones de la filosofía platónica. Se elevó hasta el nivel en que el espíritu descubre la conformidad de las creencias y de las religiones en su objetivo común, la conquista del Bien Soberano, concebido como la contemplación, en la paz del alma, del principio divino creador de todas las cosas.

Bondad, Verdad, Amor de la vida podían unir, pensaba él, a todos los hombres por encima de los dogmas y de los marcos demasiado estrechos de las religiones. El Cristo de Platón, las Sibilas y los Profetas, la mitología como los ejemplos de los santos, el espectáculo de la naturaleza y la belleza de la juventud, todo era símbolo para jalonar el camino del conocimiento último: como verdadero hombre del Renacimiento, Lorenzo lo recorrió incansablemente, fogoso y apasionado.

Epílogo

Restauración republicana. Triunfo y ruina de Savonarola. Homenaje póstumo a Lorenzo

El 17 de noviembre de 1494, en una tarde otoñal, lluviosa y fría, un inmenso cortejo se acercaba a Florencia. Era el ejército de Carlos VIII de Francia. Llamado por Ludovico el Moro, que esperaba gracias a él abatir la dinastía aragonesa de Nápoles, el rey acababa de atravesar el ducado de Milán. Marchaba a la conquista del reino napolitano, que había recibido como herencia de la Casa de Anjou.

En su camino había tropezado con las plazas fuertes de Toscana: Sarzana y Ripafratta. Florencia, aliada de Nápoles, habría podido detener la invasión. La prudencia excesiva —algunos la llamarán cobardía— de Pedro de Médicis decidió de otra manera. El hijo del Magnífico salió al encuentro del monarca francés. A la resistencia, prefirió la capitulación para evitar ver a Toscana saqueada por la potencia armada extranjera. El 30 de octubre entregó al rey, en prueba de neutralidad, las plazas fronterizas y, por añadidura, los puntos de apoyo marítimos de Florencia, Pisa y Livorno. Pero pagó caro esa iniciativa, improvisada sin ningún mandato oficial. A su regreso, la Señoría decretó su proscripción por traición, así como la de sus hermanos. El pueblo se precipitó sobre los bienes de los Médicis. El cardenal Juan logró dificultosamente salvar algunos tesoros poniéndolos al abrigo en el convento de San Marcos.

En esa súbita revolución acaecida dos años y medio después de la muerte del Magnífico, el pueblo vio el dedo de Dios. El monje Savonarola salió, con una delegación, al encuentro del rey extranjero. En Pisa reconoció en él la espada del Señor, el rey mesías, el libertador de la tiranía y de la perversión. Más que el temor a los soldados, la fatalidad de su llegada, confirmando las revelaciones proféticas del dominico, entregó Florencia a Carlos VIII. La ciudad aguardaba de esa fuerza extranjera providencial, cuya sola cercanía había expulsado a los Médicis, el retorno a su pasado de libertad.

Todo un conjunto de causas explica la aspiración popular: la altivez de Pedro, sucesor de Lorenzo, la desvergüenza de sus partidarios a los que ya no contenía la prudencia del amo, la llamada a la moralidad que resuena en las iglesias, habían ganado a una inmensa mayoría de florentinos a la idea de un cambio necesario e ineludible.

Era el triunfo de ese cambio lo que aclamaban agolpándose ante el extranjero que los preservaría de sus antiguos tiranos. El espectáculo era formidable. Diez mil hombres de infantería, suizos, lansquenetes alemanes, ballesteros gascones, caminaban al son de trompas, tambores y clarines. Precedían a cincuenta y cuatro cureñas de cañones y ochocientos señores de soberbias armaduras, la flor y nata de la nobleza del reino de allende las montañas. Venían luego los arqueros reales, de cuatro en cuatro, de feroz aspecto bajo sus sobrevestas bordadas en oro, "hombres bestiales" según el florentino Cerretani que los observó desfilar. Cien guardias de corps rodeaban al joven rey. Era un hombrecillo de veinticuatro años, feo de rostro, con una enorme nariz aguileña y saltones ojos azules. Pero bajo esa apariencia débil, constituía la punta acerada de la pirámide viviente que lo rodeaba. Bajo su palio de tela de oro, enarbolando su lanza guerrera, montado en un magnífico corcel negro, entró como vencedor en la capital de Toscana.

Por él se quitaron los batientes de la puerta de San Frediano, se derribó un trozo de muralla y se rellenó el foso de la ciudad. A su paso, por doquier, los ciudadanos habían adornado sus casas. Se leía en las banderolas: "¡Vivan el Rey, la Paz y la Restauración de la Libertad!"

Simbólicamente, el rey de Francia se instaló en la Via Larga en el palacio de los Médicis y tomó el título de Protector de la Libertad florentina. Renovó con la Señoría las cláusulas convenidas con Pedro de Médicis, garantías de la alianza que en adelante lo ligaban a Florencia. Abandonó enseguida la ciudad, el 28 de noviembre, prosiguiendo sin lucha su marcha que más parecía ser una misión divina que la reconquista de una herencia feudal.

En Roma, el papa Alejandro VI Borgia, que sucedió a Inocencio VIII en agosto de 1492, capitula frente a él. En Nápoles, el joven rey Ferrandino, que subió al trono después de su abuelo Ferrante, muerto en enero de 1494, y de su padre Alfonso II, huye sin resistir.

Es verdad que la aventura carecía de futuro: el reino de Nápoles, conquistado fácilmente en febrero de 1495, se perdió con igual facilidad seis meses después. Carlos VIII, obligado a retirarse, apenas logró escapar del exterminio en la batalla de Fornovo el 6 de julio de 1495.

Un poco tarde, los italianos se habían recuperado y concertaron una especie de unión sagrada contra los "bárbaros" extranjeros. Pese a la derrota de Francia, Florencia seguía siendo su aliada. Prosigue, bajo el impulso dado por la venida del rey, una aventura a la vez política y mística: la restauración del régimen republicano. En diciembre de 1494 fue decretada la abolición de las instituciones instauradas desde 1434 por los Médicis: el Consejo de los Cien, el de los Setenta, los comités demasiado poderosos, los doce procuradores, los "Ocho de Práctica". Los viejos Consejos del Pueblo y de la Comuna se conservaron simbólicamente, pero ya no serían consultados. Las tres dignidades mayores del poder ejecutivo, la Señoría y los Colegios de los Hombres de Pro y de los Gonfalonieros, permanecían en sus funciones. Pero la iniciativa de las leyes era remitida a un Gran Consejo, cuyos miembros eran elegidos por sorteo, sin tener en cuenta sus opiniones, a partir de una lista de ciudadanos de por lo menos veintinueve años cuyos padres hubieran ocupado un cargo mayor, lo que representa unos 2.400 nombres para un población florentina de 50.000 habitantes.

La voluntad de abolir los poderes discrecionales de los partidarios de los Médicis era manifiesta. A esos elegidos, un reclutamiento bastante amplio asociaba ciudadanos no privilegiados por los cargos de sus antepasados y jóvenes que no habían alcanzado la edad legal. Para que las decisiones del Gran Consejo fueran válidas, sus mil miembros debían estar presentes. Los que faltaban eran multados. Un Consejo limitado a 80 ciudadanos, renovado cada seis meses, asistía a la Señoría para los actos de la vida pública.

La nueva República florentina no estaba dotada de instituciones verdaderamente democráticas: delegó el poder, como en Venecia, en una oligarquía de notables. La gran diferencia con la época de Lorenzo estaba en la apertura de los Consejos a la expresión de variadas tendencias de la opinión. Parecía haber terminado el reinado del partido único.

No bien constituido, el Gran Consejo se dedicó a atacar los abusos más notorios heredados del régimen precedente. Lorenzo, como sus antepasados, había gobernado comprando la fidelidad de sus partidarios con privilegios fiscales. En adelante se exigirá de cada uno la misma contribución, la décima, décima parte de las rentas, sobre la base de un censo de los bienes semejante al del *catasto* de 1427.

Se desarrolló una política activa de ayuda social a impulsos de Savonarola, que dio ejemplo distribuyendo lo superfluo de su convento. Un montepío adelantaría a los indigentes las sumas que precisaran.

Esas medidas, hay que reconocerlo, eran de urgente necesidad. Constituían la más sana de las reacciones a los abusos y a la crisis que Lorenzo había dejado instalarse en el Estado florentino y que habían llegado, bajo su sucesor, al paroxismo.

Esta acción de los nuevos dirigentes comprometía al pueblo en un esfuerzo de moralidad pública que coincidía con la corriente de reforma espiritual propagada por los sermones de Savonarola. El dominico comenzó a dar consejos políticos. Criticó el sistema de voto practicado en el seno de la Señoría y del Comité de Policía. Hizo prohibir la convocatoria del pueblo en parlamento, que antaño sirviera a los Médicis para imponer su poder en las demasiado famosas "balias".

Finalmente, arrastrado por su ímpetu místico, proclamó a Cristo rey de Florencia. Extendió su acusación contra la "vida de cerdos" que llevaban los florentinos. Solicitó a la Señoría tomar medidas extremas: exponer a las cortesanas al escarnio público, torturar a los jugadores, perforar la lengua de los blasfemos, quemar vivos a los sodomitas de ambos sexos.

Para señalar el fin de la aborrecida época de licencia, que se quería confundir con la del dominio de los Médicis, se quitó de su palacio la estatua de Judith matando a Holofernes, obra maestra de Donatello, y se la colocó delante del palacio de la Señoría para dar un "ejemplo de salvación pública". La virtud y la libertad hacían causa común contra el vicio y la tiranía.

No podría haberse imaginado cambio más radical con respecto a la época de Lorenzo. Las conversiones florecían por doquier. Poliziano y Pico de la Mirándola, antes de su muerte acaecida en 1494, pidieron vestir el hábito de los dominicos en su lecho de agonía, en señal de penitencia. Marsilio Ficino recordaba que era canónigo y también él se inclinaba a la devoción. El pintor Botticelli lamentaba públicamente haber satisfecho el gusto del paganismo y se consagraba a pinturas religiosas. Miembros de las mejores familias entraban en los conventos. La población del de San Marcos pasó en poco tiempo ¡de 50 a 238 religiosos! De todas partes acudían a las iglesias multitudes llorosas de penitentes, los *frateschi* —compadres del "hermano" Savonarola— eran llamados igualmente *piagnoni* (llorones). Pero pronto este exceso de celo hizo nacer y crecer la violenta oposición de los *arrabiati*, los "rabiosos", a la que se mezclaba la de los *palleschi*, partidarios de los Médicis.

El Estado de Florencia, poco seguro dentro del funcionamiento de sus nuevas instituciones, sufría el deterioro de su territorio: como consecuencia de la incursión francesa, Pisa había conquistado su independencia; Livorno, retenida por los franceses, estaba bajo la amenaza de caer en poder de su enemigo, el emperador Maximiliano.

Para hacer frente a la inseguridad interna y externa, el nuevo gobierno debió renunciar a su política fiscal de equilibrio. En 1498 restableció, en detrimento de los notables, la práctica del empréstito forzoso. Pasado un tiempo de esperanza, volvía a caerse en el ambiente de crisis que se había creído conjurar.

La situación personal de Savonarola se tornaba día a día más dramática. Había disgustado a Alejandro VI Borgia al censurar al papado de manera demasiado enérgica. La guerra entre el dominico y Roma, declarada en 1496, acerca de puntos de obediencia eclesiástica, se desarrolló sobre un fondo de fanatismo religioso. Savonarola había hecho suprimir los juegos del carnaval, que sustituyó por procesiones de penitencia. En 1497, organizó en toda la ciudad la denuncia por los hijos de lo que atentara, dentro de las familias, contra la decencia y la fe. Hizo confiscar por sus jóvenes ayudantes instrumentos musicales, adornos, máscaras, perfumes, cuadros representando desnudos, libros de poesía, todo lo que evocaba el placer y la alegría de la vida. Amontonados en la plaza de la Señoría, esos objetos fueron solemnemente quemados en auto de fe el martes de carnaval de 1497. La "hoguera de las vanidades", renovada en la Cuaresma del año siguiente, marcó la cima de la reacción pietista contra la licencia de la época precedente y su ensayo de síntesis armoniosa de las creencias, doctrinas y símbolos.

Pero esa victoria del rigorismo puritano era demasiado absoluta para durar mucho tiempo. Los enemigos de Savonarola, fray Mariano de Genazzano, ahora general de la orden de los agustinos, y los franciscanos de Florencia, emprendieron contra el profeta una guerra oratoria sin piedad. Insoportables plagas se abatían sobre la ciudad: la pobreza, la peste y esa terrible enfermedad hasta entonces desconocida, la sífilis, propagada según se decía por los soldados franceses. El odio mutuo que sentían las diferentes facciones, sumándose a todas esas miserias, sembró en la población el mayor desorden. Pedro de Médicis trató de aprovecharlo: intentó, en abril de 1497, un golpe contra la ciudad, pero fracasó lamentablemente. El cardenal Juan acudió en su ayuda. El 13 de mayo de 1497 hizo proclamar por el Papa un breve de excomunión contra Savonarola. El efecto no fue inmediato pero, poco a poco, la duda, seguida de la burla que practicaban los "rabiosos", afectó a la persona del dominico profeta y de sus partidarios. Las iglesias se vaciaron en beneficio de las tabernas y los lupanares. Los fanáticos de Savonarola se perdían en la nada: una petición abierta durante todo el mes de junio en San Marcos para defenderlo ante la corte de Roma, ¡sólo recogió 370 firmas! Pero ese debilitamiento del partido de los "llorones" —al menos entre los notables— no significaba el relajamiento de la vigilancia sobre los partidarios del regreso de los Médicis.

En el verano, le fueron arrancadas revelaciones a un amigo de Pedro de Médicis, Lamberto dall'Antella. Se arrestó a catorce notables, algunos de los cuales eran asiduos concurrentes a los sermones de Savonarola. Fueron acusados de preparar una nueva agresión de Pedro de Médicis contra la ciudad para mediados de agosto.

Se instruyó su proceso con rigor, juzgando con ellos a Lucrecia, la hija de Lorenzo, esposa de Jacopo Salviati. Ella se había quedado en Florencia a pesar de los disturbios y no le costó justificarse. La confiscación de los bienes de los procesados debía proporcionar 200.000 ducados a las finanzas de la República. Cinco de ellos fueron rápidamente decapitados el 21 de agosto. Bernardo del Nero, ex gonfaloniero, tenía setenta y tres años y recientemente había gobernado todavía el Estado con honor, pero fue juzgado culpable de no haber abjurado de la familia de Lorenzo. Los otros condenados eran todos allegados a los Médicis. Giovanni Cambi había sido su agente en Pisa y Gianozzo Pucci uno de sus socios comerciales. Niccolò Ridolfi había casado a su hijo con una de las hermanas de Pedro de Médicis. Finalmente, el joven Lorenzo Tornabuoni, hijo de Giovanni, era primo hermano del Magnífico.

Esa ejecución brutal se asemejaba en su salvajismo a una venganza póstuma contra Lorenzo. Los ciudadanos moderados de Florencia vieron con horror continuar las ejecuciones mientras se perpetuaban las exageraciones puritanas del partido de los "llorones". La rebelión abierta de Savonarola contra Roma, su rechazo a las censuras pontificias, la prosecución del auto de fe de las "vanidades" en el carnaval de 1498 exasperaron a los "rabiosos": alrededor de la hoguera intentaron, pese al servicio del orden, detener a los niños y a los devotos para arrancarles sus crucifijos, arrojaron sobre el piadoso cortejo basuras y cadáveres de animales. En marzo, la Señoría prohibió a Savonarola predicar, como ordenaba el Papa, pero él rehusó obedecer. Su intransigencia y la de sus partidarios habría de serle fatal. Un desafío sobre la veracidad de sus respectivos dichos opuso a fray Domenico Buonvicini, dominico de Fiésole, y fray Francesco de Puglia, predicador franciscano de Santa Croce. Decidieron remitirse a la prueba del fuego que constituiría el juicio de Dios. Cada uno de los contendientes debía ser acompañado por un miembro de su orden. Savonarola decidió participar al lado de su cofrade.

La prueba del fuego imponía a los que la aceptaban caminar en una hoguera entre dos paredes de madera rociadas con aceite sobre un estrecho sendero de ladrillos cubiertos de arena. Sólo los campeones milagrosamente protegidos por Dios podían escapar de la muerte entre las llamas.

El 7 de abril de 1498, sexto aniversario de la muerte de Lorenzo el Magnífico, el pueblo se agolpó en la gran plaza de la Señoría para asistir al espectáculo. Pero disputas de procedimiento hicieron postergar constantemente el inicio de la prueba. Se tardó tanto que cayó la noche. Entonces, un diluvio se abatió sobre Florencia y dispersó bruscamente a la multitud y a los actores propuestos. Esa tormenta fue el toque de difuntos del poder de los "llorones". El 8 de abril, el convento de San Marcos fue tomado por asalto por los enemigos del hermano; Savonarola fue arrestado, torturado y condenado con la intervención de los comisionados pontificios por haber sublevado al pueblo con doctrinas temerarias. Finalmente fue ejecutado el 23 de mayo de 1498 con dos de sus correligionarios, ahorcándolos en la plaza pública y quemándose luego los cadáveres.

Este trágico fin no fue seguido por un cambio de las tendencias políticas. Las intrigas de Pedro de Médicis lo habían perdido ante los florentinos. No fue llamado de nuevo. Las Señorías que se sucedieron debieron actuar dentro del turbulento contexto de las guerras de Italia, que el rey de Francia Luis XII había reiniciado en virtud de los derechos de la familia de Orleáns sobre el Milanesado. Grandes florentinos, tales como el gonfaloniero vitalicio Piero Soderini, lograron conservar el prestigio internacional de la República, que se afirmaba en el funcionamiento de sus nuevas instituciones.

Pedro de Médicis murió en el exilio en 1503. El cardenal Juan pasó a ser el jefe de la familia. Consiguió restablecer a los Médicis en Florencia en 1512, a la cabeza del ejército del papa Julio II, al término de una expedición marcada por el terrible saqueo de Prato. Todas las leyes decretadas por el nuevo régimen republicano desde 1494 fueron abolidas, se suprimió el Gran Consejo y se restablecieron las instituciones de la época de Lorenzo el Magnífico. El cardenal, su hermano Juliano y su primo Julio, de treinta y seis, treinta y tres y treinta y cuatro años respectivamente, volvieron a tomar el poder sin combatir y sin vengarse de los que los habían mantenido en el exilio durante dieciocho años. Tras las peripecias trágicas y los sufrimientos padecidos, Florencia vio en ese retorno la promesa de una nueva primavera y se entregó a la alegría, aclamando frenéticamente a los Médicis.

En 1513 Juan fue elegido Papa, veintiún años después de la muerte de su padre Lorenzo el Magnífico. El nuevo pontífice, León X, demostraría ser un mecenas sin par, amigo de las artes y las letras, un hombre de equilibrio, ganado a la amable síntesis de la sabiduría antigua y de la doctrina cristiana. En Roma, con el agregado de la piedad, vivió como viviera Lorenzo el Magnífico. En Italia, dio su nombre a su siglo, uno de los más brillantes que conoció la civilización. El esplendor que hizo florecer era el reflejo de la edad de oro que presidiera su padre. Las fiestas conmemorativas de su coronación fueron encomendadas, en Florencia, al cuidado de su hermano Juliano y de su sobrino, el hijo de Pedro, llamado Lorenzo. Una carroza representaba la edad de oro. Flanqueado por las cuatro Virtudes cardinales, un globo terráqueo sostenía la figura de un hombre muerto: por encima de esa efigie, como saliendo de su cuerpo, se erguía un niño vivo, desnudo y dorado. Ese "triunfo" representaba el de la dinastía de los Médicis surgida de Lorenzo.

En adelante la nueva Casa principesca, olvidada de sus antecedentes en el comercio y en la banca, aprovechaba hábilmente el tiempo de olvido impuesto por el exilio. De Lorenzo el Magnífico se conservaba el nombre y la imagen mítica de un príncipe legítimo, feliz en su gobierno, bienhechor de Italia, que aunaba en su sola persona el ideal del hombre de pensamiento y del hombre de acción.

El papa León X quiso rendir un testimonio público de admiración a su padre, a quien la leyenda transformaba día a día en héroe. Encargó a Miguel Angel en 1520 crear, haciendo juego con la sacristía de San Lorenzo en Florencia, una necrópolis de los Médicis. El monumento agruparía cuatro tumbas: las de Lorenzo el Magnífico, de su hermano Juliano, víctima de la conspiración de los Pazzi, así como las tumbas del hijo de Pedro, Lorenzo, duque de Urbino —el padre de Catalina de Médicis— y de Juliano, hermano de Pedro y de León X, que ostentaba el título de duque de Nemours. La muerte del Papa interrumpió la obra. Cuando fue reanudada en 1524 por Clemente VII, se abandonó el proyecto de la doble tumba del Magnífico y de su hermano, que debía ocupar la pared central de la capilla.

El bosquejo, conservado en el Museo del Louvre, muestra que los únicos fragmentos de esa tumba que fueron ejecutados están representados por la estatua de la Virgen rodeada de los santos Cosme y Damián, protectores de los Médicis. En las paredes laterales, Miguel Angel erigió los mausoleos de los dos príncipes más jóvenes de la Casa, Juliano de Nemours y Lorenzo de Urbino. Los representó de manera impersonal, sin ningún rasgo físico tendiente a la semejanza. Mediante esa idealización, Miguel Angel daba a la necrópolis un decorado que glorificaba simbólicamente las virtudes de la casta de los Médicis, de las que Lorenzo diera el ejemplo más elevado. La capilla se convirtió en efecto en su última morada. Su cuerpo, trasladado desde su tumba provisional, fue inhumado allí, con el de su hermano, en el lugar de honor, a los pies de la Virgen. A falta de efigie funeraria, su genio se encontraba en las dos estatuas de los mausoleos laterales. La del joven guerrero encarnaba al hombre de acción que había sido Lorenzo: sereno y distendido, simbolizaba la conquista de la paz, apoyándose con elegante gesto en el bastón de mando. La del príncipe meditativo, tocado con un casco en forma de máscara, reteniendo debajo de su codo una pequeña caja adornada con un hocico de animal, representaba la otra faz del Magnífico, su sabiduría especulativa, su conducta prudente en los negocios, la profundidad de su reflexión. Así, las dos estatuas, en actitudes complementarias, exaltaban, en una Italia desgarrada por la rivalidad entre Carlos V y Francisco I, el papel eminente de Lorenzo, erigido en modelo político por haber sabido mantener la paz y el equilibrio entre los Estados de la península sin recurrir al extranjero.

Pero el Magnífico había sido, tanto como sus dos descendientes, un hombre en el sentido más común, sometido a las tribulaciones de la vida. Estas se hallaban presentes en las estatuas alegóricas de los dos cenotafios: la Noche y el Día, la Aurora y el Crepúsculo, recordaban el ritmo inexorable del destino humano.

La disposición de la capilla respondía a las esperanzas platónicas. Desde el nivel bajo de la tumba, el alma del muerto se elevaba poco a poco hasta la esfera celestial, representada por la cúpula del edificio. Desde lo alto del cielo podía contemplar las Verdades eternas. Tal era el camino indicado en el *Fedón* de Platón. En la capilla de San Lorenzo, la Verdad suprema estaba representada por la Virgen y el Niño encuadrados por los santos protectores de los Médicis, Cosme y Damián: ella evocaba la encarnación gracias a la cual Dios descendió en su criatura, dando la deslumbrante prueba de esa unión constante de la Tierra y el Cielo en la que había creído Lorenzo el Magnífico.

A guisa de postrer homenaje, Miguel Angel tradujo así en la piedra la preocupación constante del gran Médicis, fuera del áspero terreno de la política y de las finanzas, su búsqueda de un abra espiritual a la que cantaba en *El Altercado:*

Allí donde está la Patria, está el verdadero reposo.

ÁRBOL GENEALÓGICO DE LORENZO EL MAGNÍFICO

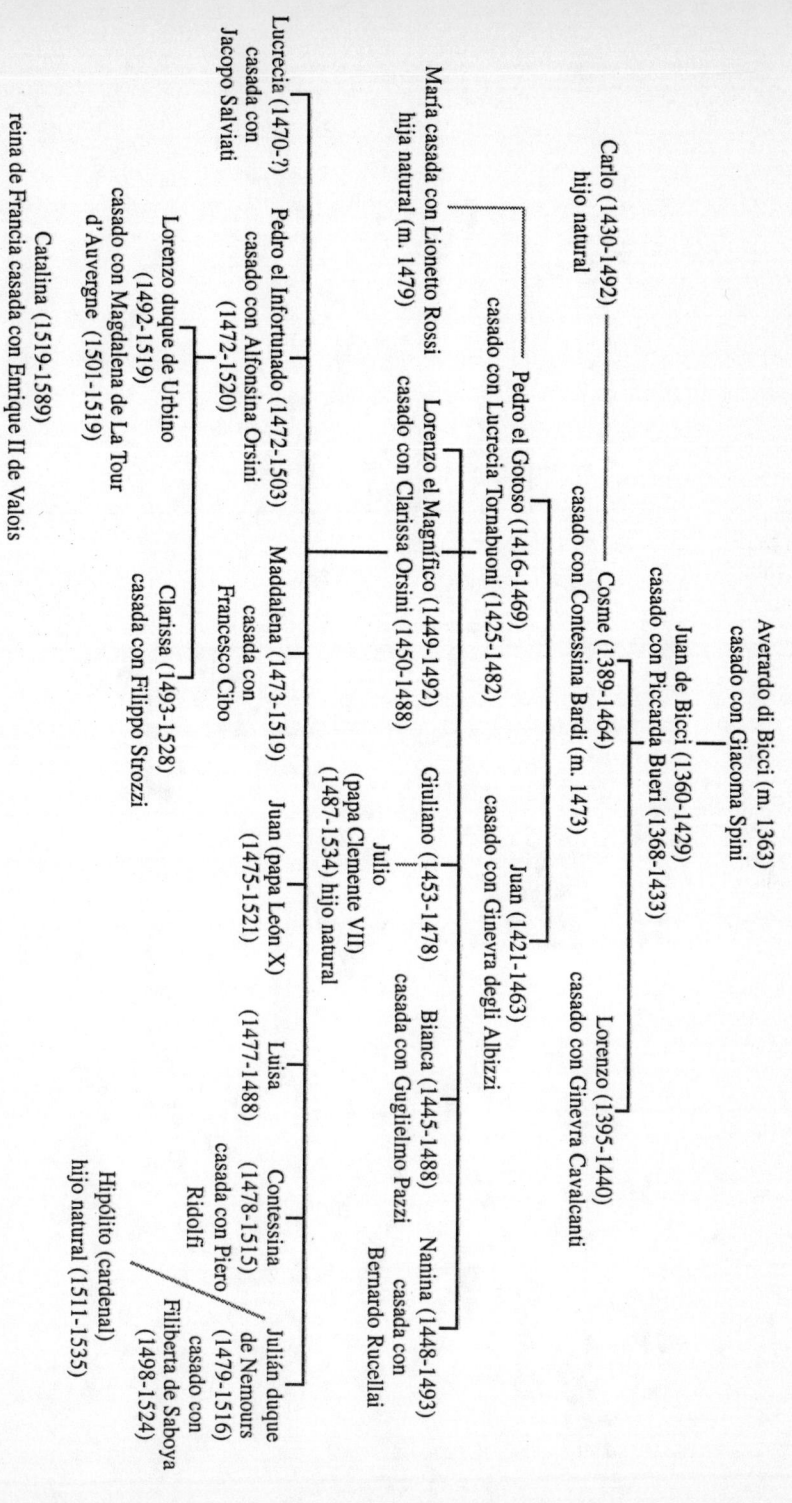

- Averardo di Bicci (m. 1363) casado con Giacoma Spini
  - Juan de Bicci (1360-1429) casado con Piccarda Bueri (1368-1433)
    - Cosme (1389-1464) casado con Contessina Bardi (m. 1473)
      - Carlo (1430-1492) hijo natural
      - Pedro el Gotoso (1416-1469) casado con Lucrecia Tornabuoni (1425-1482)
        - Lorenzo el Magnífico (1449-1492) casado con Clarissa Orsini (1450-1488)
          - Pedro el Infortunado (1472-1503) casado con Alfonsina Orsini
            - Lorenzo duque de Urbino (1492-1519) casado con Magdalena de La Tour d'Auvergne (1501-1519)
              - Catalina (1519-1589) reina de Francia casada con Enrique II de Valois
          - Lucrecia (1470-?) casada con Jacopo Salviati
          - Maddalena (1473-1519) casada con Francesco Cibo
          - Clarissa (1493-1528) casada con Filippo Strozzi
          - Juan (papa León X) (1475-1521)
          - Luisa (1477-1488)
          - Contessina (1478-1515) casada con Piero Ridolfi
          - Julián duque de Nemours (1479-1516) casado con Filiberta de Saboya (1498-1524)
            - Hipólito (cardenal) hijo natural (1511-1535)
          - Giuliano (1453-1478)
            - Julio (papa Clemente VII) (1487-1534) hijo natural
          - Bianca (1445-1488) casada con Guglielmo Pazzi
          - Nanina (1448-1493) casada con Bernardo Rucellai
        - María casada con Lionetto Rossi hija natural (m. 1479)
      - Juan (1421-1463) casado con Ginevra degli Albizzi
    - Lorenzo (1395-1440) casado con Ginevra Cavalcanti

Cuadro cronológico

1321 Muerte de Dante.
1334 Giotto emprende la construcción del campanile de Florencia.
1337 Eduardo III se alía con los príncipes flamencos; rompe con Felipe VI. Guerra entre Francia e Inglaterra.
1343 1343-1346, quiebra de los banqueros florentinos Peruzzi y Acciaiuoli.
1346 Batalla de Crécy. Derrota francesa ante los ingleses. Quiebra de los banqueros florentinos Bardi.
1347 El emperador es depuesto por el Papa. Cola di Rienzo, dictador de Roma, es obligado a huir. Los genoveses crean la *Mahona* de Chio.
1348 Juana de Nápoles vende Aviñón al papa Clemente VI. 1348-1349, la peste negra devasta Florencia y Europa. Petrarca escribe el *Canzoniere*. 1348-1353, Boccaccio escribe el *Decamerón*.
1350 Muerte de Felipe VI. Juan II el Bueno, rey de Francia. Pintura de los frescos del *Triunfo de la muerte* en el Campo Santo de Pisa. Revuelta general de la China del Sur contra la dinastía mongol.
1356 El Príncipe Negro invade el Poitou. Derrota francesa de Poitiers contra los ingleses. Nacimiento de Gemisthos Pletón (1356-hacia 1450).

1357	Petrarca comienza los *Trionfi*. Orcagna pinta el retablo Strozzi en Santa María Novella.
1358	Étienne Marcel subleva a París contra el delfín.
1360	Preliminares de Brétigny, tratado de Calais, paz franco-inglesa.
1362	Muerte de Inocencio VI. Urbano V Papa.
1363	Felipe el Atrevido, duque de Borgoña. Instalación de la "etapa" de las lanas en Calais.
1364	Muerte de Juan el Bueno. Carlos V rey de Francia.
1367	Urbano V abandona Aviñón por Roma.
1370	Du Gesclin nombrado condestable. Urbano V, que había llegado a Roma, recupera Aviñón; muere. Gregorio XI es elegido papa.
1374	Muerte de Petrarca.
1375	Muerte de Boccaccio.
1377	Muerte de Eduardo III. Ricardo II rey de Inglaterra. Gregorio XI se instala en Roma. Nacimiento de Brunelleschi (1377-1446).
1378	Revuelta de los *Ciompi* en Florencia. Muerte de Gregorio XI. Elecciones contradictorias de Urbano VI y de Clemente VII. Comienzo del Gran Cisma de Occidente. Nacimiento de Ghiberti (1378-1455).
1379	Revuelta en Flandes. Clemente VII, vencido en Italia, se instala en Aviñón; se alía con Luis de Anjou.
1380	Clemente VII hace adoptar a Luis de Anjou por Juana de Nápoles.
1381	Carlos de Durazzo toma Nápoles.
1382	Muerte de Juana de Nápoles. Luis de Anjou intenta conquistar el reino. Motines en Francia.
1384	Felipe el Atrevido se convierte en conde de Flandes. Muerte de Luis de Anjou.
1385	Carlos VI desposa a Isabel de Baviera. Gian Galeazzo Visconti amo de Milán.
1386	Muerte de Carlos de Durazzo. Ladislao rey de Nápoles. Nacimiento de Donatello (1386-1466).
1387	Luis de Orleáns desposa a Valentina Visconti. Nacimiento de Fra Angélico (1387-1455).
1390	Nacimiento de Jan van Eyck (1390-1441).
1391	Bayaceto invade Tesalia y asola Constantinopla.

1394	Muerte de Clemente VII. Benedicto XIII elegido Papa en Aviñón.
1395	Nacimiento de Jacques Coeur (1395-1456). Nacimiento de Besarión (1395-1472). Tamerlán destruye Astrakán. Fin del comercio terrestre entre el Mar Negro y China.
1396	Comienzo del conflicto entre los duques de Borgoña y de Orleáns.
1397	Nacimiento de Paolo Uccello (1397-1475).
1400	Gian Galeazzo Visconti toma Perusa, Asís y Espoleto. Chrysoloras profesor en Pavía. 1400-1471, construcción de la Cartuja de Pavía. Tamerlán devasta Siria.
1401	Nacimiento de Masaccio (1401-1429).
1402	Muerte de Gian Galeazzo Visconti. Desmembramiento de su Estado. Batalla de Ankara. Tamerlán toma Esmirna y alcanza el Bósforo.
1403	Benito XIII deja Aviñón. 1403-1452, Ghiberti: escultor de los bajorrelieves del baptisterio de Florencia.
1404	Muerte de Felipe el Atrevido, Juan sin Miedo duque de Borgoña. Inocencio VII sucede a Bonifacio IX (en Roma). Venecia ocupa Padua, Verona y Vicenza.
1405	Muerte de Tamerlán; ruina de su imperio.
1406	Los florentinos ocupan Pisa. Gregorio XII sucede a Inocencio VII. Nacimiento de Filippo Lippi (1406-1469). Nacimiento de Leone Battista Alberti (1406-1470).
1407	Asesinato del duque de Orleáns por Juan sin Miedo.
1408	Fundación en Génova del banco San Giorgio. Los dos Papas y los cardenales reúnen concilios distintos.
1409	Concilio de Pisa: los dos Papas son destronados. Alejandro V es elegido Papa.
1410	Segismundo de Hungría rey de los romanos. Muerte de Alejandro V. Elección de Juan XXIII.
1412	Nacimiento de Juana de Arco. Filippo Maria Visconti reconstituye el Estado milanés.
1414	Apertura del Concilio de Constanza. Juan Huss en Constanza; es arrestado.
1415	Derrota francesa en Azincourt ante los ingleses. Juan XXIII es depuesto.
1417	Benito XIII es depuesto. Elección de Martín V.
1418	Los borgoñeses se apoderan de París. Masacre de los Armagnacs.

1419	Enrique V amo de Normandía. Asesinato de Juan sin Miedo. Felipe el Bueno, duque de Borgoña, se alía con Enrique V.
1420	Tratado de Troyes. Cosme el Viejo toma la dirección del banco Médicis.
1421	Leonardo Bruni traduce la *Fedra* de Platón. 1421-1434, Brunelleschi: construcción de la cúpula de la catedral de Florencia.
1422	Muerte de Enrique V. Enrique VI rey de Inglaterra. Muerte de Carlos VI. Carlos VII rey de Francia.
1429	Juana de Arco libera a Orleáns sitiada. Batalla de Patay. Consagración de Carlos VII.
1430	1430-1440, Brunelleschi: construcción de la capilla de los Pazzi en Santa Croce.
1431	Proceso y suplicio de Juana de Arco. Convocatoria del Concilio de Basilea. Muerte de Martín V. Eugenio IV, Papa. 1431-1437, Luca della Robbia: Cantoría de Santa María del Fiore.
1433	Exilio de Cosme de Médicis.
1434	Sublevación de Normandía contra los ingleses. Jan van Eyck: cuadro de Arnolfini y su esposa. Retorno de Cosme y toma del poder en Florencia.
1435	Tratado de Arras entre Carlos VII y Felipe el Bueno. Jacques Coeur tesorero de Carlos VII. Nacimiento del Verrocchio (1435-1488).
1436	Carlos VII toma París.
1437	Transferencia del concilio a Ferrara.
1439	Transferencia a Florencia del concilio de las Iglesias latina y griega. Los basilenses deponen a Eugenio IV. Elección de Félix V.
1440	Brunelleschi comienza la construcción del palacio Pitti en Florencia. Inicio de la construcción del palacio Médicis en Florencia por Michelozzo.
1442	Alfonso V de Aragón toma Nápoles.
1444	Nacimiento de Botticelli (1444-1512).
1447	Muerte de Filippo Maria Visconti. Nacimiento de Felipe de Commines (1447-1511).
1449	Carlos VII reconquista Normandía. Abdicación de Félix V. Nacimiento de Lorenzo el Magnífico (1449-1492). Nacimiento de Ghirlandaio (1449-1494).
1451	Nacimiento de Cristóbal Colón (1451-1506).

1453	Mohamed II se apodera de Constantinopla.
1454	Nacimiento de Angelo Poliziano (1454-1494).
1455	Tratado de Lodi: Milán y Venecia se reconcilian. Pacto de no agresión entre las potencias italianas. Comienzo de la guerra de las Dos Rosas. Muerte de Nicolás V. Elección de Calixto III.
1456	Marsilio Ficino escribe las *Institutiones platonicae*. 1456-1471, enseñanza de Argiropoulos en Florencia. Los portugueses alcanzan el golfo de Guinea.
1457	Donatello esculpe la estatua de san Juan Bautista.
1458	Matías Corvino se convierte en rey de Hungría. Los turcos ocupan Atenas. Muerte de Calixto III. Elección de Pío II.
1459	Muerte de San Antonino, arzobispo de Florencia. 1459-1463, Benozzo Gozzoli pinta los frescos de la capilla de los Médicis.
1461	Muerte de Carlos VII. Luis XI rey de Francia. Descubrimiento de las minas de alumbre de La Tolfa.
1462	1462-1505, reinado de Iván III, gran duque de Moscú.
1463	1463-1477, Marsilio Ficino traduce a Platón. Nacimiento de Pico de la Mirándola (1463-1494).
1464	Organización de la Liga del Bien Público por Carlos el Temerario. Muerte de Pío II. Elección de Paulo II. Muerte de Cosme de Médicis. Pedro de Médicis, llamado el Gotoso, lo sucede en el control de Florencia.
1469	Isabel de Castilla desposa a Fernando de Aragón. Muerte de Pedro el Gotoso. Lorenzo el Magnífico toma el control de Florencia. Marsilio Ficino hace su *Theologia platonica*. Nacimiento de Maquiavelo (1469-1527).
1470	Alberti: fachada de Santa María Novella, en Florencia.
1471	Ocupación de Picardía por Luis XI. Muerte de Paulo II.
1472	Commines entra al servicio de Luis XI. Muerte de Besarión. Muerte de Michelozzo.
1473	1473-1481, construcción de la Capilla Sixtina.
1474	Los Pazzi se convierten en banqueros de la Iglesia en lugar de los Médicis. Marsilio Ficino escribe *De christiana religione*.
1475	Desembarco de Eduardo IV en Calais. Tratado de Picquigny. Carlos el Temerario invade Lorena y toma Nancy. Nacimiento de Miguel Angel (1475-1564).
1476	Los suizos derrotan a Carlos el Temerario en Grandson, luego en Morat.

1477	Maximiliano de Austria desposa a Margarita de Borgoña. Muerte de Carlos el Temerario. Botticelli: *La primavera*.
1478	Conspiración de los Pazzi. Sixto IV excomulga a Lorenzo de Médicis y le declara la guerra. Liquidación de las filiales de Brujas y de Milán de la firma Médicis. Sixto IV pone en interdicto a Florencia.
1479	Ludovico el Moro toma el poder en Milán.
1480	Muerte del rey René. Ocupación de Barrois y de Anjou por Luis XI.
1481	Luis XI anexa Maine y Provenza. Los turcos son expulsados de Otranto.
1483	Muerte de Luis XI. Carlos VIII rey de Francia. Regencia de los Beaujeu. Muerte de Eduardo IV. Ricardo III, su hermano, se apodera de la corona haciendo asesinar a los hijos de Eduardo.
1484	Muerte de Sixto IV. Inocencio VIII se convierte en Papa. Bula contra la hechicería. Encuentro de Pico de la Mirándola y Ficino. 1484-1486, Marsilio Ficino traduce a Plotino.
1486	1486-1489, prédicas de Savonarola en Italia. Pico de la Mirándola redacta sus *Questions*. Botticelli: *El nacimiento de Venus*. 1486-1490, Ghirlandaio decora el coro de Santa María Novella, en Florencia.
1487	Jakob Fugger se convierte en banquero de Segismundo de Tirol. Inicio de su control sobre la producción y venta de plata en esa provincia. Condena de Pico de la Mirándola por el Papa. Landino: *Disputationes Camaldulenses*.
1488	Muerte del duque de Bretaña, Francisco II. Su hija Ana lo sucede. Verrocchio: el *Colleone*. Bartolomé Díaz dobla el cabo de Buena Esperanza.
1489	Los venecianos ocupan Chipre. Pico de la Mirándola: *Heptaplus*.
1490	Muerte de Matías Corvino. Savonarola prior de San Marcos en Florencia.
1491	Ana de Bretaña desposa a Carlos VIII. Sitio de Granada por Fernando e Isabel.
1492	Anexión de Granada por los Reyes Católicos. Edicto contra los judíos españoles. Muerte de Lorenzo el Magnífico. Muerte de Inocencio VIII. Elección de Alejandro VI Borgia. Cruce del Atlántico por Cristóbal Colón. Llega a las Antillas.

1493   Reparto de los nuevos mundos por Alejandro VI entre España y Portugal.
1494   Carlos VIII en Italia. Ludovico el Moro se convierte en duque de Milán. Caída de los Médicis en Florencia. Fin del banco Médicis.
1495   Toma de Nápoles por Carlos VIII. Batalla de Fornovo.
1497   Excomunión de Savonarola.
1498   Muerte de Carlos VIII. Luis XII rey de Francia. Muerte de Savonarola.

Nota anexa

Las monedas de Florencia

Desde el siglo XIII hasta el siglo XV, Florencia utiliza monedas de oro y de plata. La moneda de oro es el *florín*. Acuñado por primera vez en 1252, toma su nombre de la flor de lis roja, uno de los símbolos de Florencia, grabado en una de sus caras, mostrando la otra la figura de san Juan Bautista. Pesa 3,5368 gramos de oro. Su ley es de 985/1000 de oro fino. Aclaremos que el franco oro, definido por la ley del 18 germinal, año III, es de una ley comparable: 900/1000, pero de un peso muy inferior: 0,322580 gramos. Empero, cualquier conversión con fines comparativos resulta falaz, pues no da prácticamente ninguna idea del poder adquisitivo de las monedas. Este depende de su abundancia relativa pero también de las posibles fuentes de gastos, muy variables en función de las estructuras económicas y sociales y de la civilización considerada.

El florín forma parte de la generación de nuevas monedas de oro que el Occidente empezó a acuñar de nuevo después del largo eclipse de la Alta Edad Media, cuando el renacimiento económico del siglo XII permite reconstituir los depósitos de oro, prácticamente desaparecidos de la circulación monetaria desde Carlomagno. Las otras monedas áureas con las cuales compite son, en Italia, el *genovés de oro,* el *ambrosiano* de oro y, sobre todo, el *ducado*, acuñado por Venecia a partir de 1284, de un peso y ley equivalentes a los del florín. Hay que señalar que la moneda de oro romana, el *sueldo*, acuñada en el año 312 por Constantino con un peso de 4,55 gramos de oro fino, sigue siendo emitido durante este período por los emperadores romanos de Oriente hasta la caída de Constantinopla con el nombre de *besante*. Los califas de Damasco y luego de Bagdad acuñan desde el siglo vii, a imitación de ese sueldo romano, el *dinar,* que pesa 4,25 gramos de oro fino.

La moneda de oro es suplantada en la época carolingia por la moneda de plata, el *denario*. Este pesa alrededor de 1,10 gramos de plata fina. La *libra*, unidad monetaria, representa 20 sueldos o 240 denarios, a razón de 12 denarios por sueldo. En Toscana, en el siglo xiii, después de múltiples devaluaciones del denario, la libra ya no equivale más que a 92,92 gramos de plata fina.

En Florencia existen denarios simples llamados *piccioli* y monedas de 4 denarios, llamadas *quattrini*. Esas piezas pequeñas de intensa circulación con frecuencia se alteran y desgastan. La relación del florín de oro con la libra, fijada en paridad en 1252, no cesa de degradarse de un siglo a otro. Es de 1 a 2 en 1296, de 1 a 3 en 1323, de 1 a 4 en 1407.

En un siglo y medio, la pequeña moneda sufrió una devaluación del 250% con relación con el florín. Esta valorización de la moneda de oro despierta la vigilancia de las autoridades. Para evitar malversaciones, se encierran los florines en pequeñas bolsas de cuero selladas en la Casa de la Moneda. Los florines así garantizados se llaman *fiorini di suggello*. Con estas monedas se garantiza una moneda de cuenta ficticia: la libra *affiorino*, dividida como la libra de *piccioli* en 20 sueldos de 12 denarios cada uno (o sea 240 denarios por una libra *affiorino*). Pero se calcula que el florín de *suggello* vale 29 sueldos *affiorino* (o sea 348 denarios *affiorino*). Por consiguiente, en cada cuenta, hay que calcular la cantidad de florines correspondientes al número requerido de denarios *affiorino*. Esos cálculos figuran en los libros secretos de contabilidad del Banco Médicis de 1397 a 1450.

Ahora bien, habiéndose degradado pese a todas las precauciones la calidad de los florines en el interior de las bolsas selladas, a partir de 1422 hubo que acuñar un nuevo florín con el verdadero peso legal. Se lo llamó *fiorino largo*, el gran florín. Era en un 10% mejor que el florín de *suggello*. Pronto fue considerado un 20% mejor: se cambió 6 florines encerrados en las bolsas selladas (de *suggello*) contra 5 nuevos grandes florines.

La mejora de la moneda de oro se acompañó de una nueva devaluación de la pequeña moneda de plata: el nuevo gran florín fue cambiado contra 4 libras 10 sueldos de *piccioli* en 1434, 5 libras 7 sueldos al advenimiento de Lorenzo y 6 libras 10 sueldos en 1492 a su muerte. Así la moneda de plata sufrió una devaluación de 56% durante el período del control del Estado por los Médicis, desde Cosme a Lorenzo. Las monedas conservaban sin embargo, comparadas con las francesas, un buen contenido de metal precioso.

Según el historiador de economía Cipolla, Florencia conoció en ese siglo una devaluación del 80%, Pisa y Siena del 90%, Sicilia del 100%, Milán del 184% y Asti del 273%. Las causas eran la reducción del volumen de metal fino en las monedas blancas, una abundante acuñación monetaria y además una presión inflacionaria proveniente, según los italianos, de allende los Alpes.

Las fluctuaciones se hacían sentir en el plano internacional entre las monedas utilizadas por las sucursales de los Médicis, tales como el florín de la Cámara Apostólica, el ducado veneciano, las monedas de Génova o de Barcelona, de Inglaterra, de los Países Bajos o de Francia.

Fuentes

La documentación es muy abundante pero dispersa y a veces de difícil acceso.

Los *Archivos del Estado de Florencia* conservan lo esencial de las fuentes en la colección *Archivio Mediceo avanti il Principato* (165 legajos o *filze*). El inventario, debido a Francesca Morandini y a Arnaldo d'Addario, fue publicado de 1951 a 1963, en Roma, por el Ministerio del Interior:

t. I (1951), *filze* 1-20;
t. II (1955), *filze* 21-50;
t. III (1957), *filze* 51-100;
t. IV (1963), *filze* 101-165.

Los legajos contienen documentos variados distribuidos sin orden lógico ni cronológico. Encierran en especial piezas contables importantes del banco Médicis: legajos 104, 131, 133, 134 y 135. Los libros de contabilidad secreta desde 1397 hasta 1451 están en el legajo 153. En el legajo 88 se encuentran también manuscritos literarios autógrafos de Lorenzo (sus novelas cortas). Pero esta serie de legajos retiene sobre todo la atención del historiador por el gran número de cartas de orígenes diversos.

El *Fondo diplomatico Mediceo*, que conserva pergaminos, ha sido objeto del estudio de Giulia Camarani Marri, *I Documenti commerciali del fondo diplomatico Mediceo nell'Archivio di stato di Firenze (1230-1492), Regesti*, Florencia, 1951.

Las numerosas deliberaciones de los consejos del gobierno florentino, así como los registros de los elegidos para los cargos, fueron estudiados por Nicolai RUBINSTEIN, *The Government of Florence under the Medici (1434 to 1494)*, Oxford, 1966; trad. ital. por Michele LUZZATI, Florencia, 1971. Se trata de las siguientes series:

Tratte (sorteo de los dignatarios);
Balia (deliberaciones de los comités);
Consulte e Pratiche (consejos de la Señoría);
Registri degli Accoppiatori;
Otto di Guardia e Balia, Consiglio del Cento, Monte Comune y otros organismos del gobierno de la República.
Registri delle Provvisioni: textos legislativos y reglamentarios.
Libri Fabarum: decisiones de la Señoría.
Statuti. Fueron editados algunos estatutos:
Statuta populi et communis Florentinae, 2 vol., Friburgo-Florencia, 1778.
Statuti dell'Arte del Cambio di Firenze, ed. Giulia CAMERANI MARRI, Florencia, 1955.
Statuti dell'Arte di Por Santa María, ed. Umberto DORINI, Florencia, 1934.
Statuti dell'Arte della Lana, ed. Anna María AGNOLETTI, Florencia, 1940.

Las colecciones del Catastro (*Catasto*) y de los Empréstitos (*Prestanze*), los registros de la gran prisión florentina (*Stinche*), la colección Strozzi (*Carte Strozziane*) y las colecciones de los hospitales han proporcionado a numerosos investigadores pistas interesantes, muchas de las cuales quedan por explorar, teniendo en cuenta el volumen de los documentos.

La *Biblioteca Nacional de Florencia* es muy rica en manuscritos, incunables, ediciones raras, pero también en documentos (colección de los *Conventi soppressi*). Lo mismo puede decirse de las otras bibliotecas (Laurenziana, Riccardiana) así como de las colecciones privadas, en especial el *Archivio Gondi*: ver Roberto RIDOLFI, *Gli archivi delle famiglie fiorentine*, Florencia, 1934.

Aparte de Florencia, Roma conserva en el *Archivio segreto Vaticano*, en las colecciones de la Cámara Apostólica, cuentas relativas a la gestión de los Médicis como depositarios pontificios: *Introitus et Exitus Camerae Apostolicae.*

Los *Archivos de Estado de Milán*, los de Módena y de Mantua y otras muchas colecciones de archivos italianos han dado materia para la publicación de cartas e informes en diversas obras y artículos de revistas. Lo mismo ocurre con los archivos y bibliotecas extranjeros (trabajos referidos especialmente a Luis XI, Carlos VIII, Carlos el Temerario, Ricardo III).

Han sido editados despachos provenientes de los más importantes diplomáticos, por ejemplo *Philippe de Commines, Lettres et négociations* por Joseph KERVYN de Lettenhove, Bruselas, 1867.

Documentos de origen privado han sido objeto igualmente de la atención de los eruditos, tales como A. GRUNZWEIG, *Correspondance de la filiale de Bruges des Médicis*, Bruselas, 1931.

No obstante, las principales fuentes concernientes a Lorenzo de Médicis siguen siendo sus propias cartas y las que le fueron dirigidas. Los biógrafos del Magnífico han dado de ellas ediciones parciales, FABRONI en 1784, ROSCOE en 1795, Janet ROSS en 1910, Ginevra NICCOLINI en 1933 —los tres últimos en traducción inglesa—. Otros, tales como los alemanes REUMONT y BUSER han hecho glosas; también otros valiosos eruditos italianos han publicado documentos inéditos. Para poner término a la dispersión de esfuerzos, el Instituto Nacional Italiano de Estudios sobre el Renacimiento encargó en 1938 a Roberto PALMAROCCHI transcribir las cartas de Lorenzo conservadas en los Archivos de Florencia, en el archivo *Mediceo avanti il Principato*. Este trabajo, interrumpido por la guerra, fue reanudado en 1956 en más amplia escala: una asociación internacional agrupó al Instituto Nacional Italiano de Estudios sobre el Renacimiento, el Consejo Nacional Italiano de Investigaciones, la Renaissance Society of America, el Warburg Institute de Londres y el Centro de Estudios sobre el Renacimiento Italiano instalado por la Universidad de Harvard en la villa I Tatti de Florencia.

Una búsqueda realizada en toda Italia y en otros países permitió registrar todas las cartas existentes: Pier Giorgio RICCI y Nicolai RUBINSTEIN, *Censimento delle lettere di Lorenzo di Piero de'Médici*, Florencia, 1964. Las cartas de la cancillería privada de Lorenzo ya habían sido objeto de la obra de Marcello del PIAZZO, *Protocolli del carteggio di Lorenzo il Magnifico per gli anni 1473-1474, 1477-1492*, Florencia, 1950.

La publicación de las cartas está ahora en pleno desarrollo. Los textos *in extenso*, el comentario histórico y las notas muy densas que los acompañan permiten, mejor que los documentos originales de los archivos y bibliotecas, penetrar en los detalles de intrigas y peripecias muy complejas. Los dos primeros volúmenes: *Lorenzo de'Medici, Lettere*, I (1460-1474), II (1474-1478), fueron editados por Riccardo Fubini, Florencia, 1977; los dos siguientes: *Lorenzo de'Medici, Lettere*, III (1478-1479), IV (1479-1480), Florencia 1977 y 1981, por Nicolai Rubinstein, que asume por otra parte la dirección general de la obra.

Index

A

Acciaiuoli, Agnolo, 88-89, 91, 93, 106, 241.
Acciaiuoli, Donato, 72, 74, 177.
Acciaiuoli, familia, 24-25, 88-89, 91.
Acciaiuoli, Laudomina, 89.
Accolti, Benedetto, 71.
Acuto, Giovanni, 70.
Agli, Pellegrino degli, 99.
Alamanni, Pietro, 98.
Alberti, Benedetto degli, 32-33, 147.
Alberti, familia, 25-26, 51.
Alberti, Leone Battista, 67-68, 74, 84, 124, 142.
Alberto el Grande, 73.
Albrizzi, Agnolo, 88.
Albizzi, Albiera degli, 99, 241.
Albizzi, familia, 26, 37, 54, 69, 88, 231.
Albizzi, Giovanna degli, 241-242, 248.
Albizzi, Luca degli, 53, 71.
Albizzi, Maso degli, 44, 240.
Albizzi, Piero degli, 32.
Albizzi, Rinaldo degli, 48-49, 51-53.
Alejandro V, papa, 42.
Alejandro VI Borgia, papa, 297, 299.
Alessandri, Benedetto d', 104.

Alfonso II, duque de Calabria, 181, 203, 210, 213-214, 220, 297.
Alfonso de Aragón, rey de Nápoles, 57, 85, 252.
Alighieri, Dante, 37, 70, 84, 146, 257, 260, 294.
Allodoli, Ettore, 15.
Altoviti, Giovanni, 115.
Amadeo IX, duque de Saboya, 106.
Ambrogini, Angelo, *ver* Poliziano, Angelo.
Amieri, Foglia, 145.
Ana de Beaujeu, 207.
Angelo, Francesco de, *ver* La Cecca.
Anguillara, Deifobo de l', 185.
Anjou, Casa de, 294-295.
Antella, Lamberto dall', 300.
Antinori, palacio de, 67.
Antonino, san, 81.
Antonio, Francesco de, 244.
Appiani, Jacopo, señor de Piombino, 247.
Appiani, Semirámide, 247.
Apuleyo, 247.
Aquino, Tomás de, santo, 73.
Aragón, cardenal Juan de, 209, 212.
Arbues, Pedro, 277.
Ardinghelli, Niccolò, 96.

Ardinghelli, Pietro, 96.
Arduini, Oliviero, 146-147.
Areopagita, Dionisio, 73.
Argyropoulos, Juan, 72, 84, 150, 239.
Aristóteles, 72-73, 84, 263.
Atenas, duque de, *ver* Brienne, Gauthier de.
Attavanti, Attavante, 244.
Aubusson, Pierre d', 268-269.

B

Baglioni, familia, 219.
Bagnone, Stefano de, 167-168.
Baldo, Michele, 39.
Baldovinetti, Alesso, 221, 241, 243-244.
Baldovinetti, Marotto, 221.
Baldovini, 144.
Balue, cardenal, 214.
Balzo, Pirro del, príncipe de Altamura y Gran Condestable de Nápoles, 211.
Bandini Baroncelli, Bernardo, 167-170, 174, 192, 221.
Bardi, Benedetto de, 38-40.
Bardi, Contessina de, 47, 53.
Bardi, familia, 24-25, 31, 48, 53, 231.
Bardi, Giovanni, 47, 116.
Bardi, Ilarione, 40.
Bari, duque de, 122.
Barlettani, 121.
Bartelli, Braccio, 142.
Bartolini, Baldo, 149.
Baviera, Roberto de, 42.
Bayaceto II, sultán, 201, 216, 268-271.
Bec, Christian, 16.
Becchi, Gentile, obispo de Arezzo, 83, 86, 96, 101, 104-105, 125, 180, 242, 289.
Belcari, Feo, 283.
Bellanti, Giacoppo, 148.
Bellincioni, Bernardo, 150, 264.
Benci, familia, 54, 99.
Benci, Giovanni, 64-66.
Benedetta, 142.
Benedicto XIII, papa, 42-43.
Benini, Cristoforo, 137.
Benivieni, Girolamo, 263.
Bentivoglio, Francesca, 219.
Bentivoglio, Giovanni, señor de Bolonia, 91, 185, 188, 206, 219-220.

Bérence, Fred, 15.
Berlinghieri, familia, 66.
Berlinghieri, Francesco, 99.
Bertoldo, 155-156, 175.
Besarión, Juan, obispo de Nicea, 72.
Bibbiena, Piero de, 235.
Bicci, Averardo di, 37-38.
Bicci (Cosimo) Cosme de, *ver* Médicis, Cosme de.
Bicci, Francesco di, 37-38.
Bicci, Giovanni (Juan di), 37-41, 43-46, 48, 53, 63.
Bicci, Lorenzo di, *ver* Médicis, Lorenzo de.
Bigi, Emilio, 14.
Bigordi, Domenico, *ver* Ghirlandaio.
Biliotti, Agostino, 225-226.
Bisticci, Vespasiano da, 68, 71, 264.
Boccaccio, Giovanni, 70, 148, 257, 294.
Boccardi, Giovanni, 244-245.
Boecio, Severino, 155.
Bonne de Saboya, 105, 122, 128, 186-187.
Bonsi, Domenico, 286.
Bontempo, Angelo, 193.
Borelo, conde de, 215.
Borghini, Piero, 234.
Borgia, Alejandro, cardenal, *ver* Alejandro VI Borgia, papa.
Borromei, familia, 99.
Borromeo, Beatrice, 163.
Borromeo, Giovanni, 163.
Botticelli, Sandro, 11, 139-141, 147, 157-158, 174, 238-239, 245-246, 248-249, 299.
Braccesi, Alessandro, 150, 264.
Bracci, Giambattista, 226, 229, 267.
Bracciolini, Jacopo, 71, 167, 170-171, 173.
Bracciolini, Poggio, 167.
Brienne, Gauthier de, duque de Atenas, 30.
Brion, Marcel, 141.
Bronzino, 11, 251.
Brunelleschi, Filippo, 44, 59, 67-68, 162.
Bruni, Leonardo, 44, 71.
Bueri, Piccarda, 38, 46.
Buonagiusti, Bernardo, 120.
Buondelmonti, Cristoforo, 71.
Buoni, Gentile, 38.
Buonvicini, Domenico, 301.
Buser, Benjamín, 13.
Buti, Lucrecia, 249.

C

Calixto III, 57.
Callistos, Andronic, 150.
Cambi, Giovanni, 227, 234, 300.
Cambi, Neri, 233-234.
Camponeschi, Pietro, conde de Montorio, 211-212.
Canigiani, Antonio, 74.
Canigiani, familia, 113.
Canigiani, Gherardo, 116-117.
Capacci, Andrea, 120.
Capacci, Benuccio, 120.
Caparra, Niccolò, 60.
Capponi, familia, 31, 113.
Capponi, Gino, 44, 120.
Carbone, Ludovico, 82.
Carducci, Giosuè, 14.
Carinola, conde de, 215.
Carlomagno, emperador, 98.
Carlos de Anjou, 24.
Carlos el Temerario, duque de Borgoña, 114, 116-118, 123, 128.
Carlos V, 303.
Carlos VIII, rey de Francia, 207, 214, 226, 247, 294-297.
Castagno, Andrea del, llamado Andrea degli impiccati, 69.
Castagnola, Niccolò, 193.
Castello, Lorenzo de, 173.
Castiglionchio, Lapo di, 92.
Catanei, Tommaso, obispo de Cervia, 211.
Cattaneo, Simonetta, 138, 140-141, 147, 154.
Cavalcanti, Antonio, 169.
Cavalcanti, Ginevra, 47.
Cavalcanti, Giovanni, 74, 153.
Cavalcanti, Lorenzo, 169.
Cenni de Ricavo, Orfeo, 187.
Cerretani, Paolo, 292, 296.
Chalcondylas, Demetrios, 150.
Chastel, André, 16.
Châteauneuf, Antoine de, 114.
Chrysoloras, Emmanuel, 71.
Cibo, familia, 217.
Cibo, Franceschetto, 136, 210, 216, 218-219, 224.
Cibo, Giambattista, *ver* Inocencio VIII.
Cibo, Teodorina, 210, 270.
Cicerón, 84, 284.
Cicinello, Antonio, 190, 193.
Cione, Andrea, *ver* Verrocchio.
Clemente VI, papa, 25.
Clemente VII, papa, 12, 42, 138, 291, 303.
Colleoni, Bartolomeo, 93-94, 252.
Colón, Cristóbal, 271.
Colonna, Fabrizio, 215.
Colonna, familia, 100, 203, 207, 213.
Colonna, Otto, 43.
Colonna, Prospero, 215.
Colucci di Pistoia, Benedetto, 150.
Commines, Philippe de, señor de Argenton y senescal de Poitou, 175, 180, 182.
Constantino, emperador, 272.
Conti, familia, 35.
Conti, Sigismondo de, 205.
Coppola, Francesco, conde de Sarno, 211, 215.
Cornaro, familia, 115.
Corsi, Nera, 240.
Corsini, Bertoldo, 147.
Corsini, familia, 231.
Cosimo, Piero di, 139, 238.
Cosme I, 12.
Cosme y Damián, santos, 271, 303-304.
Cossa, Baldassare, *ver* Juan XXIII (antipapa).
Cremona, Dieta de, 206.

D

Dandolo, familia, 115.
Dante, Alighieri, *ver* Alighieri, Dante.
Dei, Bartolomeo, 292.
Della Stufa, familia, 53.
Della Stufa, Sigismondo, 99.
Diamante, 249.
Djem, príncipe, 201, 268-270.
Domiciano, 250.
Donatello (Donato Di Betto Bardi), 44, 59, 60, 68.
Donati, familia, 31.
Donati, Lucrecia, 95-97, 100, 103, 139, 241, 251.
Dono, Paolo di, *ver* Uccello.

E

Eduardo III, rey de Inglaterra, 25.
Eduardo IV, rey de Inglaterra, 116-117, 184.
Eleonora de Aragón, esposa de Hércules d'Este, 125, 134.
Enrique VI, rey de Inglaterra de la casa de Lancaster, 117.
Estacio, 257.
Este, Alberto d', 182.
Este, Borso d', duque, 91, 94, 103, 111, 158.
Este, Hércules d', duque de Ferrara, 91-93, 125, 134, 181-183, 185, 187, 202, 206, 232, 264.
Este, Niccolò d', 162.
Este, Segismundo d', 188.
Eugenio IV, papa, 48, 51, 55, 60-61, 63-65, 126.

F

Fabroni, Angelo, 12.
Fancelli, Luca, 67, 253.
Federico, duque de Austria, 43.
Federico II Barbarroja, emperador, 24.
Federico III, emperador, 183, 203.
Felipe de Saboya, conde de Bresa, 114.
Fernando II el Católico, rey de España, 214, 271.
Ferrandino, rey de Nápoles, 297.
Ferrante o Fernando I, rey de Nápoles, 85, 87-88, 110, 114-115, 123, 125, 127, 173, 181, 188-194, 196, 202, 206, 209-213, 215-217, 220, 227, 254, 268, 270, 294, 297.
Ficino, Marsilio, 72-75, 84, 99, 146, 150-155, 242, 244, 251, 260, 262-263, 275, 290, 292, 299.
Filelfo, Francesco, 47, 48, 71, 150.
Filipepi, Sandro, *ver* Botticcelli, Sandro.
Filippo, Taddeo di, 39-40.
Fini, Tommaso, *ver* Panicale, Masolino da.
Fora, Gherardo del, 244.
Fortebraccio, Carlo, 164, 167, 178, 185.
Fra Angélico, 61, 68, 70.
Framura, Bartolomeo da, 87.
Francastel, Pierre, 16.
Francione, 253.

Francisco I, 303.
Franco, Matteo, 137.
Franzesi, Napoleone, 167, 173.
Fregoso, Agostino, 208.
Fregoso, Ludovico, 191.
Frescobaldi, Battista, 221.

G

Garin, Eugenio, 16.
Gatta, Bartolomeo della, 239.
Gaza, Teodoro, 72, 183.
Gemisto, Giorgios, *ver* Pletón.
Genazzano, Mariano, fray, 254, 284-286, 300.
Gennadius, 72-73.
Gentile, Girolamo, 161.
Ghiberti, Lorenzo, 44, 68.
Ghirlandaio, 11, 139, 238-242, 244, 249, 252.
Giamberti, Antonio, 254.
Giamberti, Francesco, 253, 284.
Giamberti, Giuliano, *ver* Sangallo.
Giambullari, 144.
Gianfigliazzi, Bongianni, 241.
Gianfligliazzi, familia, 53.
Giannesse, 146.
Giannotti, Antonia, 97.
Ginori, familia, 53.
Giotto di Bondone, 25, 69, 252.
Giovanni de Fiésole, fray, *ver* Fra Angélico.
Giugni, Antonio, 120.
Giugni, familia, 48.
Giustini, Lorenzo, 167, 193.
Gonzaga, Federico, marqués de Mantua, 206-207.
Gonzaga, Francesco, cardenal, 134, 205-206, 269.
Gorini, familia, 173.
Gozzoli, Benozzo, 11, 61-62, 70, 80, 83.
Gozzoni, Boccolino, 214, 216.
Graffione, 243.
Gregorio, san, 74.
Gregorio XII, papa, 42.
Guadagni, Bernardo, 49.
Guevara, Pietro, 211.
Guicciardini, familia, 112-113, 231.
Guicciardini, Francesco, 96, 231.

Guicciardini, Jacopo, 106, 181, 216.
Guicciardini, Luigi, 110, 241.
Guicciardini, Piero, 230, 249.
Guichardin, *ver* Guicciardini, Francesco.
Guidetti, Tommaso, 117.
Guidoni, 232.

H

Herlihy, David, 16.
Hermes Trismegisto, 73, 275.
Hesíodo, 290.
Hipólita de Aragón, duquesa de Calabria, 193.
Homero, 155, 244.
Honorio IIIm, 241.

I

Inés, santa, 272.
Inghirami, Paolo, 120-121.
Inocencio I, 271.
Inocencio VIII, papa, 136, 207-220, 224, 263, 267-271, 277-278, 289, 294, 297.
Isaac, Enrico, 276, 279.
Isabel de Aragón, 220, 294.
Isabel de Montefeltro, 205.
Isabel I la Católica, 214, 271.
Iván III, zar de Rusia, 134.

J

José II, emperador, 12.
José, patriarca de Constantinopla, 60-61.
Juan Bautista, san, 272.
Juan VIII Paleólogo, emperador romano de Oriente, 60-61.
Juan XXIII, antipapa, 43-44.
Juan de Anjou, 57, 82, 94.
Juan de Portugal, rey, 128.
Juana de Arco, 48.
Julio César, 84, 173.
Julio II, papa, 125-126, 209-210, 212, 253, 302.

K

Keduk, Ahmed, gran visir, 196.
Kent, Dale, 16.
Klapish, Christiane, 16.
Kramer, Henri, 285.
Kristeller, P. O., 16.

L

La Cecca, Francesco de Angelo, 253.
Ladislao, rey de Nápoles, 42.
Laercio, Diógenes, 74.
Lama, Gaspare di Zanobi del, 158.
Landino, Cristoforo, 72, 84-85, 142, 150, 242, 264.
Lando di Michele, 32-33.
Lanfredini, Giovanni, 115, 179.
León X, papa, 12, 134-137, 151, 156, 158, 178, 183, 191, 205, 216-217, 245, 288-290, 296, 300, 302-303.
Leonardo, prefecto urbano de Roma, 125.
Leoni, Piero, 149, 287, 293.
Lipari, Angelo, 16.
Lippi, Filippino, 249-250, 256.
Lippi, Filippo, 69, 249.
Litta, Pompeo, 14.
Longino, 271.
Lorenzo, Giovanni di, 264.
Luciano, 246.
Lucrecia Salviati, 287.
Ludovico el Moro, 122, 162, 185-189, 192, 194, 206-207, 213, 216, 220, 227, 267, 287, 294-295.
Luis de Aragón, 270.
Luis XI, rey de Francia, 57, 64, 85-86, 105-106, 110, 114, 123, 162, 175, 179-183, 192, 205-206, 226.
Luis XII, rey de Francia, 302.
Luis XIV, rey de Francia, 12.
Lungo, Isidoro del, 14.

M

Maccinghi-Strozzi, Alejandra, 96.
Maffei, Antonio, 167-169.

Maiano, Benedetto da, 157, 252-254.
Maiano, Giuliano da, 157, 252, 254.
Malatesta de Romaña, princesa, 42.
Malatesta, Pandolfo, 204.
Malatesta, Roberto, señor de Rímini, 86, 106, 185, 187, 203-204.
Malstesta, Segismundo, 62, 106.
Manfredi, Antonello, 185.
Manfredi, Astorre, señor de Faenza, 93, 219-220.
Manfredi, Carlo, señor de Faenza, 165.
Manfredi, Galeotto, señor de Faenza, 179, 185, 219.
Manfredi, Taddeo, 126.
Mantegna, Andrés, 269.
Manucio, Aldo, 288.
Maquiavelo, Nicolás, 11, 89, 96, 135, 148, 197, 217.
Marcel, Raymond, 16.
Margarita de York, 117.
María de Borgoña, 118.
Marsuppini, Accolti, 71.
Marsuppini, Benedetto, 45, 71.
Martelli, Antonio, 147.
Martelli, Braccio, 97-98, 102, 147.
Martelli, familia, 53, 66, 112, 293.
Martelli, Ilarione, 227.
Martelli, Niccolò, 187.
Martín V, papa, 43, 48, 63.
Masaccio, Ser Guidi, Tommaso di Giovanni di, 69, 70.
Masi, Antonio, 54.
Masi, Ludovico, 226.
Matías Corvino, rey de Hungría, 183, 213-214, 244, 252, 268, 270.
Matteo, Franco, 241, 264.
Maximiliano, archiduque, luego rey, 118, 184, 220, 299.
Médicis, Ardingo, 36.
Médicis, Aurelia de, 53.
Médicis, Averardo de, 47, 50, 54.
Médicis, Averardo de (Bicci), 36-37.
Médicis, Bartolomeo de, 36.
Médicis, Bianca María de, 80, 98, 162, 218.
Médicis, Buonagiunta de, 36.
Médicis, Cambio de, 37.
Médicis, Carlo de, 74, 79, 104, 111.
Médicis, Catalina de, 303.
Médicis, Chiarissimo de, 36.
Médicis, Cosme I de, "Padre de la Patria", 39-41, 43-44, 46-57, 59-75, 79-82, 84-85, 88-90, 136, 150, 155, 158, 162, 164, 290-291, 294.
Médicis, Contessina de, 134, 136, 218.
Médicis, Filippo de, arzobispo de Pisa, 101.
Médicis, Francesco de, 36.
Médicis, Giambuono de, 36.
Médicis, Giovanni de (Juan) primo menor de Lorenzo de Médicis, 218-219, 223-224, 226, 233, 241, 245-246.
Médicis, Giulio de, 173.
Médicis, Guccio de, 36.
Médicis, Juan de, ver León X, papa.
Médicis, Juan (hijo de Cosme), 62, 66, 74, 80-82, 113.
Médicis, Juliano de (hermano de Lorenzo de Médicis), 62, 72, 74-75, 79, 81-82, 99, 101, 103-104, 109, 117, 123-125, 140-141, 157-158, 166, 168-169, 175, 178, 192, 221, 248, 251, 302-303.
Médicis, Juliano de (hijo de Lorenzo de Médicis), 12, 134, 138, 218, 241, 244, 271, 287, 303.
Médicis, Julio de (sobrino de Lorenzo de Médicis); 288, 302; ver Clemente VII, papa.
Médicis, Lorenzo de (hermano de Cosme), 40, 44, 46-48, 50, 56, 61-62, 65-66, 71-72.
Médicis, Lorenzo de (primo menor de Lorenzo de Médicis), 223, 230, 233, 245-246, 302-303.
Médicis, Lucrecia de, llamada Nanina, 80-81, 98, 101, 103, 123, 134-137, 142, 153-154, 191, 218, 287, 290, 300.
Médicis, Luisa de, 134, 136, 218-219.
Médicis, Maddalena de, 134-135, 137, 216-218.
Médicis, María de, 81, 114, 225.
Médicis, Niccolò de, 53.
Médicis, Pierfrancesco de (hermano de Cosme), 66, 79, 89, 91, 104, 218, 223-224, 230, 245-246.
Médicis, Pedro el Gotoso, de, 53, 61-62, 66, 68, 74-75, 79-80, 82, 85-87, 89-94, 100, 102, 105-107, 109, 115-116, 158.
Médicis, Pedro el Infortunado, de, 134-135, 137, 217-219, 234, 241, 287-288, 290-291, 293, 295-297, 300, 302-303.
Médicis, Vieri de, 37-38, 40, 50, 53.

Médicis, Salvestro de, 32-33, 36-37.
Melfi, duque de, 215.
Miguel Angel Buonarroti, 155, 238, 303-304.
Michelozzi, Bernardo, 136.
Michelozzi, Michelozzo, 44, 51, 59, 67-68, 71.
Michelozzi, Niccolò, 136, 187, 193.
Mohamed II, 55, 170, 192, 268, 270.
Montano, Cola, 184.
Montefeltro, Antonio de, 203.
Montefeltro, Federico de, conde de Urbino, 94, 121-122, 126-127, 157, 181, 185, 203.
Montefeltro, Isabel, 205.
Montesecco, Gian Battista, 165-169, 173, 180.
Montferrat, marqués de, 202.
Morelli, Girolamo, 186-187, 190.
Mortara, conde de, *ver* Ludovico el Moro.
Mugello, Barberino de, 142.
Mugello, dominios de, 35, 49, 81, 133, 142, 144, 183, 223, 246.
Mugello, el gigante de, 36.

N

Naldi, Naldo, 150.
Nanina Rucellai, *ver* Médicis Lucrecia de.
Nardi, Bernardo, 111.
Nardi, hermanos, 111, 170.
Nasi, Francesco, 227.
Nemours, Juliano de, 12, 303.
Nero, Bernardo del, 300.
Neroni, Diotisalvi, 86, 88-93, 111, 190.
Neroni, familia, 53.
Neroni, Giovanni, arzobispo de Florencia, 83, 92.
Nicolás V, papa, 55, 71.
Niccoli Niccolò, 44, 71.
Niccolini, Otto, 106.
Nori, Francesco, 114, 169, 226.

O

Oddi, familia, 219.
Olgiati, 161.

Ordelaffi, señor de Forlì, *ver* Pino III Ordelaffi.
Orsini, Alfonsina, 217-218, 287.
Orsini, Clarissa, 96, 100-102, 104-105, 134-137, 156, 182-183, 216-219, 242, 260.
Orsini, familia, 100-101, 134, 202-203, 207-208, 211, 213, 215, 224, 267.
Orsini, Jacopo, 100.
Orsini, Latino, 100.
Orsini, Maddalena, 100-101.
Orsini, Niccolò, 100.
Orsini, Rinaldo, cardenal, luego arzobispo de Florencia, 101, 127, 135, 180, 213.
Orsini, Roberto, 100.
Orsini, Virginio, 215.
Orsino, 175.
Orvieto, Paolo, 16.
Ovidio, 153, 247, 257, 261.

P

Pablo II, papa, 64, 86, 94, 106, 110, 124, 156, 210, 253.
Paleólogo, Zoé, 134.
Palmarocchi, Roberto, 15.
Palmier, Pierre, 189.
Panciatichi, hermanos, 40, 182.
Pandolfini, Carlo, 147.
Pandolfini, Pier Filippo, 235, 289.
Panicale, Masolino de, 69.
Parentucelli de Sarzana, Tommaso, 71.
Paule, François de, 206.
Pavía, Lázaro de, 287.
Pazzi, Andrea, 162, 174.
Pazzi, Antonio, 162.
Pazzi, Bianca María, *ver* Médicis, Bianca María de.
Pazzi, Constanza, 98.
Pazzi, familia, 31, 54, 113, 126-127, 157, 162-164, 168-171, 173-175, 177, 180, 182, 194, 218, 221-223, 226-227, 233, 240, 247, 251-253, 255, 291, 303.
Pazzi, Francesco, llamado Franceschino, 162-164, 166-172.
Pazzi, Galeotto, 172.
Pazzi, Giovanni, 98, 163.
Pazzi, Guglielmo, 80, 86, 98, 104-105, 145, 162, 167, 173, 218.

Pazzi, Jacopo, 110, 162, 165-167, 172, 218.
Pazzi, Piero, 162.
Pazzi, Renato, 164, 167.
Pedro Leopoldo de Lorena, 12.
Pedro y Pablo, santos, 272.
Perrens, F. T., 14, 232.
Perugino (Pedro Vannucci), 238-239, 249.
Peruzzi, familia, 24-25, 231.
Petrarca, Francesco, 70-71, 84, 100, 140, 146, 148, 154, 257, 260, 294.
Petrucci, Antonello, 190, 211, 215.
Petrucci, Cesare, 111, 170-171.
Piccinino, Niccolò, 48, 189.
Piccolomini, Jacopo, 190.
Pico de la Mirándola, Juan, 93, 263, 277-278, 284-285, 288, 291, 299.
Pierozzi, Antonio, llamado Antonino, 81.
Pierre-Gauthiez, 14.
Pietro Guido di, *ver* Fra Angélico.
Pino III Ordelaffi, señor de Forlì, 93, 179.
Pinturicchio (Bernardo Di Betto), 238.
Pío II, papa, 57, 62, 64, 69, 82-83, 118.
Pitti, familia, 53, 99, 112.
Pitti, Francesca di Luca, 240, 242, 252.
Pitti, Jacopo, 104, 141.
Pitti, Luca, 56-57, 67, 88-89, 91-93, 241.
Platón, 72-76, 84, 103, 151, 155, 260, 263, 290, 294, 304.
Pletón, 72-73.
Plinio, 84.
Plotino, 73-74.
Poggio, 44.
Policastro, conde de, 215.
Poliziano, Angelo, 72, 133, 135-136, 140-142, 145, 147, 154-155, 169, 182-183, 191, 217, 241-242, 248, 257, 260, 262-263, 284, 288, 291-292, 298.
Pollaiuolo, Antonio, 103, 157, 249-250.
Pontremoli, Nicodemo de, 79.
Porfirio, 74.
Portinari, Accerrito, 114, 227.
Portivari, Bernardo, 65.
Portinari, familia, 24, 66, 118-119.
Portinari, Folco, 227.
Portinari, Pigello, 86, 114.
Portinari, Tommaso, 114, 116-117.
Pou, Giovanni, 215.
Pucci, Dionigi, 98, 145.
Pucci, familia, 113.
Pucci, Gianozzo, 300.

Pucci, Puccio, 48, 54.
Puglia, Francesco de, 301.
Pulci, Bernardo, 97.
Pulci, Luca, 97.
Pulci, Luigi, 97, 102, 134-135, 137, 142, 144, 151, 154, 241, 249, 257.

R

Razzanti, Pietro, 264.
Renaudet, Augustin, 15.
René II de Anjou, 82, 114, 162, 206.
René II de Lorena, 192, 194, 206, 209, 213-214, 269.
Reumont, Alfred von, 13, 232.
Riario, familia, 126, 163-164, 167, 177, 189, 194.
Riario, Girolamo, conde, 125, 163-166, 177, 179, 181, 188, 191, 194, 201-205, 207-208, 219, 221, 239.
Riario, Ottaviano, 219.
Riario, Pietro, cardenal, 125, 127, 134, 168-170.
Ricasoli, Rinieri da, 119.
Ricci, familia, 26.
Riccobaldi, Benedetto, 120-121.
Ridolfi, Antonio, 110, 169.
Ridolfi, familia, 53, 112-113, 230.
Ridolfi, Niccolò, 300.
Ridolfi, Pietro, 136.
Ridolfi, Roberto, 292.
Rinuccini, Alamanno, 74, 112, 174, 194, 234.
Robbia, Luca della, 68.
Roberto de Anjou, rey de Sicilia, 25.
Rochon, André, 16, 153.
Rondinelli, familia, 31.
Roover, Raymond de, 16.
Roscoe, William, 13, 145.
Ross, Janet, 14.
Ross Williamson, Hugh, 15.
Rosselli, Cosimo, 238.
Rossi, Lionetto, 81, 114, 224-225.
Rossi, Roberto de, 44.
Rovere, Francesco della, *ver* Sixto IV.
Rovere, Giovanni della, 126.
Rovere, Giuliano della, *ver* Julio II.
Rubinstein, Nicolai, 16, 232.

Rucellai, Bernardo, 80, 98, 104-105, 286.
Rucellai, familia, 23, 84, 99, 255.
Rucellai, Giovanni, 67, 142.
Rucellai, Nanina, 287.

S

Sacromoro, Filippo, 189.
Salutati, Antonio, 63, 65.
Salutati, Benedetto, 103.
Salutati, Coluccio, 71.
Salutati, familia, 99.
Salviati, familia, 53.
Salviati, Francesco, arzobispo de Pisa, 127, 164, 166-168, 170, 177-178.
Salviati, Jacopo, 136, 218, 300.
Salviati, Lucrecia, 287.
San Severino, Antonello, príncipe de Salerno y almirante, 211.
San Severino, Roberto, 98, 106, 185, 203, 206-207, 211, 213-215.
Sangallo, Giuliano da, 173, 240, 253-256.
Sansoni, Raffaele, cardenal, 168, 177-178.
Sansovino, Andrea, 255.
Sassetti, Cosimo, 226.
Sassetti, Francesco, 64-65, 113-114, 224-226, 228, 240-241, 253, 267.
Savelli, cardenal, 214.
Savelli, familia, 203, 213-214.
Savonarola, Girolamo, fraile, 263, 284-287, 291-292, 294-295, 298-301.
Scala, Bartolomeo, 71, 79, 105, 112, 137-138, 179, 254.
Scali, familia, 24.
Scali, Giorgio, 32-33.
Scolario, Georges, llamado Gennadius, 72.
Segismundo, archiduque de Austria y conde del Tirol, emperador, 43, 48-49, 216, 220.
Ser Guidi, Tommaso di Giovanni di, *ver* Masaccio.
Ser Mastagio Vespucci, 147.
Serristori, familia, 53, 231.
Sforza, Alejandro, señor de Pesaro, 93.
Sforza, Ascanio, cardenal, 206-207, 209, 217.
Sforza, Catalina, 126, 207, 219.
Sforza, Constanzo, señor de Pesaro, 179, 185, 187, 203.

Sforza, familia de Milán, 86, 126.
Sforza, Francesco, duque de Milán, 48, 57, 62, 64-66, 85, 87, 91, 94.
Sforza, Galeazzo María, duque de Milán, 62, 82, 86-87, 91-92, 105-106, 110, 122-124, 126, 128, 133, 156, 161, 163, 184.
Sforza, Gian Galeazzo María, duque de Milán, 128, 181, 186, 194, 207, 220.
Sforza, Hipólita, 85-86.
Sforza, Ludovico, *ver* Ludovico el Moro.
Signorelli, Luca, 239.
Simioni, 14.
Simonetta, Cicco, 105, 128, 187, 223.
Simonetta, *ver* Cattaneo, Simonetta.
Sixto IV, papa, 124-127, 156, 158, 162-163, 165-168, 173, 177-178, 180, 184-185, 191, 193-194, 196-197, 201-205, 207, 209-211, 223, 237, 239, 250.
Socino, Bartolomeo, 149.
Soderini, familia, 26, 90, 231.
Soderini, Niccolò, 88, 90, 93, 249.
Soderini, Paolo Antonio, 286.
Soderini, Piero, 302.
Soderini, Tommaso, 90, 106, 109-110, 121, 157, 179, 189, 249.
Sófocles, 84.
Spinelli, Lorenzo, 225, 267.
Spini, Giacomo, 37.
Sprenger, Jacques, 285.
Squarcialupi, Antonio, 84, 159, 252, 282.
Strozzi, Carlo, 32.
Strozzi, familia, 26, 36-37, 48, 88, 231, 284.
Strozzi, Filippo, 67, 188-189, 241, 253.
Strozzi, Palla di Nofri, 40, 49, 52, 71, 241, 255.
Strozzi, Rosso degli, 25.
Strozzi, Strozzo, 147.
Strozzi, Tommaso, 32.

T

Tácito, 84.
Taddei, familia, 66.
Tani, Angelo, 116-118.
Teócrito, 261.
Thurot, François, 13.
Tolentino, Gian Francesco de, 167, 173.

Tornabuoni, familia, 53, 137, 249.
Tornabuoni, Francesco, 53, 101.
Tornabuoni, Giovanni, 87, 100-101,115, 125, 223-227, 229, 239-240, 242-243, 252, 267, 301.
Tornabuoni, Lorenzo, 228-229, 241, 248, 262, 287, 301.
Tornabuoni, Lucrecia, 53, 80, 90, 101, 242, 283.
Tornabuoni, Onofrio, 224, 267.
Tornaquinci, Neri, 38.
Torre, Stefano della, 149.
Tosa, Francesco della, 229.
Tovaglia, Francesco del, 228.
Traversari, Ambrogio, 45, 72.
Trebizonda, Jorge de, 72.
Trivulzio, Gian Francesco, 215.
Trivulzio, Gian Jacopo, 181.

U

Ubaldini, familia, 35.
Uccello, Paolo, 70.
Ugolini, Baccio, 137, 204.
Urbano VI, papa, 42.
Urbino, Federico de, 106.
Urbino, Lorenzo de, 12, 303.
Usodimare, Battistina, 270.
Usodimare, Gherardo, 270.
Uzzano, Niccolò d', 44-45, 48.

V

Valori, Francesco, 286, 289.
Valori, Niccolò, 12.
Vanucci, Pietro, *ver* Perugino.
Varano, Cesare de, 205.
Vasari, Giorgio, 12, 68, 155, 240, 246, 249, 252.
Veneziano, Domenico, 69.
Ventura, Giovan Francesco, 99, 145.
Venturi, Giacomo, 37.
Verino, Ugolino, 150.
Verrocchio, Andrea del, 11, 102, 156-158, 175, 238, 251-252.

Vespucci, Amerigo (Américo Vespucio), 139, 147.
Vespucci, familia, 99, 245.
Vespucci, Guidantonio, 286.
Vespucci, Marco, 138.
Vespucci, Pietro o Piero, 139, 173.
Vespucci, Simonetta, *ver* Cattaneo Simonetta.
Vettori, Piero, 216.
Vicentino, nuncio, 216.
Vieri, Ugolino, 264.
Villani, cronista florentino, 25.
Vinci, Leonardo da, 139, 157-158, 170.
Vinci, Piero da, 158.
Virgilio, 84, 146, 257, 261, 284.
Virginio, señor de Bracciano, 100.
Visconti, Alberto, 181.
Visconti, familia, 42.
Visconti, Filippo María, duque de Milán, 49, 51, 55.
Vitelli, Niccolò, 126-127.
Vitruvio, 252.
Volterra, 46, 119-122, 124-125, 128, 157, 167, 172, 194, 258, 291.

W

Warwick, conde de, 117.

Y

Yolanda de Francia, 106, 123.
Young, G. F., coronel, 14.

Z

Zaccheria, Giuliano del, 114.
Zambino, Maese, 183.
Zamometic, Andreas, arzobispo de Carniola, 204, 239.
Zampini, Giovanni, 114.
Zizim, *ver* Djem.